U0574125

Teacher Education Series

京师教师教育论丛　第五辑

丛书主编　朱旭东　　　特邀主编　顾明远　戴立益

教师教育研究

探索与发展

李琼　吴娱　王俭　张海燕　主编

Teacher Education
Research:
Exploration and
Development

北京师范大学出版集团
BEIJING NORMAL UNIVERCITY PUBLISHING GROUP
北京师范大学出版社

图书在版编目（CIP）数据

教师教育研究. 探索与发展/李琼等主编. —北京：北京师范大学出版社，2024.8（2024.11 重印）

ISBN 978-7-303-29285-1

Ⅰ.①教… Ⅱ.①李… Ⅲ.①教师教育－研究 Ⅳ.①G65

中国国家版本馆 CIP 数据核字（2023）第 126025 号

图书意见反馈 gaozhifk@bnupg.com 010-58805079
营销中心电话 010-58802755 010-58800035
编辑部电话 010-58806160

JIAOSHI JIAOYU YANJIU：TANSUO YU FAZHAN

出版发行：北京师范大学出版社 www.bnupg.com
北京市西城区新街口外大街 12-3 号
邮政编码：100088
印　　刷：北京虎彩文化传播有限公司
经　　销：全国新华书店
开　　本：730 mm×980 mm 1/16
印　　张：29.75
字　　数：516 千字
版　　次：2024 年 8 月第 1 版
印　　次：2024 年 11 月第 2 次印刷
定　　价：98.00 元

策划编辑：冯谦益　　　　　　　责任编辑：赵鑫钰
美术编辑：焦　丽　　　　　　　装帧设计：焦　丽
责任校对：陈　荟　　　　　　　责任印制：马　洁

版权所有 侵权必究

反盗版、侵权举报电话：010-58800697
北京读者服务部电话：010-58808104
外埠邮购电话：010-58808083
本书如有印装质量问题，请与印制管理部联系调换。
印制管理部电话：010-58806364

总　序

《教师教育研究》创刊于 1989 年 1 月，原名《高等师范教育研究》，是由教育部主管，北京师范大学、华东师范大学、教育部高等学校师资培训交流北京中心联合主办的全国性教育科学学术刊物，随着国家教师教育事业和教育研究的发展对教师教育研究提出了战略性需求，于 2003 年 11 月更名为《教师教育研究》。本刊以全方位研究探讨教师教育领域的理论问题和实践问题为宗旨，倡导学术创新、促进学术交流、提高学术水平，积极探索教师教育规律，刊登了具有较高创新价值和学术价值的文章，涵盖主题包括高质量教师教育体系建设、高素质教师人才培育、教师职前培养与职后培训、师德师风研究、教师队伍建设与治理、教师教育评价改革、教育数字化战略、教师资源优化配置、跨学科教师教育等，为教师教育理论体系构建以及教师教育改革发展做出了贡献，并成为我国教师教育领域中具有较高学术地位的核心期刊，整体学术水平和学术影响力处于全国前列。

砥砺奋进育硕果，不忘初心谱华章。《教师教育研究》创刊至今见证了我国教师教育的变革与发展，包括师范教育的复苏与发展、教师教育体系的变革、教师专业发展的纵深化等重要历程。从已发表的三千余篇学术文章中遴选出有价值、高质量的文章精心编校出版，既是我国教师教育发展历程的珍贵印迹，也有助于启发学术创新，推动学科建设。

"期刊论文精选集"分上、中、下三卷，对教师教育理论与历史、政策与制度、教师培养与培训、教师专业发展、乡村教师培养、教师教育国际比较等重大主题进行了梳理，以明晰教师教育领域的研究脉络并据此展望未来路向。读者通过主题阅读可以回顾我国教师教育研究三十多年来的总体特征与核心内容，建立起教师教育的基本概念框架和知识体系，思考教师教育的有关理论问题，从教师教育的发展历程中寻求智慧，对我国教师教育的政策与实践形成更清晰的认识。

一、教师教育研究的源流与演进

上卷主题是教师教育研究的源流与演进，涵盖教师教育理论研究、教师教育政策与管理制度研究、教师教育史研究三部分内容，通过系统回顾和梳理我国教师教育理论的发展、政策的演进、历史的探索，为建立中国特色的教师教育的理论体系、教师教育的学科框架，推动教师教育的实践创新提供基础。

三十多年来，教师教育的理论探讨集中于教师的角色的使命的研究、"师范性"本质的研究、教师职业特性与专业化路径的探讨等内容。其中，深入论述教师职业的专业性不仅回应全球领域教师专业化的发展浪潮，也为教师专业性的内涵构建打下基础。研究者提出，教师职业具有独特性，这种独特性就是专业性。教师劳动具有复杂脑力劳动的特点，具有极大的创造性和灵活性、鲜明的师范性和长效性。并且，教育学的科学性以及教师角色的变化等，都对教师的专业性提出要求，要把教师作为一个专门职业并通过专业化提升整个教师队伍的质量。在明确教师职业专业性的基础上，学者们开始探讨专业化的路径。在教师教育领域促进专业化的观点主要包括：教师教育是一种专业教育，专业教育应在专业学院完成，专业学院需要建立专业学科，专业学科要以专业知识为基础，专业知识由专业教授创造和传递，专业教育获得专业学位，专业学位是专业资格的必要条件，专业学院需要专业认证，专业认证要依据专业标准，专业标准由专业组织制定。上述观点为专业化、大学化背景下的教师教育提供了方向。

教师教育政策与管理制度对我国教师教育体制改革与发展、人才培养、教师队伍建设等起着方向引领的作用，这部分的研究主要集中于教师教育制度变革、教师相关制度的变革、其他教师管理等内容。其中，教师教育制度变革方面，主要关注教师教育体系的创新、教师教育学科制度的建立；教师相关制度的变革方面，主要关注教师法的修订、教师资格制度改革、教师工资制度改革、教师评价改革等。此外，一些学者对民办幼儿园存在的问题展开了研究。还有学者研究了通过建立中小学教师流动制度来促进教育公平的措举。这些研究对于推进义务教育均衡发展、促进基础教育改革、提高教育质量具有重要意义。

教师教育史研究包括两个主题：一是回顾百年来中国师范教育、教师发展的历史，二是从主题出发，以历史的视角探讨与教师和教师教育发展有关的问题。学者们对我国的教师职业和师范教育进行了分析与反思，基于历史的视野指出了改革的方向，提出要明确师范院校的教师教育功能定位、改善教师就业前景和职业待遇、充实师范生学科知识的学习、推进信息技术与教师教育课程的整合等。教师文化研究方面，研究者聚焦教师文化发展的历史，梳理出古代理想的教师标准，指出应继承其合理的成分，以完善我国现代教师标准体系。

二、教师教育研究的探索与发展

中卷关注教师教育研究的探索与发展，系统梳理了我国教师教育研究领域有关职前教育与师范教育、教师专业发展、教师心理、学科课程教学的专题文章，为教师教育学科建设与实践创新建构起知识体系与方法体系。

教师培养方面，主要聚焦于教师教育体系转型、教师教育课程研究、师资培养模式改革等。20世纪80年代，随着社会主义市场经济的发展、基础教育水平的提高以及高等教育规模的扩大，原有的师范教育体制模式制约了教师教育的整体发展，师范院校开始探索新的办学模式，我国教师教育体系也做出了一系列改革。对体系转型问题的探究是对师范院校升格和办学模式综合化以及开放的、高层次的教师教育体系改革的回应。有学者将我国教师教育体系称为"三轨多级"体系，提出应建立基于教育学一级学科的教师教育学科体系以及国家级的教师教育实践体系，指出"一轨多级"是我国未来教师教育体系发展的目标和方向。对学科课程教学的研究是与教师教育体系改革并行的重要议题，主要内容集中在理论反思、课程体系建设、课程实践性与关联性等方面。对师资培养模式的研究也很受关注，学者们进行了基于理论与实践的探讨，并开展了富有中国特色的研究，形成了适合中国国情的本土化的培养模式，其中以顶岗实习、实习支教等最为典型。

随着教育事业的发展，教师教育由重视知识传授和学历补偿到注重教师素质和教育能力的提升，逐步建立了教师培养与培训一体化的教师教育体系，以推动教师专业发展。教师专业发展贯穿于教师整个职业生涯的始终，涵盖职前培养、入职教育和在职培训各个阶段，旨在形成教师成长所需的专业知识与技能以及专业品质。教师专业发展研究主要聚焦于专业发展的内涵、发展阶段、发展的途径与策略等。教师专业发展是教师职业专业化的基础，是教师在终身学习和持续发展理念指引下，通过合理规划自身专业发展目标，借助多样化学习途径，掌握教师专业发展知识和技能，实现自身专业理念、专业知识和专业能力等全方位提升的过程。教师专业发展需要多维度、多层次的合力来促进，终身学习、教学反思、行动研究、同伴互助、专家引领和课题研究等都是重要的途径和方式，教师培训是赋能教师专业发展的重要驱动力。教师培训主要关注的内容包括培训理念的探究、培训课程的设置、培训模式的建构等方面。

当前我国进入了新时代教育事业高质量发展时期，教师专业发展也被赋予了文化传承、思想传播和价值塑造等新时代内涵。如何建立健全高水平一体化教师教育体系，基于不同发展阶段特征构建有效的教师专业发展模式，全面提升教师专业化水平和综合素质，是新时代教师教育的重要命题。

三、教师教育研究的本土与借鉴

下卷主题是教师教育研究的本土与借鉴，主要涵盖乡村教师教育研究、国际教师教育比较研究、教师教育述评等内容。我国教师教育领域的研究一直经历着借鉴与本土化的过程，其中乡村教师的培养与发展最为典型。教育对于乡村振兴具有重大意义，乡村振兴的核心是人的振兴，而教育则是培养人才的重要事业，乡村教师是我国教育事业的基层建设者、教育政策的执行者，要实现乡村教育振兴，就要建设高质量的乡村教师队伍。三十多年间，有关乡村教师教育和乡村教师发展的研究逐渐走出一条中国特色的道路。

同时，面对国际教师教育综合化、大学化的发展样态，中国教师教育走上了开放化、多元化的发展历程，不断拓展的国际教师教育研究为我们本土研究的发展提供了借鉴。通过比较研究可以看到，东西方在教师教育的各个领域面临着相似的问题，但其解决路径又各有特点，因此很有必要推进相互的讨论与对话，以促进我国教师教育的改革与发展。另外，学者们还基于国内外重要期刊已刊发的文章和教师教育相关的重要会议对教师教育领域已有的研究成果进行梳理，对重点主题进行综述，对涉及的方法、理论等进行述评，与相关研究形成了反思与互动，这对于教师教育研究的阶段性总结和前瞻性展望具有重要作用。

改革开放以来，我国教师教育在创新和发展过程中，基于高等教育发展、基础教育改革对教师素质提出的新要求，不断探索开展多元化的教师教育，逐步提高教师培养培训质量以及教师教育研究的质量。教育学术期刊是促进教育研究创新和教育事业进步的重要力量，从《高等师范教育研究》更名为《教师教育研究》可以看出，随着我国教师教育体制的重大转型，研究重点更加突出了教师专业发展的基本取向。创刊三十多年来，《教师教育研究》始终坚持以学术研究质量为核心，立足学术前沿、服务教育发展，发表了高质量的文章，为从事教师教育研究和实践的工作者、为关注专业发展的广大教师以及有志于教师职业的高校学子提供了有价值的观点，为教师教育改革创新发挥了积极作用。

期刊论文精选集的编辑出版得到了多方资源的支持，文集将纳入"京师教师教育论丛"出版，该丛书是在北京师范大学教师教育研究中心主任朱旭东教授的统领与指导下完成的。在此，向各位贡献专业智慧的专家学者表达诚挚的谢意，向北京师范大学出版社的专业编辑与出版团队成员表示衷心的感谢！需要说明的是，有些文章因时间久远，作者当年的职称等信息不易查证，因此在脚注中只注明经过确认的信息，在这里再次感谢广大作者与读者对本刊的关注与大力支持。

《教师教育研究》期刊将不断开拓创新，积极链接学术共同体，努力成为我国教师教育研究方向的引领平台、教师教育学术人才的培植平台、教师教育政策和实践的影响平台、国际教师教育前沿的交流平台，持续助力我国教师教育研究与实践的发展。

朱旭东

2023 年 10 月

前　言

作为一项培育教师的事业，教师教育有着漫长的过去；但作为一个学科，其只有短暂的历史。这主要在于，教师教育的实践与政策在先，对教师教育内在规律的系统研究相对滞后。教师教育学科亟待通过系统的研究、梳理、提炼，建构起支撑该学科的知识体系，如理论体系、实践体系与方法体系。正是出于这样的初心，《教师教育研究：探索与发展》旨在借助《教师教育研究》期刊自 20 世纪 80 年代创刊以来的学术研究，选取教师培养、专业发展、教师心理、课程教学等专题的文章，通过系统回顾、梳理我国几十年来教师教育的探索与发展历程，为新时代我国高质量的教师教育学科体系建构、政策进言与实践创新提供知识创生与积累。

下面就本卷涉及的四个方面进行介绍。

一、我国教师教育体系转型的理论研究

20 世纪 80 年代开始的师范院校升格和综合化，以及建立开放的、高层次的教师教育体系的改革运动使得我国的教师教育体系面临转型问题。自那之后，学者们各抒己见，探讨我国教师教育体系转型的理论问题。例如，管培俊提出教师教育改革发展应遵循十个基本原则：教师教育在教育事业中处于优先发展的战略地位；教师教育是国家的事业和政府的责任；教师教育需要有一个开放灵活的体系；发展教师教育事业是大学的使命，职前职后一体化是必然趋势；教师教育必须推进信息化、现代化；教师教育事业必须转换运行机制；教师教育必须推进规范化、法制化；教师教育的发展必须和教育人事制度改革相衔接；教师教育必须不断创新，与时俱进；教师教育改革发展一定要从国情出发。这十个基本原则从理论上阐释了我国教师教育体系转型中应遵循的原则。教师教育体系转型亦即教师教育体系的升级和开放化，表

现为传统的由中师、师专和师院构成的"老三级"教师教育体系转变为由师专、师院和师大构成的"新三级"教师教育体系。这一举措旨在提高教师培养的层次，提升教师培养的质量。教育硕士专业学位的设置便是提升教师培养层次的一个重要举措。1996 年 4 月，国务院学位委员会决定设置教育硕士专业学位。在国务院学位委员会和教育部的领导下以及社会各界的大力支持下，具有中国特色的教育硕士专业学位教育体系得以构建和完善，培养了一大批高素质的中小学教师和教育管理干部，为推进我国基础教育的改革与发展，加快我国教育现代化进程做出了重要贡献。然而我国教师教育体系转型的过程中也出现了很多问题。例如，朱旭东指出我国三轨多级教师教育体系存在教师教育专业招生结构不均衡、质量参差不齐、缺乏学科制度等问题，并提出要把教师教育体系调整为一轨多级体系。还有学者从专业性和专业知识的角度反思我国的师范教育改革，指出当时我国的师范教育中存在指导思想模糊、课程设置偏颇、教材内容僵化、教育实习流于形式等问题。在教师教育体系转型过程中，这些理论研究为我国教师教育的发展奠定了基础。

二、职前教师教育的政策与实践探索

在教师教育体系的调整下，各个教师教育机构亦在各自寻求更有效的教师培养策略。例如，东北师范大学在总结以往"校—府"合作经验的基础上，以"教师教育创新东北实验区"建设为载体，提出并实施了"校—府—校"（即"U-G-S"）教师教育新模式。三方遵循"目标一致、责任分担、利益共享、合作发展"的原则，在师范生培养、中小学教师培训和基础教育研究等方面协同创新，逐步形成了教师教育合作发展共同体。这破解了长期困扰我国教师教育改革的师范生教育实习、农村中小学教师培训和教师教育者专业发展难题，为我国新时期的教师教育改革探索出了一条特色之路。在具体的教师教育项目中，研究者各有侧重地探索何以提升教师培养质量。例如，有研究者对师范生的 TPACK（技术-教学法-内容知识）水平进行了调查，认为师范生未来要从事中小学教育教学岗位的工作，当前信息技术发展使他们面临着把信息技术整合到未来教学中的挑战。教师教育机构应考虑到如何通过加强对基础性知识的学习来增强教师对信息技术与课程整合的信心。还有研究者从实习角度切入，探讨了教育实践类课程在教师培养中的贡献。随着教师教育研究的不断深入，对教师教育者的职业面貌、职业行为、思维方式的研究也日益受到关注。在大力提升教师培养质量的同时，公平取向的教师教育亦不可忽视。师范生免费教育在我国有着悠久的历史，可追溯至一百多年前中国第一所国立综合性大学——京师大学堂成立时期。2007 年 3 月，温家宝在政府工作报告中提出，国家将在教育部直属的 6 所师范大学实行师范生免费教育。这一政策有利于促进教育均衡发展和教育公平，将进一步营造尊师重教的社会氛围，是全面持续提升中小学教育质量的重要保障。同时，研究者亦指出，师范院校应该同时提供免费和收费两种选择，今后师范生免费教育的重点应该放在地方性师范院校，在推行师范生免费教育的同时必须完善相关措施。

三、教师心理及其影响机制研究

对教师心理的研究主要聚焦在积极心理和消极心理两方面。研究者对于教师的积极心理的研究涉及认识信念、工作满意度、职业认同、心理资本、自主、情绪调节等。教师的认识信念系统是一个涉及知识信念、认识方式信念、文化信念、学习信念、行为表现和自我调节信念的复杂结构。研究表明，教师认识信念的形成受到个体的学习活动经验、个体的科学观和社会环境的影响。教师的认识信念会对自我的教学理念、教学设计、教学行为、教学组织以及教学评价产生直接影响，同时又会通过教学过程传达给学生，对学生的学习产生间接影响。教师工作满意度是教师的一种主观价值判断，取决于教师从工作中的实际所得如工作条件、福利待遇、职业发展机会等与他们的期望所得之间的差距。研究教师工作满意度一方面可以为提高学校效能提供依据，另一方面还可以为提高教师的工作生活质量提供建议。教师职业认同是教师个体的一种与职业有关的积极的态度，是教师对其职业的爱与责任等基础心理特质的表现。有研究者采用理论分析与实证检验相结合的方法，对教师职业认同的结构进行构建，并编制了适合我国中小学教师的职业认同测验量表。心理资本是提升工作绩效与组织竞争优势的个体重要内在资源，具有一定的文化与群体差异性。心理资本属于个体一种可开发的内源性心理力量，它既可为个体在持续的工作要求等能量消耗过程中提供能量支持，提高工作认同，激发工作动机，使个体获得竞争优势；也可作为一种基础资源，调节与管理其他工作资源，促使个体持之以恒以获得积极结果。研究表明，中小学教师心理资本与工作投入成显著正相关，心理资本对工作投入有正向预测作用。探讨自主对教师职业幸福感的影响的研究表明，教师的自主水平越高，工作投入水平也越高，而工作投入会影响教师的职业幸福感。情绪调节是指个体对自己拥有何种情绪、何时拥有该情绪的认识，以及对如何体验和表达情绪施加影响的过程，其中，认知重评和表达抑制是受到较多关注的两种情绪调节策略。研究者对于教师的消极心理的研究涉及教师角色冲突、工作倦怠等方面。教师角色冲突是指由于角色丛的存在，个人要同时扮演多个不同的角色，因此就会产生角色冲突的问题。角色冲突的产生源于角色丛中不同角色含有不相容的成分。教师角色冲突对教师个人发展和教学产生直接的影响。教师角色冲突产生的原因包括外在和内在两个方面。教师工作倦怠也称"职业倦怠"，即以人为服务对象的职业领域中，个体因不能有效地应对工作上延续不断的各种压力，而产生的由情绪衰竭、去人性化以及个人效能感降低三方面构成的生理上、心理上的综合性症状。组织气氛、教师效能感、社会支持等因素与教师工作倦怠有着直接的相关关系。

四、教师专业发展的理论与实践

教师专业发展是教师教育研究领域的重要主题。实现有效的教师专业发展已经成为世界基础教育领域最为重要的目标之一。关于教师专业发展的研究主要围绕教师专业发展的内涵、阶段、路径、问题等内容展开。关于教师专业发展内涵的认识从关注知识拓展、技能提升的技术维度，逐步转向关注教师的道德、精神、情感等软性维度。教师作为"人"的发展理念，以"情"为根基的发展取向，以及基于教师认同、教师美德和教师使命感的教师专业精神受到越来越多的关注。教学是一种专业道德实践，教师专业发展的终极价值在于通过促进教师自我提高来培养全面发展的学生。教师内在的精神力量、情感素养、情感教育能力等是解决教学困境、促进学生发展的重要条件。由于知识结构、教学经验和心理发展等不同，处于不同发展阶段的教师呈现出不同的发展特征。专业发展阶段的划分、新手教师的入职发展、卓越教师的成长路径等内容成为教师教育研究领域的重要内容。如何基于不同发展阶段特征构建促进不同阶段教师发展的特色模式成为各国政策和实践的关注点。从总体上看，我国教师专业发展的路径呈现出以下范式。一是外在的、自上而下的，以知识和技能为主的教师素质提升路径，主要是由政府宏观策划指导的教师继续教育、教师培训体系模式等。我国教师培训经历了从最初的以数量满足、学历补偿为主，到关注知识和技能素质的全面提升，再到新时代以来注重专业化发展和个性化需求的专业培训的发展历程。比如，我国政府实施的"国培计划"基本实现了对中西部农村中小学教师培训的全覆盖，探索了一条具有中国特色的中小学教师素质能力提升道路。二是内在的关注教师自我、重视教师体验的发展路径，其根本在于提升教师专业发展中的主体性和自主性。比如，从教师学习、教师反思、教师信念、自我效能感、教师领导力、实践性知识等角度，深度挖掘教师专业发展的内在动力，探索教师专业发展的自主机制。三是整体、生态取向的教师专业发展路径，主要是从制度、机制、组织、文化等视角，探索构建教师专业发展的良好生态环境，如从教师合作、校本教研、实践共同体等角度探索促进教师专业发展的有效途径。当前我国进入了新时代教育事业高质量发展时期，教师专业发展也被赋予了文化传承、思想传播和价值塑造等新时代内涵。如何突破当前教师专业发展中照搬国外经验、以成绩论地位等现实困境，全面提升教师综合素质、专业化水平和创新能力，是新时代教师政策和实践的核心命题。

本卷是在北京师范大学教师教育研究中心主任朱旭东的统领与指导下编写的，常务副主任李琼与《教师教育研究》期刊编辑部吴娱牵头统筹，编辑部张海燕、教师教育研究中心博士生王松丽与孙晓红参与统稿。该项工作系教育部人文社会科学重点研究基地重大项目"中国教师教育质量的评价体系研究"（19JJD880001）与"中国教师教育质量的基本理论研究"（19JJD880002）的阶段性研究成果。在此，谨代表北京师范大学教师教育研究中心向为本卷贡献专业智慧的各位专家学者表达诚挚的谢意！向北京师范大学出版社的专业的编辑与出版团队成员表示衷心的感谢！需要说明的是，虽然团队付出了很多精力进行不断推敲与完善，但由于工作量大、任务重，书中可能会存在不足之处，敬请读者谅解并求教于各位读者。

李琼

2023 年 10 月

目 录
CONTENTS

职前教育与师范教育

从教师的知识结构看师范教育的改革

辛　涛，申继亮，林崇德

（北京师范大学发展心理研究所，北京　100875）

[摘要]作者从知识的定义出发，阐述了教师知识的构成，认为教师的知识应包括四个方面：本体性知识、条件性知识、实践性知识及文化知识。基于此种认识，进一步指出了当前师范教育中存在的一些问题，即师范教育的指导思想模糊、课程设置偏颇、教材内容僵化和教育实习流于形式。最后，指出了未来师范教育改革应注意的方面。

[关键词]教师；知识结构；师范教育

[中图分类号]G416　[文献标识码]A　[文章编号]1002-5111(1999)06-0012-07

On the Reform of Normal Education from the Perspective of Teachers' Knowledge Structure

Xin Tao，Shen Jiliang，Lin Chongde

(Developmental Psychology Institute of Beijing Normal University，Beijing，100875，China)

Abstract：Based on definition of knowledge，the author expounds the composition of knowledge acquired by teachers，believes that knowledge of teachers should include four types：subject-matter knowledge，conditional knowledge，practical knowledge and cultural knowledge. Based on this，the author indicates some problems existing in current normal education. He points out that the guiding ideology of normal education is vague，the curriculum is uncomprehensive，the content of teaching materials is stereotyped，and the educational practice becomes formalistic. At last，he explicates the matters needing attention in future reform of normal education.

[收稿日期]1999-03-18

[作者简介]辛涛、申继亮、林崇德，北京师范大学发展心理研究所。

Keywords：teachers，knowledge structure，normal education

近年来，教师专业化（professionalism）问题成为教育理论界探讨的一个热点问题。人们认为，专业化的教师的典型特征是具有教育专长（pedagogical expertise），也就是说，专业化的教师具有出色的教育表现（outstanding performance）和与之相应的复杂的知识结构（complex knowledge structure）。[1-5] 专家型教师和新手型教师的对照研究也表明，专家型教师的职业知识结构与新手型教师的职业知识结构无论在数量上还是在质量上都有显著的不同。正因为如此，近年来人们逐渐关注对教师的知识结构的研究。这类研究从理论角度来看，对优化教师的知识结构、提高教师的素质具有重要的指导意义；而从实践意义上看，对推动我国师范教育、继续教育和教师培养等方面的改革具有相当重要的参考价值。近年来，我们在国家有关基金的支持下，对教师的知识问题进行了深入的探讨。根据长期的研究，本文将着重说明我们对教师知识结构的认识，以及这种认识对师范教育改革的借鉴意义。

一、教师的知识结构

教师的知识是教师从事教育教学工作的前提条件。关于知识，不同学科、不同专业和不同研究者有各种不同的概念界定，这给对一些问题的讨论带来了困难。为了使所讨论的观点明确，我们取《教育大辞典》中关于知识的定义：知识是对事物属性与联系的认识，表现为对事物的知觉表象、概念、法则等心理形式，可以通过书籍和其他人造物独立于个体之外……按照来源划分，有直接知识和间接知识，前者从人类社会实践中直接获得，后者通过书本学习或其他途径获得。而教师的知识是指教师具备的科学文化知识及其掌握程度，包括各种文化科学的基础知识、专业学科知识、教育科学和心理科学知识；另外，教师在长期的教学工作中不断探索，总结出了一套行之有效的课堂情境知识和解决难题知识。前者大多属于教师的间接知识，而后者属于教师的直接知识。对于教师的知识结构，不同研究者有不同的研究角度或研究方式，因而也就有不同的理解。我们认为，从某功能出发，教师的知识可以分为四个方面的结构内容：本体性知识（subject-matter knowledge）、条件性知识（conditional knowledge）、实践性知识（practical knowledge）和文化知识（cultural knowledge）。这四个方面共同构成了教师的知识结构。

(一)本体性知识

教师的本体性知识是指教师具有的特定的学科知识,如语文知识、数学知识等,这是人们普遍熟知的一种教师知识。知识要有事业与职业的目的,一个人最佳的知识结构,主要以自己从事的职业与专业为基础。一位教师应首先精通自己所教的学科,教师购买的资料也首先是与自己所教学科有关的书籍。学生的年级越高,教师的威信越取决于其本体性知识水平。教师扎实的本体性知识是其取得良好教学效果的基本保证。正因如此,人们认为,这些知识和学生成绩之间存在显著的正相关关系。于是,向被培训者传授本体性知识成为我国师资培训的主要的和中心的任务。然而,实践证明这种培训方式存在很大的弊端,具有丰富的学科知识只是"基本保证",而不是唯一保证,即有本体性知识并不是个体成为一个好教师的决定性条件。我们的研究表明,教师的本体性知识与学生成绩之间几乎不存在统计上的"高相关"关系。因此,我们认为,教师的本体性知识一定要有,但达到某种水平即可,多了并不一定对教师的教学起更大的作用。

(二)条件性知识

教师的条件性知识是指教师具有的教育学与心理学知识。这种知识是广大教师较为缺乏的,也是我们在教育改革实验中特别强调的。我们认为,条件性知识是一个教师成功教学的重要保障。在我们的"学习与发展"理论中,第一条就明确地指出:"儿童、青少年的心理发展规律是教育实践和教育改革的出发点。"在研究中,我们把教师的条件性知识具体化为三个方面,即学生身心发展的知识、教与学的知识和学生成绩评价的知识,并据此编制了《教师职业知识量表》。我们的研究表明,无论职前教师还是职后教师,他们对条件性知识的掌握都不够好,这是非常值得我们深思的。

对教师条件性知识的重视,是当前教师培训领域的一个共识,这一点也反映在国外的相关领域中。国外早期的师范教育注重的只是教师的学科知识,而在过去十几年中,教育方法的有效性,如怎样提问、怎样设计课程、怎样评估学生的行为等,逐渐被重视起来。近些年,学者和改革家们认识到教师的学科知识与教育学、心理学知识一样,都对教学起到至关重要的作用。[6-9]他们提出了"教育内容知识"(pedagogical content knowledge)的概念,并将其用于确定教师对他们的学科知道多少以及他们是怎样把这种知识转化到课堂事件上来的。教育内容知识是教师对教育学、心理学知识，学科知识，学生特征和学习背景的综合理解。这就要求教师至少能够回答下列问题，如某一学科的中心问题是什么，对某一单元来说核心概念是什么，把这些核心概念传授给学生应采取什么态度和方式，学生的兴趣是什么[10]；要求教师掌握特定学科的教育学知识和心理学知识，如学生在某一学科内的兴趣和动机的知识、教师以学科为基础进行测验和成绩评估的知识等[11]。

(三)实践性知识

教师的实践性知识是指教师在实现有目的的行为中具有的课堂情境知识以及与之相关的知识，更具体地说，这种知识是教师教学经验的积累。不同于研究人员的科研活动，教师的教学活动具有明显的情境性。面对存在内在不确定性的教学条件，专家型教师能做出复杂的解释与决定，能在具体思考后再采取适合特定情境的行为。在教育工作中，很多情况需要教师机智地对待，这种教育教学的机智不是一成不变的，在一种情况下适宜的和必要的方法，在另一种情况下可能就是不恰当的。只有针对学生的特点和当时的情境有分寸地进行工作，教师才能表现出教学机智来。在这些情境中，教师采用的知识来自个人的教学实践，具有明显的经验性。而且，实践性知识受一个人经历的影响，这些经历包括个人的打算与目的以及人生累积的经验。所以，这种知识包含着丰富的细节，并以个体化的语言而存在。显然，关于教学的传统研究常把教学看作一种程式化的过程，忽视了实践性知识与教师的个人打算，这种传统研究限制了研究成果的运用。

我们曾以教师对教学情境中的"结构不良问题"的处理方式为切入点，探讨了中学教师对实践性知识的掌握状况。该项研究的对象是职前教师(师范生)和职后教师(专职教师)，年龄跨度为19～55岁，教龄从0到十几年。按教龄将研究对象分为三组(0年、10年以内和10年以上)，每组受教育的时间控制在13～14年，每组至少30人。实验材料是关于教学中人际冲突情境问题的调查问卷，涉及师生间、教师间和教师与家长间的冲突情境。按照研究对象处理问题的方式，划分了冲突反应、抑制反应、移情和自主四种水平。实验结果表明：三组在总体平均水平上差异显著($F = 5.460$，$P < 0.01$)。实验得到的结论有：在教师处理教育教学问题，尤其是处理各种冲突(如课堂冲突、教学冲突、人际关系冲突等)方面，影响显著的因素是教龄。丰富的教学经验对处理问题、组织教学肯定是有利的。这在一定程度上影响着教学的有

效性。这就印证了我们前面提出的观点：有经验的教师可以运用自己的知识，认清当前的情境，引发过去的经验，并产生符合这种情境的行为。该实验还有另外一个重要发现：各组尽管差异显著，但组内的得分方差值并不小。这表明在不同的教龄组中，得分也有差异。参加工作时间短、教龄低的教师中也存在对"结构不良问题"处理得比较好的情况。这表明了我们的另一个观点：将专家型教师从实践中获得的经验加以结构化，经系统性总结所形成的理论是可以为新手型教师所习得的。

上述三个方面为教师知识结构研究建立了彼此之间的功能关系。教师的本体性知识是教学活动的实体部分。在教育教学活动中，为了有效地传递本体性知识，教师需要结合教学对象的特征对学科知识做出符合教育科学和心理科学原则的解释，以便教学对象能够很好地接受和理解。因此，可以说教师的条件性知识对本体性知识的传授起到了理论性支撑的作用。此外，考虑到教学情境的具体特征，教师的间接知识是有一定局限的，它很难涵盖所有教学情境。而从对专家解决问题方式的研究中可以得出一种观点，专家解决问题往往依靠"直觉"或"再认"[12]，即不完全靠推理。专家的经验作为其直接知识往往可以缩短推理过程，并对特定情境的处理和疑难问题的解决起指导作用。因此，也可以说教师的实践性知识对本体性知识的传授起到了实践性指导的作用。一名优秀的专家型教师不能仅仅具备本体性知识，因为他面临的是教学这样一个交互过程。条件性知识可以解决原则上的问题，实践性知识则可以解决方式方法上的问题。当然，除了上述三个方面的教师知识之外，还有一种知识值得重视，那就是教师的文化素养，或者说是教师的文化知识。

(四)文化知识

教师的工作有点像蜜蜂酿蜜，需要博采众长。为了实现教育的文化功能，教师除了要有上述三种知识以外，还要有广博的文化知识，这样才能把学生引向未来的人生之路。教师不仅要能丰富学生的精神世界，而且要能激发他们的求知欲。我们认为，学生的全面发展，在一定程度上取决于教师文化知识的广泛性和深刻性。当然，教师的文化知识修养具有很大的个体差异，因此，我们主张每一位教师都要发挥自己的一技之长。擅长创作的教师，可以用创作丰富学生的想象力；爱好诗词的教师，可以用诗词的魅力来启发学生；在音乐、体育、美术方面有特长的教师，可以借之引导学生全面发展……我们认为，广博的文化知识有助于教师取得最佳的教育效果，具有与本体性知识同等重要的意义。

二、当前师范教育中存在的一些问题

如前所述，我们认为，适应教育现代化要求的教师的知识结构应当包括四个方面的内容：本体性知识、条件性知识、实践性知识和文化知识。由此反思我国现存的师范教育体制，我们可以看出，当前师范教育在指导思想、课程设置、教材内容和教育实习等方面还存在着一些与社会发展不相符的问题，这些问题妨碍了教师合理知识结构的建立。

(一)师范教育的指导思想模糊

师范教育的指导思想是为各级教育部门输送合格的师资，这本毋庸置疑。但合格师资的标准是什么？这是一个一直没有得到很好解决的根本性的问题。加之受社会大环境的影响，师范生的分配方向也不全是各级教育部门，因此，师范教育的指导思想是很模糊的。其中一个典型的表现是师范院校有向综合大学发展的倾向，专业设置求新、求全，追逐市场经济的变换，忽略师范教育的相对稳定性。这种状况当然受其所处的社会环境因素的影响，然而除去外在因素，从师范教育自身来看，一个最根本的问题是对师范教育是否具有独特性问题的认识尚未统一。在教育界，对此问题存在两种截然相反的观点。一种观点认为，师范教育不具有独特性，一个人只要具备一定的学科知识，就可以从事教育教学工作。按照这种观点，师范教育的存在就是成问题的。另一种观点认为，师范教育具有独特性，社会发展到今天，教师已经不再是谁都可以从事的职业了，教师已经成为一种专门化的职业。从世界范围来看，教师专业化已经成为大多数研究者的共识。那么，师范教育应该怎样体现教师专业化的要求呢？在我们看来，经过师范教育，未来的教师应该具备较为完善的知识结构和初步的教育技能。这种知识结构不再仅仅包括学科知识，而是本体性知识、条件性知识、文化知识和初步的实践性知识的有机整合。教师职业的独特性突出地表现为其具有其他受过同等学力训练的人不具备的丰富的条件性知识和实践性知识。

(二)师范教育的课程设置偏颇

强调师范教育的独特性，就要突出对师范生条件性知识、实践性知识以及教育技能的传授。反思我国师范院校的课程设置，一个重要的问题是与条件性知识、实践性知识和教育技能相对应的教育学、心理学、学科教学法课程及教育实习门类少、学时短。传统的、典型的教育学科课程就是以教育学、心理学、学科教学法为代表的"老三门"课程。对比国外的课程结构，我们便可以清楚地看到自己的不足。（表1）

表1 中外中等教育教师职前培养内容比较[13]

国家	学科教育/%	教育理论/%	教育实践/%
联邦德国	85	10	5
埃及	65	30	5
美国	63	25	12
法国	75～89	11～25	
日本	90	7	3
菲律宾	80	12	8
英国	50	35	15
瑞典	75	10	15
摩洛哥	75	18	7
中国	90～92	5～6	3～4

(三)师范教育专业的教材内容僵化

分析师范教育现有的体现教育职业特性的三门课程，我们发现，这些课程的内容僵化、教条、空泛。以教育学为例，近十年已有百余本教育学教材问世，但这些教材的内容和体系基本一致，多来源于凯洛夫的教学体系，概念堆砌，原理、原则泛滥，"在理论工作者的眼里，教育学尚未形成较为严密的科学体系，其中对许多重要问题的表述带有随意性，理论水平不高；在实际工作者看来，它脱离实际，至少对教育实践的指导意义不大"[14]。心理学教材则是普通心理学概念的罗列，而对于师范生将来要面对的中小学生的心理特征则极少提及。学科教学法教材内容中存在的问题也是明显的，"第一，学科教学法的内容'居高不下'，未植根于'学科'的沃土之中……第二，与教育学关系不明，内容多处重复"[15]。学生学完这几门课的结果就是获得一个考试成绩和几条抽象的、僵死的概念与原则，而在未来教育教学的实践中，遇到问题却不知该怎么办，依然得从头开始积累教学经验，摸索教育规律。

(四)师范教育的教育实习流于形式

教育实习是师范生积累教育实践知识、初步形成教育技能的重要保证，是师范教育的重要环节。但考察目前的教育实习状况，我们发现，教育实习没有承担起这个任务。这一方面是由于教育实习的时间过短，按大纲规定，本科生的实习时间为 6 周，专科生的实习时间为 4～6 周[16]，这样的教育实习时间是中华人民共和国成立以来最短的，更无法同其他国家的教育实习时间相比；另一方面，教育实习缺乏规划和设计，变成了走过场的"四部曲"程式，即跟班听课、讲课(4～6 节)、组织活动、实习总结。以这样的实习时间和安排，师范生很难从中迅速累积个人实践知识，形成教育教学技能。

三、未来师范教育改革应注意的方面

应当说，师范教育改革是当前国际教育改革的一个重要方面，各国均把提高师资素质作为提高教育质量的突破口，我国也不例外。1996 年秋的全国师范教育工作会议的召开，以及"高等师范教育面向 21 世纪教学内容和课程体系改革计划"的实施，都表明我国师范教育改革的不断深化。从我们对教师知识结构的研究来看，未来师范教育的改革应考虑以下方面。

(一)强调教师职业的独特性

师范教育的改革突出师范性，这似乎是不争的事实。但从我国师范教育的现状来看，这确实又成为一个重要的问题。为此，可从两个方面入手来强调教师职业的独特性：一是决策者、改革者在指导思想上确立教师职业专业化的观念，强调师范教育的独特性；二是教育理论界对师范教育独特性的表现给予科学、准确的界定，为师范教育的改革提供科学的理论依据。

(二)加强对中小学教师应具有的知识结构的研究

构建中小学教师应具有的知识结构，是师范教育培养的最主要的方面。对于一个师范生而言，师范教育的结果当然涉及很多方面，如知识水平、职业理想、教育技能等，但其中最有形的、最好落实的是构建较为完善的知识结构。对教师知识结构的研究在西方是一个热点，但我国对此问题的研究还很少。因此，教育理论界应加强对教师知识结构的研究。

(三)改革师范教育的课程设置

现行师范教育课程设置的弊端是显而易见的，师范教育课程体系的改革势在必行。我们认为至少应考虑从以下方面入手：第一，增加教育理论与实践课程的课时比重，这类课程的课时数应占总课时数的30%左右；第二，分解教育学、心理学，将原来的两门课改为多门课；第三，增强教育类、心理类课程的实用性和可操作性。

(四)加强教育专业学科的教材建设

教材建设是学科建设的基石与核心。传统的教育专业学科的教材普遍具有僵化、教条、空泛的弊端，因此，改革师范教育的课程设置，成败的关键在于能否创作一批能体现教师职业独特性的教材。这些教材应是紧密围绕中小学的教育教学实践而撰写的，具有明确的针对性和可操作性。

(五)重新设计教育实习的内容与形式

教育实习是师范生形成初步教育技能的重要途径。传统教育实习时间过短，过于程式化。为此，新的教育实习的安排应考虑以下几点：一是增加教育实习的时间，改6周左右的教育实习为18周左右；二是重新设计教育实习的程序，使教育实习系列化；三是将教育实习分散于师范教育的整个周期之中，变集中实习为分散实习。

[参考文献]

[1] Arlin，P. K. Wisdom and expertise in teaching：an integration of perspectives[J]. Learning and Individual Differences，1993(4)：341-349.

[2] Berliner，D. C. In pursuit of the expert pedagogue[J]. Educational Research，1986(7)：5-13.

[3] Berliner，D. C. The development of expertise in pedagogy[R]. New Orleans：American Association of Colleges for Teacher Education，1988.

[4] Bereiter，C.，Scardamalia，M. Surpassing ourselves：an inquiry into the nature and implications of expertise[M]. Chicago：Open Court Press，1993.

[5] Rich，Y. Stability and change in teacher expertise[J]. Teaching and Teacher Education，1993(2)：137-146.

[6] Katz，L. G.，Raths，J. D. Advances in teacher education[M]. Norwood，NJ：Ablex Publishing Corporation，1984.

[7] M. C. Wittrock. Handbook of research on teaching[M]. 3rd. New York：Macmillan，

1986.

[8] Feiman-Nemser, S. , Buchmann, M. When is student teaching teacher education? [J]. Teaching and Teacher Education, 1987(4): 255-273.

[9] H. C. Waxman, H. J. Walberg. Effective teaching: current research[M]. Berkeley, CA: McCutchan, 1991.

[10] Shulman, L. , Sykes, G. A national board for teaching? In search of a bold standard: a report for the task force on teaching as a profession[C]. New York: Carnegie Forum on Education and the Economy, 1986.

[11] Tamir, P. Subject matter and related pedagogical knowledge in teacher education[J]. Teaching and Teacher Education, 1988(2): 99-110.

[12] Simmons, J. M. , Sparks, G. M. , Starko, A. , et al. Exploring the structure of reflective pedagogical thinking in novice and expert teacher: the birth of a developmental taxonomy[C]. Sanfrancisco: The Annual Meeting of the American Educational Research Association, 1989.

[13] 苏真，邢克超，李春生. 比较师范教育[M]. 北京：北京师范大学出版社，1991.

[14] 陈桂生. 教育学的迷惘与迷惘的教育学——建国以后教育学发展道路侧面剪影[J]. 华东师范大学学报(教育科学版)，1989(3): 33-40.

[15] 汪霞. 从比较教育的观点谈我国师范院校教育课程的改革[J]. 高等师范教育研究，1996(2): 20-27.

[16] 刘问岫. 当代中国师范教育[M]. 北京：教育科学出版社，1993.

（本文责任编辑：胡苇）

（原载《高等师范教育研究》，1999 年第 6 期）

关于教师教育改革发展的十个观点①

管培俊

（教育部师范教育司，北京 100816）

[摘要]我国教师教育的发展正处于一个历史性转折和重要的时期。为了在教师教育改革发展的总体思路上达成共识，本文从认识论和方法论的角度阐述了有关教师教育改革发展的十个重要观点，这些对我国的教师教育具有积极的指导意义。

[关键词]教师教育；改革与发展

[中图分类号]G659.21　[文献标识码]A　[文章编号]1672-5905(2004)04-0003-05

Conceptions of Teacher Education Reform and Development

Guan Peijun

（Department of Teacher Education，Ministry of Education，Beijing，100816，China）

Abstract：Currently，teacher education in China is in a historically crucial period of transition and development. In order to have a consensus in the overall understanding of teacher education reform and development，this paper discussed the 10 key conceptions of teacher education from epistemological and methodological perspective.

Keywords：teacher education，reform and development

经过百年历史，我国教师教育的发展正处于一个历史性转折和重要的时期。情况在变化，实践在发展，认识在深化。教师教育该向何处去？全社会关注着我国教师教育的走向，教师教育战线面临着重大课题和严峻挑战。当此之时，审时度势、正确判断、果敢抉择对于促进教师教育事业的发展和把

[作者简介]管培俊，教育部师范教育司司长。

①本文原载于《光明日报》2004 年 2 月 5 日版"教育周刊"，经作者修改后刊出。

控教育的全局至关重要。为了在教师教育改革发展的总体思路上达成共识，需要在认识论和方法论方面强调以下十个观点。

一、教师教育在教育事业中处于优先发展的战略地位

教育在社会经济发展中具有优先发展的战略地位；教师教育在教育发展中处于优先发展的战略地位。这是第五次全国师范教育工作会议上确立的关于教师教育的重要命题和战略方针。教师教育优先发展的战略地位体现在它的基础性上，师资是构成教育条件的首要资源；体现在它的先导性上，教师教育应当引领教育理念的新潮流，反映改革发展的新趋势；体现在它对促进教师队伍建设和教育事业发展的关键性和急迫性上。教师是教育事业的第一资源。从一定意义上说，教师的质量就是教育的质量，教育的差距归根结底是教师的差距。教师队伍的整体素质是国家综合实力之所系、全民族素质之所系。实施人才强国战略必须首先重视教师资源；开发人才资源必须首先开发教师资源。建设学习型社会，教师应当率先成为终身学习的模范，教师群体应当率先成为学习型组织的模范，教师终身学习体系应当率先成为全民终身学习体系和学习型社会的模范。教师教育作为教育事业的工作母机，事关教育改革发展的全局和建设更高水平小康社会的目标。我们应该从这样的高度认识教师教育优先发展的战略地位。有一种教师教育边缘化的观点认为，社会经济发展在把教育推向社会中心的同时，把教师教育推向了边缘。这事实上反映了人们对于现状的一种忧虑。一个全民学习、终身学习的学习型社会不能把教师教育置于边缘地位；一个低素质师资充斥的国家不可能实现全面建设小康社会的目标。但是，这种看法和担忧使我们意识到，有必要对新时期教师教育的战略意义与历史使命进行再认识。当前对教师教育的认识存在两大误区：一是将教师教育的改革误解为全盘否定中国教师教育及其成功经验，表现出历史虚无主义的观点；二是将教师教育的开放性误解为取消主义，认为教师来源多元化、师范院校加强综合性、综合大学参与教师教育就是淡化教师教育，甚至是取消教师教育。事实上，开放教师教育旨在更大范围动员和利用优质教师教育资源，把教师教育这项事业做大做强；旨在改革人才培养模式，在开放的环境下和多学科综合的背景下，在更高水平的学术平台上培养高素质教师，而绝不是淡化教师教育，更不是否定和取消教师教育。有需求就会有供给，有教育就会有教师，就会有教师教育。教师专业化

是世界性潮流，教师教育前景广阔。教师教育的载体和具体途径也许不是唯一的，但是教师教育作为一项事业是永恒的。教师教育是一个巨大的市场。教师工作怎么做也做不够，抓教师教育什么时候都不会错，对教师教育怎么重视也不为过。那种全盘否定中国教师教育的贡献和经验，把我国教师教育说得一无是处的历史虚无主义观点，那种曲解教师教育的改革思路和开放性，削弱或取消教师教育事业的取消主义观点都是错误的。在教师教育的地位和发展趋势问题上，任何无可奈何、停滞不前的观点，悲观的、无所作为的、取消主义的观点都是缺乏依据的。

二、教师教育是国家的事业和政府的责任

教师教育是国家的事业、政府的责任。在高度集中的计划经济体制下，整个社会资源的配置，包括教师教育资源的配置依靠纯粹的行政手段、指令计划，弊病是缺乏竞争、缺乏效率。在市场经济条件下，教师教育的运行机制要由单纯的政府行为转向将政府行为、学校行为和教师个体行为相结合，充分利用市场竞争机制有效配置资源，提高教师教育的质量与水平。但市场不是万能的，市场不完全适合公共产品和公共服务领域，包括教育尤其是义务教育。政府要通过法律的、行政的和经济的手段对教师教育的改革发展进行宏观管理、正确导向，并予以强有力的支持。这一点要非常明确。教师培养需要国家支持，教师培训更需要国家支持。即使是教师的学历及学位的提高，也是国家从总体上提高教师队伍素质的重要举措，不完全是个人行为，与一般意义上属于成人教育范畴的个人自主进修不同。如果把教师培训看作纯粹的个人行为，教师队伍的专业化和整体素质的提升就会是一个缓慢的自发过程，我们就不可能尽快地实现大幅度提升教师队伍素质的目标；如果任由市场的盲目力量自发地起作用，我们就有可能毁掉教师教育事业。因此，在市场经济条件下，一方面要充分利用市场竞争机制，发挥教师个体的积极性，建立教师终身学习、不断学习的动力机制；另一方面要强调政府的义务和责任，这是教师教育事业安身立命之本。在市场经济条件下，政府不但不能减弱对教师教育的责任，而且应保证，越是搞市场经济，越要强化针对公共事业的政府行为，越要加强对教师教育的宏观管理，为教师教育营造制度环境，并予以有力支持。不同的是，政府的职能和管理方式发生了变化。主管部门不再直接管理院校，而是管理教师教育事业；管理方式不再靠纯粹的

行政手段，而是将经济手段、法律手段、行政手段有机结合。政府的责任主要体现在：加强政策导向，从根本上提高教师地位和职业吸引力；吸引优秀学生报考教师教育专业，鼓励大学毕业生到中小学尤其是农村中小学任教；落实教师教育经费，形成良性的教师培训成本补偿机制和投入机制；对基地建设、资源开发、教师培训尤其是边远贫困地区教师培训直接给予经费支持；加强培训监管，制定教师教育机构的资质条件、课程和质量标准，并建立检查、监督机制。

三、教师教育需要有一个开放灵活的体系

教师教育是永恒的事业。尤其在中国这样的发展中国家建设学习型社会，一个相对完整和稳定的、具有生机和活力的教师教育体系即教师终身学习体系是十分必要的。建立一个具有中国特色的教师教育体系是我国的一条经验，体现了我们的优势。不同的是，计划经济体制下教师教育体系是独立的、封闭的，市场经济条件下教师教育体系应当是灵活、开放的。具有中国特色的教师教育体系是一个自上而下的庞大的系统，这是基础教育体系的支持系统，也是高等教育体系的一部分。改革是清醒的，不是盲目的；改革是扬弃，不是全盘抛弃。我们要做清醒的改革者，不要认为实行开放的教师教育、综合大学参与培养培训教师、面向社会遴选优秀教师就是削弱和取消教师教育体系。恰恰相反，我们的任务是积极地改革、完善和构建一个适应教育改革发展需要的、开放的现代教师教育新体系。

四、发展教师教育事业是大学的使命，职前职后一体化是必然趋势

由于历史的原因，我国教师教育体系形成了教师培养与培训分离、培养机构与培训机构并行的二元结构。培训机构主要承担教师的培训和学历补偿教育。随着学历补偿教育的基本完成，教师继续教育的任务转变到提高学术水平和教育教学能力上来。教师培养系统和培训系统分离导致优势不能互补、优质资源不能共享，显然不利于教师终身学习和职业发展。教师教育要提高办学层次，必须改变培养、培训分离的状态，实现一体化，并将教师教育逐步纳入高等教育体系。一体化首先要求促进机构的整合和一体化。要通过多

种途径促进教师培训机构与师范院校整合。要充分利用和整合现有的教师进修院校、网络教育校外学习中心(点)、教研室、电大工作站、教育研究机构等，逐步建成多功能的区域教师学习与资源中心，以负责本地教师培训的组织、协调与管理，为各种途径和形式的教师学习提供资源、信息和技术等方面的服务。区域教师学习与资源中心可作为大学的一个分支机构，根据各地不同情况，可以是大学中的一个教师培训学院(紧密型)，也可以是一个和大学联系的培训中心(半紧密型)。这就要求我们一方面积极推进教师教育一体化，打破条块分割、地域界限、旧的分工和体制阻隔，将教师教育逐步纳入高等教育体系，通过大学的学科优势和多学科综合的优势，培养、培训高素质教师；另一方面认识到发展教师教育事业是大学的使命，强调大学尤其是高水平大学对培养、培训中小学教师的责任。坚持教师教育为基础教育服务的方向，促进大学与中小学的结合是国际趋势。现在的问题是，低水平的培训不能适应发展要求，而许多具有学科优势的大学由于不了解中小学，不能很好地承担教师培训尤其是新课程师资培训任务。因此，师范院校一定要与中小学校密切结合，与中小学教育教学一线教师密切配合，否则，教育学科就得不到创新、加强和发展。师范院校放弃教师教育也就等于丢掉了特色，丢掉了特色也就等于丢掉了优势。中国不缺一般的综合大学，缺的是培养高素质教师的综合大学。

五、教师教育必须推进信息化、现代化

信息技术的广泛应用不仅改变着人们的工作和生活方式，也改变着教育和学习方式。以教育信息化带动教育现代化是促使教育事业实现新的跨越式发展的关键因素。信息化为教师的终身学习和职业发展创造了有利条件，为教师插上了腾飞的翅膀，为大规模、高水平、高效益地开展教师的全员培训提供了现实可能。教师教育应当抓住这一契机，率先推进信息化进程，实现跨越式发展。在教师继续教育中，应充分运用现代远程教育手段，打破时空阻隔，沟通各种教育形式，共享优质资源，大规模、高质量、高效益地培养培训教师。教育部启动实施全国教师教育网络联盟计划的宗旨就是，以远程教育手段为突破口构建教师终身学习体系，人网、天网、地网相结合，培养、培训一体化，学历教育与非学历教育相沟通，在开放的环境下充分发挥教师教育机构的优势，动员高水平的高等学校和社会力量广泛参与，共建共享优

质资源，为全面提高教师素质提供有力支持。现代远程教育手段的运用一定要因地制宜。发达地区、网络环境比较好的地方，网络、卫星电视、光盘和其他媒体要交互使用；尚不具备网络环境的农村尤其是偏僻地区，可充分利用光盘和卫星电视开展教育。同时，教师远程教育要与学校教育、面授辅导相结合。机器永远不能完全代替面对面的教学，教师的职业养成离不开学校文化的熏陶。

六、教师教育事业必须转换运行机制

教师教育是国家的事业，但在市场经济体制下，必须转换运行机制，由过去单纯的政府行为，转变为以政府为主导，政府行为、学校行为、教师个人行为三结合，在强调政府责任的同时，充分利用市场机制，打破封闭、排除障碍、鼓励竞争，争取和利用全社会的优质资源培养、培训教师。

政府行为与市场机制有机结合，首先体现在教师用人机制的重大转变上。传统的用人机制认为，教师职业是"铁饭碗"，由于缺乏竞争，教师学习与提高的积极性不高，教师培训成为单纯的政府行为。在市场经济体制下，中小学教师资源总体上仍由政府供给，但要通过劳动力市场配置引入竞争机制，不再依靠纯粹的行政调配。教师要想靠学识、能力和水平参与竞争，就要不断学习与提高。竞争使参与教师培训成为教师个人的职业准备，成为个人行为，而不再仅仅是政府行为。这种转变要求我们必须积极推进教师教育的制度创新，完善教师继续教育制度，建立有利于教师终身学习和专业发展的教师培训机制；建立教师教育机构的资质认证制度、质量标准和项目竞标制度；在经费投入上，坚持政府、学校、个人"三个一点"的原则，以政府投入为主渠道，实现渠道多元化，形成教师教育的成本补偿和良性的经费投入机制。

七、教师教育必须推进规范化、法制化

必须积极推进教师教育的制度创新和法制化建设。修订《中华人民共和国教师法》和《教师资格条例》，制定《中华人民共和国教师教育条例》，建立和完善教师准入制度、教师资格认定制度、教师终身教育制度、教师教育机构资质认证制度、课程质量评估制度以及教师教育经费投入保障制度。特别要加强对教师培训市场的监管，造成当前教师培训中的诸多问题和无序现象的原因就是法制化、制度化方面存在不足。一些地方的教师培训管理体制混乱，多头管理、低水平重复，乱办班、乱收费，真正需要管理的事情没人管，这种状况已经严重影响到教师培训的正常进行，也影响到政府的声誉。因此，教师培训工作必须理顺管理体制。

理顺管理体制包括三个方面。一是理顺部门之间的关系。按照国家的有关规定，教师教育应由教育行政部门负责，教师培训包括外语、信息技术的教学应用培训和考试，应全部由各级教育行政部门负责归口管理并组织实施，承担教师培训的单位必须经过教师培训机构资质认证，全国性教师培训的内容和课程教材必须经过教育部教师教育课程资源专家委员会认定。二是理顺教育系统内部相关部门之间的关系。教师教育不是一项独立的事业，它总体上依托高等教育，是高等教育的一部分，又为基础教育服务。师范教育主管部门负责归口管理并组织实施各种教师培训，要与基础教育部门加强沟通、密切配合，为基础教育的改革发展服务。三是理顺教师教育和教师工作系统内部之间的关系。各地的管理体制不同，关键是协调配合。职能部门的职责是管理教师教育事业，不能只针对中等师范院校和培训机构，工作重心要转向所有举办教师教育的学校，并努力促进教师培训机构与高等师范院校的联系。

八、教师教育的发展必须和教育人事制度改革相衔接

教师教育的发展是教师队伍建设的一个重要环节。教师教育的发展必须在教师队伍建设的总体框架下进行，与教师准入制度和人事制度改革相结合。提高教师社会地位和职业吸引力，创设支持教师专业化发展的良好制度环境。推进教育人事制度改革，实行教师资格认定、全员聘任、竞争上岗，促使教师自觉学习，从而促进教师的继续教育，推动教师的职业发展。同时，教师继续教育的加强会有力地促进人事制度的改革，促进教师队伍的建设。教育人事制度改革不仅包括建立教师教育的竞争机制，更重要的是为教师教育的发展创造一个良好的制度环境。教师地位提高了，教师职业有了吸引力，教师教育事业才能真正具有强大的动力和吸引力。

九、教师教育必须不断创新，与时俱进

我国师范教育经过百年历史，它本身就是与时俱进的产物，也要在与时俱进中得到发展。我国教师教育必须研究自身的经验，把握国际趋势，解放思想、实事求是、改革创新、与时俱进，如此才能实现战略性转变和跨越式发展。改革创新要根据教师专业化的要求，以有利于提高教师实施素质教育的能力和水平为宗旨，不断适应新形势、研究新情况、解决新问题、采取新举措，不断为教师教育注入新活力，从而实现教师教育的理论创新、制度创新以及内容、方法和技术手段的创新。

中华人民共和国成立以来，尤其是 20 世纪 80 年代以来，我国教师教育的发展取得了巨大的成就，教师教育系统支持和保证了全世界最大的基础教育事业的师资供给，这是师范教育对中国教育的历史性贡献，功不可没。可以说，没有师范教育的成就，也就没有基础教育的今天。抹杀了师范教育的成就，也就等于抹杀了中国教育的成就。但是我们也必须看到，社会经济的变化使教师教育面临着严峻挑战。为适应全面建设小康社会的要求，关于培养什么样的教师，我们必须做出回答。封闭的教师教育体系必须开放，要利用更多的优质资源来培养教师，在更大范围内选择教师。这就要求我们必须以教师专业化为导向，以提高质量和水平为中心，改革传统教师培养模式，改革教育教学和课程教材，实现学科水平与教育水平同步提升，提高教师教育整体质量和水平，培养高素质、专业化的教师。党的十六大报告指出："一切妨碍发展的思想观念都要坚决冲破，一切束缚发展的做法和规定都要坚决改变，一切影响发展的体制弊端都要坚决革除。"推进教师教育创新是我们的重大历史责任。

十、教师教育改革发展一定要从国情出发

教师教育改革刻不容缓，但同时，必须充分考虑中国社会经济、教育发展的阶段性和非均衡性，体现地区差别和城乡差别，总体规划、分类指导、分区规划、分步实施。要坚持实事求是，善于分析形势、审时度势。我们既要改革，又不能盲目冒进，一定要把握好这个度。恰当地把握改革的方向、步骤和进程，不搞一刀切、一阵风。在战略上，我们要推进师范教育体系的

调整和改革，积极推进培养、培训一体化，逐步把教师教育纳入高等教育体系。从院校体系来说，实现三级师范向二级师范的过渡，具备条件的地方向一级师范过渡；从培养层次来说，"老三级"（中专、大专、大学本科）向"新三级"（大专、大学本科、研究生）过渡。但在推进策略上，必须考虑中国社会经济、教育非均衡发展的特点，千万不要忽视农村边远地区的实际情况，不要把对城市和发达地区的要求搬到边远偏僻地区。既不能因谨慎而坐失良机，也不能因盲目冒进而不得不走回头路，付出更大的代价。在教师教育体系的调整过程中，要特别注意防止这两种倾向。一些地方优质教师教育资源流失很可惜。有特色、有优势、有需要并具备条件的地区的中等师范院校可以升格或并入高等院校，但应当继续保留中等师范院校的办学特色，为农村培养、培训小学、幼儿园教师。重要的不在于机构怎么设，而是看资源是不是在教师教育领域，是不是为教师的培养、培训服务。在教师教育改革中，优质资源千万不能流失，教师教育工作千万不能被削弱。不同情况区别对待、具体问题具体分析是推进教师教育改革的一项重要原则。

（本文责任编辑：刘东敏）

（原载《教师教育研究》，2004 年第 4 期）

关于师范生免费教育的若干思考

黎婉勤

（东莞理工学院师范部，广东东莞 523808）

[摘要]师范生免费教育在我国有着悠久的历史。在当前落实科学发展观、构建社会主义和谐社会的时代背景下，新的师范生免费教育政策的提出具有特别重要的意义。为了提高师范生免费教育的效果，文章提出如下几种观点：同一所招收师范生的院校应该同时提供免费和收费两种选择；今后师范生免费教育的重点应该放在地方性师范院校；在推行师范生免费教育的同时，必须完善相关措施。

[关键词]师范生；免费教育；教师教育

[中图分类号]G650　[文献标识码]A　[文章编号]1672-5905(2007)03-0024-05

Thoughts on Free Education for Students in Teacher Education Program

Li Wanqin

(Dongguan University of Technology，Dongguan，Guangdong，523808，China)

Abstract：Free education for students in teacher education program has a long history in China. Under the circumstances of implementing the scientific concept of development and building a harmonious socialist society, the newly proposed policy of free education is especially important to students in teacher education program. To enhance the effect to free education，the following views are presented in this article. A normal university or college should provide two options for students：free or non-free. In future，the focus of free ed-

[收稿日期]2007-04-05

[作者简介]黎婉勤，东莞理工学院师范部讲师，北京师范大学教育学院访问学者，硕士，主要研究方向为教师教育、高等教育。

ucation should be on local normal universities and colleges. Measures should be improved when the new free education policy are carried out.

Keywords：students in teacher education program，free education，teacher education

2007 年 3 月 5 日，温家宝在政府工作报告中提出，国家将在教育部直属的 6 所师范大学实行师范生免费教育。我国曾经长期实行但一度中断的免费师范教育重返大学校园。在中央政府的示范作用和榜样效应的影响下，相信未来免费教育也会在一些地方性师范院校逐渐推行。本文在回顾师范生免费教育的历史和分析免费师范教育政策意义的同时，还将深入探讨在这一政策推行中应该思考和注意的问题。

一、师范生免费教育的历史回溯

师范生免费教育可以追溯到一百多年前中国第一所国立综合性大学——京师大学堂成立时期。1902 年，《钦定京师大学堂章程》中规定："师范出身一项，系破格从优以资鼓励。"[1] "出身"指待遇和毕业后的出路。1904 年的《奏定优级师范学堂章程》则明确规定师范生"在学费用，均由官费支给"，并对师范生的就业做出了限制：毕业后必须尽教职义务 6 年……不尽教职义务，或因事撤销教员凭照者，酌令缴还在学时所给官费，以示惩罚。[2] 这些规定几乎影响了中国教师教育一个世纪。

中华民国成立后至 1922 年一直实行师范生免费制度。在壬戌学制颁行后，师范生的公费待遇曾一度取消，结果使师范类专业对家境清贫但成绩优秀的学生失去了吸引力，影响了师范教育的健康发展。1932 年后，《师范学校法》《师范学院规程》陆续颁行，明确规定恢复师范生的免费待遇。于是，师范教育迅速康复，并取得了长足的进步。[3]

中华人民共和国成立后，所有大学都实行免费入学，早有免费传统的师范院校也不例外。师范院校可提前录取，实行人民助学金制度，除与一般本科生享受同样优惠外，师范生每月都可获得一定的补助。

1993 年出台的《中国教育改革和发展纲要》中提出了"逐步实行收费制度"的改革思路。1996 年颁布的《高等学校收费管理暂行办法》指出，高校"学费标准根据年生均教育培养成本的一定比例确定"，"农林、师范、体育、航海、民族专业等享受国家专业奖学金的高校学生免缴学费"。

1997年以来，师范院校逐渐开始收费。2000年，教育部、国家计委和财政部联合下发《关于2000年高等学校招生收费工作若干意见的通知》，为高等师范院校在招生收费方面的改革提供了政策依据。此后，师范生的免费时代暂告一段落，师范生也开始不受限制，自由就业。近年来，师范生源质量和教师职业声望下降，而且伴随收费制度而生的就业自主制度令贫困地区的农村中小学教师匮乏问题日益严重。因此，在当前落实科学发展观、构建社会主义和谐社会的时代背景下，免费师范教育的"回归"影响深远，意义重大。

二、当前实施师范生免费教育的重要意义

(一)师范生免费教育政策有利于促进教育均衡发展和教育公平

坚持把教育摆在优先发展的战略地位，是我们党和国家提出并长期坚持的一项重大方针。此次师范生免费教育的提出是教育优先发展精神的又一次体现，是促进教育均衡发展和教育公平的又一重大举措。

1997年师范院校开始收费后，报考师范院校的优秀生源明显减少，师范院校中比较优秀的毕业生也不去从事教育工作。因为在同样要交费、自主择业的条件下，教师职业越来越不被人看好。选择教师职业的优秀人才越少，教育的发展越受制约。而愿意从教的人也多往经济发达地区跑，贫困地区的农村中小学教师严重匮乏，贫困地区的教育景况甚忧。近年来，教育中由于师资分布不均衡所造成的地区差异、校际差异等引发了人们对教育的诸多批评，社会对教育公平的呼声日益高涨。

本次师范生免费教育"回归"，蕴含了国家领导人对教育公平和教育均衡发展乃至国家全局发展的深刻思考。尽管高等教育是更具有私人产品属性的教育类别，但是与其他专业教育相比，师范教育仍具有明显的公共产品属性，这是由义务教育的公共性特征决定的。义务教育是现代社会每一个公民都必须接受的教育，是每一个公民实现向上流动的起点，只有每一个人都平等地享受到优质的教育，整个社会的公平才有望实现。优质的教育必须依赖于优质的教师，目前国家通过公共财政干预机制来调控师范教育的发展，从根本上有利于保障教育的公共产品属性。在教师待遇和社会地位日益提高的今天，师范生免费教育既为贫困学生提供了上大学的机会，又能吸引更多优秀的人才加入教师队伍。而伴随免费教育而实施的师范生

就业相关制度有利于保障贫困地区和薄弱学校中小学教师来源的优质性和相对的稳定性。这意味着教育的均衡发展和教育公平将得到更大的保障。

(二)师范生免费教育将进一步营造尊师重教的社会氛围

在教育部直属师范大学实行师范生免费教育，其目的之一就是要进一步形成尊师重教的浓厚氛围，让教育成为全社会最受尊重的事业。

目前社会上对教育多有指责，社会上不尊重教师的现象也常有发生，这其实很大程度上是由于教师整体素质不高造成的。在目前高校学费高涨的背景下，免费的师范教育将吸引许许多多优秀的高中毕业生选择师范类专业。而如果今后我国能逐步提高教师各方面的待遇并提高教师从业门槛的话，那么越来越多的优秀教师将坚守基础教育第一线。优质的教师必定带来优质的教育，而优质的教育必定会使广大人民群众认可和尊重教师。

而从中央政府的角度来看，师范生免费教育表明了政府对教育的高度重视，同时表明了教师在国家全局发展中的重要地位。"国将兴，必贵师而重傅"，推行师范生免费教育正是政府尊师重教、落实科教兴国战略的示范性举措。随着师范生免费教育的逐步推行，教师和教育的重要性将越来越深入民心，尊师重教的社会氛围亦将日渐浓厚。

(三)师范生免费教育是全面持续提升中小学教育质量的重要保障

师范生免费教育就是要培养大批优秀的教师，就是要提倡教育家办学，鼓励更多的优秀青年终身做教育工作者。而只有这样，中小学教育的质量才可以得到保证。

目前素质教育推进的过程中出现了一些问题，基础教育课程改革的实施也面临挑战，虽然影响因素是多方面的，但中小学教师作为基础教育的主要实施者，其作用不容忽视。也就是说，中小学教师素质的高低直接影响着我国基础教育改革的成败。在向师范生收费以后，师范院校师范类专业的生源质量逐年下降，只有少数成绩优秀的学生愿意报考师范类专业，而其中也不乏一些因为没有信心考到理想的学校才选择师范类专业的学生。长此以往，我国中小学教师的素质将得不到保证，中小学教育质量将不可避免地下滑，而这对我们国家和民族的长远发展极为不利。所以，推进素质教育，提高教育质量，首先还是要提高教师队伍的素质。师范生免费教育可以吸引更多更有才华的人报考师范类专业。正如东北师范大学教授、博士生导师柳海民所说的那样，"提高教师质量，进而提高人才质量是建设创新型国家的根本，此次师范生免费教育试点政策的出台，正是抓住了培养优秀教师的源头"[4]。

(四)师范生免费教育将为广大贫困家庭的学生带来希望和动力

我国师范教育在 20 世纪 90 年代中期前一直实行学费减免等优惠政策，在高等教育进入大众化阶段的背景下，加上受教育产业化思潮的影响，我国才引入了教育成本分摊机制，向学生收取学费。教育成本分摊虽然对弥补教育经费不足发挥了重要作用，但由于我国经济发展不均衡，农村经济比较落后，社会保障和资助体系又不健全，这一改革使一些下岗职工和农村贫困家庭的孩子上大学的愿望难以实现。从国家角度考虑的话，这也意味着大量潜在人才的夭折。

师范生免费教育的消息如一声春雷，给广大贫困家庭带来了喜悦和希望。这一消息使曾经因担心无力缴纳大学昂贵学费而准备放弃学业的学子重新燃起上大学的希望，他们会因此而更加发愤学习。如此，在你追我赶的学习氛围中，国家将出现更多的优秀人才。一旦这些学生考取了师范类专业，他们将倍加珍惜来之不易的学习机会，继续努力，报效祖国。

三、关于完善当前师范生免费教育政策的思考

综上所述，师范生免费教育是一件利国利民的事。但如何使好事变得更好？如何避免在实施这一政策时带来的一些负面影响？如何使国家因实施免费师范教育政策而付出的成本获得最大的回报？以下是笔者关于当前师范生免费教育的一些思考。

(一)同一所招收师范生的院校应该同时提供免费和收费两种选择

综观中国师范教育史，师范生收费制度经历了全免费，全收费，免费、收费并存三种形式。目前，在社会经济发展不平衡、人们自主愿望增强的背景下，同一所招收师范生的院校同时提供免费和收费两种选择应该是一种比较稳妥的做法。

1. 同时提供免费和收费两种选择是教育公平的又一体现

师范生免费教育意味着一定程度上的就业限制，这对于希望自主择业而又有能力付费的学生是不公平的。同时提供一部分收费的师范教育机会有利于满足不同学生的不同需要，这不失为一种公平而又灵活的做法。当然，免费生和收费生的具体比例还需认真测算，以保证今后农村教师的数量和质量。

2. 同时提供免费和收费两种选择可保证生源的多样性，有利于素质教育的实施

根据以往的经验，接受免费师范教育的学生大部分来自经济水平相对落后的家庭和地区。这些学生学习认真、吃苦耐劳，但由于其家庭经济条件和成长环境方面的影响，他们往往在艺术素质、中英文口头表达、人际交往等方面有所欠缺。

同时提供免费和收费两种选择可以保证生源的多样性。执行全收费政策时吸引不到更多学业成绩优异的人报考师范类专业，而全免费的话又可能吸引不到学业成绩一般而综合素质较高的学生。两全之策就是同一所招收师范生的院校同时提供免费和收费两种选择。收费生分数可以略低于免费生，而免费除了可以吸纳高分生外，还可以吸引特长生。

(二)今后师范生免费教育的重点应该放在地方性师范院校

中央政府把教育部直属的师范大学作为师范生免费教育的试点，可能更多地希望这几所师范大学能在培养师范生的院校中发挥示范作用。但实质上，地方性师范院校的师范生更需要免费。

首先，教育部直属师范院校的毕业生从事中小学教育的比例并不大。曾有相关人员表示，这一比例达不到30%，而其中，愿意到农村基层当老师的更是少之又少。教育部直属的 6 所师范院校提供师范生免费教育，虽然可以吸引成绩优异的学生，尤其是成绩优异的贫困学生就读师范类专业，但很难实现补充农村贫困地区教师队伍、提高农村贫困地区中小学师资水平的目的。相反，受对家乡和亲人的眷恋等因素的影响，地方性师范院校尤其是中西部地区的地方性院校的师范生扎根农村中小学的为数更多。如果在这类学校实施师范生免费教育，其意义可能更大。

其次，尽管教育部直属师范院校中也有贫困生，但是总体上看，地方性师范院校中的贫困生更多。据"高等教育公平问题"课题组的研究显示，"地方性院校聚集了最多的农村学生和最多的高校贫困生"。因此，相对于教育部直属师范院校的学生，地方性师范院校的学生更需要得到免费制度的润泽。[5]

因此，我们希望师范生免费教育政策在教育部直属师范院校试行后能尽快普及所有院校，并把师范生免费教育的重点放在地方性师范院校尤其是中西部地区的地方性院校。

（三）在推行师范生免费教育的同时必须完善相关措施

在谈到如何用好中央政府用于支持师范生免费教育的专项经费时，人大代表盛连喜提出了新"三好"的观点：把好的学生吸引来，在学校培养好，到基层服务好。[6]那么，要达到这"三好"，在实行师范生免费教育的同时必须完善相关措施。

首先，"把好的学生吸引来"。这里的好不仅仅是指分数，对于未来的教师而言，更重要的应该是指教师专业情感和教师专业潜质。所以，在推行师范生免费教育以保证生源充裕的条件下，应该实行严格的面试制度。面试制度至少可以发挥两种作用。第一，考生填报志愿时如果认为自身不适合当老师，可能就不会仅仅因为免费而报考师范类专业。这就意味着面试制度能够在考生填报志愿阶段就淘汰掉一批考生。第二，面试是培养优秀的中小学教师的前提和保证。有研究表明，优秀的中小学教师除了受惠于良好的专业教育外，很大程度上依赖于本人在接受师范教育以前已经具备的综合素质。[7]例如，活泼热情、口齿伶俐、反应敏捷等素质是一个优秀教师必须具备但仅靠短短几年的师范教育无法培养的。由此可见面试对于选拔师范生的重要性。

其次，"在学校培养好"要求师范教育教学必须改革。师范教育长期遭受外界质疑，其中来自中小学用人单位的批评更甚。外界的不满主要集中在教师的学科专业能力不强、师德下降、师范性弱、实践能力差等几个方面。师范生免费教育政策带来的生源素质的提高正好给师范教育改革带来契机。今后，师范教育必须围绕培养优质中小学教师的目标，加大力度改革师范生培养模式，加强课程、教材和教学资源、师资队伍、实践环节等方面的建设，为创新教师教育体系而努力。

最后，要实现师范毕业生"到基层服务好"，就必须加大对农村基础教育的投入。虽然国家可能会对接受免费教育的师范生采取一定的就业限制及制定违约后的惩罚措施，以保证师范毕业生"到基层服务"；但是，如果师范生工作流动的收益高于成本的话，师范生违约现象仍然会大量出现。长期以来，投入不足是制约我国义务教育发展的主要原因。而在财力薄弱的农村，这个问题尤为突出。由于收入水平低、工作条件差、学校校舍和设备落后等因素的存在，仅仅要求教师无私奉献是难以把教师留在基层的。把优秀师资留在基层的最好办法就是加大对农村基础教育的投入，提高教师的地位和待遇，缩小各地区以及城乡的差距。2006年修订的《中华人民共和国义务教育法》中提出，义务教育由"省、自治区、直辖市人民政府统筹规划实施"，将发展地方义务教育的责任更多地赋予财力较为雄厚的省级政府，使义务教育经费投入得到了相应保障。同时，国家对落后地区的农村基础教育也有着义不容辞的责任。问题意识有了，法律和政策有了，我们期待各级政府从行动上务实地给农村基础教育以越来越多的扶持和帮助。我们期待师范生免费教育的初衷在不久的将来得以真正实现。

[参考文献]

[1] 舒新城. 中国近代教育史资料(中册)[M]. 北京：人民教育出版社，1981.

[2] 周然毅. 中国师范教育的历史、现状和未来[J]. 清华大学教育研究，2000(3)：73-82.

[3] 喻本伐. 师范生免费的传统不能丢[J]. 教育研究与实验，1993(4)：35-36.

[4] 苏婷. 师范生免费抓住了培养优秀教师的源头[N]. 中国教育报，2007-03-07.

[5] 王欣，傅新. 免费师范教育制度是否值得重新推广[N]. 中国改革报，2006-10-27.

[6] 翟帆，赵秀红. 让教育成为最受尊重的事业——全国政协委员热评部属师范大学师范生免费教育[J]. 云南教育(视界综合版)，2007(3)：25-26.

[7] 王邦佐，陆文龙. 中学优秀教师的成长与高师教改之探索[M]. 北京：人民教育出版社，1994.

（本文责任编辑：江东）

（原载《教师教育研究》，2007年第3期）

我国教育硕士专业学位教育
发展历程的回顾与前瞻

张斌贤[1]，翟东升[2]

(1. 北京师范大学教育学院，北京 100875；2. 北京师范大学研究生院，北京 100875)

[摘要]本文梳理了我国教育硕士专业学位教育十年来的发展历程，总结了教育硕士专业学位教育发展的经验，并对教育硕士专业学位教育今后的发展趋势进行了展望。

[关键词]教育硕士；专业学位

[中图分类号]G659.21　[文献标识码]A　[文章编号]1672-5905(2008)03-0004-04

The Retrospection and Prospection of Professional Master Degree
of Education in China

Zhang Binxian[1]，Zhai Dongsheng[2]

(1. School of Education，Beijing Normal University，Beijing，100875，China；

2. Graduate School，Beijing Normal University，Beijing，100875，China)

Abstract：This article investigates the decenary development of Professional Master Degree of Education in China. On this basis，the article summarizes the experience from it and expects its developing trend in the future.

Keywords：Master of Education，professional degree

　　1996 年 4 月，国务院学位委员会决定设置教育硕士专业学位。1997 年 9 月，首批攻读教育硕士专业学位的学员入学。由此，我国教育硕士专业学位

[收稿日期]2008-02-01

[作者简介]张斌贤，全国教育硕士专业学位教育指导委员会秘书长，北京师范大学教育学院院长，教授。

教育事业发展掀开了序幕。十年来，在国务院学位委员会、教育部的领导下，在社会各界的大力支持下，全国教育硕士专业学位教育指导委员会和各培养院校以服务我国基础教育的改革与发展、服务新时期中小学教师队伍建设和教师专业化为宗旨，解放思想，大胆探索，不断深化改革，努力构建和完善具有中国特色的教育硕士专业学位教育体系，培养了一大批高素质的中小学教师和教育管理干部，为推进我国基础教育的改革与发展，加快我国教育现代化进程做出了重要的贡献。与此同时，教育硕士专业学位的设置也是我国学位和研究生教育改革与发展的重要成果。它丰富了我国硕士研究生教育的类型，适应了学位与研究生教育结构调整的客观需要。

一、教育硕士专业学位教育的发展历程

1996 年 4 月 13 日，在充分论证和广泛征求意见的基础上，国务院学位委员会第 14 次会议批准设置教育硕士专业学位，并决定以北京师范大学、华东师范大学、东北师范大学、华中师范大学、陕西师范大学、西南师范大学等 16 所高校为首批试点培养单位，同时成立了全国教育硕士专业学位教育专家指导小组，由时任国务院学位委员会教育学科评议组召集人的顾明远教授任组长，指导小组秘书处设在北京师范大学研究生院。

1999 年 7 月，国务院学位委员会、教育部决定成立第一届"全国教育硕士专业学位教育指导委员会"，顾明远教授为主任委员，国务院学位委员会教育学科评议组召集人、华东师范大学叶澜教授，华南师范大学何艳茹教授，国务院学位委员会心理学科评议组召集人、天津师范大学沈德立教授为副主任委员，北京师范大学裴娣娜教授任秘书长，教育指导委员会秘书处设在北京师范大学研究生院。

2006 年 2 月，国务院学位委员会、教育部批准成立第二届"全国教育硕士专业学位教育指导委员会"，国务院学位委员会委员、北京师范大学校长钟秉林教授为主任委员，叶澜教授、教育部基础教育司朱慕菊副司长、教育部师范教育司宋永刚副司长为副主任委员，北京师范大学教育学院院长张斌贤教授任秘书长。

从 1996 年到 2007 年，由全国教育硕士专业学位教育指导委员会审议、国务院学位委员会办公室批准，承担教育硕士培养职责的院校从最初的 16 所增至 57 所。这 57 所院校中，既有教育部直属师范大学，又有省属师范大学；

既有长期从事教师教育的高等师范院校，又有综合性大学。值得注意的是，在 57 所教育硕士培养院校中，综合性大学占了较大的比重（占总数的 36.8％），这反映了教师教育体系的不断开放。

随着培养院校的增加，教育硕士的招生规模也不断扩大。1997 年，教育硕士首次招生不足百人。到 2007 年，全国报考教育硕士的人数为 27499 人，招收 11944 人。从 1997 年到 2007 年，全国教育硕士累计招生约 6.5 万人，目前在校生规模为 3.5 万人。截至 2007 年 6 月，先后有 3 万人获教育硕士专业学位。教育硕士专业已成为我国培养规模最大的专业学位教育类型之一。

教育硕士专业学位教育已经走过了十年的发展历程。通过十年的努力，教育硕士专业学位教育积累了丰富的教学经验，取得了丰硕的成果，形成了具有中国特色的高层次、高素质的教育职业型人才的培养体系，对基础教育和教师教育的改革发展发挥了重要作用，产生了巨大的社会影响。这十年是探索的十年，是创造的十年，是丰收的十年。

二、教育硕士专业学位教育的全面探索

在我国，教育硕士专业学位教育是一个全新的事业，既无先例可循，也没有可以直接搬用的现成方案。十年来，在教育部和国务院学位委员会办公室的领导下，全国教育硕士专业学位教育指导委员会和各培养院校积极进取、不断创新，对教育硕士专业学位教育进行了全方位的探索，取得了丰富的经验。

(一)扩大招生对象

十年来，为适应我国基础教育和教师教育发展的客观需要，教育硕士的招生对象经历了一个不断调整的过程。从最初只招收普通高中在职教师或教育管理人员扩大到招收初中专任教师或教育管理人员，1999 年又进一步扩大到招收中等教育其他类型学校的文化基础课专任教师和具有中学专业技术职务的教研员。到 2003 年，教育硕士的招生对象涵盖了基础教育各级各类学校的专任教师和教育管理人员，以及各级教育行政部门中具有（或相当于）中小学、幼儿园专业技术职务的管理干部，形成了一个全方位、多层次的服务于基础教育战线的教育硕士的招生体系。

(二)增设专业领域

十年来，为适应我国基础教育事业发展的需要，教育硕士招生和培养的专业领域稳步扩大。1997年，教育硕士招生和培养的专业领域仅有教育管理和学科教育两个专业、六个专业方向。从2002年起，先后增设了四个专业和十一个专业方向。到目前为止，教育硕士招生和培养的专业领域包括教育管理、学科教学、现代教育技术、小学教育、科学与技术教育、心理健康教育六个专业、十七个专业方向，基本形成了适应我国基础教育需要的教育硕士专业学位专业体系。

(三)探索培养目标

十年来，全国教育硕士专业学位教育指导委员会与各培养院校广泛借鉴国外先进经验，深入分析我国教育发展的宏观趋势，积极探索教育硕士专业学位教育的发展模式和教育硕士的培养目标。经过十年的探索和实践，教育硕士专业学位教育逐渐形成了不同于现行教育学硕士的培养目标，即为我国基础教育学校培养高层次、高素质的教师和教育管理干部，从而开辟了与学术型人才培养渠道相平行的职业型人才培养的新的途径，不仅进一步丰富了我国学位与研究生教育的类型，而且为基础教育界输送了大批高学历、高素质的教育教学和教育管理干部，为提升中小学教师队伍的整体素质，加快教师专业化进程发挥了积极的作用。

(四)创新培养模式

教育硕士学员主要是由在职中小学教师和教育管理人员组成的特殊的学习群体，他们具有需求广、时间紧、差异大等特点，单一、固定的培养方式很难满足他们的多种多样的需求。此外，与全日制在校学生相比，教育硕士学员面临着突出的"工学矛盾"。十年来，各培养院校本着为基础教育服务的宗旨，从实际出发，在保证教育硕士研究生培养质量的前提下，锐意改革，探索出了灵活多样的培养模式和多样化的学时安排，满足了不同地区、不同群体教育硕士学员的需要，大大调动了广大中小学教师攻读教育硕士专业学位的积极性。

（五）改革教学方式

十年来，为确保教育硕士培养目标的实现，各教育硕士培养院校积极探索，在改革教育教学方式上开展了富有创造性的改革。一些院校根据不同课程的特点和教学要求，采取灵活多样的教学方式，在课程教学中注重学员实践反思能力的培养，增设实践环节，强化观摩教学和案例教学，并要求学员提交实践活动报告。有的院校通过建立"教育硕士仿真学校"的形式，模拟学校运行方式，为教育硕士学员提供交流研讨、模拟教学实践的平台。部分院校结合教师所承担的科研课题，通过吸收教育硕士学员参与课题研究和调查活动，不仅很好地处理了理论学习与实践应用之间的关系问题，而且提高了学员的科研能力。部分院校根据区域特点，组成了包括联谊会、委员会和学习小组等多种形式的教育硕士学员的"互助"组织，把学习和培养工作延伸到校外，扩展到学员生活和工作单位的所在地。大多数院校都注重引导学员把教学实践经验与理论相结合，积极鼓励学员从中小学教育教学或教育管理的实践出发，联系教学实践过程中遇到的问题，并将其作为学位论文的选题，进而通过自己的理论思考和研究加以解决。有的培养院校尝试把学员的学位论文答辩安排在中小学进行。这种形式既促进了教育硕士学员积极开展对教学实际问题的研究，也使中小学参与检验教育硕士毕业生的实践水平，从而实现了理论与实践、教学与科研、导师与学生、培养单位与被培养单位的双向互动，取得了较好的效果。

（六）建立培养基地

实践能力和技能的提高，是培养职业型人才的关键。为了不断提高教育硕士学员的实践能力，一些教育硕士培养院校通过自身努力以及与中小学的密切合作，建立了不同形式的教育硕士教学科研基地。在这些基地中，教师和学员可以自由地开展各种形式的教学研讨和科研实践活动，包括考察学习、观摩教学、调查研究、论文开题和论文答辩等。基地的建立为广大教育硕士学员提供了运用理论学习成果、提高教育教学实践能力和技能的重要场所。部分院校依据教师校本发展、教学研一体化等教育理念，借鉴博士流动站建设的成功经验，选择部分管理富有特色、教学质量高、新课程改革卓有成效的中小学建立了教育硕士流动站，为教育硕士培养提供了一个集教科研于一体的基地，并探究新的教育硕士培养的校本模式，提高了教育硕士培养的针对性和有效性，同时也有助于促进教育硕士指导教师的业务发展。

(七)建设教师队伍

名师出高徒，没有一支政治业务素质过硬的任课教师和指导教师队伍，是难以保证教育硕士培养的高质量的。十年来，随着教育硕士招生规模的不断扩大，数量与质量的矛盾成为制约教育硕士专业学位教育事业发展的瓶颈。在国务院学位委员会办公室的直接领导下，全国教育硕士专业学位教育指导委员会先后采取了一系列措施，大力推进教育硕士任课教师和指导教师队伍的建设。各培养院校积极探索，通过颁布管理规定、开展新导师上岗培训、聘请名师开设讲座等形式，努力提高广大教师的政治业务素质，加深他们对教育硕士专业学位教育特点的认识。为提高培养质量，各培养院校积极采取措施，在严格标准的前提下，不断扩大教育硕士的指导教师队伍，并从基础教育学校聘请了部分具有丰富教学和管理经验的高级教师、特级教师和管理干部担任教育硕士指导教师。与此同时，各培养院校先后制定了一系列规章制度，对教育硕士学员的任课教师和指导教师进行严格考核，以不断提高教育质量。

(八)变革管理机制

教育硕士专业学位的设置，不仅是我国学位与研究生教育和教师教育发展史上的一个重要事件，也是宏观教育管理机制的一次重要变革。从酝酿设置教育硕士专业学位之初，专家学者就发挥了积极的作用。国务院学位委员会批准设立教育硕士专业学位之后，教育部和国务院学位委员会办公室先后成立教育硕士专业学位专家指导小组和教育指导委员会，作为业务指导组织，履行相关管理职能，教育行政部门则从直接管理转向间接管理。十年来的实践充分证明，这种管理机制的创新对于推进教育硕士专业学位教育事业的发展发挥了重要的作用。

(九)强化理论研究

随着教育硕士专业学位教育的开展，围绕着教育硕士专业学位教育的理论研究、政策研究、比较研究和应用研究逐渐兴起，并成为教育研究中的重要的新兴领域。十年来，大量与教育硕士专业学位教育相关的研究论文先后发表。与诸多教育研究领域不同的是，教育硕士专业学位教育的研究是由现实需要引发，并为了解决现实中存在的问题而兴起的。它更多是作为一个综合的研究领域而出现的。这种研究范式对于推进我国的教育研究有着非常重要的启示。

(十)拓展社会影响

十年来，随着一批又一批教育硕士学员先后完成学业，在基础教育战线发挥着日益重要的作用，教育硕士专业学位教育的社会影响日益扩大。十年间，各教育硕士培养院校先后为基础教育界输送了 3 万多名获得教育硕士专业学位的、高素质的骨干教师和教育管理干部。据不完全统计，十年来，教育硕士学员中先后涌现出成千上万名中小学骨干教师，产生了一大批中小学特级教师和学科带头人，产生了 2000 多位幼儿园园长、中小学校长和地方教育局局长。他们为新一轮基础教育课程改革、为区域基础教育现代化、为办好人民满意的教育做出了重要的贡献。

十年来，在全国教育界的共同努力下，教育硕士专业学位教育从无到有、从小到大，业已成为我国专业学位教育体系的重要组成部分。十年来，教育硕士专业学位教育积累了丰富的办学经验，形成了具有中国特色的高层次、高素质的教育职业型人才的培养体系。十年来，教育硕士专业学位教育事业取得了丰硕的成果，对基础教育和教师教育的改革发展发挥了重要作用，产生了巨大的社会影响。

三、教育硕士专业学位教育的未来展望

2006 年 3 月，时任教育部副部长吴启迪代表国务院学位委员会和教育部正式宣布，经过十年的探索，教育硕士专业学位教育由试办阶段进入规范发展的新阶段。

在新的历史阶段，教育硕士专业学位教育发展的总体战略目标为加快改革发展、注重制度建设、提高教育质量、打造学位品牌。为实现这个战略目标，全国教育硕士专业学位教育指导委员会将在国务院学位委员会和教育部的领导下，在国务院学位委员会办公室的指导下，在地方教育行政部门的紧密配合下，在各培养院校的大力支持下，多方面开展工作，进一步推进我国教育硕士专业学位教育事业的改革和发展。

第一，牢固树立质量为本的观念，推进各项制度建设，不断提高教育硕

士专业学位的教育质量，为基础教育输送更多高素质教师和教育管理干部。

教育硕士专业学位教育结束试办、转向规范发展，意味着教育硕士专业学位教育工作重心的转移，意味着在招生规模和招生专业领域扩大的同时，应当把提高水平、争创品牌作为工作的中心。为此，应当牢固树立质量是教育硕士专业学位教育生命线的意识，应当把不断提高教育质量摆在教育硕士全部培养工作的首位，应当从政策、体制、机制、内容和手段等多方面入手，建立健全各项规章制度，形成稳定有效的质量保障机制和监控机制，以便不断提高教育硕士专业学位的教育质量，为教育硕士专业学位教育的可持续发展奠定坚实的基础。

第二，深化教育硕士专业学位教育管理的改革，建立健全分工明确、责任明晰、相互协调的教育硕士专业学位教育管理机制和方式，以适应事业发展的客观需要。

经过十年的探索，一整套符合我国国情的教育硕士专业学位教育的管理体制和机制业已形成。在国务院学位委员会和教育部的领导下，全国教育硕士专业学位教育指导委员会会进一步强化宏观业务指导和政策引导，充分调动各培养院校的积极性，鼓励各培养院校建立健全旨在自我管理、自我发展的内部管理体制和机制，并结合校情、区情，开展富有创造性的探索，以形成统一性与多样性、原则性与灵活性有机结合的管理格局。与此同时，应当牢固树立"开放办学"的意识，进一步吸收社会各界特别是基础教育界的力量参与教育硕士专业学位教育工作，加快建设培养院校、教育行政部门、中小学密切合作、优势互补、共同发展的教育硕士培养平台，为不断提高教育硕士的培养质量建立稳定的基地。

第三，不断推进理论研究、政策研究和应用研究，加快学科建设，为教育硕士专业学位教育事业的改革发展奠定坚实的知识基础。

要推动教育硕士专业学位教育事业的可持续发展，既需要在实践的过程中不断探索，又需要在科学和理论的层面上开展深入的研究，从而使实践更具有方向和目标。全国教育硕士专业学位教育指导委员会会采取各种切实有效的措施，与各培养院校通力合作，调动各方面的积极性，开展多种形式的科研攻关，不断提高教育硕士专业学位教育研究的科学性，进一步提升研究的水平。

第四，采取各种形式，进一步扩大教育硕士专业学位教育的社会影响，积极争取相关政策的支持，以不断推进教育硕士专业学位教育事业更好、更快地发展。

教育硕士专业学位教育开展仅有十年时间，仍然面临着种种困难和挑战。"百年大计，教育为本；教育大计，教师为本。"要办好人民满意的教育，不断提高教师素质是一项具有战略意义的基础工程。在现行的学位与研究生教育体制下，教育硕士专业学位教育是中小学教师所能受到的最高学历教育，对于教师学历和素质的提高具有重要作用。对于这样一项具有特殊意义的事业，社会各界尤其是教育界需要给予更多的关注和重视，需要有关部门从人事政策、培养经费、条件保障等诸多方面给予大力支持，以便为教育硕士专业学位教育的可持续发展创造更为有利的条件。

第五，进一步开展对外交流与合作，充分吸收和借鉴一切优秀的经验，以开阔视野、拓展思路，不断丰富和深化对教育硕士专业学位教育的认识和理解。

相对于许多发达国家，我国的教育硕士专业学位教育开展的时间不长，缺乏必要的经验积累和知识储备。因此，我们需要不断拓展对外交流的渠道和途径，采取多种方式，与国外相关组织和机构建立制度化的交流合作关系，丰富和拓展我们对国外教育硕士培养的经验教训的了解，在此基础上，更好地借鉴他人已有的经验教训，使我国的教育硕士专业学位教育始终保持健康发展的势头。与此同时，应当积极鼓励各培养院校主动与国外相关组织和机构建立多种形式的合作关系，以快速提升教育硕士的培养质量，培养出一大批具有全球和世界眼光的教育家。

教育硕士专业学位教育已经走过了第一个十年。这十年留下了大量宝贵的精神财富，为今后十年乃至更长时期的发展奠定了坚实的基础。教育硕士专业学位教育即将迎来第二个十年，即将进入发展的战略机遇期。我们要在党的十七大报告精神的指引下，继往开来，锐意改革，不断创新，迎接教育硕士专业学位教育事业发展的新高潮。

[参考文献]

[1] 全国教育硕士专业学位教育指导委员会. 教育硕士专业学位建设的理论与实践[M]. 北京：人民教育出版社，2007.

[2] 顾明远. 中国教育发展史上的里程碑——谈教育硕士专业学位[N]. 中国教育报，1998-09-24.

[3] 吴启迪. 积极发展教育硕士专业学位教育 培养大批适应基础教育改革和发展需要的 优秀教师队伍[EB/OL]. http：//www. moe. gov. cn/srcsite/A22/moe _826/200604/ t20060414 _ 82643. html.

（本文责任编辑：刘东敏）

（原载《教师教育研究》，2008 年第 3 期）

师范生培养：内容、过程与保障

戴立益

（华东师范大学教务处，上海 200062）

[摘要]教师教育承载着中国教育的未来，师范生培养是教师教育至为关键的阶段。在师范生的培养内容、过程与保障方面处理好各种复杂的关系，是师范大学必须面对和解决的重要课题。

[关键词]师范生培养；培养内容；培养过程；培养保障

[中图分类号]G659.2　[文献标识码]A　[文章编号]1672-5905(2011)05-0001-05

The Pre-service Teacher Training：Its Content，Process and Guarantee

Dai Liyi

（Academic Affairs Office，East China Normal University，Shanghai，200062，China）

Abstract：In a degree the future of Chinese education is based on reforms and developments of teacher education. The pre-service teacher training is the most important part of teacher education. Dealing with various complex relationships in the training material, process and assurance of pre-service teachers is an important issue that normal universities must face and solve.

Keywords：pre-service teacher training，training material，training process，training assurance

　　进入 21 世纪的第二个十年，持续增长近 20 年的中国经济，开始逐渐从以制造业为主向以鼓励创新、鼓励依托人力资源与科技开发为核心的新增长方式转型。伴随着经济的发展和巨大物质财富的生产，国民生活质量逐步提升，从以物质生活享受为主逐步转向注重文化生活和精神享受。要实现经济

[收稿日期]2011-04-20

[作者简介]戴立益，华东师范大学教务处处长，教授，博士生导师。

发展模式的转型，更好地满足人民日益增长的生活需求，人力资源和国民素质对当前中国社会发展的支撑作用和保障功能就显得尤为重要。正是在这一背景下，进入 21 世纪，中国教育开始在"百年大计，教育为本"的共识基础上，着眼于办人民满意的教育，着眼于促进人的全面发展，将具有前瞻性、战略性价值的教师教育置于优先发展的地位，探索教师培养制度与机制的改革与创新。2007 年 7 月开始的师范生免费教育政策就是一个典型事件。显然，由中央政府出台政策支持教师教育的改革与发展，无疑让长期致力于培养教师的师范大学从幕后走到了台前。在备受瞩目的同时，师范大学也深感责任重大，将师范生培养成为未来优秀教师的压力也随之而来。本文将结合当前师范生培养的实际情况，分别从师范生的培养内容、培养过程和培养保障三个方面，分析当前我国师范生培养面临的困境，为全面提高师范生培养质量提出建议。

一、培养内容：优秀教师需要什么样的知识储备

从当前师范生培养的政策目标看，师范大学显然首先要立足于选拔与培养乐教、适教、善教的未来教师，从而为他们逐渐成长为优秀教师打下坚实的基础。尽管我们都希望现在的师范生能够成为未来的优秀教师，但谁也不能保证师范生就一定能够成为未来的优秀教师。毫无疑问，教师的专业成长是一个多阶段、长时期的过程，不仅取决于师范生的自身素养、师范大学的培养质量和进入教师职业后的专业发展支持，也取决于整个社会、教育发展的大环境的改善。不过，就目前而言，即便仅仅只是教师专业发展的起点，师范生的职前培养仍被视为教师专业发展最为关键的阶段。因此，推进师范生培养改革，为未来优秀教师的专业发展提供足够的支持，师范大学责无旁贷。当然，在师范生培养过程中，要处理的目标要素很多，至少包括知识、技能、信念、能力等方面。要想达到较理想的培养效果，师范大学就必须在教育知识与教学技能之间、学科专业与教育职业之间、教育信念与教育能力之间做出选择。但是，无论如何，师范大学还是必须认识到一点，即在师范生的培养环节，核心目标还是为这些未来的教师提供充分和有效的知识储备，从而使这些师范生在走上工作岗位后，在任教学校的专业发展支持下，依托培养阶段的知识储备，促进自身教育教学能力的可持续发展。毕竟师范生的学习时间是有限的，他们的学习资源是有限的，在有限时间和资源的约束下，

为他们储备什么样的知识，可能比知识储备得怎么样更有讨论的价值。

知识和技能。一般而言，优秀教师总是能在课堂教学中做到驾轻就熟、应对自如，而做到这一点，看起来似乎都是娴熟运用教学技能的结果。应该说，优秀教师运用的每一项教学技能，都恰如其分地解决了他们面对的教学问题，而且恰恰是在这种对大家都熟知的教学技能的熟练驾驭中，他们独特的教学魅力得到了彰显。毫无疑问，基于这样的判断，师范生的培养过程中很自然地就会将对教学技能的培训作为首要的任务，也容易将对教学技能的掌握作为师范生培养质量的评价标准。可是，教学技能仅仅通过培训就能被掌握吗？熟练的教学技能最终服务于什么？教师又该怎样来驾驭教学技能呢？最为关键的是，对教师的长远发展而言，究竟是教学技能还是知识占据主导地位？当我们真正思考这些问题时，才发现知识是隐藏在技能背后的，对于教育教学而言，知识是基础性也是支撑性的教育教学要素，更主导着教学技能的运用。只有当教师掌握了足够的知识时，技能才有用武之地，在知识的支撑下，教学技能也才有可能得到不断提升。在缺乏足够的知识支撑时，试图仅通过技能的强化训练来培养优秀的教师，从根本上而言是错误的，更无法实现教师的可持续发展。只有教师在知识学习过程中获得的学习能力、教师在知识领悟过程中形成的思维能力、教师在知识应用过程中形成的批判能力，才是推进教师职业生涯可持续发展的不懈动力。当然，在此无意于否定教学技能的价值和重要性，而是要强调，在关注教学技能的价值和重要性时，不能否定知识在教师成长中的主导价值，以及知识对教师教学技能的形成具有的独特内隐功能。由此，师范大学在师范生培养过程中，还是要一如既往地注重师范生的知识积累，帮助他们夯实专业基础、扩宽知识视野、了解知识前沿，使他们首先成为在专业领域具有厚实基础和潜力的人才。

专业和职业。随着分科教学的普及，教师教育一直深陷于学科专业教育和教师职业教育的冲突之中，使得绝大多数师范生在专业归属感上徘徊不定。究竟应该为师范生设置更多的学科专业课程，还是应该增加教育类课程，始终是师范生培养中的一个核心课题。在此，要回答两个问题：一是学科专业知识和教育类知识哪一种更能够促进师范生专业水平的可持续发展；二是在师范生培养阶段，为师范生奠定哪个方面的知识基础更有价值，以及更会对其职业生涯产生深远的影响。显然，对第一个问题的回答涉及一个有趣的现象，那就是教师的学科专业知识往往是一次性成形的，入职后的专业培训往往很难弥补学科专业知识方面存在的缺憾，因此，往往是大学四年的学科专业知识基础决定着教师对知识的理解，决定着教师的知识视野、眼界和可挖掘的潜力。相对而言，从教师对继续教育的需求及继续教育的内容设置看，教育类知识的培训及补充效果更为明显。可见，要回答第一个问题，先要回答第二个问题。由于缺乏切身的教学体验，对于学校提供的教育类课程，师范生只能从知识的角度来理解和掌握，难以对教育类课程实现情境性和功能性的理解，从而一方面使得教育类课程难讲难懂，另一方面使得师范生陷于各种概念与名词之中，无法与直接的教学经验建立必要的关联，学习效率低下。由此，不得不说，就知识的学习而言，大学四年给予师范生的应该是充分而有效的学科专业知识的储备，从而为师范生打下坚实的知识基础，这对于师范生从教育的视角看待知识的再现，也会产生积极的作用。

信念和能力。每一个专业都希望培养的人才能够热爱这一专业，从而在专业实践上做出成绩或者在专业研究上做出成果。师范教育也不例外。可是，师范生究竟是先有了从教信念，从而在信念的支持下习得自己的教育能力的，还是先有了教育能力，从而在能力的支撑下巩固自己的教育信念的呢？从实践来看，一个对教育实践没有充分了解的师范生，一个对具体的学生对象没有形成责任感的师范生，一个没有掌控教育实践能力的师范生，我们很难判断他是否形成了坚定的从事教育事业的信念，即使他自称已经有了教育信念，我们也很难相信这样的教育信念能够经受住教育实践的检验与冲击。因此，师范生的教育信念并不是外界强加的，也不是外在于教育能力培养过程中的。当师范生直接接触到学生并形成具体的责任感时，责任感才会催生教育信念；当师范生具备掌控教育实践的能力并在教育实践中获得成就感时，成就感才会巩固教育信念；当师范生参与教育实践并取得教育业绩，感受到效能感时，效能感才会深化教育信念。因此，在教育能力培养的过程之外，在教育实践参与的过程之外，单独开展的信念教育往往是低效的，在这个过程中形成的教育信念也很难具有可持续性。让信念教育回归能力培育过程和实践参与过程，是信念教育取得实效并保证教育信念巩固和提升的现实选择。

二、培养过程：优秀教师需要什么样的成长经历

要培养一位优秀的教师，虽然并没有一个固定的模式可以依循，但肯定有一个大致相仿的过程需要经历。可能每位师范生在这个培养过程中的体会不一样、收获不一样，但一个相对科学而又成熟的培养过程一定会提高整个师范生

群体的培养质量，更有利于为教育实践培养具有优秀教师潜质的师范生。在培养过程中，令我们感到困惑的问题主要集中于师范生生源的选拔与培养之争、师范生成长的期望与成效之争和师范生培养的阶段性成果与整体性成果之争。

选拔与培养。优秀教师究竟是培养出来的还是选拔出来的？也就是说，优秀教师是不是有独有的特征，而这些特征可能是四年师范教育培养不出来的？如果说优秀教师的所有特征是四年师范教育可以培养出来的，那么这种说法要么过于夸大了师范教育的功能，要么反映出师范大学对培养功能过于自信。任何一个学生的成功肯定离不开大学给予的教育，但也不能漠视大学前受到的教育和培养的能力，尽管大学前受到的教育和培养的能力并不具有专业性，但肯定具有一定的专业导向性；而大学之所以要选拔学生，就是要选拔出具备与大学所设专业一致的专业导向能力的学生。选拔出这类学生，对于顺利开展师范生的专业教育至为关键。实际情况是，师范大学并不能保证招收的学生都能与所设专业有一致性。毫无疑问，在专业与学生大学前受到的教育和培养的能力不一致的情况下，师范教育会做得异常艰难，而且还会浪费学生受到的教育和培养的能力。但是，并不是说师范大学就可以放弃尝试，四年的专业教育还是会慢慢发挥一些作用的。在此，还有一个经典的问题，那就是在招收师范生的过程中，应该选拔聪明的学生还是适合的学生？虽然越是聪明的学生适合不同专业的领域可能会越宽广，但哪怕是最聪明的学生也不一定能够适合所有的专业。因此，师范生的生源一定以适合为第一要义，只是说如果在无法选拔最适合的学生的前提下，可通过选拔更聪明的学生来弥补学生对专业的不适合性。

期望与成效。为了培养优秀教师，在师范生到来之前，师范大学就会为他们制订一份较为完善的培养计划，而培养计划中的目标往往比较理想。培养目标的理想化主要表现在两个方面：一是容易把培养目标设定得相对高一些，二是从课程组合与实践训练到培养目标往往基于逻辑的推理。于是，从逻辑推理到实践检验，就需要一个相对完善的培养质量反馈与调整机制。这个反馈与调整机制要内在于培养计划之中，否则，对培养过程的调整就变成了对培养计划的违背，容易使得师范生的培养过程陷入僵化的境地。而且，虽然在培养计划中设置较高的培养目标会垫高整个培养平台，但当学生的知识、能力和技能反映的培养成效并不理想时，就要采取必要的措施。一方面，要考虑如何保护学生的学习兴趣，避免学生因过高的培养要求带来的压力而失去学习兴趣与自信心；另一方面，要考虑如何针对不理想的培养情况进行补偿教育或技能补训，因为从不理想的培养情况中，我们可以发掘培养计划中没有考虑到的，但师范生走上从教岗位所必须具有的技能或者能力。

阶段与整体。尽管师范生的成长是很难分得出阶段的，但师范生的培养是分阶段的；正因为师范生的培养是分阶段的，而师范生的成长并没有明显的阶段性，很难说一位优秀教师是因为受益于哪一个阶段的教育而形成的，所以在师范生的培养过程中要格外重视阶段性目标与整体性目标之间的关系。如果只是把阶段性目标当作整体性目标，那么在短期内，我们容易把这样的师范教育当作非常成功的典范，但无益于师范生长期的专业发展。本科阶段的师范教育只有四年。这四年应该为师范生走上工作岗位做好准备，应该为他们将来一生的职业发展做好准备，还是应该为他们将来一生的幸福生活做好准备？这是考验师范教育战略眼光的问题。刚走上工作岗位的教师最需要的是教学技能和班级管理技巧，那是不是说师范教育就只需要提供这些呢？如果要为教师一生的职业发展做好准备，那么师范生肯定需要坚实的专业知识和宽泛的教育知识。可是，有了这些知识他们就会幸福吗？此外，师范生从本科院校毕业之后，他所受的教育并没结束，他还可能去攻读教育硕士学位，还可能接受各种各样的培训，这就更需要我们考虑四年的师范教育如何去夯实师范生的专业基础，而不必将教师职业所需的所有技能都置于四年师范教育之中。

三、培养保障：优秀教师需要什么样的资源孕育

虽然有些人质疑教师的专业性，但也正因为教师的专业性还不够明显，所以教师这个专业并不是把一两门知识学好就可以了。要使师范生成长为优秀的教师，也并不是只依靠师范院校的培养就可以成功的，可能还需要更为广泛的知识与更为充分的教育资源。而且，有了成功的师范生培养模式，也不一定能够成就优秀的教师，还需要师范生在教育教学岗位上不断地总结教学经验，不断地研究教育问题，以促进专业能力的可持续发展。因此，从师范生培养来看，如何处理好师范大学的主体培养与社会其他系统的协同培养之间的关系，如何处理好教育研究与师范生培养之间的关系，对师范生培养有效性的提高有着重要意义。

主体与协同。教师对学生的影响是全面的。要想成为一个优秀的教师，他只有先成为一个完善的人，才可能有效地施加对学生的全面影响。因此，师范生只有先成为一个完善的人，才有可能成为真正的优秀教师。要把师范

生培养成一个完善的人，仅仅依靠师范大学是难以完成这个重任的。对于师范生来讲，习得理论知识固然重要，但把理论知识应用于教育实践更不容忽视。理论知识教育是师范大学的优势，实践教育却是师范大学不可回避的劣势。这就意味着，缺少了中小学校对师范生培养过程的参与，就不可能造就一个理论与实践相贯通的优秀教师。与此同时，培养专业素养固然重要，但培养教师良好的生活素养也不容忽视，这就需要更多的社会机构参与到师范生的培养中来，也意味着师范生要更主动地参与到其他社会机构的工作中去。

研究与培养。师范生并不是今天的教师，而是未来的教师。即使是今天的教师，他们培养人并不是为了今天而培养，而是为了未来而培养。这意味着我们在培养师范生时，一定要注意教育的前瞻性。而教育的前瞻性主要表现在两个方面：一是对教师成长规律的深入研究与遵循，离开了对教师成长规律的研究和遵循，教师成长就不可能一帆风顺；二是通过对教育变化和教师需求的科学预测，推理未来的教育需要什么样的教师，以及未来的教师需要具备哪些能力与素养。因此，师范生培养离不开教育研究的支撑，教育研究成果的课程化与实践化，是师范生培养过程中的重要内容。可是，目前师范大学教育研究与师范生培养的脱节非常明显。大学具有科学研究、人才培养和服务社会三大功能。以前大家担心的是科学研究与服务社会的脱节，但在教育领域似乎正好相反，科学研究与服务社会结合得相对紧密，而科学研究与人才培养之间的脱节反倒非常明显。科学研究与人才培养之间的脱节，不但不利于师范生培养质量的提升，更不利于师范生研究意识与研究能力的形成，使得师范生在职业发展中缺少进行教育研究的意识和能力。

提高师范生培养质量，是提高整个教育质量的关键所在。没有一支优秀的教师队伍，教育质量的提升只是一个理想而已，教育改革的推进也只是一个理想而已，而教育素养优秀的师范生则是优秀教师队伍的基本保障。虽然在职教师的培训也有助于优秀教师的形成，但教师接受的师范教育则奠定了他从业后的基础，也基本上指定了从业后的职业方向。因此，认真研究师范教育的基本内容为优秀教师提供知识储备，认真分析师范教育的基本过程为优秀教师丰富成长经历，客观审视师范教育的培养资源为优秀教师提供资源保障，对于师范生的培养、对于师范教育的未来发展有着非常重要的意义。

（本文责任编辑：王俭）

（原载《教师教育研究》，2011 年第 5 期）

"U-G-S"教师教育模式建构研究
——基于教师教育创新东北实验区建设的实践与思考

刘益春，李　广，高　夯

(东北师范大学办公室，吉林长春 130024)

[摘要]师范大学、地方政府、中小学校在优秀教师与未来教育家培养方面肩负着共同的责任与使命。东北师范大学在总结以往"校—府"合作经验的基础上，以"教师教育创新东北实验区"建设为载体，提出并实施了"校—府—校"(university-government-school，U-G-S)教师教育新模式。三方遵循"目标一致、责任分担、利益共享、合作发展"的原则，在师范生培养、中小学教师培训和基础教育研究等方面协同创新，逐步形成了教师教育合作发展共同体。这破解了长期困扰我国教师教育改革的师范生教育实习、农村中小学教师培训和教师教育者专业发展难题，为我国新时期的教师教育改革探索出了一条特色之路。

[关键词]"U-G-S"教师教育模式；教师教育创新东北实验区

[中图分类号]G659.21　[文献标识码]A　[文章编号]1672-5905(2013)01-0061-04

[收稿日期]2012-11-26

[基金项目]2011年度吉林省社会科学基金项目(2011B066)；2012年度东北师范大学教师教育研究基金项目(2012JSJYJJ06)阶段性成果

[作者简介]刘益春，东北师范大学校长，教授，主要研究方向为教师教育；李广(通讯作者)，东北师范大学教师教育创新东北实验区工作办公室主任，教授，博士，主要研究方向为教师教育。

Research on the Construction of "U-G-S" Teacher Education Model
——Practice and Reflection on Building Innovative Northeast Teacher Education Experiment Districts

Liu Yichun，Li Guang，Gao Hang

（Administrative Office，Northeast Normal University，Changchun，Jilin，130024，China）

Abstract：Normal universities, local governments, middle and elementary schools are all take the same responsibility of cultivating excellent teachers and future educationists. The Northeast Normal University has summarized the former experiences in collaboration between the Universities and the governments to propose and carry out a new cooperative pattern which was named university-government-school teacher education model，based on the study of innovation northeast teacher education experiment districts. By seeking identical goals，sharing responsibilities and benefits，developing cooperatively，the three sides have formed an innovative and cooperative teacher education community in the fields of normal school students education，middle and elementary school teachers training and researches on compulsory education. Following this model，we have explored a characteristic road to solve some long-term difficulties during the innovation of teacher education in our country，such as normal students' internship，teachers' training in the countryside and the professional development of teacher educators.

Keywords："U-G-S" teacher education model，innovative northeast teacher education experiment districts

　　2007 年 2 月，温家宝到东北师范大学视察时做出了"要培养成千上万的教育家来办学，要实施师范生免费教育，吸引最优秀的学生做教师"的指示。东北师范大学紧紧抓住这一契机，精心制定师范生培养方案，以"融合的教师教育"理念为指导，以"教师教育创新东北实验区"建设为载体，以培养造就优秀教师和未来教育家为目标，提出并实施了"师范大学—地方政府—中小学校"（以下简称"U-G-S"）教师教育新模式。五年来，"U-G-S"教师教育模式的运行，为破解长期困扰我国教师教育改革的师范生教育实习、农村中小学教师培训和教师教育者专业发展难题，深化我国教师教育改革探索出了一条特色之路。

一、"U-G-S"教师教育模式的理论建构

(一)基本理念："融合的教师教育"

长期以来，支离的教师教育课程严重阻碍着教师教育质量的提高，时代呼唤教师教育课程走向融合。[1]纵观世界各国的教师教育课程体系，我们不难发现，教师教育课程体系通常包含通识教育课程、学科专业课程、教师职业课程等几方面要素。如果把教师教育课程的构成要素以简单相加的方式处理，那么体现的是一种机械思维的教师教育观。要实现融合的教师教育，需要有动态的思维方式，即在功能上使各构成要素相互联系、相互作用、相互促进。据此，东北师范大学(以下简称我校)以"融合的教师教育"为理念指导，构建了"U-G-S"教师教育模式。主要体现在：通识教育与专业教育的融合，学科教育与教师职业教育的融合，教育理论与教育实践的融合，教师职前培养与教师职后培训的融合，师范大学与地方政府、中小学校的融合。这种融合的教师教育理念既包括教师教育课程要素的统合，也包括教师教育阶段的契合，还包括教师教育主体的合作，同时也关注了教师教育空间的弥合。

(二)哲学基础："知行统一"的学习观

中国传统哲学中"知行统一"的思想对教师教育的启示是深远的，"U-G-S"教师教育模式通过面向实践的学习为师范生提供了"知而必行，行而后知"的条件，从而使师范生的知行统一成为可能。此外，对于大多数中小学教师而言，由于其实践往往欠缺思辨性，达到"行之明觉精察处"的境界还很难，因此，"U-G-S"教师教育模式也为中小学一线教师提供了将其实践经验中缄默的知识激发出来的机会，从而也促使一线教师的知行统一得以实现。另外，从马克思主义实践哲学出发去审视教师教育，同样，教师教育理论也不应是与实践脱节的理论，而应是有着实践取向的、体现在教师专业生活实践情境中的理论。"U-G-S"教师教育模式面向实践的学习力求改变以往教师培养中"理论与实践二元分立"的思维模式，以"行动中反思""行动中认识""认识中反思""认识中行动"的"反思性实践"为取向，突出教师的主体性，依靠教师自主实

践和反思来融通教育实践中长期分离的"理论"和"实践"。"U-G-S"教师教育模式基于教师教育实践、面向教师教育实践、服务教师教育实践，旨在促进教师教育理论与教师教育实践的融合。

(三)价值追求："教师教育合作发展共同体"的形成

教师教育是一项需要多方机构和人员参与的复杂工程，没有相关机构和人员的积极参与和有效合作，教师教育的目标难以实现。第一是教师教育者之间的合作。教师教育不仅涉及大学方面多学科的教师，也需要中小学教师作为实习指导教师的参与。教师教育课程体系各要素之间的有机融合，教师培养目标的实现，在很大程度上取决于参与教师教育的这些主体，不仅取决于他们各自的素质，更取决于他们对教师教育理念的共识，以及基于这些共识的相互配合。第二是师范生之间的合作。教师教育应该重视师范生合作意识的培养，并尽可能为师范生提供和创造合作学习的机会。"U-G-S"教师教育模式采用"县域集中、混合编队"的方式，为师范生提供了合作学习的实践载体。第三是教师教育者与师范生之间的合作。教师教育者与师范生之间应该建立一种平等对话的关系，这不仅有助于师范生学会合作和教学，有助于教师教育者与师范生之间产生有效的"教学相长"效应，更可以为师范生参加工作后建立自己的师生关系提供示范。第四是大学与中小学校之间的合作。大学只有与中小学校紧密合作，才能够及时把握基础教育改革与发展的脉动，教师教育也才能真正成为一种"为了实践的教育"。大学只有与中小学校密切合作，才能保障师范生有充分的、高质量的教育实践机会，教师教育才能真正成为"基于实践的教育"，才能在理论与实践之间架起一座有机结合的桥梁，教师教育才能真正成为"关于实践的教育"。第五是师范大学与地方政府的合作。基于我校 20 世纪 80 年代探索的"长白山之路"——为农村基础教育服务的"校—府"合作经验，我校主动牵手地方政府，将地方政府作为教师教育重要主体之一，赋予其责任与义务，为"U-G-S"教师教育模式提供行政资源保障。"U-G-S"教师教育模式的实施，最终就是要促使师范大学、地方政府、中小学校三方及其内部主体之间的教师教育合作发展共同体的形成。

(四)实践载体："教师教育创新东北实验区"建设

教师教育模式只有在教育实践中发挥其价值，才能不断获得调整、充实与完善。2007 年 12 月，我校与辽宁省教育厅、吉林省教育厅、黑龙江省教育厅分别签署协议，共建"教师教育创新东北实验区"（以下简称"实验区"）。"实验区"建设是培养优秀教师和未来教育家的基础性建设工程，是"U-G-S"教师教育模式的实践承载。在"目标一致、责任分担、利益共享、合作发展"的工作原则下，师范生教育实践、在职教师专业发展、教育课题合作研究、教育信息资源平台建设等工作相继开展。截至 2013 年，我校"实验区"规模稳定在东北三省及内蒙古的 22 个县市教育局所属的 110 所中学，可以同时容纳 1500 名师范生进行教育实习工作。"实验区"建设经历了被动参与、互助共赢、共同责任和协同创新四个阶段。"实验区"建设为"U-G-S"教师教育模式的实施搭建了坚实的实践平台。

二、"U-G-S"教师教育模式的实践探索

（一）引导"G""S"转变角色，成为师范生培养主体

长期以来，地方政府与中小学校在师范生培养上成为"责任无涉"的旁观者，而在满足地方教育、中小学校发展需求上又成为对师范大学人才培养的"百般挑剔"的消费者。师范大学的教师教育模式呼唤着开放性、协同性与共生性。教师教育中的师范大学与中小学校（"U-S"）需要基于双方的共同利益才能实现共生性合作。师范大学教师教育范式的转变，要求师范大学谋求中小学校的支持；同时，中小学校的组织更新、教师改变以及学生学习成就提升也需要师范大学的支持。这种相互需求为大学与中小学校合作提供了必要性。此外，大学与中小学校各自在教师教育上的优势则为双方合作提供了可能性。这种必要性和可能性共同构成了教师教育"U-S"共生性合作的发生机制。[2]大学与中小学校的合作是"U-G-S"教师教育模式得以发生的内因，而谋求地方政府的介入则为这种模式的有效、长远运行提供了政策保证，即提供了"U-G-S"教师教育模式发生的外因。这一模式引导地方政府和中小学校客观上扮演了师范生培养的主体角色，赋予了其责任感与使命感，由"责任无涉"的旁观者、"百般挑剔"的消费者转变为"责任共担"的培养者、"协同发展"的促进者。

（二）拓展"U"的办学空间，将大学校园延伸至"实验区"

"U-G-S"教师教育模式突破了师范大学教育空间的限制，将师范大学"科学研究、人才培养、服务社会"的功能延伸至"实验区"中小学校，"实验区"有

多大，师范大学的校园就有多大。依托"实验区"建设，"U-G-S"教师教育模式中的三方主体共同构建并实施了"教育见习—模拟教学—教育实习—实践反思"的教师教育实践课程体系，探索总结出了"县域集中—混合编队—巡回指导—多元评价"的教育实习模式。师范大学的校园延伸至"实验区"，使师范生的实践课程学习充分体现了"实践性"，充分实现了与中小学校的对接，使师范生在真实的教育教学情境中获得了真实的体验与锻炼。反之亦然，即"实验区"中小学校园也延伸到了大学校园。这种延伸使"实验区"中小学教师也有更多机会享受师范大学的优质教师教育资源。在"U-G-S"教师教育模式的实施过程中，我校针对"实验区"中小学校教师专业发展现状与需求，构建并实施了以"常青藤工程"（激活教师进修学校职能，盘活教师进修学校资源）为主，由"集中培训""顶岗实习，置换培训""校本研修""送课下乡""订单培训""双向挂职""同课异构"等形式构成的立体在职教师培训网络。培训工作促进了"实验区"中小学教师的专业发展。"实验区"中小学教师专业水平的持续提升通过教育实习指导工作也间接"反哺"了师范大学的师范生培养。

（三）规约教师教育者专业发展，使其成为实施"U-G-S"教师教育模式的核心主体

教师教育者是"U-G-S"教师教育模式中最活跃、最关键的主体要素，他们参与度的高低决定着这一模式实施的有效性的高低，甚至决定着这一模式的成败。因此，教师教育者的专业发展得到尊重与保障，是实施"U-G-S"教师教育模式的基本前提。我们必须思考如何将教师教育者的专业发展与"U-G-S"教师教育模式的实施进行融合。基于这样的思考，我校提出了"优先发展教师教育，优质服务基础教育"的学校教师教育发展战略思想。利用科研经费支持，将教师教育者的课题研究与"U-G-S"教师教育模式的实施和"实验区"的建设结合起来。鼓励大学教师教育者的研究课题来源于基础教育、研究过程结合于基础教育、研究成果应用于基础教育，把研究放在基础教育的校园里，把论文写在基础教育的课堂里，把研究成果留在基础教育的实践中。同时，通过教师教育文化建设，规约大学教师教育者专业发展价值取向，倡导大学教师教育者到"实验区"中去，通过指导师范生教育实习、基础教育课题研究、中小学教师校本培训，以实现历练与成长。制度保障与价值引导，为大学教师教育者成为"U-G-S"教师教育模式实施的核心主体创造了良好的教师教育文化情境。

三、成效分析、问题反思与策略思考

（一）成效分析

基础教育是师范大学存在和发展的依据，更好地为基础教育服务是师范大学必须面对的时代命题。师范大学应该在培养优秀师资、提供优质师资培训、开展教育科学研究、推进教育教学改革、传播先进教育思想和推动教育政策创新等方面做出努力。[3]东北师范大学依托"实验区"建设，提出并实施了"U-G-S"教师教育模式，探索出了我国新时期教师教育改革的特色之路。正如刘益春校长指出：作为国家设立的师范大学，我校就是要在破解教师教育和基础教育领域中的重点、热点和难点问题上有新的突破，在探索适合我国国情、具有中国特色师范大学办学模式上有新的作为，在为国家培养出更多的优秀教师和未来教育家的探索中有新的举措，这也是成为世界一流师范大学应有的特色品质。我校"U-G-S"教师教育模式的实践探索与"实验区"建设取得了良好的实践效果和积极的社会反响。第一，进一步凸显了师范大学本色，突出了教师教育特色；第二，强化了地方政府、中小学校培养师范生的主体身份，保证了师范生教育实践质量；第三，形成了立体式农村教师培训网络，提高了农村教师专业素养，促进了区域基础教育均衡发展；第四，建构了新型教师教育文化，转变了教师教育者专业发展范式。

（二）问题反思

在"U-G-S"教师教育模式实施与"实验区"建设的过程中，遇到的问题同样错综复杂。这些问题不能回避，不可回避，不得回避。我们必须正视、思考这些问题，探索解决的策略。第一是师范生自身素质与发展问题。师范院校应根据教师职业的特殊性，探索师范生招生加试策略，将最适合并乐于从事教师职业的优质生源录取到师范大学。第二是在"U-G-S"教师教育模式的实施过程中，需要地方政府提供稳定的"政策保障"，并形成"长效机制"，确保"U-G-S"教师教育模式可持续发展。第三是师范大学的教师教育者队伍建设亟须加强。数量不足、质量不优、结构不合理等问题依然严重，亟须解决。第四是教师教育国际化与信息化水平有待进一步提高。以上四点既是我们目前遇到的问题，也是未来发展中需要提升的地方。

（三）策略思考

"U-G-S"教师教育模式是开放的、动态的、发展的、创新的，还需要有新的元素不断融入进来。第一，扩大教师教育协同创新单元。借助国家颁布实施的"2011 计划"，2012 年 6 月，由我校牵头成立了"东北高校教师教育联盟"，东北三省 4 所省属师范院校加入了"U-G-S"教师教育模式合作发展共同体，增加了教师教育协同创新的整体能量和辐射效应。第二，深化教师教育研究的国际合作。2012 年 9 月，我校成立了"教师教育东北协同创新中心"，参与单位包含了日本东京学艺大学等国外教师教育机构。第三，加强师范大学内部各部门之间的协同创新。学校整合全校教育科学研究和教师教育资源，成立了教育学部，在校内实现了教师教育相关学科和科研机构的集成与资源共享，为学校进一步探索"U-G-S"教师教育模式提供了有力支撑。[4] "U-G-S"教师教育模式尚在探索中，在理论上的提升与实践中的深化方面还有待进一步丰富与完善，这也是我校教师教育研究今后面临的重要课题。

［参考文献］

［1］王强. 走向融合的教师教育课程[J]. 全球教育展望，2006(6)：60-63.

［2］张翔，张学敏. 教师教育 U-S 共生性合作的发生机制探究[J]. 教师教育研究，2012(1)：29-34.

［3］于海波. 为基础教育服务是师范大学的使命[J]. 教育评论，2009(3)：7-10.

［4］刘益春. 协同创新　培养卓越教师[J]. 中国高等教育，2012(23)：15-17，37.

（本文责任编辑：田小杭）

（原载《教师教育研究》，2013 年第 1 期）

师范生 TPACK 水平的实证研究

董 艳[1]，桑国元[2]，蔡敬新[3]

(1. 北京师范大学教育技术学院，北京 100875；2. 教育部普通高校人文社会科学
重点研究基地北京师范大学教师教育研究中心，北京 100875；
3. 南洋理工大学国立教育学院，新加坡 569830)

[摘要]师范生未来要从事中小学教育教学岗位的工作。当前信息技术发展使他们面临着把信息技术整合到未来教学中的挑战。TPACK 框架在对职前教师专业发展的研究方面取得了较好成果。本研究利用 TPACK 量表，对我国 463 位师范生进行了调查。结果发现，与其他研究中职前教师的水平相比，我国师范生的 TPACK 处于较低水平。师范生 TPACK 水平受到年级和年龄的影响，但在性别方面未表现出显著差异。回归分析结果发现，二维整合知识 (TCK 和 TPK)和单一维度知识(CK，TK 和 PK)均对 TPACK 水平存在显著贡献。教师教育机构向师范生提供 ICT 课程时，应考虑到如何通过加强对这些基础性知识的学习来增强教师对信息技术与课程整合的信心。

[关键词]师范生；技术-教学法-内容知识；教师教育；信息技术

[中图分类号]G650　　[文献标识码]A　　[文章编号]1672-5905(2014)03-0036-08

[收稿日期]2013-10-10

[基金项目]全国教育科学规划"十一五"项目(ECA080289)成果之一

[作者简介]董艳，北京师范大学教育学部副教授，心理学博士，主要研究方向为师范生专业发展、计算机应用教育。

Difference and Profiles of Pre-service Teachers' TPACK

Dong Yan[1], Sang Guoyuan[2], Chai Chingsing[3]

（1. School of Educational Technology，Beijing Normal University，

Beijing，100875，China；2. Center for Teacher Education Research of Beijing Normal

University，Key Research Institute of Humanities and Social Sciences for Universities，

Ministry of Education，Beijing，100875，China；3. Singapore National

Institute of Education，Nanyang Technological University，Singapore，569830)

Abstract：Pre-service teachers will go to the primary or secondary schools to be a teacher. Current information technology development make them face the challenge of integrating ICT into their instruction. Previous study shows that TPACK framework has achieved good results in researching the professional development of previous teachers. This study used the TPACK scale to investigate 463 pre-service teachers in China. Results show that pre-service teachers have lower score of TPACK than those in other studies. The TPACK level of pre-service teachers is influenced by the age and grade，but there is no significant difference in gender. Regression analyses show that two-dimensional integrated knowledge（TCK，TPK）and single dimensional knowledge（CK，TK，and PK）significantly contributed to the TPACK level. When providing ICT courses to pre-service teachers，teacher education institutions should consider how to enhance the confidence of teachers in integrating information technology and courses by strengthening the learning of these basic knowledge.

Keywords：pre-service teachers，technology-pedagogical-content knowledge，teacher education，information and communication technology

一、引言

随着信息技术在学校中的普遍应用，教师如何有效应用信息技术（information and communication technology，ICT）支持教和学的话题越来越受到教

育研究者的关注。在师范生培养的过程中，教师教育者应传授与教育技术相关的学科教学法知识，充分关注和培养学生的 ICT 整合能力。TPACK 框架为分析利用 ICT 整合课堂教学的情况提供了一个参考性框架，该框架一经提出就受到了国际教师教育和教育技术学者的高度关注。

技术-教学法-内容知识（technology-pedagogical-content knowledge，最初缩写为 TPCK，后来为了便于发音，改为 TPACK，本研究中两种写法表示同一内容），是在舒尔曼（Shulman）提出的学科教学法知识的基础上，引入了技术知识，用以分析教师利用信息技术开展课堂教学的情况。TPACK 的提出基于如下假设：教学是一项高度复杂的活动，教师的有效教学需要依靠多维的综合性知识。这种知识在技术更新缓慢的低技术时代，以 PCK 为代表；而在技术频繁更新的高技术时代，以 TPACK 为代表。TPACK 的提出促使信息技术与学科教学的整合不只停留在其仅作为一种手段应用到学科教学中的层面。

TPACK 框架为职前教师培养提供了一个新的切入点。TPACK 水平作为一种指标，对于预测师范生能否胜任即将走上的教师职业岗位具有较好的效度和价值。尽管国内已有研究者关注 TPACK 研究，但还未发现有研究者利用成熟的 TPACK 量表对师范生进行 400 以上大样本的实证性研究。鉴于此，本研究试图通过修订和翻译已有的成熟的 TPACK 量表[1]开展相关研究。

二、相关概念、已有研究与问题提出

(一)相关概念

在课堂教学实践中，教师要想有效地使用技术进行教学，就要明晰在何处、如何以及为何整合信息技术，深入理解信息技术（T）、学科内容（C）和教学方法（P）三者间的相互关系，即掌握 TPACK。根据这些知识的组合程度，可以把图 1 中的知识分为三个层次。

1. 单一维度知识

学科内容知识（content knowledge，CK）：是教师从事特定学科教学的前提。不仅包括具体的学科知识，而且涵盖教师对于所教学科结构以及学科关系的深刻理解，是一种"超越事实和概念"的知识。

教学法知识（pedagogical knowledge，PK）：通常指普通教学法知识，是所有学科共享的一般教学法。PK 在 TPACK 框架中是基本的、普遍适用的，不具备学科内容针对性。

技术知识（technological knowledge，TK）：包含传统技术知识和数字技术知识。TPACK 在考虑三个核心元素的基础上，突出强调了技术元素的重要性。正如米什拉（Mishra）阐述的，TK 是 TPACK 框架中最具变化性的成分。

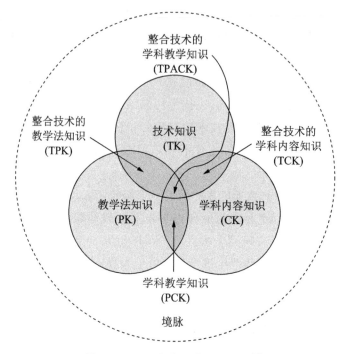

图 1　TPACK 框架及其知识要素[2]

2. 二维整合知识

学科教学知识（pedagogical content knowledge，PCK）：与舒尔曼提出的学科教学法知识类似，是将学科知识与教学法知识综合而成的，是具体学科知识的"教学转化"。

整合技术的学科内容知识（technological content knowledge，TCK）：由技术与特定的学科知识经双向互动而产生，包括教师具有的通过使用技术以合理表征内容的知识。

整合技术的教学法知识（technological pedagogical knowledge，TPK）：由技术和一般教学法经相互作用而产生，包括理解用以完成特定教学任务的各种技术手段，并以此设计教学、完善教学策略。

3. 三重互动知识

整合技术的学科教学知识：由三个核心元素经互动而产生。代表教师能够根据具体的教学情境需要，综合考虑 C、P、T 而设计恰当的教学方案。也就是说，使用技术有效表征和呈现内容以利于教学和学生理解的知识。

(二)已有研究

对教师 TPACK 的测量和评价备受关注，常用方法是借助量表或问卷。量表主要由与 TPACK 框架中七个元素相对应的评估项目组合而成，被试需要根据每一个项目进行自评估。已有研究大多采用的是施密特(Schmidt)等人在米什拉和凯勒(Koehler)的研究基础上联合开发的 TPACK 测量问卷[3]。原量表共包含 58 个评估项目。这份量表在多次测量后取得了较好的信效度。发表问卷时，他们还公布了量表中各因子信度和项目因素负荷值。一些研究者通过修改这份量表，将它应用到不同国家或领域的教师测量中。格雷厄姆(Graham)等人得出，TPACK 框架中除了 C、P、T 三个核心元素间的相关性较低外，其余四个复合元素之间都呈现出较高的相关性；T 是 TP、TC、和 TPC 三者的基础。[4]阿尔尚博(Archambault)等人以收集的数据为依据进行分析，析出了 3 个因子，对 TPACK 框架中七个元素是否均在实践中有所呈现提出了疑问。[5]综合上述研究，无论在职教师还是职前教师，都有必要形成对 TPACK 的深入理解，尤其是当处于信息技术时代以学生为中心的建构主义学习情境中时。

(三)问题提出

本研究在修订和翻译国外成熟量表的基础上，对我国师范生的 TPACK 水平进行调查和分析。主要在以下三个方面进行研究。

①师范生的 TPACK 结构如何？是否存在人口学变量上的显著差异？

②师范生的 TPACK 水平受到哪些基础结构因子的影响？

③我国师范生培养在 TPACK 水平提升方面的建议和对策。

三、研究方法

(一)研究工具

2011 年，蔡敬新等人编制了 TPACK-ML（即有意义学习，meaningful

learning)量表。该量表最初来自施密特等人的研究，后经蔡敬新等人对项目的逐步修改和验证，本研究采用的包含 42 个项目的英文版本得以形成。后经本文作者的翻译和修订，中文版本最终形成。量表在后期修订中，纳入了建构主义学习思想，构建出了新的项目。[6]初测量表包括 8 个因子，即上述 7 个因子和第 8 个因子 TKW(考虑到网络时代，用 W 代表网络，TKW 表示基于网络的技术知识)。因子和项目数对应为：CK(4)、PK(6)、PCK(8)、TK(4)、TKW(5)、TPK(5)、TCK(4)、TPACK(6)。此外，本量表还包括性别、年级、年龄等人口学统计变量。研究采用 7 点计分，"1"代表"非常不同意"，"2"代表"不同意"，"3"代表"稍微不同意"，"4"代表"不置可否"，"5"代表"稍微同意"，"6"代表"同意"，"7"代表"非常同意"。量表经过初测符合统计学的信效度要求，可以使用。

(二)研究程序

本研究选取了某师范大学的 463 名师范生，有效样本数为 438，有效问卷回收率达 94.6%。被试性别、年级分布如表 1。样本中男生、女生的比例为：(男生 143 人，占 32.6%；女生 295 人，占 67.4%)。师范生平均年龄为 20.58 岁。

表 1　被试分布

年级	男生		女生		合计	
	人数/人	占比/%	人数/人	占比/%	人数/人	占比/%
2012 级	45	10.3	135	30.8	180	41.1
2011 级	30	6.9	57	13.0	87	19.9
2010 级	38	8.7	75	17.1	113	25.8
2009 级	30	6.8	28	6.4	58	13.2

本次调查时间为 2013 年 6 月 15 日到 6 月 30 日(学期末)。问卷由本研究人员发送到各学院的学生工作处，分发给每个年级的班主任，由班主任组织学生统一在集中上课结束后进行填写，然后一并收回。本研究通过 SPSS 20.0 软件进行描述性统计分析、相关分析、因素分析、回归分析等。最后通过与国内外已有研究文献的对比研究，提出相应的对策建议。

四、数据分析与讨论

(一)因素分析

通过对 42 个项目进行探索性因素分析，获得 KMO 和 Bartlett 的检验系数为 0.961，说明可以进行探索性因素分析。根据研究假定，采取斜交矩阵法，抽取固定数量的 8 个因子后，8 个因子的方差解释率达到 74.364%。但由于部分项目存在于多个因子上，或因子载荷过低等，考虑后删除 4 个项目。对余下 38 个项目再做探索性因素分析，8 个因子的方差解释率可以达到 76.437%。

(二)信度分析

量表的信度反映了其测量项目在某一个维度上的稳定性和可靠性。利用 SPSS 对确定的因子和项目进行信度分析。从表 2 中的数据来看，无论是分量表还是总量表，都具有比较高的信度。信度系数为 0.847~0.966。

表 2　量表及因子信度

量表及因子	CK	PK	PCK	TK	TKW	TPK	TCK	TPACK	量表
Cronbach's α 系数	0.879	0.911	0.948	0.923	0.847	0.910	0.890	0.914	0.966

(三)描述性统计分析

各因子均值见表 3。

表 3　描述性统计量

组合程度	因子	N	最小值	最大值	均值	标准差
1	CK	438	1	7	3.99	1.1897
1	TK	438	1	7	4.55	1.2425
1	PK	438	1	7	4.62	1.0992
1	TKW	438	1	7	4.91	1.2412
2	TCK	438	1	7	4.48	1.1372

组合程度	因子	N	最小值	最大值	均值	标准差
2	PCK	438	1	7	4.55	1.1025
2	TPK	438	1	7	4.82	1.0571
3	TPACK	438	1	7.00	4.47	1.0774

各因子均值由高到低依次排列为：TKW＞TPK＞PK＞PCK＝TK＞TCK＞TPACK＞CK。单一维度知识方面，CK 均值最低，TKW 均值最高。CK 均值较低是由于低年级师范生缺乏足够的学科课程学习经历，他们在利用学科知识开展课堂教学上缺乏效能感。TKW 均值最高可能由于平时经常接触电脑，在网上进行学习和交流，他们对网络技术存在较强的操控感。除 TPK 均值略高外，多维知识方面，TCK、PCK 和 TPACK 的均值约 4.50，说明在与 CK 相关的知识方面，师范生还较为欠缺。特别是除了 CK 外，8 个因子中均值最低的就是 TPACK。即使最高的 TKW 均值，也未超过 5(最大值为 7)。

黄冬明、高莉娜、王海燕对在职教师的研究表明，高中教师的 TPACK 水平总体处于中等。[7] 7 个因子均值由高到低排列为：PCK＞CK＞TCK＞PK＞TPK＞TPACK＞TK。其中，TK 均值最低，只有 2.850(最大值为 5)，表明教师的技术知识相对较为欠缺；均值最高的为 PCK，为 3.161，说明在职教师在学科教学知识上水平较高；与技术有关的 TK、TPK 和 TPACK 的均值均低于 3。与国际职前教师掌握的 TPACK 相比，我国职前教师仍处于较低水平。比如，蔡敬新等人研究新加坡职前教师在课程培训前后的 TPACK 水平，均值从 4.97 提升至 5.46[8]，但即使在课程培训前，其 TPACK 水平也超过了我国师范生(均值为 4.47)。

(四)TPACK 与人口学变量的相关分析

本研究对 TPACK 在性别、年级、年龄等人口学变量方面进行了交互分析，结果显示，不存在显著的交互作用。因此，只需计算 TPACK 在各个变量上的主效应即可。

1. 性别差异

表 4 列出了因子中存在性别上的显著差异的 CK、TK 和 TPACK 数据，其他差异不显著的省略未列。从数据看，男生在多数因子上都优于女生，但仅在上述三项上存在显著差异。男生对 TK 的掌握显著优于女生，这跟人们

的刻板认识是比较接近的,如男生的动手、实践能力要更强。这一结果可以得到其他研究佐证。例如,彭文波和刘电芝认为,女生的知识取向远远高于男生,而能力取向显著低于男生。[9]男生对 CK 的掌握显著优于女生,这可能与被试选择有关,也可能与测试量表更倾向于效能感有关。

表 4　CK、TK、TPACK 在性别上的差异统计量

因子	性别	n	均值	标准差	均值的标准误	t 值
CK	男	143	4.4231	1.11970	0.09363	5.412**
	女	295	3.7873	1.16874	0.06805	
TK	男	143	4.7255	1.26342	0.10565	2.111*
	女	295	4.4593	1.22493	0.07132	
TPACK	男	143	4.5851	1.03004	0.08614	不显著
	女	295	4.4215	1.09729	0.06389	

2. 年级差异

表 5 反映出 TPACK 等 6 个因子在学生年级间呈现显著差异(PCK 和 TKW 因在年级间不存在显著差异未列),表现为三年级学生(2010 级)的 TPACK 要显著优于一年级新生(2012 级),特别是在 CK、TCK 方面,高年级学生均要显著优于一年级新生。这说明师范教育的确在为发展师范生与 CK 相关的知识上奠定了基础。数据较好地支持了我国师范教育对学生素质提升方面的积极作用。

TKW 和 PCK 在年级之间没有显著差异。结合均值分析结果(TKW 在所有因子中最高,PCK 在组合知识中最低),本研究认为,相比于其他知识来说,对师范生网络技术的培养不需要给予过多的重视,因为信息社会的技术普及已经使师范生具备较高的技术知识,他们已充分具备"数字一代学习者特征"。而 PCK 在师范生培养过程中还未得到足够的重视,教师教学并未让学生体验到"学科教学知识"与"单一维度的教学法知识"的差异。为此,对于师范生来说,纯网络技术的 TKW 教学已不是学校教学的重点,而基于 T 的二维整合知识(TCK 和 TPK)才应该被教育部门重视。

表5 基于年级的单因素方差分析

因子	组间比较	平方和	自由度	均方	F	显著性	事后比较
TPACK	组间	26.155	3	8.718	7.865	0.000	2012 级＜2010 级*
	组内	481.068	434	1.108			
	总数	507.224	437				
CK	组间	69.650	3	23.217	18.357	0.000	2012 级＜(2011 级，2009 级，2010 级)*
	组内	548.901	434	1.265			
	总数	618.551	437				
PK	组间	16.347	3	5.449	4.622	0.003	2012 级＜2010 级*
	组内	511.699	434	1.179			
	总数	528.046	437				
TK	组间	41.272	3	13.757	9.427	0.000	2012 级＜2010 级*
	组内	633.354	434	1.459			
	总数	674.626	437				
TPK	组间	11.622	3	3.874	3.527	0.015	2012 级＜2010 级*
	组内	476.745	434	1.098			
	总数	488.367	437				
TCK	组间	43.614	3	14.538	12.097	0.000	2012 级＜(2011 级，2009 级，2010 级)*
	组内	521.560	434	1.202			
	总数	565.174	437				

3. TPACK 与因子、学生年龄的相关关系

由于学生年龄为连续变量，故利用积差相关计算与各因子间的相关关系。表6说明年龄与多个因子(除 TKW、PCK 和 TPK)均呈现显著的弱相关。单一维度知识与年龄相关表明这些知识与学生的学习经历和成熟程度有密切关系，也就是说，随着学生年龄的增长，学生在这些方面的知识自信程度都有提升。另外，所有 TPACK 因子之间都存在显著正相关，其中，与 T 相关的因子间的相关性均较高。这说明 TPACK 在很大程度上受到 TK，以及与 TK 相关知识的影响。师范生对 TK 的拥有和经验认同会有效影响他们在教学中

的应用。

表6 年龄与 TPACK 各因子间的相关关系

维度	{1}	{2}	{3}	{4}	{5}	{6}	{7}	{8}
{1}年龄	—	—	—	—	—	—	—	—
{2}CK	0.23**	—	—	—	—	—	—	—
{3}PK	0.11*	0.57**	—	—	—	—	—	—
{4}TK	0.14**	0.45**	0.50**	—	—	—	—	—
{5}TKW	0.02	0.24**	0.44**	0.57**	—	—	—	—
{6}PCK	0.05	0.50**	0.60**	0.44**	0.35**	—	—	—
{7}TPK	0.06	0.38**	0.60**	0.67**	0.68**	0.55**	—	—
{8}TCK	0.20**	0.44**	0.54**	0.72**	0.64**	0.40**	0.69**	—
{9}TPACK	0.12*	0.51**	0.60**	0.72**	0.58**	0.47**	0.75**	0.78**

（注：** $P<0.01$，* $P<0.05$）

（五）TPACK 的预测分析

考虑到 TPACK 的发展，研究进行了回归分析。将 TPACK 作为因变量，结构中其他 7 个因子及学生性别、年级、年龄等作为自变量，通过逐步回归方法，获得 TPACK 的预测变量分别为 TCK、TPK、CK、TK、PK，模型如表7。

表7 预测模型汇总

模型	R	R^2	调整 R^2	标准估计的误差
1	0.782a	0.612	0.611	0.67509
2	0.829b	0.688	0.686	0.60623
3	0.843c	0.711	0.709	0.58385
4	0.850d	0.722	0.719	0.57322
5	0.852e	0.726	0.723	0.56991

注：a. 预测变量：（常量），TCK

b. 预测变量：（常量），TCK，TPK

c. 预测变量：（常量），TCK，TPK，CK

d. 预测变量：（常量），TCK，TPK，CK，TK

e. 预测变量：（常量），TCK，TPK，CK，TK，PK

单一维度知识 CK、TK、PK 都进入了回归模型，对 TPACK 有显著贡献作用，只是 PK 出现在最末位，说明在师范生的学习过程中，由于还不能真正经历课堂教学的体验，除了短时期的教育实习，以及对与自己相关经历的感受外，他们在教学法方面的训练和体验还较少和较弱。

而二维整合知识 TCK、TPK 也进入了回归方程模型。而且，这两种与 TK 相关的整合知识对 TPACK 的预测作用要优先于三种单一维度知识。这充分说明，师范生的 TCK 和 TPK 经验对他们 TPACK 的发展具有非常大的贡献。因此，若提升 TCK 和 TPK 水平，将会在促进 TPACK 水平提升方面，起到比三种单一维度知识提升更好的效果。

在此模型中，PCK 对 TPACK 没有显著预测作用，说明师范生的 PCK 对 TPACK 没有贡献力。这一结果可解释为 PCK 具有独立于 TPACK 而存在的必要性。因为最早舒尔曼提出 PCK 概念只是为了表达知识和教学法的融合，有些知识的传达不需要利用技术完成也是合理的。但也可以解释为 PCK 作为一种较为复杂的知识，和 TPACK 一样，需要师范生有足够的时间和体验才可以获得。而这两种知识不太容易经模仿而获得，需要师范生对教学产生一种真正的体验。

五、研究结论与局限

我国师范生 TPACK 的总体特征分别为：①总体水平偏低，但仍有很大的提升空间；②八个因子存在差异；③与学科内容相关的知识（CK、PCK、TCK、TPACK）均值较低；④TPACK 因子对 TPACK 有更强的预测力，而非人口学变量，诸如年级和性别等；⑤TPACK 因子中，二维整合知识（主要是 TPK 和 TCK）对 TPACK 的预测效果要优于三种单一维度知识，说明 TPACK 作为高层次的知识融合，需要具备低层次（也就是较少维度）的知识融合，特别是基于 T 因子的链接；⑥三个单一维度因子都直接贡献于 TPACK，但在这些因素中，最显著的是 CK，而非其他研究中提到的 PK[10]。

本研究的局限在于，研究采取的是问卷调查法，该方法的特点是答题的质量取决于师范生对自己知识的评估水平和诚信度等因素。而且所测量的知识并非师范生面对真实的教学任务时使用的知识。这将在未来研究中进一步改进。

六、培养建议

结合上述分析结果，本研究针对高校师范生的 TPACK 水平提升提出了以下培养建议。

(一)加强师范生在大学期间对各单一维度知识的系统学习

教师教育机构应为师范生设计和提供不同培训重点的课程方案。低年级阶段应着重于对单一维度知识的学习，如学科内容知识、技术知识、教学法知识等，尤其是学科内容知识。高年级阶段要多为学生创造观摩专家教师课程、观摩 ICT 应用于教学的机会。毕业阶段应为学生提供接触不同教育教学岗位的机会，使学生能够与在职教师进行不同层次的、多元化的交流，提高对工作的信心，做好入职准备。随着年级的升高，单一维度知识逐渐融入他们的认知结构中，对 ICT 的理解与应用也融入教学法中，并与学科知识进行很好的内在融合，再加上一些特定的设计学习课程以及教师适当的引导，师范生在掌握 TPACK 和进行教学操练上，应该会有更大的信心。

(二)促进以 TK 为基础的 TPK 和 TCK 的发展

教育培养机构要特别专注于促进师范生对 TPK 和 TCK 等知识的掌握，这种中介变量会将师范生具有的单一维度知识在教学环境中进行衔接。教师 ICT 课程是帮助职前教师建立"丢失"的 TPACK 联系的课程。有机构通过设计教学系统来支持职前教师从事设计活动，帮助他们发展 TPACK。[11]让师范生在掌握单一维度知识的基础上适当地利用 ICT 这种技术，会促使他们整合技术来传递教学。同时，师范生又可以通过 ICT 教学过程实施的挑战性，去提升技术应用的熟练性、多样性和适应性，从而达到从单一维度知识向二维整合知识再向最高阶的三重互动知识的整合。

(三)重视在设计相关的 ICT 课程时对特殊情境的考虑

TPACK 框架中，情境(context)是非常重要的概念，它能帮助师范生理解 TPACK 的复杂性，理解 ICT 应用于教学要依据课堂环境进行灵活调整，要考虑到 ICT 如何表征学科内容，如何创造适合于班级学习者的媒体形式以吸引学习者，如何适应不同学习者的学习需求，以及运用什么样的教学法对学生的学习最有效。已有研究探讨了语言学习课程、数学课程、科学课程等不同学科内容中教师 TPACK 的测量与发展。

因其学科特殊性，教师在课堂环境上对信息技术与学科教学的整合一定会存在不同的情境特点，为此，如何针对这些情况，开发基于特定学科的

TPACK 是非常必要的。它们将更好地考虑具体学科的教学情境，促进师范生利用技术与课程教学的整合。三种知识的相互作用不是机械的，而是有教师积极主动地调整和运用的综合过程。

[参考文献]

［1］［6］［8］Chai, C. S., Koh, J. H. L., Tsai, C. -C., et al. Modeling primary school pre-service teachers' Technological Pedagogical Content Knowledge (TPACK) for meaning-ful learning with information and communication technology(ICT)［J］. Computers & Education, 2011(1): 1184-1193.

［2］焦建利，钟洪蕊. 技术-教学法-内容知识(TPACK)研究议题及其进展［J］. 远程教育杂志，2010(1): 39-45.

［3］Schmidt, D. A., Baran, E., Thompson, A. D., et al. Technological pedagogical content knowledge (TPACK): the development and validation of an assessment instrument for preservice teachers［J］. Journal of Research on Technology in Education, 2009 (2): 123-149.

［4］Graham, C. R., Burgoyne, N., Cantrell, P., et al. TPACK development in science teaching: measuring The TPACK confidence of inservice science teachers［J］. TechTrends: Linking Research & Practice to Improve Learning, 2009(5): 70-79.

［5］Archambault, L. M., & Barnett, J. H. Revisiting technological pedagogical content knowledge: exploring the TPACK framework［J］. Computers & Education, 2010(4): 1656-1662.

［7］黄冬明，高莉娜，王海燕. 高中教师 TPACK 现状调查与分析——来自 N 市的报告［J］. 现代教育技术，2013(2): 37-42, 51.

［9］［10］彭文波，刘电芝. 高新技术专业大学生学习状况、发展目标及影响因素的性别差异研究［J］. 西南师范大学学报(自然科学版)，2005(1): 158-162.

［11］Chai, C. S., Koh, J. H. L., Tsai, C. -C. Facilitating preservice teachers' develop-ment of technological, pedagogical, and content knowledge(TPACK)［J］. Educational Technology & Society, 2010(4): 63-73.

（本文责任编辑：刘东敏）

（原载《教师教育研究》，2014 年第 3 期）

论当前我国三轨多级教师教育体系

朱旭东

（教育部普通高校人文社会科学重点研究基地北京师范大学教师教育研究中心，

北京 100875）

[摘要]本文通过对三轨多级教师教育体系现状的揭示，指出这个体系存在的诸多问题。这些问题表现为教师教育专业招生结构不均衡，教师教育体系质量参差不齐，教师教育体系缺乏学科制度。基于这些问题，本文提出要把三轨多级教师教育体系调整为一轨多级教师教育体系。

[关键词]三轨多级；教师教育；体系

[中图分类号]G650 [文献标识码]A [文章编号]1672-5905(2015)06-0001-07

On the Three-track Multi-level System of Teacher Education in China

Zhu Xudong

（Center for Teacher Education Research of Beijing Normal University，Key Research Institute of Humanities and Social Sciences for Universities，Ministry of Education，Beijing，100875，China）

Abstract：The article uncovers the status of the three-track and multi-level system of teacher education，points out problems of the system. These problems are manifested in the imbalanced enrollment structure of teacher education majors，uneven quality of teacher education systems，and a lack of disciplinary systems in teacher education systems. Based on these problems, this article proposes to adjust the three track multi-level teacher education system

[收稿日期] 2015-10-20

[基金项目]北京师范大学"中央高校基本科研业务费专项资金资助'学前教育体制机制创新与立法研究'"课题成果之一

[作者简介]朱旭东，教育部普通高校人文社会科学重点研究基地北京师范大学教师教育研究中心主任，博士。

to a one track multi-level teacher education system.

Keywords：three-track and multi-level，teacher education，system

一、问题提出

我曾经在参加北京某区的"新教师发展论坛"时得到了这样一些数据：500多位新教师中，80％以上为研究生学历，其中60％来自非师范院校。这些数据是否表明，师范院校在教师培养上的优势已经不存在了？问题是，我们今天该如何去判断和评价中国的教师教育体系？在多年的研究中，我也在不断地构建我国教师教育体系的概念，"后师范教育时代""现代教师教育制度""教师教育新体系""现代教师教育体系"等是我理解的中国教师教育体系的基本概念。但这些概念大多是从应然的角度来构建的，我并没有在从实然的角度来构建教师教育体系上下那么大的功夫。本文试图从实然的角度来讨论我国教师教育体系的景况。这也是基于当代中国教师培养呈现出类型、层次和规格上的多样性、多层次性和多规格性特征的考虑。从多样性来看，教师培养主要体现为幼儿园教师教育、小学教师教育、中学教师教育、特殊教师教育和中职教师教育；从多层次性来看，教师培养主要表现在中专、大专、本科、研究生四个层次的培养上；从多规格性来看，教师培养表现在免费师范生和非免费师范生、学术硕士和教育硕士(分为全日制教育硕士和暑期教育硕士)、学术博士和教育博士的培养上。本文在讨论中提出了一个实然状态的"三轨多级教师教育体系"的概念，基于这个概念，我们来讨论它存在的问题以及这个体系可以调整的方向。因此，本文提出的研究问题是：三轨多级教师教育体系是如何形成的？它存在着哪些问题？我们该如何对三轨多级教师教育体系进行调整？

二、三轨多级教师教育体系的形成：进步还是退步

改革开放推动了我国社会的巨大变革，包括教育领域的变革，而教育领域的变革也体现在诸多方面，这里讨论的是中国教师教育体系的变革，这种变革表现为三轨多级教师教育体系的形成。一般来说，教师教育体系是指由教师培养机构及其运行的制度构成的一个系统，因此，体系是由机构和机构运行的制度构成的。三轨多级教师教育体系显然是指教师教育形成三种轨道，

由多个层级的机构及其运行的制度构成。三轨是指师范院校、综合院校和职业院校，多级是指教师的学历涉及多个层次。具体地说，幼儿园教师的学历涉及中专、大专、大学本科、研究生四个层次，小学教师的学历涉及大专、大学本科和研究生三个层次，而中学教师的学历涉及大学本科和研究生两个层次。三轨多级教师教育体系是进步了还是退步了？

对进步或退步的判断一定程度上依赖于教师教育体系形成的历史。传统的教师教育体系是由中师、师专、师院构成的三级体系，称为"老三级"。我们称之为一轨三级体系，也就是由单一的教师培养和培训机构及其运行的制度构成的一个系统，这个系统是由中师、师专、师院三级构成的，学历涉及中专、大专和大学本科，它们共同构成了一轨三级的教师教育体系。对这个体系的评价，以小学教师培养为例，一般认为，中师的水平是最高的，不仅表现在中师招生的对象都是最优秀的学生，而且还表现在高质量的培养过程以及对优秀教师的塑造上。但在三轨多级教师教育体系中，小学教师培养却表现出招生分数线最低、由金字塔形高等教育体系中最低端院校培养的特征。这到底是进步了还是退步了？

20世纪90年代，国家政策对"老三级"做出了调整，形成了由师专、师院和师大构成的"新三级"体系，学历涉及大专、大学本科、研究生，从而形成了"老三级"教师教育体系向"新三级"教师教育体系调整的格局。在调整中，由于同时还受到"开放教师教育思想"的影响，政策上提出了教师教育开放化的要求，鼓励综合性院校，包括综合学院和综合大学参与教师教育，形成了"新三级"综合院校。"新三级"教师培养质量是提高了还是降低了？因为也没有见到中国最高水平的大学都进入教师培养的行列。这又涉及一个基本判断，这个体系是进步了还是退步了？

进入21世纪，国家因发展学前教育和职业教育，客观上提出了对幼儿园教师和职业学校教师的巨大需求。但我们注意到，培养幼儿园教师的体系主要是由职业高中、职业中专、职业技术师范学院、职业技术师范大学四层级机构构成的。在今天国际追求教师专业化的背景下来衡量这个体系，它是进步了还退步了？我们需要做出判断，从而提高教师培养质量和教师专业化水平。

值得一提的是，在这种三轨多级教师教育体系的形成中，作为支撑中国教师专业发展的最基础大厦的县域教师进修学校却无法进入，从而导致县域教师进修学校受到了严重冲击。冲击的结果是，县域教师进修学校被转制，转制的一个重要趋向是转型为职业学校。县域教师进修学校"消失"，从而使县域教师发展支持机构出现了"真空"，而国培计划、省培计划的实施，又导致教师发展支持的县域基础出现了"政策依赖"，因此，县域教师进修学校的发展呈现出严重的不平衡状态。我们如何来评判这是进步了还是退步了？

三、三轨多级教师教育体系存在的问题

虽然三轨多级教师教育体系已经形成，但这个体系存在着一些问题，这些问题主要表现在以下几个方面。

第一，三轨多级教师教育体系的教师教育专业招生结构不均衡。当某轨某级院校某类师范生的招生数量大于就业岗位数的时候，我们称之为教师教育专业招生结构不均衡。比如，中学教师培养数量远远超过了中学对中学教师教育专业的师范生的需求量，于是出现了教师教育专业招生结构的不均衡。

三轨多级教师教育体系存在的最大问题是无法契合国家基础教育不同学段对教师的需求数量。师范院校和综合院校主要培养中学教师，但中学教师的培养量已经供过于求，且中学教师培养无法调整为小学教师和幼儿园教师培养，因此，三轨多级教师教育体系中存在着固化问题，不能根据不同学段学校对于教师需求的变化而做出及时的招生结构的调整。

当前从我国对教师的需求来看，对幼儿园教师的需求量已经远远超过对小学教师的需求量。因此，三轨多级教师教育体系中的地方师范院校、地方综合院校应该对教师教育专业的招生结构做出调整，加强对幼儿园教师的培养，而减弱对中学教师的培养。

第二，三轨多级教师教育体系质量参差不齐。三轨多级教师教育体系存在的问题还包括培养质量参差不齐。幼儿园教师培养质量最低，主要体现为幼儿园教师培养院校质量低，参与幼儿园教师培养的高水平大学数量少，培养目标不明确；参与幼儿园教师培养的师资队伍质量低，获得博士学位的教师数量少。儿童成长中最关键的三年需要最优质的幼儿教育，最优质的幼儿教育是需要最专业、最优秀的教师来实施的。若以职业高中、职业中专为主要培养机构，学前教育中很可能会存在巨大的"隐患"。

与教师教育体系质量参差不齐相关的问题是缺乏教师教育质量保障和问责体系。教师教育质量保障和问责体系是由院校认证、专业认证、资格认证（教师资格证书）等构成的一个完整的体系。

第三，三轨多级教师教育体系缺乏学科制度。任何一个教师教育体系都应该有制度保障，而三轨多级教师教育体系缺乏制度保障，其中最缺乏的制度是教师教育学科制度。在教师教育学科制度中，只有学前教育专业、小学教育专业，而没有中学教育专业。我们认为，学前教育专业、小学教育专业侧重于教师在幼儿园和小学中开展教育，而不是在大学中培养幼儿园教师和小学教师，不关注幼儿园教师和小学教师的专业成长，无视师范生在大学中成长的规律。国际上教师教育专业通常包括小学教师教育（elementary teacher education）、中学教师教育（secondary teacher education）等。

缺乏教师教育学科制度严重制约着教师教育的专业化水平的提高。所谓教师教育专业化水平是教师培养和培训遵循师范生成长和在职教师专业发展的规律，在培养目标、课程和教学等方面表现出的专业性的程度。而专业性主要体现在教师培养和培训中反映出来的"内容、学和教"的科学的逻辑关系的建立。现实中普遍地体现了"教内容"而非"教学生学内容"的非专业性。之所以出现这种"非专业性"，是因为到目前为止还没有建立科学的教师教育学科制度。大学人才培养没有学科制度是不可想象的，而教师培养作为大学主要的公共领域的人才培养，没有教师教育学科制度更不可思议。没有教师教育学科制度，教师教育的专业性、科学性等就无法体现，导致其长期处于"非专业"的困境中。具有非专业性的大学教师教育怎么可能培养出具有专业性的教师呢？这在逻辑上不成立！

要着重表明的立场是，没有教师教育学科制度，教师培训在当前以大学培训为主的环境下是无法保证质量的，因为它没有为从事教师培训的专家提供一种学科制度的通道，使他们能够通过教师培训研究进入教师教育学科制度中的职称制度研究中，从而无法保障他们既可以完成教师培训的工作任务，又可以从事教师培训研究，无法保障大学最基本的教学和研究的功能。这就是问题的实质所在。

四、从三轨多级调整为一轨多级的教师教育体系

基于以上对三轨多级教师教育体系存在的问题的认识，我们认为，需要对此进行调整，通过调整来解决教师教育中存在的问题。

(一)建构一个一轨多级教师教育体系

三轨多级教师教育体系体现了我国教师教育体系发展的阶段性特征，从它存在的问题来看，这个体系应该被调整，调整为一个一轨多级教师教育体系。一轨是指大学体系下的教师教育专业学院体系，多级是指基于大学不同性质的教育系、教育学院、教育研究生院的多级体系。这个体系应该是开放体系基础上的二次封闭的体系：开放是指进一步促进高水平大学参与教师教育；二次封闭是指在高水平大学建立教师教育专业学院，使教师教育更加专业化。

需要指出来的是，中学教师培养由一轨多级中具有研究生培养资格的院校通过"4＋2"的模式，实施四年的学科教育，使教师获得学科知识和学科能力，实施两年的专业教育，其中有一年的时间让教师接受"临床"训练，从而形成一个拥有开放的教师教育专业招生制度，使教师接受"封闭"的专业教育的体系。

建立一轨多级教师教育体系的价值显然在于保障我国教师教育的基本质量。"教师培养在大学"是实实在在的质量保障。教师培训机构，尤其是县域教师进修学校要提升到"教育大学"的水平，从而保障由"大学"来培训教师的基准水平。只有在达到这个基准水平的条件下，我国教师教育质量保障和问责体系才可能建立。

(二)建构一个高水平的教师教育体系

在建立一轨多级的教师教育体系的基础上，需要构建一个高水平的教师教育体系，不能是低水平的、普及化的、大班额化的教师教育体系。这种体系的构建基于以下基本观点：一个国家的教育质量取决于这个国家的教师质量，一个国家的教师质量取决于这个国家的教师教育质量，一个国家的教师教育质量取决于这个国家的教师教育体系的质量。只有高水平的教师教育体系才能培养出高质量的教师。教师是一个国家最重要的人力资源，对最重要的人力资源进行投资，将对国家发展起到巨大作用。

高水平的教师教育体系是一个国家高质量教育质量的保障，重视和发展教师教育是一个国家发展的基础。教师教育是一个国家实现从人力资源大国向人力资源强国转变的基础。国家发展根本上依赖教师对于人的发展的理解，从而构筑起强大的人力资源基础，而人的发展包括认知发展和情感发展、道德发展和公民性发展、个性发展和社会性发展、健康发展和安全发展、艺术发展和审美发展。教师教育能够促进教师对于人的发展的理解，并实现立德树人的目标，真正体现教师的育人功能。教师教育是形成教师人力资源的手段，教师教育是人力资源形成的资源，通过教师教育培养的高质量的教师能够形成国家的教育劳动力资源，显然它直接决定了整体劳动力资源的质量。幼儿园教师作为幼儿教育的人力资源，直接决定了一个国家教育的起跑线；义务教育教师直接决定了义务教育质量，从而影响到基础劳动力的素质；高中教师决定了高等教育筛选质量，从而影响到国家创新人才培养质量。

为此，国家和政府要切实重视教师教育。国家和政府要加强对教师教育的投入和建设，为教师教育提供保障。国家和政府要把教师教育放在特别优先的地位，特别地加大对教师教育院校的投入，尤其是要加大对特别薄弱的培养幼儿园教师的院校的投入，使幼儿园教师成为一个国家最强大的教育人力资源，也特别要重视对创新性教师培养的支持，以提高创新性人才培养的质量；国家和政府的教育管理部门要加强对教师教育制度的建设，从教师教育学科制度到教师教育专业制度，从教师资格制度到教师教育质量保障制度，从教师教育课程制度到教师教育教学制度，从大学教师教育理论教育到中小学参与的实践教育，进行全面的建设和投入；国家和政府要切实采取措施对教师教育师资队伍进行建设，使教师教育师资队伍成为所有教师最强的人力资源。

构建一个高水平的教师教育体系需要面对当前我国教师教育中的两大基本矛盾：一是对幼儿园教师的高需求与幼儿园教师培养数量不足之间的矛盾；二是对研究生学历和优质教师教育院校的师范生的高需求与研究生学历教师培养和优质教师教育院校的教师培养数量不足之间的矛盾。为此，国家和政府需要对教师教育院校的布局结构以及幼儿园教师教育专业、小学教师教育专业和中学教师教育专业之间的结构进行调整以解决这两个矛盾。这两个矛盾的解决有助于真正形成我国教师教育的人力资源结构，从而培养优质的人力资源。

那么，要建构一个什么样的高水平的教师教育体系呢？由于体系是由机构及其运行的制度构成的，因此，在我们看来，应从以下方面入手。第一，应将大学作为培养教师的机构，而不是中职、中专、大专等机构，教师教育专业招生的最低线应是二本线；第二，根据一轨多级教师教育体系，最高级的教师教育机构要培养硕士以上层次的教师，包括幼儿园教师、小学教师、中学教师、特殊教育教师、中职教师，因此需要教师教育机构转型，从教育学院转型到培养研究生层次人才的专业学院；第三，要建立以最优质学校为基础的教师教育专业的实践体系，教师教育专业的学生应得到最专业的训练；

第四，要建立一支高水平的教师教育师资队伍，至少达到博士学位层次，在实践中有丰富的教育教学经验，有丰富的教师教育研究素养；第五，建立高水平的教师教育体系需要专业的标准及评估体系，建立基于高标准的教师资格标准的教师教育标准，包括机构、专业、实践、队伍等方面的标准。

（三）调整院校教师教育专业的招生结构

高水平教师教育体系的建立决定了教师教育专业招生结构的调整。教师教育专业招生结构是指教师教育专业在招生过程中由不同类型的师范生在不同院校的数量比例表现出来的结构。它包括学段招生结构、学科招生结构、学历招生结构、性别招生结构。

教师教育专业招生结构的调整方向之一在于师范院校一轨的本科级的中学教师教育专业减少招生数，本科级的幼儿园教师教育专业增加招生数，但同时，研究生级的中学教师教育专业增加招生数，增加培养教育硕士的师范院校数和学生数，从而既提高幼儿园教师教育专业的质量，又满足中学对硕士层次的教师的高需求。

由于专业的招生结构由院校自主决定，因此，政府与院校之间的关系决定了政府要从信息发布上去影响和调节院校的专业招生结构。政府要发布教师教育专业学生的就业信息，以便于教师培养院校能够做出教师教育专业招生上的调整。

对于一些地方院校，本科层次的教师教育专业学生的就业不容乐观，不能获得教师岗位的学生很多。因此，地方院校，甚至一些省属院校中作为师范专业的教育学专业可取消，改为教育科学专业，为教育学研究提供后备人才基础。

（四）建立基于教育学一级学科的教师教育学科体系

无论是一轨三级教师教育体系的构建，还是高水平的教师教育体系的建立，抑或院校教师教育专业招生结构的调整，都需要教师教育学科体系，需要建立基于教育学一级学科的教师教育学科体系。

教师教育学科可以从三个维度的逻辑来理解。一是教师教育研究逻辑。从教师教育研究的学术逻辑来建构学科体系，意味着需要建立教师教育原理、教师教育史、教师教育思想或理论、教师教育测量学等教师教育的跨学科研究，甚至跨学科的教师研究，如教师哲学、教师史、教师社会学、教师政治学、教师文化学、教师心理学等。这个学科体系仅仅是研究生层次的教师教育学科体系，它主要为教师教育的学术发展而设置学科，通过硕士和博士的学位点制度建立教师培养和教师培训的师资队伍。二是学段和教师类型逻辑。从教师教育的不同学段的逻辑来建构学科体系，可以分为幼儿园教师教育、小学教师教育、中学教师教育等。从不同类型的逻辑来建构，可以分为语文教师教育、数学教师教育、外语教师教育、科学教师教育、艺术教师教育、体育教师教育、信息技术教师教育、学校咨询或心理健康教师教育等。三是教育学逻辑。从三种逻辑来建构学科体系：一是跨学科逻辑体系，包括教育哲学、教育史、教育心理学、比较教育学、教育社会学、教育经济学、教育政治学、教育管理学等，表现出教育学科的社会科学化、人文科学化，甚至自然科学化；二是学段和教育对象逻辑体系，包括学前教育学、小学教育学、中学教育学、高等教育学、特殊教育学、教师教育学、职业技术教育学等；三是教育内部逻辑体系，如教育基本理论、课程论、教学论等。我们可以把前两种视为狭义的教师教育学科体系，把第三种视为广义的教师教育学科体系。

在这里，我们建议的教师教育学科体系是以学段和教师类型为逻辑而构建的体系。根据学科建构逻辑，教师教育学科是由专业和方向构成的，因此在教师教育学科下设置幼儿园教师教育专业、小学教师教育专业、中学教师教育专业、艺术教师教育专业、体育教师教育专业、信息技术教师教育专业、学校咨询或心理健康教师教育专业等，而每个专业又可以设置若干方向，如中学教师教育专业可以设置语文教师教育方向、数学教师教育方向、外语教师教育方向、科学教师教育方向，艺术教师教育专业可以设置美术教师教育方向、音乐教师教育方向、动漫教师教育方向等。这种学科体系的构建为教师教育课程设置提供依据，目前教师教育课程体系是按照广义的教师教育学科体系建构的。由于广义的教师教育学科体系是以教育学的知识逻辑为基础设置课程并建构课程内容体系的，因此，对于大多数学习者来说，它们太学科化、学术化和学科体系化，与教师教育的需要具有一定的距离，大家普遍认为，它们不能与教师专业联系在一起，从而使课程实施存在诸多问题，如与基础教育实践没有联系，不能促进教师社会化等。倘若以学段和教师类型为逻辑来构建教师教育学科体系，那么教师教育的课程体系中至少应该包括"中国教育基础"和"教师专业原理"两门基础课。师范生通过对"中国教育基础"的课程学习，形成对中国教育的认知，认识未来他们从事教师工作可能所处的环境，了解中国教育形态的多样性。中国教育具有哲学基础、历史基础、文化基础、比较基础、心理基础、政治经济社会基础，中国教育拥有中国式的课程和教学，而"教师专业原理"主要解决教师如何塑造的问题，通过对教师专业是什么的回答，探讨师范生成长的规律。在这两门基础课的基础上，应该设置专业和方向课。

(五)建构一个基于大学属性差异的、有特色①的教师教育专业体系

既然教师教育学科体系是由不同教师教育专业及其方向构成的，那么大学属性差异就成为教师教育专业和方向特色化建立的依据。我们需要一个基于大学属性差异的、有特色的教师教育专业体系。高水平的教师教育体系决定了大学成为教师培养的基本机构，而大学是有类型和分层的，不同类型和不同分层决定了大学属性的不同。从分类的角度来看，大学可以有研究型大学、研究和教学型大学、教学型大学。同时，不同类型的大学也具有分层特征，研究型大学中的教师教育与教学型大学中的教师教育显然是有差异的。这种差异表现为，研究型大学注重师范生的研究能力的培养，而教学型大学侧重师范生的教学技能的培养。这就决定了不同类型的大学的教师培养应该有其特色。我们需要建立一个基于大学属性差异的具有专业特色、方向特色的不同类型、不同层次的包括培养路径、培养策略、培养模式的教师教育专业体系。不能以"以教师教育为特色"的名义掩盖教师教育特色的实质。

(六)建立一个国家级的教师教育实践体系②

高水平的教师教育体系不能没有高水平的教师教育实践体系。基础教育

---

① 有意思的是，今天的教师教育特色通常成为师范大学的办学特色。某师范大学一定会认为其办学特色是教师教育。但都是培养教师的师范大学，我们从没有听说过其教师教育的特色是什么，这些师范大学都强调通过实践等途径来培养教师，但我们从未听说过其实践的特色是什么。总之，以教师教育为特色的大学不强调教师教育有什么特色，以实践为途径的教师培养不强调实践有什么特色，这是今天中国教师教育的特色。

② 教师培养是在大学进行还是在中小学、幼儿园进行？对于这一问题，国际上已经形成了两种模式。一种是"以大学为主，中小学、幼儿园为辅"的模式，这种模式是政府向大学拨款，大学设计教师教育方案，包括培养目标的确定、课程的设置、实践的安排等，中小学、幼儿园配合大学完成培养任务；另一种是"以中小学、幼儿园为主，大学为辅"的模式，这种模式是政府向中小学、幼儿园拨款，中小学、幼儿园设计教师教育方案，也包括培养目标的确定等。但是在中国，我们的看法是，应以"以大学为主，中小学、幼儿园为辅"的模式为主。

学校的领军人物的产生已经为建立一个国家级的教师教育实践体系奠定了人力资源基础。从我们的观察中可以发现，我国已经形成了产生领军人物的若干种路径，包括以下内容。①传统教师专业发展的荣誉路径，建立了骨干教师、学科带头人、特级教师、名师等荣誉体系，形成了一支优秀的教师队伍。②新型教师专业发展的制度路径，如名师工作坊、名师工作室、校长工作室等制度纷纷建立。③名校长、名师思想研讨会路径，名校长、名园长、名师等的思想研讨会的举办，使我国中小学教师的思想引领者群体出现。④教育教学成果奖路径，中小学校长、幼儿园园长教育教学的实践成果在各级评奖中频频获奖，形成了一定水平的教育教学的学术成果。⑤人才培养的兼职导师制路径，随着大学和中学、小学、幼儿园在教师培养中的合作、协作模式的建构，中学、小学、幼儿园教师被大学聘为兼职导师已然成为一种趋势。⑥教育教学研究的兼职研究员职位路径，以北京师范大学教育家书院为典型模式，聘请中学、小学、幼儿园校长和特级教师与大学教授合作，成为兼职研究员。⑦教育家丛书的出版，使一批有一定思想引领气质的教师群体涌现。所有这些路径下产生的教师群体已经成为教师教育的雄厚的人力资源，他们已经成为教师教育不可或缺的指导教师、专家教师队伍。更重要的是，通过多年的学校建设，我国也形成了优质校的办学格局，这些学校已经可以成为教师教育的基地。因此，建立一个国家级的教师教育实践体系的条件已经具备，只不过需要国家层面加以支持。当然，免费师范生政策的实施也已经使全国在不同层面上建立了教师教育改革创新实验区，尽管它们在政策上存在不可延续的问题，但所积累的大学与中学、小学、幼儿园合作的经验已经为国家级的教师教育的实践体系的建立奠定了实践基础。

五、结语

三轨多级教师教育体系的形成对于教师教育而言具有重大影响。这种影响主要表现在师范教育的观念已经不复存在，师范和非师范的二分法已经没有太大的实际价值，再强调师范院校的独特性不具有导向功能；相反，要提高师范院校的综合实力，探索教师培养的科学规律应该成为未来教师教育的方向。

建立一轨多级教师教育体系是我国未来教师教育体系发展的目标，它将为未来建立教师教育质量标准奠定基础，因为标准体系的建立只有在机构同质化的条件下才有可能实现。

在建立一轨多级教师教育体系的过程中，必须重视教师教育文化的建设，尤其在继承传统中师和高师的教师教育文化传统上要给予特别的关注。中国教师教育体系具有中国文化特征，"三字一话"（钢笔字、粉笔字、毛笔字和普通话）的师范生的技能文化必须在一轨多级教师教育体系中重塑。把失去了中师的教师培养文化重新拾回来，让倒退了的中师教育重新迈入高水平发展的轨道，一轨多级的教师教育体系一定是进步的体系，而不是退步的体系。

要重新制定教师教育的"开放性"政策。从对培养院校的开放转向对专业的开放，从"只考不育"的招聘对象的开放转向非教师教育专业接受专业教育的开放，为此，中国教师教育体系需要建构一个"既考又育"的教师教育专业体系。

（本文责任编辑：江东）

（原载《教师教育研究》，2015 年第 6 期）

教师教育者五大角色探析

李 芒[1]，李 岩[2]

(1. 北京师范大学教育学部，北京 100875；

2. 渤海大学外国语学院，辽宁锦州 121013)

[摘要]随着教师教育研究的不断深入，对教师教育者的职业面貌、职业行为、思维方式的研究也日益受到关注。了解教师教育者所扮演的不同角色要求的知识技能及获取渠道，可以有效促进其职业发展。本文以教师教育者所扮演的五个职业角色——教师的教师、研究者、指导者、守门人和课程开发者为切入点，阐述教师教育者的职业行为及职业发展特征，提出通过加强职前培养、开展自我研究、创建研究共同体三个策略来促进教师教育者职业发展。

[关键词]教师教育者；职业角色；职业发展；自我研究；研究共同体

[中图分类号] G655　[文献标识码]A　[文章编号]1672-5905(2016)04-0014-06

Study of the Five Roles Played by Teacher Educators

Li Mang[1]，Li Yan[2]

(1. Faculty of Education，Beijing Normal University，Beijing，100875，China；

2. Institute of Foreign Languages，Bohai University，Jinzhou，Liaoning，121013，China)

Abstract：With the advancement of the research on teacher education, attention has been gradually paid to what teacher educators are like, what do they do, and how do they think. Taking the five professional roles played by teacher educators as a starting point, namely teacher of teachers, researcher, coach, gate keeper and curriculum developer, this paper discusses the features of teacher educators' professional behavior and professional develop-

[收稿日期] 2015-11-20

[作者简介] 李芒，北京师范大学教师发展中心主任，教授，主要研究方向为教师教育及教学行为。

ment. And we propose that strengthening pre-employment training, conducting self-research, and creating a research community are effective strategies in supporting teacher educators' professional development.

Keywords：teacher educator，professional roles，professional development，self-research，research community

教师教育者是一个具有异质性、分散的群体，没有同这一职业的准入要求相关联的、正规的教师教育者培养渠道，没有形成清晰、稳固的职业框架。[1]在众多教育研究类别中，对教师教育者的研究还是一个新领域，存在着理论研究与教师教育实践之间的关系脱节问题。一方面是研究不足，对教师教育者的教学行为没有明确的要求，造成实践中对教师教育者具体的策略和教法缺乏研究的支持；另一方面是即使研究中揭示了什么样的教师教育者行为在特定角色中有效，教师教育者的实际行为也与之不符，原因在于许多教师教育者缺乏角色意识，也不大关心提高自身特定角色的理论修养。这些问题的存在严重影响了教师教育者群体的工作绩效与职业发展。针对这一现状，本文重点探讨以下问题：第一，教师教育者应该扮演哪些职业角色？第二，如何通过提升教师教育者角色的扮演水平促进其职业发展？

一、教师教育者的角色

教师教育者是指所有传授给教师专业知识、指导教师教学实践和支持在职教师职业发展的人，包括所有在教师教育机构和基础教育中负责教育和指导未来教师、新手教师和有经验教师的人。"角色"(role)是人们对处在一定地位上的人的行为期待。[2]这种期待或许来自职业群体、工作部门，或许来自社会，可以像职业标准那样明确表述。而成熟职业的一个重要特征就是有一系列理论知识和系统的职业发展活动。[3]本文中"职业角色"的定义为，某一工作领域的从业者应采取的行为方式和应具备的知识体系的总和。

教师教育者的角色不仅仅是对职前教师和在职教师进行教育的培训者，更是以满腔热忱投身于教师教育活动并以获取对其的深刻理解为核心的专门家。他们的职业角色还包括从事探索教师教育方法的研究，积极参与制定教师教育政策的工作，加入进行实践指导和开展项目研究的学术团体等。概括而论，可以将教师教育者所扮演的职业角色归纳为五大类别。

（一）教师的教师角色

教师的教师角色是教师教育者最核心的角色，其行为特征包括如下几点。

一是进行二阶教学。默里（Murray）和梅尔（Male）将教学活动划分成一阶教学和二阶教学，其中一阶教学是指基础教育中的教学，二阶教学是指教师教育中的教学。[4]教师的教师主要面对职前教师和在职教师，而不是中小学生。这意味着教师教育者不仅需要娴熟地掌握教学方法与技能，而且需要了解教师的学习与发展规律，明确如何在他们的专业成长过程中提供支持或设置挑战。因此，要求教师教育者能够清楚而巧妙地表达实践知识，并能够将理论知识付诸实践。

二是帮助教师主动进行知识建构和自我调节学习。摒弃单纯的知识传递型教育是当前教师教育乃至高等教育发展的方向。教师教育者应该以提高教师职业判断力为教师职前准备，而不应仅仅在课堂上提供大量的技能练习；培养教师的洞察力、理解力和审辨性思维能力，而不是只进行对所学技能有效运用的操练；发展教师在实践中的工作智慧，而不是让他们一直学习针对特定情境的工具性知识。创设以学习者为主体的学习环境，是帮助教师进行积极主动的知识建构和自我调节学习的关键。教师教育者是教师学习环境的设计者，他们的教学方式和风格直接影响到教师的学习方式。然而，对教师教育者教学观念与教学策略使用关系的研究表明，教师教育者对教师应如何学习所持的观点各异，而且这些观点与他们采用的教学策略相关度不高。[5-6]许多教师教育者虽然认同以学习者为主体的教学观，但并没有在教学实践中体现出来。

三是进行明确的教学示范。教师教育者可以为职前教师提供有效教学活动的范例，他们的教学方式比内容更能够影响教师对教学实践的认识。因为教师的工作思维以类比思维为特征，遇到教学问题时，他们倾向于将自己的教学行为与其他教师进行比较，吸收和借鉴好的方法或策略。[7]教师教育者的示范作用可以表现在两个层次：第一个层次，教师教育者亲身演示他们期待职前教师在未来教学中实施的教学行为；第二个层次，教师教育者还需要通过一系列的教与学的实践活动，让职前教师了解与教学行为相伴的教法推演过程，以及思维与行动方式。[8]因此，要求教师教育者必须能够边教边对其教学行为的合理性做出解释说明。在此要求教师教育者不仅应该知道怎么做，而且应该知道为什么这样做。研究发现，教师教育者对教学示范的概念认识不一，有一些认为教学示范意味着角色扮演，另一些则认为它是明确的反思性学习，是教师教育者向教师解释他们教学实践背后的理论思考。[9]实际上，角色扮演与反思性学习在教学示范过程中是合二为一的。角色扮演是无须解释的教学示范，教师可以从教学示范中领悟很多内容，可以进行很彻底的反思性学习。例如，教师教育者不时停下来指出示范内容，在出现失误的时候进行讨论，解释具体教学实践背后的理论依据，示范错误的课堂教学并同职前教师一起发现问题，用录像捕捉有意义的教学瞬间并解释其背后的思考等。此外，教师教育者应该明确表达并不断反思自己对教学的情感态度。因为，情感因素是最能打动人的教育因素。

四是处理教学中的矛盾状态。教师教育者可能面临六种教学矛盾状态：直接告诉教师怎么教还是给他们机会，让他们自己学会教；坚持已有的教师教育方法还是探索新方法；设定什么程度的目标以及采取的行动能实现这一目标的可能性；为教师创设较低难度的学习环境还是让他们体验学习带来的挑战；帮助教师发现个人经验的价值还是让他们认识到仅有经验是不够的；实施预先设定的课程还是积极把握实践过程中出现的学习机会。[10]在特定情境下，合理处置这些矛盾，要求教师教育者具备深厚的理论功底、丰富的实践经验和缜密的判断。

(二)研究者角色

有效的教学需要建立在坚实的科学研究基础之上。美国学者博耶（Boyer）认为研究者应具备四种能力，分别是发现能力、整合能力、应用能力和传播能力。[11]其中，发现研究指那些独创的、基础的、能够为人类知识带来巨大进步的研究；整合研究指将不同学科领域的观点联系起来综合分析的研究；应用研究指将理论知识用于解决重大社会问题的研究；传播研究指传递知识以促进理解、建立联系。另一位美国学者托莱多-佩雷亚（Toledo-Pereyra）归纳了优秀研究者的十种品质。第一是研究兴趣浓厚，这样的研究者会发现众多值得研究的课题，并试图给出合理的解释；第二是研究动机强烈，它为将初始的研究意愿向研究过程推进提供内在驱动力；第三是求知欲旺盛，不断提出问题，不断探求新知识；第四是坚定执着，从概念构想到不断调整修正、数据采集与分析，都要求研究者具备持之以恒的耐力；第五是具有牺牲精神，研究者需要投入大量的时间和精力进行研究活动，要做好牺牲其他爱好的准备；第六是追求卓越，研究者需要在研究假设、研究设计、数据采集与分析、撰写研究报告和进行研究展示的过程中做到精益求精；第七是知识渊博，研究的每一步进展都需要以知识积累为保障；第八是感觉敏锐，知道研究项目应如何开展及如何评价；第九是研究符合规范，能够以最好的方式进行数据采集与分析，发表研究成果；第十是能够融会贯通，整合来自各个研究阶段的数据信息，并厘清研究项目中各个方面的关系。[12]

作为研究者的教师教育者应该具备研究者的基本素质：能够读懂不同类型的研究，并且做出价值判断；能够依据教学实践和前人的理论提出有意义的研究问题；能够运用恰当的研究方法，收集实证数据并将其转换成文本形式，并且论证方法的可行性；能够向目标读者清晰、准确地表达自己的观点，细致呈现研究过程，使其他研究者可以了解并评价此研究。也就是说，教师教育者需要具备开阔的视野，对教育学知识内容和方法论的核心内容有深刻理解，担负起教师教育领域知识积累、增长和更新的责任。他们需要洞察本领域的历史、社会、道德和政治事件背后隐含的意义，敏锐地感知本领域研究的发展动态，运用合适的理论来支持和策划有意义的研究，并对研究发现进行科学、合理的解释。此外，教师教育者作为研究者，不但应该更加深入地了解和掌握专业知识，而且还应该不断反思和改进自己的教学行为。他们应该将质疑自身的教学作为职业发展的基础，具备研究自身教学的能力，在实践中质疑和检验教师教育理论，并且乐于让他人观察自己的教学工作，以诚恳、开放的态度参与协作与讨论。

(三)指导者角色

对在职教师实践过程的指导是教师教育者工作的一个重要方面。指导者角色的扮演架设起教师所掌握的理论知识和实地教学实践之间的桥梁，是在职教师职业发展和新教师成功入职的保证。指导者角色主要表现为基础教育中进行教学工作现场指导的教研员、新任教师的指导教师、师范生实习指导教师和大学教师发展中心的顾问。优秀的指导者应该同时掌握学生学习的规律和教师教学的方法。他们的知识和技能分为教法知识、情境知识、学习者知识和自我认知四个部分，又分为以学生为目标和以教师为目标两个层次。虽然他们被称为教学工作现场的指导者，但其工作职责不能局限于教师的授课现场。除了提供课程相关信息、帮助教师解决课堂教学管理中遇到的问题外，指导者还应该做出有效教学的示范供教师观察和评判，展示自己在教学改进中可能会出现的失误、困惑和迷惘，并引导教师开展聚焦于教学实践的对话与反思。也就是说，教学工作现场的指导者有责任创设一个促进教师学习、讨论、反思和评价教学的成长环境。在研究教学示范作用的过程中，教师教育者也可以对学与教的规律产生更深刻的认识。

然而现有研究发现，教师教育者对工作现场指导者作用的认识非常有限，他们通常认为自己的工作仅限于当时当地。[13]指导者往往将职业行为建立在自己性格特征和教学工作经验的基础上，只关注为教师提供如何解决实际问题的建议，如如何设计和实施课程、如何协调与学生的关系等。[14]由此看来，教师教育者需要进一步拓宽对自身职责的理解。作为指导者的教师教育者，还有责任帮助教师确立研究方向，为教师推荐适当的研究方法，鼓励他们参与到研究者行列中来，并支持他们撰写并发表研究报告。能够以赞赏的态度倾听，系统归纳听到的内容，并做出能够促使教师创造性地参与其中的反馈，是指导者应该具备的重要特征。指导者应该能够提出有针对性的问题，以激励教师做更深入的探究。指导者还可以通过为教师开辟更多从事研究的时间和空间，帮助教师成为更专业的教育研究者。

（四）守门人角色

教师教育者处于把守教师职业入口的位置。教师教育者可以使用教师标准来判断职前教师是否可以进入教师队伍。[15]但对师范生是否达到了这些标准的评价，每所学校的做法都各不相同。评价方式的恰当运用可以在三个方面对师范生的学习产生积极影响。总结性评价对学习行为的影响一般是前摄的，学习者会根据对评价方式的预期调整自己的学习，被称为"评价前期效应"；形成性评价会引发学习者对学习成果和过程的反思，被称为"评价后期效应"；而"真正的评价效应"指学习者在评价过程中重构自己的知识以解决新问题，并开始考虑相关层面之间的联系而获得的学习效益。也就是说，当评价激发出学习者的高阶思维时，评价本身就成为他们学习过程的一部分。[16]比较理想的评价方式是混合式评价，即综合运用多种评价方法来考查师范生复杂的知识、技能和态度水平，并同时促进他们的学习。可以将档案袋评价、教学行为观察、真实情境模拟、案例分析测试或书面考试等一系列评价方法组合起来考查师范生的职业能力。此外，教师教育者既要按照教师行业标准培养和选拔教师，又要在理解和执行教师行业标准的同时，关注和支持教师的个性化发展。

（五）课程开发者角色

教师教育者还需要具备课程设计开发能力，以确保教师教育课程能够科学设计并有效实施。课程的设计、实施不是一成不变的过程，需要不断调整，以使其更加适应具体课堂教学情况。瑞米拉德（Remillard）把课程开发过程划分为两个阶段：第一阶段，课程专家将技能、知识、概念和价值观转换成课程材料，即纸面上的课程；第二阶段，任课教师通过使用和开发课程材料发展纸面上的课程，使之成为现实中的课程。[17]

作为课程开发者的教师教育者发挥的作用包括使用、改编、补充与开发课程。教师教育者是教师教育知识的创造者，课程开发的过程是教师教育者与教师共同成长的过程，是他们的思想认识与教学实践转变的过程。教师教育课程的开发与教师教育者自身的职业发展相互依存。[18]参与课程开发的教师教育者应该掌握前沿的学科内容知识，了解人类学科研究的近期发现，并愿意尝试新的教学方法和改变对自身角色的认识，这些恰与当前教师教育者职业发展中"教中学"的趋势相吻合。教师教育者使用的课程开发策略包括宏观策略和微观策略两类。[19]宏观策略包括教学材料的撰写和评价，课程的改进、发展、补充、调整、计划、实验、设计和扩展；微观策略包括多渠道获取信息、将教材作为平台、贯穿教法内容，还包括教学材料优选、弹性排序、课题增补和任务调整等。其中，宏观策略的实施通过微观策略的运用来实现。

二、角色研究对教师教育者职业发展的启示

教师教育者的职业发展是指用来帮助教师教育者获取目前及未来工作所需知识与能力的规划，是他们通过组织和个人的不断努力，成为领域专家的过程。对教师教育者角色的研究，为其职业发展提供了培养扮演各种角色所需能力的重要思路。促进教师教育者的职业发展，应该以培养独立人格、批判精神和角色意识为目标，加强教师教育者的职前培养，开展自我研究，并创建研究共同体。

（一）加强职前培养

教师教育者的五种角色，不但要求他们掌握新知识、新技能，而且要求

他们在智力上和情感上高度地投入工作，这对刚刚入职的教师教育者来说非常具有挑战性。加上常常得不到足够的专业支持，他们的工作压力巨大，自我效能感降低，甚至经历自我认同危机，觉得自己不是合格的教师教育者。应该在高等教育中，包括教师教育专业和学科教学论专业的研究生等在内的未来教师教育者的培养阶段，为他们提供充足、高效的任职准备和指导，让他们通过正规的培养途径学会如何实施教师教育，掌握应对未来工作中的重重困难和挑战的能力。

教师教育者的知识结构应该包括"如何教关于教学的知识，如何学关于教学的知识，以及两者之间的相互影响"[20]，而不仅仅是各个学科领域的内容性知识。未来教师教育者的培养，首先要在学位教育和教师教育项目之间建立紧密的联系，让未来的教师教育者获得参与教师教育实践的机会，如参与职前教师教育，或同在职教师合作进行教学研究。教师教育项目还可以为未来教师教育者提供开展研究工作的"土壤"，让他们参与到对教师教育知识进行探索和创新的活动中来。其次要对未来教师教育者的学习进行系统指导，除了学位教育中学术上的导师之外，在教师教育领域具有丰富实践经验和专业知识的顾问的配备也非常有必要。通过同教师教育顾问的互动，未来教师教育者可以获得教师教育实践中的重要技能，并借此引发反思和知识建构，真正了解教师教育者的工作内涵。此外，有必要引导未来教师教育者撰写反思日志，系统探究他们自身成长为教师教育者的过程，以提高他们的反思能力，以及应对各种环境挑战并寻求在教师教育领域中持续发展的能力。

(二)开展自我研究

对于已经入职的教师教育者，如高等教育中师范生的教师、基础教育中的教研员、在学校中对新教师进行传帮带的老教师等，由于他们工作的环境和内容有很大差异，通过集中培训促进其职业发展显然很不现实。这一阶段促进教师教育者职业发展的策略是支持他们开展自我研究，通过研究者角色的扮演提高其他四种角色水平。

自我研究是为了更加了解自我、了解教育、了解学习以及支持相关知识发展的教学与研究实践。[21]"教师教育者将某一理论或实践问题带入其教学实践活动中或与被指导的职前教师、在职教师共同学习、实践、研究的过程，运用传记、叙事、行动研究、教学日志、网络博客等方法，在教学实践进程中研究教学实践、反思教学实践，并由此解答理论或实践问题，不断修正其教学实践指导的策略、方法。"[22]自我研究中，教师教育者可以从新的视角观察自己的教学实践，对指导其他教师的过程产生更加清晰的认识和明确的理解，得出有效的教师教育方法。

教师教育者的自我研究能够实现变革性发展。首先，尊重教师教育者的已有知识、发展方向和研究兴趣，从而提高教师教育者对研究者角色的认识和信心。其次，关注教师教育者自身研究实践与外部目标（论文发表或在学术会议上发布）实现之间的联系。然后是文献和外部资源的支持。参加学术会议是一个有效的研究方法，会议中教师教育者可以发表自己的研究成果，还可以了解其他学者的研究动态。最后，在自我研究的收尾阶段，应该关注其后续研究的讨论，避免研究成果被搁置。此外，对教师教育者自身实践研究的方法论指导有益于教师教育者更清楚地认识和进行研究活动。

（三）创建研究共同体

创建研究共同体是教师教育者思考自己的教学和科研工作，并将其与他人的工作，与更大的社会、历史、文化环境建立联系的有效方式。教师教育者担负起分享和拓展知识的社会责任，并在协作中碰撞出新思想的火花，从单纯为自己的学习负责转变为同时关注同伴的成长。研究共同体的建立能够帮助教师教育者不断提高人际交往、反思与对话的能力。研究共同体的活动应提倡进行积极的教学、测验、观察和反思，反对只进行抽象的讨论；注重协调人际关系和开展集体活动，探索提升教学实践的途径；打破传统的教师独立工作、学习的状态。[23]研究共同体中的教师教育者职业发展是通过社会交互实现的。持续对话、个体和集体反思、系统化的活动和相互尊重创设了一个滋养深度学习和缜密思维的环境，让所有成员都参与其中并支持他们的职业成长与进步。[24]在共同研究中，教师教育者共同质疑教学惯例，改变陈旧观念和做法，研究新的范式，发现对待差异和矛盾的有效措施，将一般性知识具体化到当前的教学环境中，将自身的教师教育实践上升为一般理论。他们的教学能力和研究能力都能够得到提高。

教师教育者在共同体的探究活动中主要回答两个核心问题：第一，教师教育者应该具备什么样的知识？第二，他们在何种情境下运用这些知识？教师教育者在自身的教学实践中有意识地探索，同时与他人的理论及实践研究相对照，逐步形成在教师教育中应如何教学的科学认识。

三、结语

　　教师教育者作为提升教师教育质量的核心要素，需要扮演多重角色。从角色研究的角度出发，探究教师教育者工作的复杂性，创设一个结构清晰、合理的教师教育者行为特征和职业发展的研究体系，了解教师教育者需要掌握什么知识、具备什么能力，对促进教师教育者职业发展具有重要意义。然而，教师教育者职业发展的最终目标是促进处于各个阶段的教师的职业发展。因此，未来研究应该探索教师教育者的角色在不同环境中对教师发展产生的影响，为研究教师教育者的职业发展提供更加广阔的空间。

［参考文献］

[1] Martinez, K. Academic induction for teacher educators[J]. Asia-Pacific Journal of Teacher Education, 2008(1)：35-51.

[2] 迈克尔·曼. 国际社会学百科全书[Z]. 袁亚愚，徐小禾，沈光明，等译. 成都：四川人民出版社，1989.

[3] Koster, B., Brekelmans, M., Korthagen, F, et al. Quality requirements for teacher educators[J]. Teaching and Teacher Education, 2005(2)：157-176.

[4] Murray, J., Male, T. Becoming a teacher educator：evidence from the field[J]. Teaching and Teacher Education, 2005(2)：125-142.

[5] Donche, V., van Petegem, P. Teacher educators' conceptions of learning to teach and related teaching strategies[J]. Research Papers in Education, 2011(2)：207-222.

[6] Goubeaud, K., Yan, W. Teacher educators' teaching methods, assessments, and grading：a comparison of higher education faculty's instructional practices[J]. The Teacher Educator, 2004(1)：1-16.

[7] 李芒. 教学设计的九大信条[J]. 电化教育研究，2010(4)：40-43.

[8] Loughran, J., Berry, A. Modelling by teacher educators[J]. Teaching and Teacher Education, 2005(2)：193-203.

[9] Boyd, P., Harris, K. Becoming a university lecturer in teacher education：expert school teachers reconstructing their pedagogy and identity[J]. Professional Development in Education, 2010(1-2)：9-24.

[10] Berry, A. Tensions in teaching about teaching：understanding practice as a teacher educator[M]. Dordrecht：Springer, 2008.

[11] Boyer, E. L. Scholarship reconsidered: priorities of the professoriate[M]. Princeton, NJ: Carnegie Foundation for the Advancement of Teaching, 1990.

[12] Toledo-Pereyra, L. H. Ten qualities of a good researcher[J]. Journal of Investigative Surgery, 2012(4): 201-202.

[13] Hall, K. M., Draper, R. J., Smith, L. K., et al. More than a place to teach: exploring the perceptions of the roles and responsibilities of mentor teachers[J]. Mentoring & Tutoring: Partnership in Learning, 2008(3): 328-345.

[14] Cothran, D., McCaughtry, N., Smigell, S., et al. Teachers' preferences on the qualities and roles of a mentor teacher[J]. Journal of Teaching in Physical Education, 2008(2): 241-251.

[15] Struyven, K., De Meyst, M. Competence-based teacher education: illusion or reality? An assessment of the implementation status in Flanders from teachers' and students' points of view[J]. Teaching and Teacher Education, 2010(8): 1495-1510.

[16] Dochy, F., Gijbels, D., Segers, M. R. Learning and the emerging new assessment culture[Z]. Instructional psychology: Past, present, and future trends, 2006.

[17] Remillard, J. T. Curriculum materials in mathematics education reform: a framework for examining teachers' curriculum development[J]. Curriculum Inquiry, 1999(3): 315-342.

[18] Shawer, S. F., Gilmore, D., Banks-Joseph, S. R. Student cognitive and affective development in the context of classroom-level curriculum development[J]. Journal of the Scholarship of Teaching and Learning, 2008(1): 1-28.

[19] Shawer, S. F. Classroom-level curriculum development: EFL teachers as curriculum-developers, curriculum-makers and curriculum-transmitters[J]. Teaching and Teacher Education, 2010(2): 173-184.

[20] Cochran-Smith, M., Feiman-Nemser, S., McIntyre, D. J., et al. Handbook of research on teacher education: enduring questions in changing contexts[M]. 3rd. London: Routledge, 2008.

[21] Loughran, J. J., Hamilton, M. L., LaBoskey, V. K., et al. International handbook of self-study of teaching and teacher education practices[M]. Dordrecht: Springer, 2004.

[22] 荀渊. 教师教育者及其自我研究: 提升教师教育质量的新途径[J]. 教师教育研究, 2012(5): 12-17.

[23] Hadar, L., Brody, D. From isolation to symphonic harmony: building a professional development community among teacher educators[J]. Teaching and Teacher Education, 2010(8): 1641-1651.

［24］Wilson，S. M.，Berne，J. Teacher learning and the acquisition of professional knowledge：an examination of research on contemporary professional development［J］. Review of Research in Education，1999(24)：173-209.

（本文责任编辑：刘东敏）

（原载《教师教育研究》，2016 年第 4 期）

教育实践类课程对职前教师
从教准备度的贡献研究

吴宗劲，饶从满

（东北师范大学国际与比较教育研究所，吉林长春 130024）

[摘要]本研究采用个案研究法调查了 D 大学职前教师的从教准备度，并以此来探讨教育实践类课程在教师培养中的贡献。研究发现：相较于其他教师培养课程，教育实践对职前教师从教准备度的贡献较大；教师培养机构（包括教师教育者）对实践类课程的重视和投入以及教育实践类课程开设的时机会影响教育实践类课程的效果；在教育实习中，授课课时对职前教师从教准备度的积极影响存在阈值效应；双导师指导也有助于职前教师从教准备度的提升。

[关键词]教师教育；教师培养；教育实践；从教准备度

[中图分类号]G424.4　[文献标识码]A　[文章编号]1672-5905(2018)06-0037-07

A Study on the Contribution of Teaching Practice Curricula
to Pre-service Teachers' Feeling of Preparedness to Teach

Wu Zongjin，Rao Congman

(Institute of International and Comparative Education，Northeast Normal University，
Changchun，Jilin，130024，China)

Abstract：As a case study，this research explores the pre-service teachers' feeling of preparedness to teach in D University trying to explore the contribu-

[收稿日期] 2018-03-27

[基金项目] 教育部教师工作司 2016 年委托项目"师范生教育实习模式及其保障机制研究"阶段性成果

[作者简介] 吴宗劲，东北师范大学博士研究生，主要研究方向为教师教育；饶从满（通讯作者），东北师范大学国际与比较教育研究所教授，博士生导师，主要研究方向为教师教育、比较教育。

tion of teaching practice curriculum in teacher preparation. The findings of the research are as follows. Teaching practice contributes significantly to pre-service teachers' feeling of preparedness to teach compared with other kinds of teacher preparation curriculum. The effect of teaching practice curriculum is influenced by how much the institution of teacher preparation (including teacher educators)paid attention to and invested in teaching practice，and the timing of offering teaching practice curriculum. There is a threshold effect of teaching hours on the positive contribution of pre-service teachers' feeling of preparedness to teach in teaching practice. The guidance from university tutors as well as school mentors in teaching practice can improve pre-service teachers' feeling of preparedness to teach.

Keywords：teacher education，teacher preparation，teaching practice，feeling of preparedness to teach

一、问题提出与研究视角

20 世纪 80 年代以来，强化教育实践成为世界各国教师培养改革的重点。我国也不例外，《教师教育课程标准（试行）》中就明确把"实践取向"作为基本理念。然而，对于教师培养中教育实践的"量"（教师培养需要多长时间的实践）、"质"（教师培养需要什么样的实践）和"时机"（教育实践安排在什么时间比较合适），学界并未达成共识。在我国，教育实践通常被视为教师培养的短板，教育实践存在时间短、类型单一（以终结性的教育实习为主）、缺乏指导、与理论课程缺乏联系等突出问题。[1-4]这使得我们有必要通过深入的个案分析来探讨教育实践的设计与实施。

此外，教育实习作为教师培养中最有益的成分，人们（主要是职前教师和学校）都希望通过延长教育实习的时间来提高教师培养质量。[5]但是，在有限的培养时间内，无限延长教育实习的时间并不实际。2016 年，《教育部关于加强师范生教育实践的意见》发布，要求推行教育实践"双导师制"，给予师范生有效的指导。此外，教学实习作为教育实习的组成部分，应保证师范生有"足量的课堂教学授课时数"。为此，有必要探讨上述两项措施是否有助于提升教育实习的效果。

目前，国内关于教育实践（主要指教育实习）的研究以理论探讨居多，有关教育实践成效的实证研究（empirical research）仍非常匮乏。正如循证科学所强调的，科学的研究证据（research evidence）乃是评估教育政策与实践的黄金标准。实证研究的匮乏将不利于教育实践类课程的开发和实施，乃至教师培养质量的提升。为此，本研究坚持实证研究的立场，旨在借助教师对从教准备度的知觉（teachers' feeling of preparedness to teach）①来探讨教育实践类课程在教师培养项目中的贡献。具体的研究问题如下：相较于其他教师培养课程，教育实践类课程对于职前教师从教准备度的贡献情况如何？教育实习中职前教师的授课课时和双导师的指导，对职前教师从教准备度有何影响？

教师从教准备度的内涵可以从班杜拉效能期待的视角来理解。效能期待是指个人对自己能够完成某项特定任务的信心程度。[6]继而，教师从教准备度可以理解为教师对其专业素质的心理预期程度或自信程度。[7-8]20世纪90年代以来，许多研究开始借助教师从教准备度来表征教师素质及其有效性（teacher quality and effectiveness）[9-10]，并以此来衡量教师培养项目或相关课程的效果[11-13]。本研究借用教师从教准备度来衡量教育实践的效果，不仅是出于经济性和便利性的考量（这类调查主要使用的是自陈式报告数据，具有程序设计简便和投入少的优势），更为重要的是对教师从教准备度的效能预期会影响教师完成特定教学任务时的努力程度和韧性（persistence）[14-16]，进而影响教师的日常教学行为、班级管理方式以及教学革新[17]。而那些越对教学缺乏自信的教师，越有可能离职。[18]因此，帮助职前教师强化自身对从教准备度的效能期待也应该是教师培养的目标之一，我们可以将其作为衡量教育实践效果的核心指标。

二、研究设计与实施

（一）调查对象的选取

本研究以D大学为个案，主要是考虑到D大学是教育部直属师范大学，也是承担"卓越教师培养计划"的单位，其对教育实践类课程（尤其是教育实

---

① 为了行文的便利，下文仅以"教师从教准备度"代之。

习)的探索获得了政府、高校和学界的多方关注。根据 D 大学 2012 年版课程计划，教师培养课程(155 学分)由通识教育类课程(50 学分)、学科专业类课程(80 学分)和教师职业教育类课程(25 学分)组成。而教师职业教育类课程由教育理论类课程、教育技能类课程(含 1 学分微格教学)、教育实践类课程(5 学分的教育实习和 1 学分的教育见习)组成。鉴于微格教学具有较强的实践属性，D 大学的教育实践体系可由微格教学、教育见习和教育实习三类课程组成。本研究的"教育实践类课程"即指上述三类课程。

在教育实践类课程的设置上，微格教学和教育见习被安排在第 6 学期进行。微格教学①是对课堂教学的模拟，职前教师可以在模拟环境中有针对性地学习教学。教育见习主要是帮助职前教师积累实践体验，加深其对教育理论的理解。在修习教育理论类课程后，职前教师需进入中小学开展为期一周的教育见习②。教育实习被安排在第 7 学期开学后的 8 个教学周进行，其目的是帮助职前教师树立从教信念，在实践中学习教学。为了保障职前教师的授课课时和落实双导师指导，职前教师被安排进入实习基地开展实习。

(二)经验资料的类型

本研究的经验资料由定量的问卷调查结果和定性的访谈资料组成。

1. 问卷调查

本研究的量化数据源于一项针对 D 大学 2016 届中学师范专业全体共 1024 个本科毕业生(以下简称"职前教师")的调查，其中有效样本为 736 个。教师从教准备度调查量表根据《中学教师专业标准(试行)》编制。教师从教准备度可从"专业理念与师德""专业知识""专业能力"三个维度来衡量。此外，教师培养课程被划分为通识教育类课程、学科专业类课程、一般教育理论课程、学科教学类课程、微格教学、教育见习和教育实习 7 类。职前教师需要根据各类教师培养课程对其从教准备度的贡献程度按由大到小的顺序将上述课程

---

① 微格教学一般由教学计划、微格教学(试教)、回馈反应、重定教案、再次试教五个步骤组成。

② D 大学 2013 版的课程标准对教育见习进行了重新规划，以往的连续一周的见习被分散在第 6 学期的 3、4、5 月的某个星期的周四、周五进行。此外，D 大学还加强了对于教育见习的事前和事后指导。在见习前，学校向每一名职前教师颁发了见习指导手册，以明确教育见习期间的目的和具体任务，并在见习期间加强了对职前教师的指导，引导职前教师将大学所学和学校教学中的实际经验结合起来。

进行排序。描述统计是主要的数据处理技术。贡献度最大的课程计 7 分，依次类推。

2. 访谈

访谈资料是为本研究而重新收集的。教育实践类课程对于职前教师从教准备度的贡献乃是访谈的焦点。职前教师首先需要描述相较于其他课程，教育实践类课程对职前教师从教准备度的贡献。其次，针对微格教学、教育见习和教育实习三类课程，职前教师需要回答以下三个问题：三类课程的独特性是什么？它们对于教师从教准备度的贡献体现在哪里？它们需要改进的地方是什么？关于教育实习的两项制度措施——亲自授课的经验和双导师指导，职前教师需要结合自身的经历回答它们对职前教师从教准备度的影响。

以信息饱和性为标准[19]，综合考虑时间、资金和人力等现实因素，本研究对 20 名来自数学、语文、化学、物理和外语专业的 2016 年 7 月毕业的职前教师进行了访谈。此外，本研究还以同样的标准邀请了 10 名 2017 年 7 月毕业的职前教师参与访谈，以了解他们对重新设计的教育见习的看法。

三、研究结果与讨论

(一)教育实践类课程对教师从教准备度的贡献

根据教师培养课程对教师从教准备度的贡献程度的大小，以理论中值(4分)为标准，可以将教师培养课程划分为高贡献度的课程和低贡献度的课程。

表 1 教师培养课程对从教准备度的贡献程度

贡献程度	课程	得分
高贡献度	教育实习	4.76
	学科专业类课程	4.54
	微格教学	4.44
	学科教学类课程	4.17
低贡献度	一般教育理论课程	3.56
	教育见习	3.48
	通识教育类课程	2.99

1. 教育实践类课程对教师从教准备度的贡献较大

如表 1 所示，总体上看，教育实践类课程对教师从教准备度的贡献程度较大。换言之，职前教师把教育实践视为学习教学的重要途径。"教育实践比理论更重要"是绝大多数职前教师的心声。"教育实践能让我参与到真实的教学中去，使我对教学有了更为直观的感受和体验。"正如舒尔曼所说："专业最终是关于'实践的'……这些知识被应用于专业'领域'中才会成为'专业'知识。"[20]教师培养作为一种专业教育是基于实践的教育。在教师培养历程中，"职前教师掌握了多少知识"只是一个方面，更为重要的方面是"教师在工作中如何运用这些知识"。[21]教育实践类课程能够有效帮助职前教师将他们的所学同真实的学校教育情境联系起来，在实践中体会教学、发展教学乃至学会教学。

2. 三类教育实践类课程对职前教师从教准备度的贡献

第一，教育实习对职前教师从教准备度的贡献程度最大。职前教师认为教育实习的独特性在于它是"最接近实情的演练"。一名职前教师对比教育见习和微格教学后认为："教育实习具有较强的实践性和真实性，课堂上发生的一切都是真实的，我能够和学生面对面地对话，并且通过课堂反馈和指导教师的指导，我能够及时修正和调整我的教学。而微格教学是死的，真实的课堂里什么都能发生。教育见习则只能观察，不能实践。"这表明，在教育实习中，职前教师能够在实际经验的积累中以及一定的反馈和指导下体悟教师的角色和发展自己的教学。教育实习属于教师培养环节中的"高峰体验"（culmi-nating experience），能够统合"教师学习经验之总体"。这也正是 D 大学格外重视教育实习的设置，确保职前教师拥有授课机会和落实双导师指导的原因。

第二，微格教学是高贡献度的课程。在职前教师看来，微格教学的独特性在于它能够及时地对职前教师的教学做出有针对性的诊断。"微格教学最大的好处在于通过课后的教学视频录像分析，自己可以通过比照对自己的教学进行剖析，然后结合指导教师的建议进行有针对性的调整和改进。"微格教学的"诊断"功能的发挥，有赖于指导教师的指导。未能获得教师指导的职前教师，会认为"微格教学流于形式"。因此，许多职前教师希望增加微格教学的学分和学时，落实指导教师的指导，以保障其质量。此外，也有职前教师谈及微格教学的局限。微格教学只是对课堂教学的"模拟"，"它和真实的课堂还是不一样的，没有真实的学生和真实的课堂互动"。有学者批评微格教学信奉的是罗塞尔式的"理论在实践中的应用"理念，带有明显的技术理性色彩和工具性色彩，是对教学复杂性和情境性的简单化约。[22]而艾伦（Allen）和伊芙（Eve）在创立微格教学时就指出它不能也不可以替代真实的课堂。[23]综上，不能简单地否定微格教学的价值，而应该思考微格教学在教育实践类课程体系中的作用和限度。

第三，教育见习是低贡献度的课程。但我们不能就此认为教育见习没有开设的必要，而是要对教育见习的落实情况进行分析。职前教师并不清楚教育见习的目的，更遑论教育见习的独特性。职前教师感觉 D 大学并未像重视教育实习一样重视教育见习。"教育见习就是走过场，走马观花地看一遍就结束了。"一名职前教师如下的经历反映了职前教师普遍的感受："当时我去的是 C 市某中学见习，学校安排了一个带队老师引导我们去听课，但是没有说怎么听、听什么，这让我和同学们都觉得很迷茫，像观光旅游一样。听课倒是去听了，但是什么也不懂，看不出什么名堂来。回来象征性地做个总结就结束了。"由此观之，教育见习的贡献程度较低是因为 D 大学对教育见习缺乏理性的规划，事前指导和事后指导不足。

此外，教育见习开设的时机也会影响教育见习的效果。本研究发现，一般教育理论课程虽然是低贡献度的课程，但是职前教师并未对教育理论表现出非理性的拒斥，他们只是认为理论学习较为艰涩，难以与实践融合。"一方面，理论的枯燥以及空洞是无法规避的；另一方面，理论会在实践中慢慢地发挥作用，理论是不可或缺的。如果能将两者完美结合，那就再好不过啦。"对参加过重新设计的教育见习的 10 名职前教师的调查发现，职前教师更倾向于将理论类课程与实践类课程穿插在一起的方式。这表明 D 大学先前的教师培养课程忽视了一般教育理论课程和教育实践类课程（尤其是教育见习）开设的时机，理论学习在先、实践在后的方式未能实现职前教师理论与实践的整合。美国著名的教师教育研究者哈蒙德（Hammond）比较了多名学者的研究后认为，基于实践体验的理论学习效果比没有实践体验的理论学习效果要好，如果职前教师有机会将理论学习和实践体验联系起来，他们就会从中学到更多。[24]换言之，对一般教育理论的学习同教育见习穿插在一起进行，循环往复、相互促进，既能够保障理论学习的有效性，又能够提升教育实践的效果。

综上可知，教育实践类课程为职前教师学习教学提供了类型丰富的实践体验。不同教育实践类课程的功能定位是不同的。教育实践开设的时机也会影响职前教师的学习。此外，职前教师的实践是指导下的实践。教育实践的效果在很大程度上取决于大学方面的合理规划和指导教师的指导水平。

（二）授课课时、双导师的指导与从教准备度的关系

保障职前教师的授课课时和落实双导师指导乃是国家层面推行的旨在提升教育实习质量的两大举措。为此，有必要探讨这两项措施的效果。

1. 授课课时与职前教师从教准备度的关系

D大学的教育实习保障了每一个职前教师都有一定数量的授课课时。职前教师认为，实践经验的累积是必要的。一方面，实践经验有助于增加职前教师的信心。"第一次上讲台的时候，整个过程中我都是心惊胆战的。但几轮下来我就不紧张了，毕竟熟能生巧嘛。"另一方面，实践经验有助于职前教师教学能力的提升。"亲自授课，让我学会如何去教学，它不是在象牙塔中的模拟，我得实实在在地去分析学情，然后去观察学生的反应，及时地总结反思，然后再试教。"班杜拉的自我效能理论就指出，直接经验（mastery experiences）是建立自我效能的首要来源。成功的经验将有助于自我效能的提高。[25]职前教师在教育实习过程中通过亲自授课能够建立其自身对教育教学活动的信心，提升自己的从教准备度。[26]

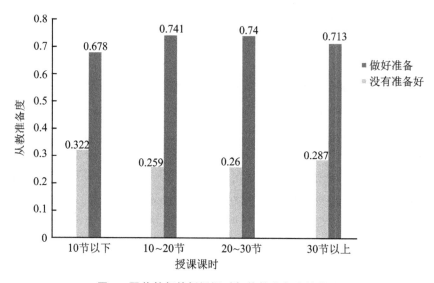

图1 职前教师的授课课时与从教准备度的关系

在此基础上，用"职前教师的授课课时"和"从教准备度"绘制交叉表，并将其转变成条形图，如图1。我们把授课课时在10节以下的组重命名为A组，依次类推，四个组分别为A组、B组、C组、D组。对比A、B两组，认

为自己做好从教准备的教师占比有所上升；而对比 B、C 两组，认为自己做好从教准备的教师占比基本保持稳定；再对比 C、D 两组，认为自己做好从教准备的教师占比有所下降。由此，可以初步推断授课课时对职前教师的从教准备度的积极影响存在阈值效应。访谈结果也指出，职前教师普遍认为"授课课时贵在精、不在多，多了反而会适得其反"。有关研究也表明，适当的工作量会提高职前教师的从教准备度，但是职前教师的工作量并不是越多越好。[27-28]教育实习对职前教师的心理和能力是一种考验。从自我效能理论来理解，职前教师的从教准备度作为一种效能期待，受个人情绪水平的影响。过多的授课课时会让职前教师感到难以胜任，自然会降低职前教师对其教学能力的自信程度。维尔曼（Veenman）的经典研究就以"现实震撼"（reality shock）来描述职前教师承受的来自教育现场的冲击。[29]这种紧张和不适会影响职前教师对从教准备度的自我判断，严重的还会导致职前教师的信心迅速降低。

综上，本研究发现授课课时对职前教师从教准备度的积极影响存在阈值效应。根据图 1 可知，B、C 两组中，认为自己做好从教准备的教师占比基本保持稳定。这表明阈值可能在 20 节课左右。访谈的结果可以进一步对其进行佐证，20 名职前教师对合理的授课课时的回答为 15～25 节。

2. 双导师指导与职前教师从教准备度的关系

目前，D 大学的教育实习正在落实"双导师指导"。从本次调查结果来看，所有的职前教师都获得了来自中小学指导教师的指导，但仅有 52.9% 的职前教师（389 人）表示自己真正获得了来自大学指导教师的指导。那么，双导师的指导是否必要呢？t 检验结果（见表 2）显示，获得双导师指导的职前教师会比只获得中小学教师指导的职前教师在各方面表现出更高的自信（尽管"专业理念与师德"维度的得分在统计上不显著）。这说明，双导师指导，尤其是大学指导教师的指导是必要的。

表 2　双导师指导对职前教师从教准备度影响的 t 检验

维度	是否有双导师指导	平均分	标准差	t 值
总体从教准备度	否	2.88	0.51	-2.549^{*}
	是	2.99	0.57	
专业理念与师德	否	2.99	0.57	-1.505
	是	3.06	0.61	

续表

维度	是否有双导师指导	平均分	标准差	t 值
专业知识	否	2.83	0.53	-3.010^{**}
	是	2.96	0.59	
专业能力	否	2.85	0.52	-2.671^{**}
	是	2.97	0.59	

注：* 表示 $P<0.05$，** 表示 $P<0.01$。

访谈结果显示，获得双导师指导的职前教师充分肯定了大学指导教师的指导工作。他们通过比较中小学指导教师的指导和大学指导教师的指导，来说明大学指导教师对他们教学的帮助。职前教师认为："中小学指导教师主要从经验层面为教学提供指导，比较实用，接受度高；大学指导教师是站在理论、知识的高度去指导你的，他们传递给你的是一种意识（理念）……""中学指导教师更强调'技艺'，大学指导教师在实践中强调'理论'的作用。大学指导教师教会我如何运用理论来反思自己的教学，通过听评课、试教、反思、再试教，一轮下来我得到了全面、透彻的理解。"可见，大学指导教师的指导是来自理论层面的指导，它区别于中小学指导教师在经验层面的指导，两者对于职前教师而言同样重要。

遗憾的是，很多职前教师反映自己没有真正获得来自大学指导教师的指导，大学指导教师对职前教师的帮助更多体现在后勤保障方面，其教学指导的责任很难落实。"由于大学指导教师要负责与多个实习基地之间的联络工作，对我们的帮助主要体现在对我们生活起居的照顾和对消息的通知一类的行政性事务上。"在国外，大学指导教师的指导同样难以保障，许多大学指导教师缺少观察学生教学并给予反馈和指导的时间，使得大学指导教师的作用仅限于联络和精神支持上。[30]

综上，并不是说大学指导教师的指导对职前教师学习教学没有帮助，而是说大学指导教师的指导难以落实。在教育实习环节，职前教师以一种"合法的边缘参与"（legitimate peripheral participation）角色参与实习学校的教育教学活动。[31]他们在学校中更倾向于做一名观察者和学习者，在指导教师的指导下开展教育教学活动，并从中获得教益。因此，可以重申职前教师的实践属于指导下的实践，大学指导教师的指导是不可或缺的，他们为职前教师的实践反思所提供的理论启迪是无可替代的。换言之，在教育实习中推行"双导师指导"，尤其是落实大学指导教师的指导是非常必要和紧迫的。

四、结论与建议

第一，本研究发现教育实践对职前教师的从教准备度有较大贡献。不同类型的教育实践类课程的功能定位是不同的。教育实践类课程开设的时机会影响职前教师对实践的体验和理论的学习。这意味改革教育实践要在确保"量"（时间）的基础上考虑"质"和"时机"。未来教师培养课程既要充分考虑教育实践在教师培养中的功能地位，为职前教师提供类型丰富的实践类课程，又要注重教育实践类课程开设的时机，将理论学习与实践体验穿插在一起进行，循环往复，才能确保职前教师实现理论与实践的融合。此外，职前教师的实践是指导下的实践，大学（包括教师教育者）的重视和投入会影响课程的效果。为此，教师培养课程应该高度重视对教育实践的建设和投入，保障各类课程功能的发挥。

第二，本研究发现，教育实习中职前教师的授课课时对从教准备度的积极影响存在阈值效应，阈值约为 20 节。未来的教育实习应该考虑为职前教师合理地安排授课课时。此外，教育实习中职前教师的从教准备度会因是否有双导师指导而产生显著差异。大学指导教师从理论的高度为职前教师的实践反思所提供的指导是不可或缺的。落实双导师指导，尤其是大学指导教师的指导有其必要性和紧迫性。大学方面应该采取更多积极的措施鼓励更多优秀的教师参与到教育实习的指导工作中来。

[参考文献]

[1] 顾明远，檀传宝. 2004：中国教育发展报告——变革中的教师与教师教育[M]. 北京：北京师范大学出版社，2004.

[2] 王艳玲. 培养"反思性实践者"的教师教育课程[D]. 上海：华东师范大学，2008.

[3] "全国高等师范院校师范生培养状况调查"项目组. 中国高等师范院校师范生培养状况调查与政策分析报告[J]. 教育研究，2014(11)：95-106.

[4] 汪贤泽. 关于浙江省教师教育课程现状的研究[J]. 全球教育展望，2016(9)：109-117.

[5] Loughran，J.，Hamilton，M. L. International handbook of teacher education：Vol. 1 [M]. Singapore：Springer，2016.

［6］［25］Bandura，A. Self-efficacy：toward a unifying theory of behavioral change［J］．Psychological Review，1977(2)：191-215.

［7］Ashton，P. T.，Webb，R. T. B. Making a difference：teachers' sense of efficacy and student achievement［M］．New York：Longman，1986.

［8］［11］［14］Housego，B. E. J. Student teachers' feelings of preparedness to teach［J］．Canadian Journal of Education，1990(15)：37-56.

［9］［26］Brown，A. L.，Lee，J.，Collins，D. Does student teaching matter? Investigating pre-service teachers' sense of efficacy and preparedness［J］．Teaching Education，2015(1)：77-93.

［10］Webster，N. L.，Valeo，A. Teacher preparedness for a changing demographic of language learners［J］．TESL Canada Journal，2011(2)：105-128.

［12］［18］Darling-Hammond，L.，Chung，R.，Frelow，F. Variation in teacher preparation：how well do different pathways prepare teachers to teach? ［J］．Journal of Teacher Education，2002(4)：286-302.

［13］Kee，A. N. Feelings of preparedness among alternatively certified teachers：what is the role of program features? ［J］．Journal of Teacher Education，2011(1)：23-38.

［15］［28］Clark，S. K.，Byrnes，D.，Sudweeks，R. R. A comparative examination of student teacher and intern perceptions of teaching ability at the preservice and inservice stages［J］．Journal of Teacher Education，2014(2)：170-183.

［16］Tschannen-Moran，M.，Hoy，A. W.，Hoy，W. K. Teacher efficacy：its meaning and measure［J］．Review of Educational Research，1998(2)：202-248.

［17］Tschannen-Moran，M.，Hoy，A. W. Teacher efficacy：capturing an elusive construct［J］．Teaching & Teacher Education，2001(7)：783-805.

［19］埃文·塞德曼. 质性研究中的访谈：教育与社会科学研究者指南［M］. 周海涛，主译. 3版. 重庆：重庆大学出版社，2009.

［20］李·S. 舒尔曼. 理论、实践与教育的专业化［J］. 王幼真，刘捷，编译. 比较教育研究，1999(3)：36-40.

［21］Wilson，S. M.，Floden，R. E.，Ferrini-Mundy，J. Teacher preparation research：current knowledge，gaps，and recommendations［M］．Washington：Center for the Study of Teaching and Policy，2001.

［22］杨燕燕. 论教育实践课程［D］. 上海：华东师范大学，2011.

［23］Allen，D. W.，Eve，A. W. Microteaching［J］．Theory Into Practice，1968(5)：181-185.

［24］Darling-Hammond，L. Constructing 21st-century teacher education［J］．Journal of Teacher Education，2006(3)：300-314.

[27] 吕立杰，刘新，王萍萍. 实习教师自我效能与职业认同的相关性研究[J]. 高教探索，2016(11)：111-116.

[29] Veenman, S. Perceived problems of beginning teachers[J]. Review of Educational Research，1984(2)：143-178.

[30] Zimpher，N. L.，Devoss，G. G.，Nott，D. L. A closer look at university student teacher supervision[J]. Journal of teacher Education，1980(4)：11-15.

[31] Lave，J.，Wenger，E. Situated learning：legitimate peripheral participation[M]. New York：Cambridge University Press，1991.

（本文责任编辑：江东）

（原载《教师教育研究》，2018 年第 6 期）

二

教师专业发展研究

教师自我效能感：教师自主发展的重要内在动力机制

庞丽娟，洪秀敏

（北京师范大学教育学院，北京 100875）

[摘要]教师自我效能感是教师对自身教育能力与影响力的自我判断、信念与感受，它是教师自主发展的重要内在动力机制，影响着教师的专业承诺、工作动机、教育行为、身心健康等多方面。本文具体阐述了教师自我效能感这一内在动力机制在教师自主发展中的重要作用与价值。

[关键词]教师；自我效能感；自主发展；内在动力机制

[中图分类号]G443　[文献标识码]A　[文章编号]1672-5905(2005)04-0043-04

Teacher's Perceived Self-Efficacy：An Important Inherent Motive Mechanism in Teacher's Self-Development

Pang Lijuan，Hong Xiumin

（School of Education，Beijing Normal University，Beijing，100875，China）

Abstract：As an important inherent motive mechanism in teacher's self-development，teacher's perceived self-efficacy refers to teacher's judgment，beliefs and feelings of his or her own educational abilities and influence. It has great influence on teacher's professional commitment，working motivation，educational behaviors，health of body and mind and so on. In this paper，we make a deep analysis of the important roles and values of teacher's perceived self-efficacy in teacher's self-development.

[收稿日期]2005-04-25

[基金项目]教育部人文社会科学研究博士点基金项目(03JB880005)

[作者简介]庞丽娟，北京师范大学教授，博士生导师，主要研究方向为教师与儿童发展。

Keywords：teacher，perceived self-efficacy，self-development，inherent motive mechanism

人们常常会有疑问：为什么具有同样教育能力或水平的教师在同一个教育情境中，会有不同的行为表现和教育效果？为什么同一个教师在不同的情境中完成同样的任务，其表现出的能力或水平会有不同呢？

究其原因，就在于教师不同的自我效能感起了不同的作用。教师自我效能感是指教师对教育价值、对自己做好教育工作与积极影响儿童发展的教育能力的自我判断、信念与感受。作为一种内在的心理体验与感受，教师自我效能感无论是对于教育工作、儿童发展还是对于教师自身发展都具有极其重要的意义，是促进教师自主发展的重要内在动力机制。研究发现，教育能力相近的教师，高自我效能感者能够比低自我效能感者更有效地解决问题，其教育行为表现和教育的有效性与自我效能感密切相关。[1-3]而对于同一个教师而言，由于其各方面的自我效能感水平可能不尽相同，并且会随具体活动情境的变化而发生相应的改变，因而在不同的情境中，其表现出的能力或水平也会有差异。因此，如果能在教育教学中充分发挥自我效能感的积极作用，教师的内在潜能势必能得到更全面的挖掘和利用，由此也必然有利于教育有效性的提高。具体而言，教师自我效能感在教师自主发展中的重要作用与价值主要表现在以下方面。

一、教师自我效能感是教师增强专业承诺的重要内驱力

教师的专业承诺（professional commitment）是指教师自身由于对所从事专业的自觉认同和情感依赖、对专业的投入和对社会规范的内化而产生的不愿变更专业的程度。[4]教师的专业承诺作为一种持久的、稳定的职业态度，是教师建立积极的生涯发展规则和促进自主专业发展的重要的内在信念系统和前提条件。它反映了教师对自身所从事专业的承诺或离职的心态，体现了教师是否愿意从事专业的态度及程度。研究表明，教师的专业承诺与离职意向成显著的负相关。[5]教师的专业承诺越高，其离职意向就越低；教师离职意向较高，那么他的专业承诺也一定较低。只有当教师对所从事的专业有一定的认同与信念，并且愿意继续从事这一专业时，教师才会自觉地对这一专业产生内在的信念与承诺，产生促进自主专业发展的动力。而教师自我效能感正是

教师产生并提升专业承诺，进而促进自主专业发展的重要内在依据与动力。

研究表明，教师的自我效能感对教师的专业承诺有显著的影响。教师自我效能感较强，即教师对自身教育能力与影响力的信念具有积极的倾向，就会产生较高的专业承诺，喜欢从事教师这一职业，愿意投入热情和精力于教育事业中，充分发挥自己的潜力，对儿童发展也会做出较高的承诺，如对儿童发展抱有较高的期望和责任感，对儿童的问题感兴趣并能主动地引导、帮助儿童，愿意花较多的时间和精力组织和指导儿童的活动，且往往能够取得令人满意的工作成绩。而教师在实际教育工作中取得的良好的工作效果和满意的工作成绩，又会提升教师的工作满意度和教育成就感，进而强化教师对自身教育能力与影响力的积极信念。这种良性循环促使教师保持较高的工作积极性和专业承诺。[6]而自我效能感较低的教师，由于对教育能力的自我信念和自我期望较低，常常对工作的满意度较低，也更容易降低自己的专业承诺，如经常旷工，进而影响个人或组织进步。此外，研究表明，教师自我效能感与教师对专业的革新态度之间也存在着密切相关，而教师对专业的革新态度是教师专业承诺的重要表现之一。具有高自我效能感的教师表现出更积极的教育革新意愿，致力于自己的专业发展；而自我效能感较低的教师，教育革新的意愿消极，游离在自己专业发展的边缘，缺乏进取、改革的热情与投入。

可见，教师自我效能感是激励教师从事和热情投入教师职业的主观因素，是教师产生和提升专业承诺重要的内在依据与动力。

二、教师自我效能感是教师产生自主工作动机的内在原动力

动机是激发并维持教师专业行为的发动性因素。教师的工作动机在很大程度上对激活和强化教师的专业行为、保证教师教育行为和活动的有效性起着重要的作用。而在动机的激活、维持与强化过程中，最重要的是教师对自身教育能力的信念。[7]自我效能感正是以自我信念为核心的。作为教师主体对教育工作及其自身教育能力的主观判断与感受，教师自我效能感是教师对自身教育能力与对儿童的影响力的一种内在自我信念，是教师激发和调动自身工作潜能的最有影响力的主导，对教师工作动机的产生发挥着核心的决定作用，直接影响着教师的工作积极性和努力程度。

如前所述，由于不同教师的自我效能感不同，即使对于同一个教师而言，其自我效能感各个方面的具体情况也不尽相同，再加上活动与任务情境也存在

着各种差异，因而教师会产生不同的工作动机，并由此产生不同的工作需要和工作期望，教师工作的积极性、投入与努力程度也随之各异，同时伴以不同的工作情绪和情感体验。而教师工作动机的这种个别差异，通常并不是指工作动机有无的差异，而是指动机倾向性的差异，如判断工作目标的价值、投入与努力的程度、工作期望的形成与维持、教育教学活动方式与策略的选择等方面，均会因不同的自我效能感和具体教育教学情境而有所不同。自我效能感较强的教师对教育工作通常抱有积极的看法，同时也认为自己具有较强的教育能力和影响力，因而往往具有较强的自我胜任感，并认为自身的教育能力在教育工作中可以得到不断的发展，因此往往产生的是促进性的、适应性的工作动机，且倾向于为自己设定和选择富有挑战性的目标与任务，并积极努力地使自己的行为和活动朝向这些目标，在面对困难时也往往能主动积极地想办法克服并努力地坚持下去。这种良好的、适当的动机最终也将促进教师教育行为的改善，并不断促进其教育能力与教育有效性的提高。而自我效能感较弱的教师则常常怀疑自己的能力，对自己的教育能力和影响力缺乏自信，同时不相信这种能力是可以经过努力改变和提高的，因而往往更容易产生阻碍性的工作动机，不大愿意选择进取性的目标，缺乏工作主动性与积极性，在困难面前信心不足、无能为力，甚至夸大困难、回避困难，并容易陷入恶性循环。

因此，可以说，教师的工作动机很大程度上受其自我信念的影响。教师自我效能感作为一种内在的自我信念，是教师专业行为和从事教育工作的深层的内在动机，也是教师产生并增强自主工作动机的基础与原动力，其一旦形成就会直接影响教师的工作积极性、自我期望与行为。

三、教师自我效能感是影响教师教育行为和教育有效性的重要因素

增进教育的有效性是教师开展教育活动的首要目标，而教育有效性与教师教育行为有着直接的联系。研究表明，教师自我效能感会在相当大的程度上影响他们的具体行为系统，如对教育目标、任务情境和自身教育行为的选择与反应，同时也会影响教师工作的开展与面对问题的坚持性，更会影响教师对他人及情境的思考与情绪的反应。[8]因此，教师自我效能感不仅是教师教育行为产生的基础和影响教育行为的关键因素之一，也是引导教师知觉与理解其自身外在行为的重要中介变量[9-11]，并因此直接影响儿童的发展和教育的有效性[12-14]。

教师自我效能感对其教育行为和教育效果的作用过程可以用图1来说明。如图1所示，教师的教育行为受其对行为的成功预期和主观评价所形成的自我效能感的影响。教师通常根据自身的能力和活动的困难程度加以衡量，如果预期自己可能成功或可以克服困难，加上对情境的具体理解与判断，认为具有较高的可能性，那么原有的自我效能感就会增强，进而通过影响目标设定、工作动机、努力程度、工作情绪等表现出积极的教育行为，提高教育效果。

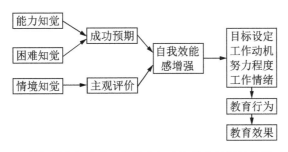

图1　教师自我效能感对其教育行为与教育效果的作用过程

因此，教师自我效能感不仅直接影响着教师的教育行为，而且导引着教师知觉到自身的教育行为与教育效果，这种导引主要是通过影响其目标设定、工作动机、努力程度、工作情绪等中介因素来实现的。

心理学研究表明，目标的设定规定了个体行为的方向。教师自我效能感直接影响教师对工作目标的设定和选择，进而影响教师的工作动机、努力程度与工作情绪，从而作用于其教育行为。自我效能感较高的教师，对自身的教育能力与对儿童的影响力具有积极的自我信念，设定的工作目标与要求也较高，能产生较强的工作动机，投入较多的精力努力做好各项工作，在工作中信心十足、精神饱满、心情愉快，对教育工作和儿童都表现出极大的热情和兴趣，即使遇到困难也能坚持不懈地积极寻找克服困难的方法以实现目标。同时，在教育过程中，他们往往会自觉地调控自身的教育行为和教育方法，敏感地觉察和判断哪些行为是积极、适宜的，哪些行为是需要及时调节、矫正的，哪种方法有利于激发儿童的兴趣，哪种方法不利于提高儿童的积极性，并不断地通过儿童的反馈和对行为与目标的比较等信息做出适当的控制、调节或矫正，调整并选择适宜的教育方法与策略，使得自己做出更多的积极行为，避免消极行为，从而使教育活动和行为适合儿童的发展水平与需要，有效地激发儿童的兴趣和积极性，取得满意的教育效果。而自我效能感较低的教师则往往由于对自身教育能力与影响力信心不足，倾向于选择简单、容易的任务，对自己提出的目标和要求也较低，在工作中遇到困难和问题时容易焦虑，对儿童的期望、反馈与评价表现出较多的消极态度与行为，从而不利于提高教育的有效性。

四、教师自我效能感是教师身心健康、个人幸福的重要影响源

自我效能感具有重要的健康功能[15]，尤其对人应付压力具有重要的影响。班杜拉指出，压力是由个人对自己生活的控制能力来调节的。如果个体不能控制面临的压力，自我效能感不足，那么会影响个体的生理系统，如内分泌系统功能失调、儿茶酚胺分泌增多、免疫功能降低等。在面临教育过程中可能出现的压力、困境等情境条件时，自我效能感直接影响着教师的身体健康。自我效能感作为一种主观感受，是通过影响体内生化过程而介入应激源与免疫系统之间，从而影响教师身体健康的。班杜拉进行了广泛的生化实验，发现自我效能感不仅影响自主神经系统的唤醒水平，而且还影响儿茶酚胺的分泌水平和内源性阿片肽的释放水平，这些生化物质作为神经递质，均参与免疫系统的功能调节过程。当面临同样的应激源时，自我效能感不足，会引起这些物质生化水平的明显提高而打破免疫系统的正常平衡，降低其免疫功能。而自我效能感较强的人则不会表现出这些物质分泌水平的提高，因而保证了免疫系统的正常平衡。所以，教师保持积极的自我效能感对于维持其免疫系统的正常功能、促进其身体健康具有重要的意义。

自我效能感不仅直接影响着教师的身体健康，而且直接制约着教师的心理健康，尤其表现在对教师焦虑和抑郁等身心反应过程的影响作用上。研究发现，自我效能感与焦虑或抑郁等情绪反应之间存在着显著的负相关。当面对教育工作中出现的困难、挫折时，自我效能感决定着教师的应激状态、焦虑和抑郁等情绪反应。自我效能感强的教师往往信心十足、心情愉快地从事各种教育工作和活动，相信自己能够对教育过程中的困难施以有效的控制，不会在应对困难情境时感到过分紧张、忧虑，从而能更好地调整自己的心境和行为。而自我效能感较弱的教师则因更多地强调自己能力的不足和教育工作中的困难，怀疑自己应对、控制困难情境的能力，因而容易体验到强烈的焦虑反应和悲观情绪，并多采取消极的退避行为或防卫行为。这些行为方式大大降低了教师对困难情境的适应性与应对能力，也限制了教师主动性的发

挥，而且容易使教师由于害怕失败、低估自身能力而倾向于回避那些超过自己能力水平的任务和情境，选择和承担那些他们认为自己能力所及的事情。这种逃避性的选择不仅不利于教师教育能力的提高，而且容易强化他们的教育挫折感、自卑感等消极心理，甚至可能导致抑郁情绪的产生。

可见，教师自我效能感是教师身心健康与个人幸福的重要影响源。自我效能感不足，会影响教师的生理和心理健康；反之，保持积极的自我效能感有利于促进和维持教师的身心健康，增强教师的个人幸福感。

[参考文献]

[1] 李晔，刘华山. 教师效能感及其对教学行为的影响[J]. 教育研究与实验，2000(1)：50-55.

[2][13] 屈卫国. 教师教学效能感与教学效果的关系[J]. 教育科学，1999(4)：42-44.

[3][9] 辛涛，申继亮，林崇德. 教师自我效能感与学校因素关系的研究[J]. 教育研究，1994(10)：16-20.

[4] 龙立荣，方俐洛，凌文辁. 组织职业生涯管理的发展趋势[J]. 心理学动态，2001(4)：347-351.

[5] 罗润生，申继亮. 中学教师职业承诺的特点研究[J]. 宁波大学学报(教育科学版)，2001(6)：13-15.

[6] 林崇德，申继亮，辛涛. 教师素质的构成及其培养途径[J]. 中小学教师培训，1998(C1)：10-14.

[7][8][15] Bandura, A. Self-efficacy：the exercise of control[M]. New York：W. H. Freeman, 1997.

[10] 俞国良. 专家-新手型教师教学效能感和教学行为的研究[J]. 心理学探新，1999(2)：32-39.

[11] 李晔，刘华山. 教师效能感及其对教学行为的影响[J]. 教育研究与实验，2000(1)：50-55.

[12] 周国韬，郭忠银. 初中生语文阅读精加工策略的训练研究[J]. 心理科学，1998(2)：172-173.

[14] Tschannen-Moran, M., Hoy, A. W., Hoy, W. K. Teacher efficacy：its meaning and measure[J]. Review of Educational Research，1998 (2)：202-248.

（本文责任编辑：江东）

（原载《教师教育研究》，2005 年第 4 期）

解析教师实践知识：
内涵及其特性的考察

何晓芳[1]，张贵新[2]

(1. 东北师范大学国际与比较教育研究所，吉林长春 130024；

2. 东北师范大学全国中小学教师继续教育研究中心，吉林长春 130024)

[摘要]后现代知识观使人们对知识的本质有了更深入的理解，同时也使多年被学者忽视的教师实践知识成为教师知识领域中的亮点。教师实践知识具有理论知识无法企及的优势，是一种从教学实践中来，通过实践，且为了实践的知识。对其进行研究对于探索教师教育领域中理论与实践的沟通有着重要的意义。

[关键词]知识；教师；教师实践知识

[中图分类号]G650　[文献标识码]A　[文章编号]1672-5905(2006)03-0038-05

A Probe into Teacher's Practical Knowledge：
Concept and Characteristic

He Xiaofang[1]，Zhang Guixin[2]

(1. Institute of International and Comparative Education，Northeast Normal University，Changchun，Jilin，130024，China；2. National Research Center For Continuing Education of School Teachers，Northeast Normal University，Changchun，Jilin，130024，China)

Abstract：The postmodern standpoint of knowledge not only makes us have a deep understanding about the nature of knowledge, but also makes teacher's practical knowledge be a hot issue in the field of teacher knowledge. To some extent，teacher's practical knowledge has more advantages than academic

[收稿日期]2006-02-05

[作者简介]何晓芳，东北师范大学博士研究生，主要研究方向为比较教育。

knowledge. It comes from teaching practice, accumulates in the course and finally benefits for the improvement of practice. The study on this kind of knowledge might be somewhat meaningful in integrating theory with practice.

Keywords：knowledge，teacher，teacher's practical knowledge

在教师教育领域，我们正面临着种种尴尬。为何接受若干年师范教育的学生在走上工作岗位的时候仍觉得自己"不会教书"？为何教育研究人员与一线教师成为界线明晰、分工明确的两类人群？这些都源于我国当今教师教育正面临着的瓶颈问题——理论与实践的割裂。以往我们在思考这一问题时，往往认为这是理论本身的问题，因为理论不够准确、严密，所以无法对实践进行指导。但现在我们不得不承认，理论与实践的联系者——教师才是解决问题的关键。因此，要想在对教师知识的研究中探讨理论与实践二者的契合，我们要听听教师的声音。

教师的声音就是本文的核心概念——教师实践知识。它是教师实际具有的、真正属于教师的知识，也是教师知识领域中长期的"被流放者"。随着知识观的转型，一时间，"教师工艺知识""教师个体实践知识""缄默知识""实践智慧"等概念纷纷涌现，但纷繁复杂的定义却阻止了建设性对话的进一步进行。然而，不同的概念未必指称的就是不同的事物。本文大胆将这些概念囊括于教师实践知识之中，并对该类知识的内涵与特性进行剖析。

一、什么是教师实践知识

"教师拥有某些模糊的、不确切的专业知识"这一事实早就受到众多学者的关注，但研究者研究思想的多样、研究背景的差异、研究目的的丰富使众多的研究成果呈现出多样且混乱的特点。其中，有些观点比较有代表性，对我们理解教师实践知识也有很大的帮助，对其进行整理与相关研究也是很有必要的。

(一)有关定义

1. 教师工艺知识(craft knowledge)

传统教师知识研究一般不采用案例研究法与访谈法，但这两种研究方法的运用带来的不仅是方法论的变革，更使得教师知识这一领域被赋予了更多的内涵，最具代表性的就是教师工艺知识这一概念的出现。

学者们对此的定义是纷繁复杂的。鲍斯特（Boster）认为，教师工艺知识是教师在课堂教学过程中，在以往教学经验的基础上形成的一部分知识。这种知识依赖于具体情境，完全来源于教师的个体经验，因此具有私人化与异质化的特性。考德海（J. Calderlead）认为，教师工艺知识特指教师在课堂教学实践中获得的，使教师能够应用教学策略（strategies）、遵循教学常规（routines）的那部分知识。施瓦布（J. J. Schwab）与舒尔曼则将其称为实践智慧（the wisdom of practice）。布朗（J. S. Brown）与麦金泰尔（D. Mclntyre）将教师工艺知识定义为教师在日复一日的课堂教学中使用的专业知识。[1]

学者们的研究有一个共同的前提假设，即教学不是科学（science），而是一种艺术（arts），它与命题性知识相对，强调教师知识的情境性与经验性，强调知识的私人化与异质化的特性。

2. 教师个体实践知识（personal practical knowledge）

加拿大学者康奈利（Connelly）与克兰蒂宁（Clandinin）认为，知识不是客观的，也不是被教师学习和传承的独立的客体。教师知识来源于个体经验。[2]这就是教师个体实践知识研究的定位。康奈利与克兰蒂宁的研究方法论和立论基础与其他学者相比独树一帜。他们宣称，不借用哲学或其他理论思辨的方法，主要依赖对话、访谈等叙事研究的方法，从教师每天课堂内外及个人生活的方方面面对教师进行研究。而且，他们的研究主要依靠教师的参与。这种方法论为我们思考教师知识问题开辟了一条新的路径。

在此基础上，康奈利与克兰蒂宁提出了教师个体实践知识的概念。他们把教师作为一个有知识的并且正在识知的个体，强调经验对于教师知识的重要作用。他们认为，个体实践知识体现于教师的工作实践之中，存在于教师的过去经验与现在的身心活动中，也同样存在于教师的未来教学计划与教学活动中。对于教师来讲，个体实践知识既是对过去经验的重建，又具有将来的意义。[3]为了更好地阐释个体实践知识的内涵，他们又提出了教师形象（image）、规则（rules）、实践原则（practical principles）、个体哲学（personal philosophy）等众多相关概念。这些概念共同构成了康奈利与克兰蒂宁提倡的叙事理论。

3. 缄默知识（tacit knowledge）

缄默知识这一术语是由波兰尼于 1958 年在其代表作《个体知识》一书中首次提出来的。缄默知识的立论基础就是波兰尼那句著名的命题：我们所认识的多于我们所能告诉的。(We can know more than we can tell.)[4]波兰尼将这句话作为自己整个认识论或知识理论的核心命题。他认为，人类有两种知识。通常所说的知识是用书面文字或地图、公式来表述的，人们能够清晰地对其进行反思和陈述。还有一种知识是不能被系统表述且无法被清晰反思和陈述的，如有关自己行为的某种知识。如果我们将前者称为显性知识的话，那么我们就可以将后一种知识称为缄默知识。[5]

波兰尼认为，与显性知识相比，缄默知识具有以下几个特性。第一，不能通过语言进行逻辑的说明。第二，不能以规则的形式加以传递。不能明确陈述的知识自然不能在人与人之间以明确的规则形式加以传递，而只能作为一种不能言说的知识通过"学徒制"的方式进行传递，即只能通过实践中新手对导师的自然观察与服从而进行。第三，不能加以批判性的反思。波兰尼将这个特征看作缄默知识和显性知识的主要逻辑差别所在。这个特征有两层意义：一是说缄默知识是"非批判性的知识"(a critical knowledge)，是我们以非批判的思想态度从我们的生活经验中所接受的；二是说这种非批判的知识本身是不能被理性地分析和批判的。[6]

波兰尼关于缄默知识的理论一经提出就受到教师教育研究者的广泛关注，其原因就是，毫无疑问，教育情境中存在着太多的缄默知识。教师有时没意识到或者无法言说的缄默知识无时无刻不对教育教学活动产生重要的影响。因此，近年来，关于教师缄默知识的探讨与论述一直方兴未艾。

(二)教师实践知识

除了以上几种关于教师知识的具有代表性的观点以外，现场知识(local knowledge)、案例知识(case knowledge)、情境知识(situated knowledge)、个体知识(personal knowledge)等众多术语也并不鲜见。这种种称谓，分别从不同的角度强调了该类知识的最主要的特性。克兰蒂宁等学者在对这许多的术语进行分析和鉴别之后得出结论：不同的术语事实上常常指称相同的东西，而这种现象在很大程度上会引起混乱，阻碍建设性对话的进行。[7]因此，本文倾向于使用教师实践知识来指代这种知识类型。

本文从知识的来源出发，将教师知识分为理论知识和实践知识两大类。这只是一个模糊的划分，既不严密也谈不上系统，但简单明了，易于说明问题。理论知识也会被吸收整合进实践知识，实践知识也可以形成某种理论。因此，本文中的理论与实践之间并没有严格意义上的区分，也不应被视为对立的关系。

本文中的理论取哲学大辞典中的解释，即人们在实践中借助一系列概念、判断、推理表达出来的关于事物的本质及其规律性的知识体系，是系统化的理性知识。它包括概念、原理、学说、假说等形式。[8]理论知识是教师与研究者共享的知识，特指教师通过间接的方式，如从书本、课程、讲座等中获得的知识。本文中的实践不仅指单纯的理论应用的领域，而且指实践性理论形成的场域。"实践话语"与"理论话语"这两类话语都应在教师研究中获得相对的独立性和独立地位。这意味着教师研究中不仅包括"理论的实践化"（theory into practice），而且包括"实践的理论化"（theory through practice）或"实践性理论"（theory in practice），而后者更是处于轴心地位。[9]因此，"实践"类似于行动研究中的概念，即一种在理论与实际操作之间来回修正二者的辩证张力[10]，渗透了教师的教育信念，表现在教师对学生实施教育教学的所有方面。

至此，教师实践知识就可以被定义为教师通过课堂教学实践经验而非正规的直接理论培训的途径获得的，并在实践中得到确认的，针对实践中出现的问题的解决的那部分知识。它可以囊括许多内容，包括教师的信仰、价值观、惯例等多项要素。因此，教师实践知识也可以被看作一个知识群或知识系统。

二、教师实践知识的特性

上文提到的几种对教师知识的研究往往侧重于从单一的角度突出该类知识的特性，但本文试图从辩证的观点出发，从以下几个方面多角度地阐释教师实践知识的特征。

（一）个体性（private）与公共性（public）的统一

如前文所述，教师实践知识是源于实践，在实践中，且指向实践的知识。而教学实践在很大程度上往往是个体教师的实践。况且，教师的经验、价值观等个体因素在实践知识的形成过程中也扮演了非常重要的角色。另外，教师实践知识的一部分还具有缄默的特性。既然缄默，自是无意言说或无法言说的，这更是彻彻底底的个人知识。因此，个体性是教师实践知识的首要状态。

但如果教师实践知识仅局限于个体性的状态的话，研究个体教师的实践知识就只能促进单个教师的发展。那么，教师知识研究或教师教育就成了一项消耗巨大且成果甚少的工程，失去了其最重要的社会意义。实际上，教师实践知识像理论知识一样也可以为教师群体的发展服务，因为该类知识也同样具有公共性的特点，在本质上体现为个体性的教师实践知识中仍有一部分是可以由教师说出来并与其他教师交流和分享的。甚至一度被人们认为无法言说的缄默知识，现在也逐渐被符号化。可见，公共性也是教师实践知识的存在状态。尽管我们在研究背景中提到，后现代知识观突出知识的个体性，但这并不意味着对知识的理解要走向另一个极端。可以说，个体性突出了教师实践知识最本质的特点，但公共性却正体现了该类知识的意义。它们都是教师实践知识的存在状态。

波普尔（Popper）在其代表作《客观知识》一书中描述了知识的三个世界：世界 1 是物理客体的世界；世界 2 是个人知识与技巧的主观经验的世界；世界 3 是可被分享、存贮与积累的公共理念（ideas）的世界。可以说，大部分教师习惯于生活在世界 1 和世界 2 中，但世界 3 对于教师群体的发展则更为重要。教师必须分享教学理念，如此，个体教师的知识才能被积累和传承。[11]因此，强调教师实践知识的个体性与公共性的结合意义重大。

(二)情境性(situated)与普遍适用性(general)的统一

教师实践知识是一种源于实践的知识，因此不可避免地带有情境性的特点。某个教师所获的实践知识总是特定情境中的知识，如有关特定的年级、特定的学生、特定的内容的知识等。因此，就有某些人认为，在教师教育中，还是对理论知识的学习更经济实惠，因为理论知识才是真正放之四海而皆准的真理。殊不知，任何理论都有效度与场域的要求。理论知识也有其限度。而实践知识在某种程度上也是具有普遍适用性的，这里的普遍适用性并非指适用于所有情境，而是指不局限于单一情境中，在其他类似情境中也可以发挥作用。

教师实践知识虽然体现着情境性的特点，但对于那些从事相关教学的教师来说，也具有很强的辅助作用。另外，我国同一地区往往采用同一版本的教材，教学进度也大体相同。因此，类似的教育情境出现的可能性会非常大。即使用的不是同样的教材，面对的不是同一年龄阶段的学生，教授的不是同样的内容，相信其他教师也可以从一名教师的实践知识中受益匪浅。教师经验与实践的共享体现了教师实践知识的情境性与普遍适用性的统一。

(三)非精确性(inexplicit)与可确证性(verifiable)的统一

教师实践知识与研究者的理论知识之间存在着众多差异，知识的精确与否就是其中之一。教育研究者通常习惯于把知识进行分类，逐一地对不同种类的知识进行细致深入的研究。可以说，这样的知识理论是概念性的和分析性的，由此所形成的知识具有精确性的特点。然而，教师实践知识是教师在解决实践中的问题的过程中获得的知识。与研究者不同，教师并不关心知识的精确性的定义。他们往往从实践中的问题出发，将各种知识融合在一起。因此，教师的实践知识是一种非系统化分析的知识，不可避免地具有相对非精确性的特点。不仅是获得知识的途径，教师实践知识的结构与运用等众多环节中也存在着太多无法准确界定的因素。因此，非精确性是教师实践知识的主要性质之一。[12]

正是因为其非精确性的特点，有些人认为，教师实践知识是无法被确证的。实际上，与理论知识一样，实践知识也非常重视确证的问题。然而，由于知识性质的不同，对理论知识与实践知识的确证存在着很大的差异。我们无法运用评判理论知识的方式来衡量实践知识。教师每天在教学实践中会收获许多，然而只有一小部分才能被称得上是实践知识。正如杜威认为的，只有在解决实践问题时普遍的、具体的、有效的知识才能被称为实践知识。[13]因此，在实践中的确实有效性是判断教师实践知识的标准。

总之，因为教学实践的复杂性，教师实践知识也是一个十分复杂的概念。从知识的存在状态上看，教师实践知识既是个体的，又是公共的；从知识的效度上看，教师实践知识具有情境性的同时，又体现着普遍适用性的特点；从知识的性质上看，教师实践知识是一种无法被精确界定与分析的知识，但其在教学实践的场域中也是可以被确证的。因此，只有从多个角度、多个侧面把握教师实践知识的内涵，才更有助于我们对这一领域的理解，才更易于我们进行进一步的研究。

通过以上几部分的论述，我们已对教师实践知识有了一个大体的了解。但在此，我们不禁要反思：为什么要大费周章地对教师实践知识这一"模糊"的概念或不甚明晰的教师知识领域进行研究呢？

教学是一项非常复杂的工作，单纯的理论知识的堆积无助于教学实践中问题的解决。因此，相比于理论研究者，教师才是关于教学最有发言权的人。个体教师确实具有丰富的实践知识，枯燥、僵硬的理论知识只有通过教师才能转化成鲜活、有效的实践知识。尽管它们不具备理论知识系统与科学的特性，但在具体的教学情境中，这部分知识更适宜解决实际问题，这也在很大程度上决定着专家型教师与新手教师之间的差距。因此，要想通过教师知识研究为教师教育的理论与实践搭建起沟通的桥梁，就必须使作为教师职业生命一部分的实践知识得到充分重视，使教师成为自身知识的构建者和发展者。而对教师实践知识的概念及特性的把握是掌握该类知识及促进其发展的前提。这不仅丰富了教师知识的研究，而且对于我国教师专业化具有极其重要的意义。因为，教师实践知识完全可以作为在教师知识领域中探索理论与实践相结合这一问题的突破口。它不仅体现了教师自主发展这一专业化的理论与要求，而且特别强调了教师职业的独特性和不可替代性，为教师专业自主权的获得提供了有力的证据，从整体上推动着专业化的进程。

［参考文献］

［1］［2］［3］Connelly, F., Clandinin, D., He, M. Teachers' personal practical knowledge on the professional knowledge landscape[J]. Teaching and Teacher Education，1997(7)：665-674.

［4］迈克尔·波兰尼. 个人知识——迈向后批判哲学[M]. 许泽民，译. 贵阳：贵州人民出版社，2000.

［5］石中英. 缄默知识与师范教育[J]. 高等师范教育研究，2001(5)：36-40.

［6］石中英. 波兰尼的知识理论及其教育意义[J]. 华东师范大学学报(教育科学版)，2001(2)：36-45.

［7］Bennett, N., Wood, L., Rogers S. Teaching through play：teachers' thinking and classroom practice[M]. Philadeiphia：Open University Press，1997.

［8］金炳华，等. 哲学大辞典：修订本[Z]. 上海：上海辞书出版社，2001.

［9］佐藤学. 课程与教师[M]. 钟启泉，译. 北京：教育科学出版社，2003.

［10］陈向明. 实践性知识：教师专业发展的知识基础[J]. 北京大学教育评论，2003(1)：104-112.

［11］Snow, C. E. Knowing what we know：children, teachers, researcher[J]. Educational Researcher，2001(7)：3-9.

［12］［13］Kirsi Tirri, Jukka Husu, Pertti Kansanen. The epistemological stance between the knower and the known[J]. Teaching and Teacher Education，1999(8)：911-922.

（本文责任编辑：江东）

（原载《教师教育研究》，2006 年第 3 期）

论教师专业发展的再概念化

赵明仁

（西北师范大学教育学院，甘肃兰州 730070）

[摘要]基于对技术取向教师专业发展的批判反思，实践取向和解放取向的教师专业发展越来越受到重视。具体表现为把教师专业发展作为人的发展，作为学习的过程和作为探究的过程。教师专业发展从外在控制型向内在生成型转变。

[关键词]教师专业发展；再概念化；外在控制型；内在生成型

[中图分类号]G65 [文献标识码]A [文章编号] 1672-5905(2006)04-0001-05

Reconceptualization of Teacher Professional Development

Zhao Mingren

(School of Education，Northwest Normal University，Lanzhou，Gansu，730070，China)

Abstract：Based on the critical reflection of technical perspective of teacher professional development，more and more emphases are put on the practical and emancipatory perspectives. The new meanings of teacher professional development are as personal development，as learning process，as inquiry process. Teacher professional development is moving from outside control to inside creation.

Keywords：teacher professional development，reconceptualization，outside control，inside creation

富兰(M. Fullan)和哈格芮乌斯(A. Hargreaves)根据教师专业发展和教育改革的关系，将 20 世纪 70 年代中期以来这一阶段分为两个时期。[1]第一个时期是以革新为本的时期，教师为了成功地实施变革，需要采用新的课程与教

[收稿日期]2006-02-25

[作者简介]赵明仁，西北师范大学讲师，香港中文大学教育学院博士研究生，主要研究方向为课程与教学基本理论、教师专业发展。

学材料，相应地改变教学行为和信念。这种根据教育改革需求进行的教师改变具有把教师工具化的倾向。第二个时期是20世纪90年代以后，把教师作为整体的人和把学校作为整体的变革单位，认识到教师的发展与所处学校的改善是不可分的，而且教师的发展不是强加在教师身上的，需要尊重教师持有的信念，重视教学的文化和教师的工作环境。在这个时期，教师专业发展的再概念化表现为把教师专业发展作为人的发展，强调将教师专业发展作为学习的过程，视教师专业发展为探究的过程，教师专业发展从外在控制型向内在生成型转变。

一、教师专业发展作为人的发展

当我们走进学校，从实践的视角理解教师的工作与发展历程时，教师就是整体的人，不能割断其历史与未来，不能把教师分解为知识的、情感的和技能的教师。教师专业发展是"人"的发展，我们要尊重教师在专业发展中的主体性，承认教师有其个人历史及其在专业发展中的作用，以及教师专业发展是教师这个"人"多方面发展的结果。[2]

（一）教师在专业发展中主体性的彰显

从语法结构上分析，教师专业发展中的"教师"二字可以有两种词性。第一为"专业发展"的定语，对"专业发展"的强调胜于"教师"。第二为"专业发展"的主语，强调教师是专业发展的主体，对"教师"的强调胜于"专业发展"。回顾自20世纪70年代以来"教师"在专业发展中的定位，正是经历了从"定语"到"主语"的转变。

古德森（L. Goodson）对这个过程做了很好的总结。[3]在英国对教师专业发展的研究上，20世纪60年代主要是通过大规模调查和历史分析的途径来了解教师在社会中的地位的，以一种不精确的、集体性的统计结果，将教师视为一般从业人员，毫无疑问地应付一个权力来源对其角色所设定的期望。60年代后期至70年代初期，研究者则视学校教育为一个社会控制过程，同情学生，而视教师如同坏蛋一般；70年代末期则开始注意教师工作中的限制，视教师为被系统所要求、愚弄的牺牲者。80年代末，受社会批判、后现代思潮的影响，研究者放下身段，从教师的视角来研究教师，关心"教师如何看待自己的工作与生命"，视教师为建构自己历史的主动者，而不是一味地被集体所界定的角色。

周淑卿对教师在专业发展中角色的转变也有相似的论述。1980 年之前，将教师视为社会结构的一个"角色"，这个角色被权力体系赋予了规约性的意义。所谓的专业发展，即向符合某种客观界定的或机构认可的标准努力，教师专业发展是为了学校和社会的改善，社会赋予教育何种功能，教师自然要成为某种规制的角色。教师逐渐接近或符合一套既定的角色规范或专业规准，而将所有的自我嵌入既定的框架之中。[4] 在"教师作为一个人"的专业观点中，不再将教师视为集体或不带情感的职业知能存储器，而是有独特的个人经历、专业经验、服务理想的人。

从以上两位学者对教师专业发展概念转向的论述来看，在教师专业发展这个舞台上，本该作为主角的教师，在 20 世纪 60 年代至 70 年代末却坐在台下扮演倾听者的角色，研究者规训教师应该达到什么标准，在教室这个场景中应该如何表演。首先，这种做法在专业上的有效性被质疑，因为那个年代的研究者对教学本质的认识还非常有限。在过程—成果范式一统教学研究天下的年代，在技术理性的认识论指导下，研究者热衷于通过统计的方法寻求教师教学行为和学生成就之间的单向线性关系。在研究者看来，教学就是教师提供刺激，以引起学生相应行为的过程。然而，教学远非这么简单，70 年代末兴起的中介过程范式和课室生态范式的教学研究正说明了教学的复杂性。仅仅通过制定预设的标准来培训教师，使其满足复杂的教学所需的要求似乎是不够的。其次，这种做法在政治上的合法性也被质疑，因为自主是教师专业性的基本内涵，教师对有效实务运作的自主性是教师专业性的主要部分。在研究者向教师兜售"知识包"的过程中，教师的专业自主性无从谈起。80 年代以后对教师生存环境的关注，倾听教师的声音，是教师"自我"与"主体性"的展现，是对人存在价值和感觉的关怀。无声音的个人，意味着其"观点"与"目的"容易被外在所附加，自我意识被剥夺，不容易直觉到真实自我的存在，是"沉默的奴隶"，最终无力成为自主的行动者。[5]

（二）重视教师的经验与历史在专业发展中的作用

由教师以外的人主导的教师专业发展忽视了教师的价值与主体性，这个过程中存在的与教师本人的疏离感也客观地导致了教师学习效果的低效。大量文献表明，有效教师专业发展的一个重要特征就是认可教师现有的信念和实践。[6] 教师的经验形塑着教师对研究而来的理论和知识的意义的解读。[7] 教师是通过他们现有的知识和信念来诠释学习活动的。[8] 不论是从个人经验中，还是从其他各种专业发展活动的学习中，他们所持有的知识和信念影响着学习什么和如何学习。

这里需要回答的问题是：教师专业发展的入手点在哪里？是把变革强加在教师身上，还是从教师的经验出发，嫁接新的理论与知识后让其自然生长出新的形态来呢？事实证明，强加式教师变革模式的作用是非常有限的。原因不难理解：即使外来的知识与理论再好，它们也并没有与教师的经验和生活世界联系起来。有研究者认为，教育改革中对教学有新的要求，这些要求见之于教师学习有新的愿景：教师建构自己的理解，是主动的学习者。教师是根据自己已有的知识结构，通过"同化""顺应"等机制改组与重建知识结构的。教师学习应该与教师的课堂实践紧密联系起来。

(三)教师专业发展是多方面的发展

贝尔(B. Bell)和吉尔伯特(J. Gilbert)通过对新西兰的一个为期三年的以促进学生建构主义学习为内容的教师专业发展项目的研究发现，教师的发展包括专业(professional)发展、个人(personal)发展和社会(social)发展，而且这三个方面的发展是相互依赖和相互作用的，如图 1 所示。[9]

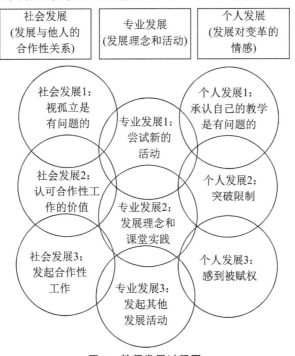

图 1　教师发展过程图

个人发展包括教学情感的改变，专业发展包括教学理念、教学活动的改变，社会发展包括与学生、同事和他人关系的改变。

作为"人"的教师的发展是个人发展、专业发展和社会发展共同作用的结果。改变教师的专业性，即改变教师这个人。专业发展不可能脱离教师个人发展和社会发展这个基础与生态环境。

二、教师专业发展作为学习的过程

如古德森分析的那样，在对教师专业发展的研究中，人们最先关注的是在一定标准下教师应该具有什么素质，即对教师专业特质的界定。[10]然而，在教师如何获得这些特质的问题上，早期的研究显得过于简单。斯巴克斯（D. Sparks）和赫什（S. Hirsh）提出教师专业发展发生了范式转移，从校外的脱离学校情境的、由专家独霸的、教师被动的发展范式向与学校环境结合的、帮助教师主动地对教学进行探究的范式转移。[11]总而言之，这个转变中体现出来的意念是，教师的发展是教师主动学习的过程，而不是被改变的过程。

把教师作为学习者的理论意义表现在以下方面。第一，更多从教师的角度来思考如何进行专业发展的问题。教师是自己专业发展的主人，他们最了解自己的实践情境，最了解其中存在的困难与问题。第二，教师专业发展从关注集体到关注个体。与学生之间存在个别差异一样，教师在专业学习与发展上也存在个别差异，而且教师之间的个别差异会随着年龄的增长越来越大[12]。另外，教师的学习是问题导向的。由于每个教师的信念不同、知识和能力不同、所处的环境不同、所面对的学生不同，因此他们在实践中遭遇的困难与问题也是千差万别的。把教师作为学习者，意味着更多从教师个体的角度看待教师的学习需求与学习过程。第三，有利于从知识和经验向教学实践的转化。对许多有经验教师的研究发现，要想使学生持续地投入真实的学习活动中，教师必须在实践中进行持续的和真实（authentic）的学习。[13]教师是按照自己所经历的建构主义学习方式来学习如何进行建构主义教学的[14]，因此，教师的学习方式与自己的教学方式有内在的一致性[15]。长期以来，在教师专业发展活动中，教师学习的方式和期望教师教学的方式是相脱节的，"要按我说的做，不要按我做的做"就是对这种情况的生动描述。把教师作为学习者，关注教师的学习过程，也就是重视学生的学习过程。在教师教育者心中建立教师学习方式和教学方式紧密关联的观念，有利于教师学习的知识与理论在实践中进行转化。

三、教师专业发展作为探究的过程

教师学习是一个有目的的探索过程。长期的、合作的和探究取向的在职教育看起来对于改变教师的信念和实践是比较成功的。[16]教师的改变不是让他们获得一套固定的教学技能，学习如何运用特定的教学方案，而是为他们提供持续成长和问题解决的机会。有经验的实践者经常在更高层次上重新表征问题，或者质疑一些原有的常规，在没有问题的地方发现问题。这种教师成长是自我持续的、富有生产力的改变。[17-18]在一项探究教师是如何通过倾听与分析学生的数学思考过程来引导自己改变的研究中，研究者发现，实践是教师成长的途径；越是能不断追问为什么自己的实践有效、如何使自己的实践更有效的教师，在信念、知识和实践方面的改变越大。

札维斯按由浅入深、由表及里的方式对教师学习结果进行了分类。①基于臆测之上的习惯性反应；②并不把周遭情境作为学习机会；③拒绝新的学习；④前意识学习；⑤行为改变；⑥记忆新的信息；⑦沉思；⑧反思性实践；⑨实验性或科学性探究。前三种结果中，教师并没有进行学习。[19]在前意识学习中，教师缺乏有意识的在认知、情感和行为方面的投入，学习是一种在经验之上的自动化过程。在导致行为改变的学习中，教师对自己学习的过程、效果和原因缺乏元认知能力，这种"知其所然，不知其所以然"的学习不具有生产力。在导致记忆新的信息的学习中，这种学习态度"或许有用"，但我们不仅对学习在教师知识的扩充、理论的提升和实践的改善上的作用存在疑问，而且这种学习有很强的被规训的意向。后三种结果对应的才是有意义的学习，也就是说，有意义的教师学习是教师对自己的教学进行主动探究的过程。

四、从外在控制型走向内在生成型的教师专业发展

以上对教师专业发展再概念化内涵的分析，其实是对以下三方面问题的回答：①是谁主导着教师的专业发展？是教师自己，是大学专家，还是政府部门？②教师专业发展的内容是什么？是大学专家生产的知识，还是教师在实践中生产的知识？两种知识之间的关系如何？它们在教师专业发展中是如

何发挥作用的？③教师是如何进行专业发展的？是以外来权力强制下的接受式学习为主，还是以教师主导下的自主探究式学习为主？正如哈格芮乌斯所说的"改变教师包括改变教师这个人……改变（教师的）生活"，教师专业发展的再概念化着重从人的角度理解教师的成长，强调教师在专业发展中具有决定学习内容、方式的权利。根据教师在专业发展中的决策权，可以把教师的专业发展分为外在控制型和内在生成型两种，而且，内在生成型又可以细分为保守的内在生成型和超越的内在生成型。

（一）外在控制型的教师专业发展

教师的学习由教师以外的人和机构所主导，学习的内容远离教师的日常工作实践，教师主要通过接受培训和自学等方式来学习。有研究者对美国 9 个学区 40 位教育官员的研究发现，他们持有的教师专业发展理论可以分为三种：行为主义理论、情境性理论和认知理论。其中，持有行为主义理论的有 34 人，持有情境性理论的有 5 人，持有认知理论的只有 1 人。行为主义的教师专业发展理论支配着教育官员对教师如何学习的理解和实践。在 34 位持行为主义理论的教育官员中，学区行政人员有 17 人，学区学科专家有 9 人，学校行政人员有 5 人，教师有 3 人。[20]我们发现，从学区到学校、从行政人员到学科专家和教师，持有行为主义的教师学习观的人越来越少。这说明，距离学校越远，距离课堂层面的课程与教学越远，越倾向于持有行为主义的教师学习观。

（二）保守的内在生成型的教师专业发展

当教师通过外在控制而获得的专家所生产的知识不能应用于或者不能直接应用于实践时，我们不得不从乌托邦式的理想追求中走出来，直面复杂的实践情境，诉诸实践者来寻求改进实践之道。理论有时不能有效帮助教师的工作，除非教师对本身的教学情境具有操控的意识和能力。所以，教育里不会有高效能的方法，但会有高效能的教师。一切课程的改革必须在课堂中实践，而课堂却是一处独特和变动的环境。教师的效能从对这一环境的适应、改变和创造中显现出来。这就是内在生成型教师专业发展取向的本意所在。教师专业发展的根基在于实践情境中，脱离实践情境的外在控制型的教师专业发展是一种"无根"的教师发展。

内在生成型的教师专业发展认为教师在专业实践中虽然有消极抗拒的一

面，但亦有积极主动的一面，认为教师是创造知识、建构理论的主体。教师不但有能力建构一套缄默的实践知识，而且会透过此实践知识，指导本身的课程计划与教学中的互动。

从实践知识的观点来看，教师专业发展与教学实践是不能分开的。因为，对教师来说，实践知识对他们的发展来说更为直接和根本[21]，教师专业发展起源于教师在其日常生活中对教学情境的知觉、对教育问题的关切以及对改变实际状况的需求[22]。教师的成长意味着教师对复杂的教学情境的深刻理解，而不是一味地寻求知识和技能上简单的程序和操作方法。教师的发展需要鼓励并倾听教师发出自己的声音，避免赶时髦和向教师推销所谓"普遍适应"的教学策略。

如果内在生成型教师专业发展只在既定的社会结构和传统规范中进行，那么这种学习是保守的。教师通过学习所要达到的目标是"正确地做事情"，而不是"做正确的事情"，在决定要做什么事情的问题上，教师显得既没有这样的动机，也缺乏这样的信心，鲜有批判的精神。也就是说，从内在条件而言，教师的专业视域仍然很狭隘。他们可以调用自己的实践经验来吸纳外界的公共知识，开展更有效的教学活动，也能够通过反思呈现、提升自己的实践经验；但是，在教育价值的取舍上缺乏自我判断。

(三)超越的内在生成型的教师专业发展

承认教师是实践中的"权威"，不仅仅是因为教师能够分析进而把握实践，来迎合课程与教学改革的期望。教师作为专业人员，负载着道德的、伦理的和政治的价值。教师专业发展中要超越的不是知识与技能，而是教师所持有的价值观念，如课程观、教学观和学习观等。

从人的角度来看教师专业发展，要求修正过分地注重外在控制型的教师专业发展，强调内在生成型的教师专业发展，教师的专业发展不能脱离繁杂的日常教学生活脉络，要关注教师的经历，珍惜教师的经验，注重教师的声音。通过教师主体意识的觉醒，批判性地检视自己的行为与信念，以及所处的脉络环境，从而达致更高层次的解放。

[参考文献]

[1] Fullan，M.，Hargreavs，A. Teacher development and educational change[M]. London and New York：RoutledgeFalmer，1992.

[2] Connelly, F. M., Clandinin, D. J. Teachers as curriculum planners: narratives of experience[M]. New York: Teachers College Press, 1988.

[3] Day, C., Fernandez, A., Hauge, T. E., et al. The life and work of teachers: international perspectives in changing times[M]. London and New York: RoutledgeFalmer, 2000.

[4] 周淑卿. 课程发展与教师专业[M]. 台北：高等教育文化事业有限公司，2004.

[5] 陈美玉. 教师专业实践理论与应用[M]. 台北：师大书苑有限公司，1996.

[6] Richardson, V. The dilemmas of professional development[J]. Phi Delta Kappa, 2003(5): 401-406.

[7] Calderhead, J. Teachers' professional learning[M]. London: Flamer Press, 1988.

[8] Biddle, B. J., Good, T. L., Goodson, I. F. International handbook of teachers and teaching[M]. Amsterdam: Kluwer Academic Publishers, 1997.

[9] Bell, B., Gilbert, J. Teacher development as professional, personal, and social development[J]. Teaching and Teacher Education, 1994, 10(5): 483-497.

[10] 曾荣光. 教学专业与教师专业化：一个社会学的阐释[J]. 香港中文大学教育学报，1984 (1): 23-41.

[11] Sparks, D., Hirsh, S. A new vision for staff development[M]. Alexandria, Virginia: Association for Supervision and Curriculum Development, 1997.

[12] Knowles, M. S., Holton, E. F., Swanson, R. A. The adult learner: the definitive classic in adult education and human resource development[M]. Boston: Taylor & Francis Ltd, 2005.

[13] Whitcomb, J. A. The impact of case writing on teacher learning and professional development[D]. Stanford: Stanford University, 1997.

[14][15] Mclaughlin, M. W., Oberman, I. Teacher learning: new policies, new practices[M]. New York: Teachers College Press, 1996.

[16][24] Richardson, V. Handbook of Research on Teaching[M]. 4th. Washington D. C.: American Educational Research Association, 2001.

[17] Franke, M. L., Carpenter, T., Fennema, E., et al. Understanding teachers' self-sustaining, generative change in the context of professional development[J]. Teaching and Teacher Education, 1998 (1): 67-80.

[18] Tsui, A. B. M. Understanding expertise in teaching: case study of ESL teachers[M]. Cambridge: Cambridge University Press, 2003.

[19] Guskey, T. R., Huberman, M. Professional development in education: new paradigms and practice[M]. New York: Teachers College Press, 1995.

[20] Spillane, J. P. Local theories of teacher change: the pedagogy of district policies and programs[J]. Teachers College Record, 2002, 104(3): 377-420.

[21] 黄显华，朱嘉颖. 一个都不能少：个别差异的处理[M]. 台北：师大书苑有限公司，2002.

[22] 陈惠邦. 教育行动研究[M]. 台北：师大书苑有限公司，1998.

（本文责任编辑：刘东敏）

（原载《教师教育研究》，2006 年第 4 期）

教师合作：教师发展的一个重要路径

饶从满，张贵新

(全国中小学教师继续教育东北师范大学研究中心，吉林长春 130024)

[摘要]20 世纪 80 年代以来，教师合作作为教师发展的一种方式获得了广泛的关注，成为国际教师教育研究领域中的一大热点问题。本文认为，所谓教师合作，就是教师们为了改善学校教育实践，以自愿、平等的方式，就共同感兴趣的问题，共同探讨解决的办法，从而形成的一种批判性互动关系。教师合作有助于激发与强化教师的发展意愿，提高教师个体的反思能力，促进学校组织学习。

[关键词]教师合作；教师发展；教师教育；反思；组织学习

[中图分类号]G451.7　[文献标识码]A　[文章编号]1672-5905(2007)01-0012-05

Collaboration：an Important Route to Teacher Development

Rao Congman，Zhang Guixin

(National Research Center For Continuing Education of School Teachers，
Northeast Normal University，Changchun，Jilin，130024，China)

Abstract：Teacher collaboration as a way of teacher development，has gained wide attention and becomes a hot issue in international teacher education research since 1980s. This article believes that teacher cooperation is a critical interactive relationship formed by teachers voluntarily and equally exploring solutions to problems of common interest in order to improve school educational practices. Teacher cooperation helps to stimulate and strengthen teachers' development willingness，enhance their individual reflective ability，and promote the learning of school organizations.

[收稿日期]2007-01-30

[作者简介]饶从满，全国中小学教师继续教育东北师范大学研究中心副主任，教授，博士生导师，教育学博士。

Keywords：teacher collaboration，teacher development，teacher education，re-flection，organizational learning

一、教师发展路径与策略：反思与合作

随着 20 世纪 80 年代以来世界教师专业化运动的重心由关注教师的地位向关注教师的角色、实践的转变[1]，教师发展的路径与策略开始成为教师教育研究中最为引人注目的问题之一。而在 20 世纪 80 年代以来的教师教育文献中，出现最频繁的教师发展路径或策略莫过于"反思"了。对反思之于教师发展的价值，人们有着较广泛的共识。但是，人们广泛认同的"反思性教学"中也存在着一个重大缺陷，这个缺陷与其基本方法论有关。一般而言，反思性教学的方法论建立在两个基本假定上：①教师会自然地意识到反思的需要；②教师自己知道如何进行批判性反思。[2]换言之，不仅反思的意愿是教师个体自然形成的，而且反思的能力也是教师"以个体的方式学会的"。但有研究显示，不仅反思的意愿和能力不可能只依靠个体形成，而且教师的整体专业发展也需要一定的社会和文化环境，尤其是教师合作文化的支撑。正因为反思的意愿和能力的非简单自我生成性、反思策略的非自足性逐渐被揭示，教师合作才走到了世界教师教育理论与实践的前台。如果说反思的路径或策略强调的是教师"从自己的教学中学习""在与自身对话的过程中实现个体发展"的话，那么，教师合作这一路径或策略则推崇教师"在与同事的互动与对话过程中共同发展"。目前国内关于"反思"的介绍和研究比较多，而对于"合作"则关注不够。因此，本文将结合国际教师教育界对教师合作的研究成果的考察，探讨教师合作的内涵及其对教师发展的意义。至于合作的方式、合作文化的培育等，将另文探讨。

二、教师合作的内涵

20 世纪 80 年代以来，教师间的合作之所以被重视，是因为人们希望通过促进各学校内教师集体(teachers as a group)间的合作来促进教师的发展，同时实现学校教育的改善。教师合作被作为连接教师发展与学校教育改善的桥梁而受到高度重视。[3]

那么，"合作"到底是什么含义呢？由于合作所指的主要是教师如何执行一项任务或从事一项活动的方式，而不是指该活动的性质或目的，因此对它的界定也是众说纷纭。弗里恩德和库克（Friend & Cook）考虑到这点，有意下了一个比较笼统的定义：人际合作是至少两个相互平等的当事方之间的直接互动方式，他们因有一个共同的工作目标而自愿地参与共同决策。[4]不过，他们还通过阐释合作的几个特征明确了这个定义的内涵：①合作是出于自愿的；②合作是建立在平等基础上的；③合作者之间有一个共同的目标；④合作者共同参与重大问题的决策；⑤合作者共同为决策后果承担责任；⑥合作者共享资源；⑦有突出的特性（emergent properties）。[5]

加拿大学者哈格芮乌斯则从教师文化的角度探讨了教师合作问题。他基于教师文化的内容都是通过关系的若干形态表现出来的这一认识，从"形式"的视角展开了其教师文化论，并将教师文化的"形式"区分为个人主义、派别主义、合作文化（collaborative culture）和人为的同事关系（contrived collegiality）四种。[6]在他看来，合作文化是在日常生活中自然而然地生成的一种相互开放、信赖、支援性的同事关系。在这种文化中，教师对于教育教学上的失败和不确定性不再采取防卫性态度，而是相互援助，同事共同面对和接受问题，相互进行讨论；同事间追求在教育价值上有广泛的一致性，但是对于细节上的不一致也保持宽容。他还通过与"人为的同事关系"进行比较，分析了合作文化的五种特征：①自发性；②自愿性；③发展取向性；④超越时空性；⑤成果的不可预测性。[7]

日本学者油布佐和子认为，"互补性"和"信息冗长性"是理解合作文化形成的两个关键概念。所谓"互补性"，指的是超越工作场所中的地位、职业种类的"参与者的平等努力"和"对人在面对复杂工作环境时产生的认知局限的平等谦虚"；所谓"信息冗长性"，意指个体与个体之间共享剩余信息的重要性。在重视"互补性"和"信息冗长性"的集体中，成员通过相互贡献剩余信息，可以从不同的视角发现有意义的问题，进行信息的平等交换。[8]

美国学者李特尔（Little）基于美国的现实，指出了合作文化主要出现在四种场合：①关于教学的日常交谈；②协同进行教学设计、教材开发和教育方法开发；③观察同事的教学；④同事间就新的想法、实践方法等相互授受。[9]

综合众多学者的观点，我们认为以下几点对于理解和把握教师合作的内涵至关重要。

第一，教师合作所指的主要是教师间的一种人际互动方式或关系形态，而且主要被作为谋求教师发展和学校教育改善的一种手段或策略，而不是为了建立具有实质性内容的教师文化或教师集体。这一点与我国在进行教师职业道德建设时提出来的团结协作和教师集体建设等有很大的不同。教师间的互动一般包括专业互动和非专业互动（社会-情感互动）两个方面。有人认为教师合作应该界定在专业互动范围内，也有人认为应该包括这两个方面。我们认为，教师合作应该包括这两个方面，二者在教师合作中的关系应该是：专业互动为社会-情感互动确定方向和边界，而社会-情感互动则为专业互动提供基础。

第二，教师合作出自教师的自愿。合作活动可以是学校管理者或外部的其他组织或教师个人发起的，但是是否构成合作关系，首先取决于教师是不是自愿参加的。如果不是，合作的关系就难以长久维系。我们不赞成哈格芮乌斯把"自发性"作为教师合作的基本特征，理由是合作关系不容易自发形成。如果把自发性作为教师合作的基本特征的话，实际上就等于放弃了我们对培育教师合作的期望和努力。而事实上，欧美各国近年来采取的"同伴互教"（peer coaching）和"资深教师的辅导"（mentoring）等合作策略，尽管并非教师自发，但在实践中被证明是促进教师发展的有效方式。

第三，教师合作是建立在平等的基础上的。所谓平等是指参与者之间在资源共享、共同决策、共同负责等方面拥有平等的权利和义务。而这种平等首先建立在合作参与者之间的互补性上。平等同时还要落实到参与者对这种互补性关系的体认上，即必须意识到他们在整个合作活动中无论贡献大小，都是独特的，是合作性努力中不可分割的一部分，并且相信所有个体的贡献都能被平等地看待。

第四，教师合作是一种批判性互动关系或方式。教师合作概念从一定意义上讲，首先是针对西方个人主义教师文化带来的教师孤独问题而被提出的。因此，可能会有不少人将教师合作与东方的集体主义教师文化联系甚至等同起来。其实，教师合作概念体现着对个人主义教师文化缺乏共有文化的批判，但是也并非要追求高度一致的共有文化。近些年来的教师合作文献极为强调教师之间的批判性互动，甚至有人把冲突的主动涉入看作差异的对话，看作良性运行教师共同体的一个规范的、基本的维度，并认为冲突可以营造学习的环境，因而能够带来教师共同体的持续更新。[10]如果说"反思"具有"自我批判"意味的话，那么"合作"则带有"相互批判"的意蕴。合作中的教师关系是一种"净友"关系，而不是一种表面的礼貌和亲密关系。

综上，我们不妨给教师合作下这样一个定义：所谓教师合作，就是教师们为了改善学校教育实践，以自愿、平等的方式，就共同感兴趣的问题，共同探讨解决的办法，从而形成的一种批判性互动关系。

三、教师合作对教师发展的意义

强调教师合作的一个很重要的思想背景就是合作的同事关系有助于教师成长。[11]教师合作对教师发展的意义至少体现在以下三个方面。

(一)教师合作有助于激发与强化教师的发展意愿

教师发展概念强调的是教师作为终身学习者和研究者的持续变化过程，而教师的终身学习与发展主要取决于两个方面的因素：一是终身学习与发展能力的认知因素，二是终身学习与发展的意愿或准备状态的非认知因素。以往世界各国促进教师发展的努力中出现了各种问题，不仅在于其偏重认知方面的因素，而且还在于其激发教师发展动机和意愿的时候，过于依赖外在的、制度性的激励或约束，而未能充分认识到满足教师个体内在的社会-情感需求的意义。这与人们对情绪、情感等的错误认识有关。长期以来，一个重要且不正确的理论概念就是，要获得最好的结果，情感因素必须被排除在外。理性的过程一定不能受到感性因素的妨碍。[12]然而，越来越多的研究表明，个体的情绪、情感品质或状态在一定程度上决定着个体的行为。

在众多情绪、情感因素中，焦虑就是其中最应引起高度注意的一种。正如斯泰西所总结的那样，焦虑是处在混沌边缘的人类精神世界的一个不可避免的特征，有无承受焦虑的能力是能否生活在这种环境下的一个前提。[13]以往，我们在谈论焦虑的时候，大多将其作为需要克服、消除的对象。其实，焦虑作为一种多维的情绪变量，具有正、反两种性质的作用。一方面，焦虑在某种条件下可能具有驱动作用，激发、维持、促进智力活动的进行。在某种程度上，压力的程度降低，解决复杂问题的意愿和能力也会随之降低。[14]另一方面，过度的焦虑如果不能得到适当的控制，就会发展成为职业倦怠，从而可能产生妨碍作用，削弱甚至中断智力活动的进行。教师职业倦怠研究就证明了这一点。教师焦虑的这种双重性要求我们在促进教师发展时，一方面要激发焦虑，另一方面要控制焦虑。而合作文化则具有既可以激发焦虑又可以控制焦虑的双重性[15]，从而有助于教师发展意愿的激发与强化。

第一，教师合作可以激发、强化焦虑。如前所述，教师合作鼓励一定程度的差异的存在，强调多元化、开放化的批判性互动。而多元化、开放性和对解决复杂问题的迫切渴望能引发个人和集体的焦虑和冲突。[16]正是这种"冲突""问题""焦虑"使得教师认识到学习和发展的必要性，产生学习的意愿。特别是当不同的观点发生碰撞时，便会产生思想的火花。在一个良好的组织中，这种火花就是创造的源泉。

第二，教师合作能够控制焦虑。过度的教师焦虑会导致教师职业倦怠，而倦怠意味着教师发展中的一种危机。在面临这种危机的时候，教师需要各种各样的人的支持，如果教师自己陷入孤立主义，就不可能克服这个危机，教师发展也就无法实现。[17]正如英国学者尼亚思（Nias）指出的那样，同事关系可以强化教师的价值观，因此能够减少倦怠。之所以如此，就是因为在一个以相互支持与关心为特点的合作文化背景下，个体觉得可以表达他们消极和积极的情感，坦陈失败与弱点，发泄怨恨和失望之气，表露喜爱之情。[18]

（二）教师合作有助于提高教师个体的反思能力

教师可以从同事那里获得的不仅仅是社会-情感支持，而且还有专业方面的帮助。芬拉森和比尔（Fenlason & Beehr）指出了工作场所可以提供的两种支持：一是工具性支持，即提供完成某项任务必需的物质上的援助、建议或知识；二是情感支持，以关心行为和同情性倾听为特征。这两种支持在中小学经常是联系在一起的。[19]而同事提供的专业帮助有助于教师个体反思能力的提高。

教师间的互动和合作对于教师个体反思能力的提高主要体现在同事可以扮演形成性评价者的角色。在教师专业发展历程中，教师希望能够得到多方面的及时的形成性回馈与协助，以便能够不断地提升其专业素质水平。因为教师的独立反思可能会由于视野的局限而出现偏差或难以走向深入；而同事间通过听课、观摩、讨论、交流等合作形式就可以扮演形成性评价者的角色，有助于减少教师独立反思的偏差，使教师个体的反思走向深化。富兰指出：合作对于个人的学习非常重要。如果我们不与人交往，那么我们能学到多少东西是有限的。合作的能力不论在小范围还是大范围内，在后现代社会正在成为十分需要的能力之一。只要他思想开放（即提倡探索），能将个人的力量与有效的合作相结合，其力量将变得更为巨大。[20]

（三）教师合作有助于促进学校组织学习

教师合作的价值同时体现在教师集体的发展和学生的发展上，换言之，体现在对学校组织学习的促进上。组织学习不同于个体学习：①组织学习不是个体学习的单纯累积或总和；②个体学习发生于个体内部，习得的内容无疑也停留于个体内部，而组织学习的学习内容则作为组织的成果积累起来，即使组织的领导人或成员替换了，学习内容仍然以组织文化的形式被传授着。[21]这说明组织学习有着个体学习不可替代的价值。

教师合作对于学校组织学习的促进至少体现在以下两方面。

第一，教师合作有助于教师的个人知识、实践知识的总结和推广。近年来，关于教师知识研究的一个重大成果，就是揭示了教师个人知识、实践知识的存在及其重要性。那么，如何使这些具有"缄默性"的实践知识显性化，成为其他教师可以分享的知识，就成为学校组织学习和教师发展中的一个关键。而教师之间的积极互动与经验交流，则可以使教师的经验条理化、明晰化、结构化和概括化，从而有助于教师知识的获取、创造和传播。富兰指出：理解合作文化的本质和它具有的作用，就是承认它在吸收全体成员的隐性知识（进而使其变成显性知识）方面具有功能，同时它也能够积极寻求和吸收组织外部新的思想和知识。这样一个知识创新的过程对于成功而言具有核心意义。[22]油布佐和子也指出：教师集体内部存在很多具有出色能力的熟练教师，在很多场合下，其能力都是被作为教师个人的技艺来看待和评价的。但是，交换这种个人性、实践性知识，可以在教师集体内部建立起实践知识宝库，进而通过谋求其共有，使得磨炼相互的能力成为可能。[23]

第二，教师合作有助于学校组织文化的形成、传授与变革。组织学习研究揭示了组织文化对于组织学习的至关重要性，因此，越来越多的研究者认为应该从组织文化的角度来研究组织学习。[24]日本学者今津孝次郎将学校组织文化作为探讨学校组织学习的关键概念。他将学校组织文化定义为该学校的教师共有的行动和思维方式，它在为该学校的日常教育活动赋予方向，提供问题解决、决策判断的框架的同时，推动教师集体凝聚力和一体感的形成。[25]此外，他指出：由教师间的提携而形成的教师合作体制，对学校组织文化的变革和学校组织学习而言，是重要的基础。[26]因为在"以就职学校为基础的"教师间相互提携过程中的组织学习里，各教师可以获得在大学学习专业知识时不可能产生的学习成果。也就是说，在加深对其学校环境和学校组织的认知过程中，教师可以变革作为自明前提的价值基准，从而改变行为方式，开展新的学习。而且学习成果被作为新的学校组织文化积累起来，对这些成果的学习可以带来教师的发展。[27]换言之，教师合作体制使超越教师个体范畴的、作为集体的学习成为可能。其中，就连处于学校组织文化深层次的"缄默前提"都成为教师反思的对象。思维方式和行动方式的壁垒被打破，教师能力得到提高，教师发展获得实现。[28]

如果借用哈格芮乌斯关于教育改革的三维评判标准来衡量教师合作之于教师发展的价值的话[29]，那么可以说：它有长度，因为它注重教师持续发展意愿的激发、强化与能力的提高，从而保证了教师发展的可持续性；有宽度，因为它关注的是超越教师个体发展的教师集体发展；有深度，因为它强调教师发展与学校教育革新改善的一体化。因此，我们可以说，教师发展和学校教育革新改善的可能空间和限制因素，在很大程度上就蕴含于教师合作之中，教师合作为它们提供了总的框架。没有教师合作文化的深层次支撑，任何教师发展和学校教育革新改善都将是表面和临时的。

[参考文献]

[1] 饶从满，王春光. 反思型教师与教师教育运动初探[J]. 东北师大学报（哲学社会科学版），2000(5)：86-92.

[2] Manouchehri，A. Developing teaching knowledge through peer discourse[J]. Teaching and Teacher Education，2002(6)：715-737.

[3] 张贵新，饶从满. 关于教师教育一体化的认识与思考[J]. 课程·教材·教法，2002(4)：58-62.

[4][5] Friend，M.，Cook，L. Interactions：collaboration skills for school professionals[M]. White Plains，NY：Longman，1992.

[6] Hargreaves，A.，Fullan，M. G. Understanding teacher development[M]. New York，NY：Teachers College Press，1992.

[7] Hargreaves，A. Changing teachers，changing times：teachers work and culture in the postmodern age[M]. London：Cassell，1994.

[8][23] 油布佐和子. 教师的现在、教职的未来[M]. 东京：教育出版社，1999.

[9] Lieberman，A. Schools as collaborative cultures：creating the future now[M]. London：The Falmer Press，1990.

［10］Achinstein, B. Conflict amid community: the micropolitics of teacher collaboration[J]. Teachers College Record, 2002(3): 421-455.

［11］Harris, D. L., Anthony, H. M. Collegiality and its role in teacher development: perspectives from veteran and novice teachers[J]. Teacher Development, 2001 (3): 371-390.

［12］［13］［14］［15］［16］［20］［22］迈克·富兰. 变革的力量——透视教育改革[M]. 中央教育科学研究所，加拿大多伦多国际学院，译. 北京：教育科学出版社，2000.

［17］［21］［25］［26］［27］［28］今津孝次郎. 变动社会的教师教育[M]. 名古屋：名古屋大学出版会，1996.

［18］Jarzabkowski, L. M. The social dimensions of teacher collegiality[J]. Journal of Educational Enquiry, 2002(2): 1-20.

［19］Hargreaves, A. The emotional geographies of teachers' relations with colleagues[J]. International Journal of Educational Research, 2001 (5): 503-527.

［24］陈国权，马萌. 组织学习——现状与展望[J]. 中国管理科学，2000(1): 66-74.

［29］Hargreaves, A., Fink, D. The three dimensions of reform[J]. Educational Leadership, 2000(7): 30-33.

（本文责任编辑：刘东敏）

（原载《教师教育研究》，2007 年第 1 期）

论校本教研与教师专业成长

肖　川，胡乐乐

（北京师范大学教育学院，北京 100875）

[摘要]作为行动研究的校本教研对教师专业成长有着重要的促进作用；教师的专业成长亦对校本教研有着积极的反哺效应。综合而言，我们认为，校本教研是教师专业成长的一条有效路径。

[关键词]教师；校本教研；专业成长；有效路径

[中图分类号]G65　[文献标识码]A　[文章编号]1672-5905(2007)01-0017-05

On the Relationship of School-based Educational Research and Teachers' Professional Development

Xiao Chuan，Hu Lele

(School of Education，Beijing Normal University，Beijing，100875，China)

Abstract：As a kind way of action research，the school-based educational research can push the teachers' professional development ahead. And the teachers' professional development can counter-breed the school-based educational research. In one word，we conclude that the school-based educational research is one of the most efficient approaches to the teachers' professional development.

Keywords：teachers，school-based educational research，professional development，efficient approach

[收稿日期]2006-06-26

[作者简介]肖川，北京师范大学教授，教育学博士，主要研究方向为教育基本理论、教育文化人类学。

一、作为行动研究的校本教研

行动研究(action research)是德国心理学家勒温(Lewin)在群体动力学研究中首创的方法。他表示，行动研究代表了实验与应用研究之间的关系。[1]20世纪50年代，勒温的"螺旋式"行动研究模式得到了哥伦比亚大学师范学院前院长寇利(Corry)等人的倡导，行动研究开始在美国流行起来；20世纪70年代后，又得到了诸如埃里奥特(Elliott)、埃伯特(Ebbutt)、凯米斯(Kemmis)和麦克纳(Mckernan)等学者的支持、充实、修正和完善。

行动研究的目的，是弄清某种教育研究对实际的教育过程产生的效果，并对产生影响的各种因素进行评价，用以改进实践活动。可以看出其着眼点在于改善实践活动。行动研究与那种为控制研究方法使研究对象不受研究者或实验事态影响的传统研究方法的区别就在于共同参与，即由研究者和行动的实践者结成一体，共同组成课题组，共同进行调查、分析，通过在实践活动的进程中发现问题、设计实验方案、实施实验方案、评价或有新的发现、再计划、再实施、再评价或发现的方式不断进行。[2]

我国台湾教育学者欧用生指出："传统上，研究被认为是大学教授、学者或专家的工作，与教师无关，教师只要能接受别人生产的知识，不必也没有能力作研究。但是在今天，'教师即研究者'已成为师范教育上重要的一种运动，教师研究自己的教学实际，才能促进专业成长，落实课程与教育革新。"他说，"教师即研究者"的论者强调，传统的学术研究充满了艰深的研究术语和繁杂的统计公式，研究结果远离实际教室情境，因此不能为教师所接受，对教学改进裨益不大；而教师终日生活在教育教学中，最了解教学的困难和需求，能立刻觉知研究问题所在。"从这些第一手资料，教师生产自己的知识，改进教学，建构适合情境教学理论。"欧用生认为，行动研究具有这些特质，是达成上述目的的研究方法之一。[3]

"行动研究"于20世纪80年代开始引入我国大陆，近年来频频见诸教育类学术刊物，已经成为教育学者和教育工作者广泛使用的一个专有名词。很显然，自从英国课程专家斯腾豪斯(Stenhouse)于20世纪60年代末提出了"教师成为研究者"和"研究作为教学的基础"这两个响亮的口号之后，行动研究就逐渐成为影响后世教育教学研究理论与实践的不可忽视的重要力量。在今天，"教师成为研究者"和"研究作为教学的基础"因一再成为鼓舞教育工作者热情参与和积极投身于教育改革的宣传标语而备受人瞩目。虽然行动研究有许多方式，但其衍生出来的校本教研是被大家最为推崇的一种。

校本教研是一种将行动研究本土化了的研究模式。现在，作为教育教学之行动研究的一种形态的校本教研已被国内外教育业内人士广为认可。尤其是在新课程改革的今天，校本教研已被上升为国家对学校与教师的教育教学的政策性要求。教育部制定并于 2003 年 3 月颁布的《普通高中课程方案（实验）》就非常明确地倡导"建立以校为本的教学研究制度"（即校本教研制度）——"学校应建立以校为本的教学研究制度，鼓励教师针对教学实践中的问题开展教学研究，重视不同学科教师的交流与研讨，建设有利于引导教师创造性实施课程的环境，使课程的实施过程成为教师专业成长的过程"。在得到国家高度重视的同时，校本教研迅速在全国普及开来，有的地方政府甚至专门制定了文件要求必须建立校本教研制度。

那么，什么是校本教研？教育部基础教育司原副司长朱慕菊指出：校本教研就是"以校为本的教研"；是将教学研究的重心下移到学校，以课程实施过程中教师面对的各种具体问题为对象，以教师为研究的主体，理论和专业人员共同参与，强调理论指导下的实践性研究；既注重实际问题，又注重经验的总结、理论的提升、规律的探索和教师的专业成长。总之，校本教研是由教师反思、同伴交流、专业支持三大因素构成的一种新的教研制度。教育部原副部长王湛认为：建立以校为本的教研制度是促进教师专业发展的必然要求，将有助于创设教师间互相关爱、互相帮助、互相切磋与交流的学校文化，使学校不仅成为学生成长的场所，也成为教师成就事业、不断学习和提高的学习型组织。

对于校本教研，我们认为，所谓"校本"，其义概言之无非就三点："在学校中"、"基于学校"和"为了学校"。校本教研的真正目的是通过教师的教育学探索，将先进的教育理念与行动研究的过程变为教师的教育教学与研究的内在素养，从而以此为依托促进教师的专业成长；而且，校本教研也是教师专业成长的一条有效途径，因为它能够锻炼教师的教学反思能力与提高其自身的教育教学研究能力，使之具有发展的内生力。

校本教研有以下几个重要特征：①校本教研的宗旨是促进师生的共同成长；②校本教研的核心是解决学校教育教学的实际问题；③校本教研的主体是学校的教师，是整个教师群体；④校本教研的主阵地是学校，校长是校本教研的第一责任人，必须真正树立科研兴校的办学理念，承担校本教研组织者和管理者的重任，致力于校本教研的制度建设。这些特征主要体现在教师的自我学习和反思、与同伴的合作和互助，以及专家的专业引领和提升之中。[4]

在阐释学看来，"校本教研"不仅仅是一种认识、研究方法和实践活动，更是学校和教师存在的基本方式和特征，是一种"唤醒"，是一种"体验"，是一种"视界融合"和"对话文化"。从哲学本体论的角度来看，"校本教研"是教师职业生活的基本方式和特征。作为教学过程中的主体，教师不仅是知识的传授者，更是知识的建构者和创造者，是教育理想的实现者。"校本教研"给了教师这种机会，使教师在研究状态中，不断克服工作带来的生命倦怠感，体会"此在"的乐趣和"当下"的价值，进而对未来的专业成长充满希望。

归结起来讲，我们认为，校本教研就是以学校为基础、以教师为主体、以行动为导向的学校教育教学研究。它并非什么新的概念，但是随着新课程的实施，它被赋予了崭新的含义，因而它具有鲜明的时代特征。[5]校本教研呼唤教研的重心下移，呼吁教研真正回归学校、回归教师、回归教学，倡扬教师在教育教学研究中的主体性，秉持理论与实践的耦合与共生，坚信一线教育教学的丰富资源对于教育教学变革的重大意义。也就是说，校本教研旨在从学校教育教学实践中的具体问题出发，通过全体教师的共同研究，并在专家的引领与指导之下，达到解决困扰性的问题、提高教育教学质量的目的，最终促进教师的专业成长。

二、教师专业成长的内涵与意义

"成长"就其内涵而言，有增长、进步、发展之意；就其在时间序列上的意义而言，有过程和结果之意；就其过程而言，是指未成熟教师经过研习、进修及实际教学经验的积累，发展为已成熟教师的历程；就其结果而言，是指教师已成熟，具备专业知识、技能、态度及规范。"成长"着重强调的是内在性、生长性、自觉性，是一个动态的过程，而且其也并不是封闭的而是无限开放的，因为成长没有终点。

所谓"专业成长"，就是将"专业"与"成长"此二概念合并，简言之，即指在专业工作上的专业成熟。美国学者费尼（Phinney）认为，"专业成长"指的是活动的结果，即活动要能成功导向更好的转变。他将专业成长划分为五个阶段：①有机会参加专业成长的活动；②确实参加了此项活动；③在活动中确实有成长；④对教学行为成长的反省；⑤教学后导致学生的学习效果提高。

目前，有关"教师专业成长"的诸种表述因论者与研究者的旨趣的分野而不同。但我们可以从中得出一些共性的特征：发展要素的内生性、生长性、自觉性；基于过程理解的阶段性与动态性；发展状态的非终结性。此外，应该注意的是，这里的"教师"，应取其行业个体与整体统一之意。综合其他研究者之看法，本文把"教师专业成长"定义为：教师在教学或工作中，通过参与各种学习活动及反省思考的过程，在专业知识、技能及态度上达到符合教师专业的标准，并能有效地执行教学工作、正确合理地做出专业判断，最终以提高教育教学的质量来达成教育教学的目标。

教学是一个专业，教师是一个专业化的职业。著名教育专家叶澜指出，在学校中，没有教师的发展，难有学生的发展。在教育教学中，教师不能被其他人员替代，根本性的原因就在于教学的专业性。教学是一项非常专业化的工作。只有接受过专门的系统化教育与培训的人员才能够胜任这项艰巨的工作。目前，全世界只有三种职业具有公众所承认的绝对的专业性，教师就是其中的一种。教学的专业性势必要求教师必须具备专业性的知识、技能与研究能力。这就要求我们的教师必须应该是教育教学的"研究者"，否则，就不能够体现出其无可替代的专业性。此外，判断一个教师究竟是不是一位合格的现代专业教师的标准之一，就是看他是否具有参加教育教学研究的能力与素养。这些都是教师要不断地进行专业成长的根本原因。

教学的专业化要求教师的专业成长，而后者是一个渐进的过程。这个过程除了需要专家引领之外，还需要教师的自我反思，需要参与校本教研。有研究者认为，教师的专业成长是指从教师个体被动的专业化到主动的专业发展的历程。有论者指出，教师专业成长至少意味着教师是发展中的人、教师是学习者与研究者、个体教师要从专业人员成长为专业教育家。我们认为，教师专业成长预设了一个价值导向，即通过不断地成长与发展，教师能够从一个普通的以教书为职业的谋生者转变为一个以教育为追求的价值实现者。教师专业成长表明，作为成长中的个体，教师要想超越自己，就必须得通过学习与研究而不断进步。

尽管教学是每位教师每天都要面对和进行的日常工作，但是过去我们却仅将教学当作单纯的工作来看待，忽视了教学对于激发教师的专业成长和塑造教师的职业生命形态的重要价值与作用。教师专业成长的重要意义不但体现为教学知识的获得与技能的掌握，更体现为教师通过专业成长，获得一种职业的成就感与满足感，激发热爱教书育人的无限生机。掌握基本的教育教学规律只是低层次的，高层次的应是通过专业成长而来的教师的精神获取。仅将教师专业成长理解为教好书是肤浅的。我们应该将教师专业成长置于一种更高级的追求之地位，从而让教师的职业生命永葆青春。[6]这是一个无限良性循环的过程。

今天，我们的新课程改革要求教师从单纯的"教书匠"转变为自觉的"研究者"、主动的"实践者"和严肃的"反思者"，即要求教师学会学习、学会反思和学会创新。[11]这个转变过程，实质上就是一个教师专业成长的过程。没有教师的专业成长，课程改革的成功将很难预见。联合国教科文组织国际21世纪教育委员会主席雅克·德洛尔（Jacques Delors）说过：没有教师的协助及积极参与，任何改革都不能成功。对于从理念到内容的彻底转型的新课程改革而言更是如此，教师的专业成长程度关系着改革的成效。事实上，新课程理念下的教师，不是传统意义上的"工匠型"教师，而是现代意义上的"专业型"教师。对此，一些地方已经开始了自己的实践探索。①

教师进行校本教研能够促进其专业成长。在校本教研的过程中，教师学会了如何进行学校教育教学研究，并在此过程中学会了如何进行自我反思、如何制定研究方式、如何收集与利用各种研究素材与资源、如何将材料进行分类归纳、如何在专家的引领之下进行独立的分析与判断、如何将已有的理论纳入自己的教育教学实践之中、如何在实践当中抽象出超越经验的更为上位的概念与命题及理论、如何将自己的收获再次在实践中进行推敲、如何在螺旋上升过程中总结研究的成果并将之推广以实现扩大化应用，等等。这一系列的校本教研过程能够为教师的专业成长提供难得的机会与实践。很显然，在校本教研的过程中，任何一个参与者都必须不断地学习新的知识、掌握新的技能、研讨新的理论、总结新的经验、运用新的成果。在此过程中，教师将加大对专业知识、技能、理论、实践等的认识与了解，从而走向研究型的教师，促进转型与提高。

教师专业成长的途径有很多种，如进行进修研习、参加自学考试、听专家讲座等，但是这些都比较费时且在短期内要想有较大的收获，基本上是不

---

① 比如，浙江省杭州市拱墅区概括出了促成教师专业成长的四种基本模式："区—片—校"三级联动名师研修模式、课题带动模式、导师引领模式、课程开发模式。该区教育局局长说，其理念是坚持两个回归：让理论工作者回归实践、让研究能力回归实践者。

大可能的。因此，这就要求我们必须得寻找一种更为经济的和长效的方式以促进教师专业成长。在这个方面，校本教研为我们提供了某些确实的便利。由于校本教研是在学校中进行的，因此不必脱离教师的日常教育教学实践活动；又由于校本教研是依托学校的，因此其过程必然要与学校的各种资源、制度、文化等保持紧密的关系；还由于校本教研是为了学校的，因此校本教研必然能够为学校的发展与创新带来诸多益处。校本教研的这些优越性为教师专业成长提供了很好的平台——既不用离开生息的学校，又能够在这片自己的热土上实现专业成长。与教师专业成长的其他途径相比较，校本教研的优势是非常明显的。

缘此，我们认为，校本教研对教师专业成长的促进作用是非常可观的。它能够作为一种有效途径，为教师专业成长铺设一条快速、便捷、高效的路径。在校本教研的实际行动中，利用其所具有的行动研究的属性开展教育教学研究，不但能够依托学校、教室、课堂、学生、教学这些不可多得的丰富资源，而且在此过程中所生成的研究成果将直接与这些方面紧密联系起来，便于研究成果的转化与推广。这一优势是教师专业成长的其他途径无可比拟的。基于对中小学一线教师的教育教学任务的考量，校本教研在不脱离学校教育教学实践这一方面，足以让其因胜过其他途径而脱颖而出。因此，我们主张，应充分利用和发挥校本教研的各种优越性，广泛开展校本教研，从而为教师专业成长架设一条通向"以校为本"与"以师为本"的通途大道。

教师的专业成长能够提高校本教研的质量与水平。随着教师的专业成长，教师的科研知识储备与能力及素养都在逐渐丰富。这就是其"反哺"（counterbreeding）①作用的体现。我们认为，研究首先是一种意识；没有问题意识，将很难有研究。教师专业成长的水平越高，其对日常教育教学过程中产生的各种显性与隐性的问题的直觉、知觉、敏锐性都将提高。因此，专业成长水平较高的教师，其具有的科研能力也将越强。那些没有问题意识的教师，多数为专业成长不理想者。在我们的教育教学之中，所显现与隐含的问题必然很多。衡量一个教师专业成长的程度如何会有很多评判的标准，但有一条是

---

① "反哺"的典故源自我国传统美德故事"乌鸦反哺"。这里采用的是后来被学术人所引申之后的社会学意义上的意思（如现在广为人知的"文化反哺""工业对农业的反哺""城市对农村的反哺"等），专指回馈。

公认的，即其问题意识的强弱。

教师专业成长对校本教研的反哺作用直接体现在教师的教育教学研究意识与能力的长进之上。问题是研究的基点；没有问题，也就没有研究的出发点。同时，问题意识的产生需要一些条件，如知识面的宽广度、是否有审视客体的独到视角、是否关心并留心周遭的事与物等，但最为重要的还是个体是否具有较高的专业素养。对于教师而言，大凡觉得无问题可以研究的，基本上都欠缺上述这些方面的问题研究的基本条件。在这一方面，教师的专业成长无疑给了我们许多颇有助益的方便。通过专业成长，教师能够逐渐萌发进行校本教研所需要的问题意识、获得研究的知识与技能、知道研究的程序与步骤、掌握研究成果的撰写格式、知悉研究的适用性与推广度。没有这些，校本教研的质量将很难有保障。

从理论上讲是如此，在实践中，教师的专业成长对校本教研的反哺作用也是显而易见的。近年来，我国中小学教师群体中兴起了进行校本教研的喜人风气，这体现了教师专业成长的有力支持。与先前相比，我们可以看出的是，现在的中小学教师自主撰写的校本教研论文的质量有了明显提高。这与教师的专业成长是分不开的。令人欣喜的是，我国教师的专业成长正在步入一个良性轨道，促进了校本教研的兴盛与发展。我们认为，校本教研是教师专业成长的一条有效路径。

［参考文献］

［1］Corsini，R. J. Encyclopedia of Psychology［M］. Hoboken：John Wiley & Sons，1984.

［2］Courtney，E. W. Applied research in education［M］. Littlefield：Adams & Co，1965.

［3］欧用生. 提升教师行动研究的能力［EB/OL］.［2005-12-31］. http://content. edu. tw/primary/society/ks _ ck/nine/n4. htm.

［4］龚亚夫，陈仕清. 促进教师专业成长的校本教研方式初探［J］. 中小学外语教学，2004(6)：13-15.

［5］戚群，李建平. 新课改推动教师走校本教研之路［N］. 中国教育报，2003-03-01.

［6］庞红卫："在职业中成就自我"："教师专业成长与职业幸福感"论坛纪要［J］. 浙江教育科学，2005(5)：10.

（本文责任编辑：江东）

（原载《教师教育研究》，2007 年第 1 期）

教师实践共同体：
教师专业发展的新视角

张 平[1]，朱 鹏[2]

（1. 华东师范大学教育科学学院，上海 200062；

2. 华东师范大学课程与教学研究所，上海 200062）

[摘要]本文分析了教师实践共同体的内涵与特点，指出作为一种学习意义的隐喻，教师实践共同体的构建是提高教师专业发展有效性的重要策略。教师实践共同体有利于发展教师的实践性知识，培育教师合作文化，提升教师实践反思和解决问题的能力，促进"新手教师"向"专家型教师"的转化，提高教师专业发展的有效性和针对性。

[关键词]教师实践共同体；教师专业发展

[中图分类号]G451.2 [文献标识码]A [文章编号]1672-5905(2009)02-0056-05

The Teacher's Practical Community:
A New Perspective of the Teacher's Professional Development

Zhang Ping[1]，Zhu Peng[2]

（1. School of Educational Science，East China Normal University，

Shanghai，200062，China；2. Curriculum and Teaching Research

Institute，East China Normal University，Shanghai，200062，China）

Abstract：This article analyzes the implications and characteristics of the

[收稿日期]2009-01-10

[基金项目]本文系作者主持承担的上海市教育科学规划课题"教师实践共同体的理论与实践"（项目编号 B0714）阶段成果之一

[作者简介]张平，华东师范大学教育科学学院博士研究生，上海培佳双语学校校长，主要研究方向为学校管理、基础教育政策等；朱鹏，华东师范大学课程与教学研究所博士研究生，主要研究方向为各国教育管理体制与政策分析比较等。

teacher practice community, and points out that as a metaphor for learning significance, the establishment of teacher practice community is an important strategy to improve the effectiveness of teacher professional development. The teacher practice community is conducive to developing teachers' practical knowledge, cultivating a culture of cooperation among teachers, enhancing their ability to reflect and solve problems in practice, promoting the transformation from "novice teachers" to "expert teachers", and improving the effectiveness and pertinence of teachers' professional development.

Keywords：teacher practical community, teacher professional development

第八次课程改革对教师的专业发展提出了新的要求，在促进学生主动、合作、探究学习的同时，教师自身如何发展，不仅是一线教师非常关心的一个实际问题，也是教师教育研究界面临的一个重要的理论问题。[1]近几年来，有关教师专业发展的重要性，国内外研究者已有不少论述；有关教师专业发展的具体途径，一些中小学教师和大学研究者也提供了丰富的经验和案例。然而，正如许多研究者指出的那样，当前的教师教育实践当中，存在着严重的"观念与行为脱节"现象。[2]有的教师对新课程观念说得头头是道，但是在课堂教学中依然沿用旧的做法；有的教师在行为上能够体现新课程的一些观念和要求，却并不理解这样做的道理，而是更多地模仿他人的教学行为；有的教师尽管参加了大量的教研培训活动，但是面对具体的实践问题时，却常常感到无法将所学到的具体知识和技能应用到日常的课堂中。"这种观念与行为脱节，直接影响了教师专业发展"，成为教师教育中迫切需要解决的关键性难题。"实践共同体"理论的提出为我们解决这一难题开辟了一条新的思路。作为一种建构式的学习理论，"实践共同体"理论一经提出，就在组织设计、政府管理、教育、专业发展联合组织、项目发展以及市民的生活中得到了广泛的应用。它秉承了"共同体"理论中关于"共同的愿景""合作的文化""共享的机制""对话的氛围"等思想的精华，同时更加注重参与者"合法边缘性参与"地位[3]，以实践性问题解决为导向，十分贴切于教师专业知识的特点以及教师在专业发展过程中的身份特征，对于解决教师教育中的"知行脱节"问题，提高教师专业发展的实际效果具有很强的启发意义。

一、教师实践共同体的内涵与特点

为了更好地理解教师实践共同体的内涵，我们首先必须弄清楚"实践共同体"的概念。作为一个完整的概念，"实践共同体"最初是莱芙和温格在《情境学习：合法的边缘性参与》中提出的，用以表达一种"基于知识的社会结构"。借助于这一概念，"学习即实践参与"的观点由此产生。他们认为，"这一术语……实际意味着在一个活动系统中的参与，参与者共享他们对于该活动系统的理解，这种理解与他们所进行的行动、该行动在他们生活中的意义以及对所在共同体的意义有关"[4]。

温格在 1998 年对"实践共同体"进行了更深入的探讨，认为"一个实践共同体包括了一系列个体共享的、相互明确的实践和信念以及对长时间追求共同利益的理解"[5]。一个实践共同体不是简单地把许多人组合起来为同一个任务而工作，拓展任务的范围和扩大小组的规模都不是形成共同体最主要的因素，关键是要与社会联系——要通过共同体的参与在社会给学习者一个合法的角色（即活动中具有真实意义的身份）或真实的任务。

由此可见，所谓"实践共同体"，与其说是一种学习的组织形态，不如说是一种学习意义的隐喻和一种学习方式的建构。一方面，个人的知识建构和身份形成都处于一定实践共同体中，我们无时无刻不处在实践共同体的境脉中，因此，实践共同体构成了理解知识、理解个人学习的基础；另一方面，实践共同体启示我们，为了追求新知识的产生，应该以学习或者实践为中心培育支持性的实践共同体，所有人只是这个共同体中的一员，从各自不同的角度参与到学习的实践中，在参与实践中习得知识，因而其学习效果是可以被巩固的、知行合一的。

我们正是从这一点来理解教师实践共同体的。所谓教师实践共同体，就是作为学习主体的教师通过实践共同体的活动，获得自己的专业发展。这成为促进教师专业发展的一种新途径。教师实践共同体的基本特征如下。

(一)以"共同体"为载体

教师实践共同体打破了以往"教育者"与"学习者"之间的界限，以共同体的形式将教师聚集在一起，为教师之间的相互交流提供了平台。他们基于日常教学实践活动或问题解决的需要，改变了以往教师专业发展中"专家讲，教师听"或者"专家发挥主导作用，教师处于从属地位"的局面，使得每个教师可以根据自身的背景和实际情况，分享自己的经验。在这个共同体当中，所有人的地位都是平等的，没有地位高低的差别，只有参与角度的不同，因而有利于真正形成一种平等合作的对话关系。这种关系的建立，对于促进教师专业发展而言是至关重要的。

(二)以"共同的愿景"为导向

教师实践共同体的共同愿景，是教师集聚在一起，为了他们的利益与目标共同努力。教师实践共同体的愿景更多的是一种特定的结果、一种期望的未来景象或意象，它不是抽象的，而是具体的、持续的、容易描述的，其中包括了教师个体的愿景和团队的共同愿景，它们并不总是一致的。共同愿景的形成建立在教师个体的愿景不断协调的基础之上，受到具体情境和条件的影响，参与教师对这些情境因素拥有各自不同的反应，而共同愿景的确定，就是不同反应进行协商的结果。共同愿景存在的意义仅仅体现于该共同体本身，它是共同体存在的基石，也是教师专业发展的目标。

(三)以"协商的文化"为机制

"意义协商"是实践共同体中的一个重要概念。对于教师实践共同体而言，所有的学习行为都是在实践、反思和对话交流的过程中产生的，这就需要建立起一种相互合作、相互协商的文化机制。它不仅意味着学习者作为共同体成员参与到实践活动当中，而且要求共同体成员分享学习资源，对话沟通，彼此交流情感、体验和观念，协作完成一定的学习任务，通过共同参与活动，建立相互影响和促进的人际联系，进而形成对共同体愿景的较强认同感和归属感。这种协商的文化是民主的、开放式的，而不是权威的、封闭式的，它建立在共同体成员的共同愿景和发展需求的基础之上。

(四)以"教师实践问题"为基础

如果从学习方式上来看，教师实践共同体从本质上来看，是一种基于问题的学习模式。它强调将学习过程设置到负责的、有意义的问题情境当中，通过共同体成员的合作解决真实性问题，使教师在教学实践中获得的知识形成一种实践智慧，形成解决问题的技能，提高自主学习的能力。从教师知识的特性来看，教师知识具有实践性、情境性、个体性、默会性、整合性的特点，很难通过系统的传授或者书本知识的学习来获得。从教师的实践问题出发，通过反思、交流、再实践的方式，形成教师实践共同体，将有利于教师根据个人的认知方式和所面临的教育情境的差异，提高解决问题的技能，从而提高教师专业发展的针对性和有效性。

(五)以"实践参与中的身份变化"为标志

在实践共同体中，共同体成员的"合法边缘性参与"是一个重要概念，这种"合法边缘性"的身份不是外界赋予的，而是根据共同愿景、具体情境和具体问题生成的，实践共同体中教师的身份变化，也是随着其在共同体里中心地位的不断获得而实现的。这种身份的变化，既代表着教师学习水平的不断提高，亦是对其学习过程和学习效果评价的体现。它表现为某位教师作为一名专业人员，在面对某些具体的教育任务或问题时，其他成员与其分享交流的频率等和对其所发表意见或建议的听取、采纳程度等，它标志着共同体成员对共同体实践活动的"充分胜任"。整个共同体的实践过程就是参与教师从"初级学习者"到"专家学习者"、从"初级研究者"到"高级研究者"的发展过程。

二、教师实践共同体的价值

(一)教师实践共同体有利于发展教师的实践性知识，提升实践智慧

20世纪80年代以来，"教师实践性知识"得到了专家和学者的关注。许多研究表明，教师的实践性知识是教师教学中的知识基础和专业发展基础。教师专业发展更多强调教师个人在教学活动中对教学情境的整体感知、理解、把握和处理，而不仅仅依赖于一套特别的专业分类来认识和发展其教学专业。[6]专家、教授传授的教育教学理论，只有在教师的教学实践中被内化为个人的品质和知识时，才能发挥应有的效用。新手教师与专家型教师最大的区别不在于他们掌握学科理论知识和教育教学理论知识的多寡，而更多地表现在他们对教学情境中问题的处理和把握上。

教师实践共同体以教师的教学实践为基础，通过共同体的学习和协作，对教师在教学实践中所遇到的问题进行分析、交流与反思。它并不提供现成的解决问题的答案，而是通过共同的活动去发现价值、分享观念和发展知识。

教师的实践性知识是个体性的、情境化的、不精确的，然而，通过教师实践共同体的活动，教师能够在形成自己实践性知识的同时，通过不断的交流和经验的分享，实现知识的个体性和公共性的统一，在不断的实践反思当中，形成新的实践性知识，在反复的交流、分享和反思过程中，提升实践智慧。

(二)教师实践共同体有利于培育教师合作文化

第八次课程改革倡导合作式的教师专业发展，并对"教师群"的合作文化提出了明确的要求，提出要改变教师群体的工作方式，改变教师的"孤独处境"，要求教师能在合作中相互学习，促进发展，促进和深化教育改革。[7]

我国中小学的教师组织形式一般分为学科组和年级组，科际文化十分明显。教师一般依学科或年级，产生次级团体，在此次级团体中彼此依赖，并未将关注点扩及至全校的课程发展问题上，而且人为的合作较多，自发的合作较少。这种以现有体系为单位的教师合作无法取得结构上的突破，因而教师也不知道如何去真正地开展合作，只能按照惯有的思路和方式进行合作。

教师实践共同体试图在传统的学科组或年级组之外建立起一种真正意义上的合作文化。在教师实践共同体中，教师的合作是教师之间齐心协力、同舟共济的表现，它是基于教师之间的开放民主、相互信赖、相互支持等所形成的一种关系形式；它不是外在行政压迫或强制性的合作，而是教师共同教育价值观念的必然产物，它源自教师个体的自我经验、个性倾向或相互之间背景文化的融洽吸收。其合作是真诚的、深入的、内在的，是参与共同体实践的教师自我选择的结果。

(三)教师实践共同体有利于提升教师实践反思和解决问题的能力

教师实践共同体中存在着两个层面的学习实践：一是群体意义上的实践，表现为共同体成员间的相互交流和经验共享；二是个体意义上的实践，表现为共同体成员在个体经验和个体特性的基础之上进行反思性的实践。这两个层面的实践是相辅相成的。群体层面上的实践开阔了个体实践的视野，通过对话、相互介入和合作，个体能够获得更多的经验，这为个体层面上的反思提供了更多的启发；个体的积极性反思就是将不同的观念和经验不断系统化的过程，通过这种系统化的过程，个体能够获得实践智慧的提升，在此基础上，个体通过与共同体成员再交流、再分享的过程，促使群体学习活动向着纵深和更高级的程度迈进。因而，这种反思、交流、再反思、再交流的机制构成了教师实践共同体学习的主要机制，正是在这种反复的交流和反思的过程中，教师专业能力得到了发展和提高。

（四）教师实践共同体有利于促进"新手教师"向"专家型教师"的转化

"合法边缘性参与"是实践共同体中的一个重要隐喻，高文曾对此有一个全面、具体的解释[8]：基于情境的学习者必须是共同体中的"合法"参与者，而不是被动的观察者，同时，他们的活动也应该在共同体工作的情境中进行。"边缘性"参与是指这样一个事实，即由于学习者是新手，他们不可能完全地参与所有的活动，而只能作为共同体某些活动的参与者。他们应该在参与部分活动的同时，通过对专家工作的观察、与同伴及专家的讨论来进行学习。

在教师实践共同体中，共同体成员认知能力不同，对学习目标或共同愿景的认知水平也不同。对于新手教师而言，观察和模仿专家型教师解决问题的方法是取得进步的重要渠道。通过与共同体中专家型教师和其他教师的经验交流、对话和分享活动，新手教师对共同愿景的理解程度不断加深，对所需解决的问题的认识不断深入，并逐步将其内化为具有个体性质的、相对稳定的实践智慧，在参与共同体实践的过程中，其"边缘性地位"不断向"中心地位"靠拢，直至对整个共同体活动"充分胜任"，参与教师从"初级学习者"转变为"专家学习者"、从"初级研究者"转变为"高级研究者"。

（五）教师实践共同体有利于提高教师专业发展的有效性和针对性

教师专业是一门实践的专业，教师的专业知识需要通过"学校之门"、"教师之门"和"课堂之门"，才能与学生接触。对于教师而言，教师的专业知识首先会受到学校层面已有的组织结构、工作任务、评价标准、办事规则等的"过滤"，受到学校组织文化的影响；其次，会受到教师个人经验、工作态度、对教育改革的态度等的影响，教师会产生选择性认知，同样的知识必然会引起教师不同的反应；最后，作为教育实践的第一线的课堂，更是教师对教育理念的理解和自身能力外化的场合，同时受到学生的影响，师生互动、共同发展的过程中不仅体现着教育理念，更是直接发生着现实的选择作用，从而使得教师专业发展的有效性和针对性大打折扣。

教师实践共同体则不然，它以教师的日常生活为学习环境，以具有现实意义的内容和问题为学习内容，教师从中学到情境性、个体性知识，进而提升实践智慧，增强应用知识的能力，增强解决课堂教学实践问题的能力。在教师实践共同体的学习中，教师确定学习更多是为了解决即时的教育问题，而不是为了达到过于远大且模糊的长期目标，通过寻求学习活动对于教师实践的当下意义，教师参与学习、乐于学习的积极性得以激发，其学习的有效性和针对性大大提高。

三、教师实践共同体的内部结构与外部支持

（一）教师实践共同体的内部结构

在实践共同体中，其规模的大小和成员的结构性并不是最主要的问题。教师实践共同体可大可小，可以是几个兴趣相同的教师围绕某个主题的学习而形成的，也可以是多数教师的集体性参与。在成员背景上，可以是同一学科的教师形成的专业发展小组，也可以由知识或生活背景具有明显差异的成员组成，如大学学者、校长、专家型教师、新手教师，进行项目或问题的协作学习。总之，其存在形式可以是多样的，其成员可以是多元的。

新手教师——这里的"新手教师"不是通常意义上所指的新教师，而是实践共同体中对学习者身份的一种隐喻，是针对实践共同体的目标和对所解决的问题的认知程度而言的，它不以教师的"年资背景"为基础，而以教师在共同体学习当中发挥的作用和表现为依据。通过实践共同体的学习，他们对共同体的愿景认知不断加深，对学习的内容不断深化，从而完成共同体中学习身份的转变，由"新手教师"转化为"专家型教师"。

专家型教师——这是与上文中"新手教师"相对应的一个概念。在实践共同体当中，在学习的开始阶段，专家型教师发挥着主导作用，他们对所解决的问题认识较深，体会更为深刻，同时在与新手教师的对话和交流中，他们也在不断反思的基础之上获得了新的认识。因此，在教师实践共同体中，所谓"新手教师"和"专家型教师"的身份是不断转化的，所有参与的教师都可以获得提高。

指导专家——一般是指来自大学的经验和知识丰富的学者，他们在教师实践共同体的作用发挥上是重要的，但是他们发挥作用的机制和方式却是不

同的。在教师实践共同体中，专家不是整个学习过程的主导者，而是整个活动过程的监控者，这种监控不作为评估的标准，而是为了配合整个实践共同体活动的顺利开展。他们不会主导共同体的进程，而是为教师的学习提供一种专业上的支持，在共同体活动陷入停滞或者困境中时，起到一个"脚手架"的作用，启发教师的思维。他们不直接教给教师解决问题的方法，而是鼓励教师不断地反思、不断地合作，形成自己的实践性知识，在教师需要帮助的时候，予以适当的点拨。

顾问——一般是指实践共同体的外部支持者。他们是学校行政组织和共同体之间的一种重要协调力量。在教师实践共同体当中，顾问并不直接参与到共同体对实践活动的讨论、交流当中，而是为教师实践共同体活动的开展提供支持性的条件。

(二)教师实践共同体的外部支持

教师实践共同体的建立需要得到学校行政层面的支持，中小学校的校长要转变观念，将教师的学习和专业成长视作学校管理工作的一项重要内容。学校不仅是教师发挥专业才能的舞台，也是教师持续获得专业成长的场所。学校组织机构需要为教师的专业发展整合资源、协调关系、沟通信息，为教师实践共同体的创建和运作创造支持性条件。教师实践共同体不具有行政组织的意义，它不是学校组织中的一个部门，而是根据问题解决或教师发展的需要而建立起来的一种促进教师专业发展的学习机制。它不具有强制性，也不具有考核或奖惩的意义，它以教师参与的自愿性为基础，以问题的解决为纽带，与学校的科研组、课题组、备课组有着本质的不同，它的结构是松散的，人员是流动的，是一种自发性的教师学习形态。

当然，在现有的条件和基础之下，教师的专业发展还不能够完全依靠教师的自主性和自发性，集体备课和集体教研的活动仍然是当前学校开展教师专业发展活动的主要形式。不少学校以安排好的项目研究活动为驱动，鼓励教师参加专业研究，促进教师专业水平的提升，其努力是值得肯定的。然而，对于实践共同体而言，这种以"项目任务"为驱动的专业发展形式不是学校外部支持的理想模式。如何将这种项目研究活动的开展，真正内化为教师的内在发展需求，进而达到教师的个人发展需求与学校组织目标的统一，从而建立起真正意义上的实践共同体？对这一问题的解决是教师实践共同体发挥出应有作用的关键所在。

［参考文献］

［1］陈向明. 实践性知识：教师专业发展的知识基础［J］. 北京大学教育评论，2003（1）：104-112.

［2］陈霞. 校本教师培训的特征与实施［J］. 中小学教师培训，2002（3）：8-11.

［3］［4］J. 莱夫，E. 温格. 情境学习：合法的边缘性参与［M］. 王文静，译. 上海：华东师范大学出版社，2004.

［5］Wenger，E. Communities of practice：learning，meaning，and identity［M］. Cambridge：Cambridge University Press，1998.

［6］石生莉. 教师实践知识研究［J］. 教育理论与实践，2005（5）：20-22.

［7］钟启泉，崔允漷，张华. 为了中华民族的复兴 为了每位学生的发展 《基础教育课程改革纲要（试行）》解读［M］. 上海：华东师范大学出版社，2001.

［8］高文. 情境学习与情境认知［J］. 教育发展研究，2001（8）：30-35.

（本文责任编辑：王俭）

（原载《教师教育研究》，2009 年第 2 期）

我国教师继续教育的回顾与展望

吴遵民，秦　洁，张松龄

（华东师范大学教育学系，上海 200062）

[摘要]教师继续教育是在现代教师培训的基础之上发展而来的专门致力于教师专业发展的新兴教育活动。我国的教师继续教育自 20 世纪 70 年代末开始发展。本文简要回顾了我国教师继续教育发展的历程以及现状，着重对我国教师继续教育存在的问题与弊端进行了分析，并在此基础上对我国教师继续教育的未来做出了展望。

[关键词]教师继续教育；现状与问题；未来展望

[中图分类号]G659.2　[文献标识码]A　[文章编号]1672-5905(2010)02-0001-08

A Review of Teachers' Continuing Education in China

Wu Zunmin，Qin Jie，Zhang Songling

（Department of Education，East China Normal University，Shanghai，200062，China）

Abstract：Based on the modern teacher training，teachers' continuing education has developed into an emerging educational activity which is devoted to the teacher professional development. In the 1970s，it began to develop in China. This paper makes a brief review of the developmental course of our country's teacher continuing education，makes an analysis of its problems，and looks forward to its future.

Keywords：teachers' continuing education，status quo and problem，prospect

[收稿日期] 2009-10-20

[作者简介]吴遵民，华东师范大学教育学系教授，博士生导师。主要研究方向为教育学原理、教育政策与立法、终身教育。

一、教师继续教育概念的简要界定

教师继续教育的概念是在教师在职培训的基础上发展而来的。1972 年，英国著名的《詹姆斯报告》（又称《师范教育和师资培训调查委员会的报告》）第一次将教师培养的过程划分为个人教育与职前教育、入门训练、在职教育与培训三个连续的阶段，由此确立了教师教育的连续化与终身化的发展方向。《詹姆斯报告》尤其将教师的在职教育与培训作为重点，并对开展教师在职教育与培训的时间与内容提出了一系列的建议。《詹姆斯报告》不仅促进了英国教师教育特别是教师职后继续教育的发展，而且也推动了国际教师教育理念的更新，引发了世界各国对教师职后继续教育的关注与重视。20 世纪八九十年代，随着成人教育、终身教育思潮的兴起，教师职后培训也被赋予了新的意义。之后，伴随着发达国家成人教育概念内涵的变革，其逐渐向着"继续教育""终身教育"的方向转换，而教师职后培训也向着"教师专业发展"及"教师继续教育"的趋势发展。笔者以为，新的名称更为正确而全面地反映了教师在职研修的内涵与外延，亦是终身教育理念在教师职后培训领域的具体体现和延伸。我国的教师继续教育目前已进入了全面发展的时期。本文将着重对"文化大革命"后我国教师继续教育的历史演变及现状做简要的回顾和梳理，在此基础上就教师继续教育的现存问题及未来展望进行分析并提出若干建议与对策。

二、我国教师继续教育发展的历史沿革

我国教师的继续教育一直是社会和教育变革的重要组成部分，因而也必然受到社会和教育变革的影响。按照教师具体培训目标的不同，我国教师继续教育的发展大致经历了三个不同的阶段。

（一）学历补偿教育时期（"文化大革命"后到 20 世纪 80 年代末）

由于"文化大革命"期间我国基础教育教师队伍受到了严重的破坏，一是原本业务能力强的教师或受到批判，或因政治因素的影响放弃了对学业的追求，二是"文化大革命"后新组建的教师队伍，又大部分为"文化大革命"期间的"工农兵学员"，因此专业水平普遍不高。有研究显示，当时我国小学教师的合格率为 47.1％，初中教师的合格率仅为 9.8％，高中教师合格率亦只为 45.9％。[1]因此，"文化大革命"结束后的头十年，我国教师继续教育的目标主要是针对师资队伍短缺以及教师素质低质量、低水平的现状，致力于提高教师的教育教学能力，并对广大在职教师进行学历型的补偿教育。当时采取的策略是，恢复师范院校的师范生教育，恢复或重建各级各类市区教育学院、教师进修学校以及高等师范院校的函授教育，并使其形成三级教师培训网络。

1977 年 12 月，教育部就中小学教师的培训工作做了重要部署，其中一项就是要求尽快建立和健全省、地、县的教师培训网络。培训网络自上而下包括教育学院、教师进修学校及教师培训站。1978 年 10 月，教育部在《关于加强和发展师范教育的意见》中进一步指出：要力争在三五年内经过有计划的培训，使现有文化业务水平较低的小学教师大多数达到中师毕业程度，初中教师在所教学科方面大多数达到师专毕业程度，高中教师在所教学科方面达到师范学院毕业程度。这使培训更具有针对性。教育部在 1980 年又确立了"教什么，学什么""缺什么，补什么"的培训原则。

1985 年，《中共中央关于教育体制改革的决定》（以下简称《决定》）出台，1986 年，《中华人民共和国义务教育法》（以下简称《义务教育法》）通过，由此，教师继续教育的发展更上了一个新的台阶。其重要的举措之一，是要促使教师培训向着标准化、专业化的方向迈进。比如，《决定》指出"只有具备合格学历或有考核合格证书的，才能担任教师"。而《义务教育法》则更具体地规定了中小学教师的任职学历标准。《决定》和《义务教育法》等政策文件的出台，为顺利推动教师学历的补偿教育提供了制度和法律上的保障，同时也使教师继续教育由"文化大革命"后的临时性、不健全性逐渐向常规化、规范化、终身化方向发展。

通过努力，到 1989 年年底，我国的初中教师达到高师专科学历的比例已从 1977 年的 9.8％上升到 41.3％，高中教师达到本科学历的比例已达到 43.5％，全国约有 30 万名中小学教师取得了教师专业合格证书。[2]

（二）由学历补偿向素质提升的时期（20 世纪 80 年代末至 90 年代末）

20 世纪 80 年代末至 90 年代末，是我国教师继续教育在政策理念与政策导向上逐步确立方向与地位的发展阶段。比如，在政策导向方面，通过 1990 年 10 月召开的全国中小学教师继续教育工作座谈会，以及在 1991 年 12 月出台的《国家教育委员会关于开展小学教师继续教育的意见》等文件的指引下，我国教师的继续教育不仅得到了蓬勃的发展，而且逐步进入由学历补偿向素质提升的重要发展阶段。

综上所述，随着教师学历补偿任务的逐渐完成以及教师文化水平的提高，教师培训的工作重心亦随之发生转移，进一步提高教师思想政治水平以及业务水平已成为新的发展目标。而传统上的教师在职培训也开始向教师继续教育的方向发展。其主要标志是1990年10月召开的全国中小学教师继续教育工作座谈会。会议特别对教师继续教育的概念进行了明确的界定，指出教师继续教育是指对已达到国家规定学历的教师进行以提高政治思想素质和教育教学能力为主要目标的培训，主要包括新教师见习培训，骨干教师培训和对部分骨干教师提高学历层次的培训。[3]这是我国首次从政府的层面对中小学教师继续教育的内涵进行的阐述。会议对教师继续教育的内容做出了具体规定，概括为三个一，即一话(普通话)、一画(黑板版面整洁)、一字(钢笔字、粉笔字、毛笔字扎实)的基本功训练，并以此作为教师继续教育的突破口。会议同时还发布了《全国中小学教师继续教育工作座谈会会议纪要》，并首次把继续教育的对象定位于全体教师。

此后，1991年12月出台的《国家教育委员会关于开展小学教师继续教育的意见》及1999年9月出台的《中小学教师继续教育规定》，相继对中小学教师继续教育的类型、教育教学机构与形式、教学时间及条件保障、行政管理和奖惩措施等做了具体规定，全国性的中小学教师继续教育工程由此拉开了帷幕。

(三)全面提升教师能力素质的时期(20世纪90年代末至今)

20世纪末，在全面推进素质教育和基础教育改革的大背景之下，我国教师继续教育又迈入了一个新的发展时期。这一阶段的主要特征是：从宏观的层面来看，我国已开始从国家战略的高度来关注继续教育，同时将教师继续教育与构建终身教育体系紧密地联系在了一起。再从微观的角度看，教师继续教育的内容更加关注教师的专业化发展，关注探索教师继续教育的多元模式，以及关注教师能力与素质的全面提升。

2002年11月，党的十六大报告再次强调要"加强职业教育和培训，发展继续教育，构建终身教育体系"。2004年8月，教育部师范教育司又颁布了《关于支持"全国中小学教师继续教育网"开展远程中小学教师非学历培训试点工作的通知》，提倡通过利用互联网而使中小学教师的继续教育更加便利、对象范围更加广泛，并着力探索新形势下教师继续教育的多种有效模式。

调查数据显示，截至 2007 年，我国普通小学、初中、高中专任教师学历合格率分别为 99.1％、97.18％、89.30％[4]，我国普通高中、初中、小学专任教师中具有研究生学历的分别为 25547 人、10759 人、2339 人，分别占到各类教师总人数的 1.77％、0.31％和 0.04％，而在 2001 年的相应比例仅为 0.63％，0.07％以及不足 0.01％①。由上可见，我国教师继续教育不仅得到了蓬勃的发展，而且还从整体上提升了我国教师队伍的学历水平和素质能力。一言以蔽之，教师继续教育已成为我国教育事业重要的有机组成部分，对提升教师队伍的整体素质亦发挥着越来越重要的积极作用。

三、我国教师继续教育的现状与问题

我国教师继续教育取得的成就有目共睹，但在具体的推进与实施的过程中仍然存在着不少问题，而这些问题若不予以积极解决，亦将阻碍我国教师继续教育持续发展的步伐。接下来，笔者即对此略作分析与探讨。

(一)对继续教育缺少正确的认识，功利化倾向严重

教师在职培训在我国是以学历和教学能力补偿为目的开始起步的，这在教师队伍学历和素质普遍偏低的状况下可谓是非常之举。但是发展至今，在国际社会均以全面提高教师综合素质为目的发展教师继续教育的趋势下，这种仍拘泥于学历教育而轻"素质内涵"的教育、仍重一次性教育而轻持续性发展的功利主义倾向，则易使对教师教育的理解步入误区。比如，部分教师对在职进修的积极性不高，或参加进修的教师陷入认识误区，他们只追求学历提升，而忽视个人的专业化发展。也有一些教师认为自己凭以往所受教育已完全能胜任常规教学，因而把接受继续教育看作可有可无的事情，并常常以各种借口拖延培训，态度亦不够认真。[5]甚至还有人认为教师继续教育只是一次性的在职培训，因而获取资格证书又成了唯一的追求。而还有不少学校领导对教师继续教育的工作不够重视，甚至认为在职教师外出培训既影响了本

---

① 2001 年高中、初中、小学专任教师分别为 840027 人、3348396 人、5797746 人，2007 年相应数据为 1443104 人、3464296 人、5612563 人。

校的教学安排，又增加了经费支出。以上种种模糊认识和消极的态度，都直接或间接地影响了教师继续教育工作的顺利开展。

上述问题的出现，还是与教师教育观念的陈旧有关。不少教师仍持有狭隘的教育思想，忽视时代变化的挑战，忽视知识更新的需要，因而跟不上知识经济时代的发展潮流。

(二)教师培训体系缺少制度性的规范

再就我国继续教育的制度建设而言，迄今为止，我国还没有制定一部专门的继续教育法，因而反映在具体实施层面，仍然体现出管理缺乏明确稳定的规范依据，现行管理体制混乱的特征。[6]一些教育行政部门对教师继续教育工作没有给予足够的支持和指导，只满足于传达上级精神，而不采取实际措施以保证教师完成高质量的培训任务。换言之，缺乏法律制度保障的教师继续教育存在很大的随意性与盲目性。[7]

此外还需注意的是，一些学校面临的经费短缺问题，亦已成为制约教师继续教育发展的瓶颈。比如，部分地区的中小学教师参加培训的经费得不到保证，有部分学校则规定进修费用由教师本人负担。一些经济不发达的地区甚至连教师工资都不能按时足额发放，因此教师培训更成了一件奢侈的事。[8]而以上涉及经费的问题，无疑亦影响了教师继续教育的持续推动。

(三)教师继续教育过程的随意性和盲目性

教师继续教育的实施过程中，还存在着培训内容空泛、教学缺乏实际应用性的问题。一些教师从繁忙的教学工作中抽出宝贵时间来接受培训，他们都期待能够借此机会提高自身的业务水平，并且希望学习到的理论知识能很好地指导自己的教学实践。但是，由于培训教材更新滞后，培训方法僵化单一，目前部分教师继续教育的内容不能反映时代的要求与广大教师的实际需要。尤其反映在课程设置方面，传统的"老三门"——教育学、心理学和学科教学法仍然一统天下，这对从事实际教育工作多年的教师来说不仅缺乏吸引力，而且其教学内容存在强烈的学科本位倾向，即单纯地注重知识补充和技能训练，对于教学实践中出现的一些具有规律性、根本性的教育本质问题，却少有精辟的解说，这样的培训无疑形同虚设，难以培养专家型的教师及形成高瞻远瞩的气魄。[9]

此外，教学过程忽视优化教师的知识结构，缺乏培养教师创造性的思维能力，而过于注重量化的知识标准，又使教师继续教育缺乏有效性与针对性。特别需要指出的是，一些在职培训不能很好地考虑在职教师的心理特点，往往采用以教授为主、以学术性灌输为内容、以机械记忆为方法的传统教学方式，这就使教师继续教育失去了活力与新意。

教师继续教育的过程中还存在着一定的盲目性。原本教师接受进修与培训，是希望在原有的知识能力和综合素质方面能有进一步的提高，包括职业道德的升华、专业知识的拓展及教学科研能力的提升等。然而在具体的实施过程中，培训机构却常常把培训的基础定位于知识本位，而不是教师专业发展，因而易使教师继续教育陷入一种周而复始、低层次重复的形式主义怪圈。

(四)教师培训群体结构比例的失调

我国中小学教师的继续教育虽早在 20 世纪七八十年代就已开始，但其存在的价值和意义却仍被社会质疑，持继续教育无用论的也不乏其人。这在经济欠发达和教育相对落后的地区表现尤为突出。[10]比如，城市教师继续教育的投入经费较为充足，培训机构也相对完善，教师参与的机会也明显多于农村地区。这样一种城乡学校之间、城乡教师之间的差距，使得教师参加培训的心态与积极性都出现了明显的不同。城市教师参与培训的积极性要明显高于农村教师，而农村中小学培训经费的短缺状况则更成为制约教师继续教育发展的重要因素。1999 年，教育部颁发的《中小学教师继续教育规定》曾要求"中小学教师继续教育经费以政府财政拨款为主，多渠道筹措，在地方教育事业费中专项列支"。但是，在目前"以县为主"的农村教育投入机制中，县财政收入能保证教师工资的发放已属不易，继续教育经费似成空中楼阁。[11]这样一种反映在城乡之间、经济发达与欠发达地区之间的教师继续教育的巨大差距，亦使我国教师整体培训体系呈现出结构比例失调的特征。

(五)各类教师继续教育机构资源整合不力

我国现阶段承担教师继续教育的机构主要有师范院校、教育学院和教师进修学校三类，其也分别代表了高、中、低三种不同的类型和层次。师范院校和教育学院曾在教师继续教育的学历补偿阶段做出过重要的贡献，现在依然发挥着作用。但教师进修学校却发展缓慢。一是其师资力量较为薄弱；二是培训科目单一；三是重复职前教育课程，少有针对性和前沿性。这就使得大量一线教师难以取得明显的进修效果。造成这一问题的原因，首先是各类培训机构之间的分工不明确，如对不同类型、不同层次的机构各自应承担怎样的培训任务，又应实现怎样的培训目的，没有明确规定。其次是各类培训机构之间少有沟通，资源整合不力，这就使得教师继续教育缺乏系统性和整体感。最后是盲目追求"高层次"、特殊化的培训，如一些师范院校热衷于举办各种名目繁多的"名校长班""名师班"等，而对基层培训机构的指导较少，这也造成了"倒金字塔形"的状况，即最大量、处于最一线、承担最繁忙的教育教学任务的教师得不到其需要的高质量进修机会，这种不平衡的状态亦将严重影响我国教师继续教育的发展。

四、我国教师继续教育的未来展望

如果说教师是教育的基础，那么对教师的教育则是基础中的基础。尤其是教师继续教育，它的有效和成功与否，关乎着教师知识和能力能否得到更新与提升。因而它被提到关乎国计民生基础工程的高度，也就可以理解了。换言之，为了使教师继续教育得到更为全面的重视和保障，我们必须坚持以上理念，才能使教师继续教育的作用得以真正的发挥。接下来，笔者针对我国教师继续教育的现状与问题，在对未来进行展望的同时，提出若干的建议与对策。

(一)转变观念，明确目标

众所周知，21世纪是终身学习的时代，知识更新速度加快，现代社会面临各种挑战，终身学习不仅成为一种可能，而且也成为一种必须。哈钦斯(Hutchins)在《学习社会》一书中指出："教育作为个人权利和国家需要的观念已被迅速接受。"[12]简言之，教育作为个体发展的一项基本权利以及国家得以发展的重要基础，这一观念目前已被世人所接受。

教师职业的特殊性决定了他既是"授业者"又是"学习者"。而处在一个变革的时期、一个人人都需终身学习的时代，教师的继续教育则更为重要。换言之，它不仅是教师知识更新以及不断适应现代社会发展和教育发展要求的重要途径，而且也是整个国家教育事业得以稳步发展的重要保证。因此，无论对于教师个人还是对于国家而言，这都是一件必须予以重视和贯彻落实的大事。终身学习强调人的继续教育的重要，其对于教师个人而言则更有着不可估量的意义。因此，我们首先要破除把教师继续教育看成单纯获取文凭的教育，同时也要改变过去"一劳永逸"式的传统学习方式。那种认为职前的师范教育就是教师教育的全部，或者认为拿到了规定的相应学位就代表专业学习的终结的看法都已不能适应时代发展的要求。其次需要端正的是学习动机，因为最为根本的是要将学习从一种外在的压力变成一种自身的需求，变成一种内在的动力，这就需要改变因行政压力而学习的状态，改变把接受继续教育看作完成外在强制性任务的错误认识。需确立的正确观念是：接受教师继续教育应是自身的责任，是一种应该努力争取和珍视的学习权利；教师参与继续教育不是单纯为了取得一张文凭，而是为了个人职业素质的提升。简言之，转变对继续教育持有的功利化价值观念，提高教师个人对继续教育的认识，应是教师继续教育良好发展的基础。

(二)建立规范化、法制化的制度

仅仅有教师观念的转化显然是不够的，在教师个体有了教育需求以后，还需要一系列配套制度的规范乃至法律的保证，才能从根本上将教师继续教育的工作落到实处。

在这一方面，国外的经验值得借鉴。法国政府自 1972 年起，即将中小学教师在职培训纳入师资培养体系，还制定了《继续教育法》。这是世界上第一个为在职教师的培训立法的国家。法国的《继续教育法》规定中小学教师每年有权享有两周的学习进修假，在一生的教师生涯中，还可累计获取两年的带薪学习休假。[13]而日本则在 1949 年制定的《教育公务员特例法》中设专章规定教师进修制度，实施继续教育。

从以上举措来看，健全的教师教育立法有利于教师继续教育的具体实施，同时有利于保障教师接受继续教育的权利。就我国的现状而言，虽在 1993 年就制定了《中华人民共和国教师法》，但对于在职培训只有泛泛的规定。因此，当务之急是完善现有的教师继续教育制度，在此基础上再进一步修订《中华人民共和国教师法》，其中有关教师带薪学习休假制度建立的设想，应明确写入法律条款。

(三)建立长效的激励保障机制

我国教师继续教育存在的问题还表现为两个方面的失衡：一是骨干教师和校长参与在职进修的机会较多，而一般教师参加系统性培训的机会较少；二是城市教师参加在职进修的机会多，而农村教师参加在职培训的机会少。

这种失衡乃至有失公平现象的产生，其主要原因有以下几个方面。普通教师的工作强度大，一线教师的课时任务紧，参加在职培训往往会影响教学工作，而对可以顶替的代课教师又有严格规定和限制。师资力量相对薄弱的农村地区更因缺师少教，而使在职进修几成奢望。除了时间的因素外，缺少培训经费也是一个重要的原因。在一些贫困地区，有些学校连向教师按时足额发放工资尚且不能保证，就更谈不上保障教师接受继续教育以更新知识和教育理念了。

因此，首先，应尽快建立和健全教师继续教育的保障和激励机制，以学习权保障的形式确立教师接受继续教育的理念。与此同时，通过教师带薪学习休假制度的建立来给予最低限度的保证。其次，要加大教师继续教育的经费投入，特别是加强农村地区教师继续教育的经费投入。所产生的费用可由政府、学校和个人三方共同承担。其中，政府投入应占主要比例。最后，针对部分教师缺乏继续教育参与热情的现状，相关部门应采取一定的激励措施，如将教师参加培训的状况与工资、职称挂钩。近来正在进行的教师绩效工资的改革，就可考虑直接与之挂钩。

(四)教师教育一体化网络的构建

有学者指出，我国的教师培养系统和培训系统分离导致优势不能互补、优质资源不能共享，显然不利于教师终身学习和职业发展。[14]换言之，教师培养和培训系统的条块分割，造成了教师职前与职后培养缺乏整体性与融通性，其结果是培训内容重复、资源浪费。因而，建立教师的职前、在职一体化教育网络，以使各种培训机构与培训内容互相衔接、相互融通，最终形成一个纵横交错的教师教育网络与体系势在必行。

与此同时，开展教师继续教育也不可忽视发挥中小学自身的作用。除了把教师"送出去"培训，亦可把专家学者"引进来""坐堂把脉"，还可开展突出本校特色的校本培训。换言之，教师继续教育也可在"一体化"的框架之下采取多元化、多样化的形式，这样不仅可以节省培训开支，而且也可以使一线教师通过相互听课、共同研讨的"做中学"方式来实现专业水平的提高。此举的更大意义还在于，它将有助于改变中小学长期以来只处于教师继续教育的消费者地位的状况，从而更加积极与主动地投身于教师的继续培养和培训的过程中去，最终真正构建起以师范院校和其他举办教师教育的高校为主体，以高水平大学为核心，区域教师学习与资源中心为服务支撑，职前职后教育一体化，学历教育和非学历教育相沟通，共建共享优质教育资源，覆盖全国城乡的教师教育网络体系，提高教师培训的质量水平。

（五）有效质量监控机制的建立

针对教师继续教育存在的内容重复、质量不高的问题，还可通过以下方面来完善。

1. 内容贴近课堂，重视教师参与

教师继续教育面对的是一线教师，他们不同于接受职前教育的毫无教育教学经验的学生。换言之，这些教师都是有备而来的、带着问题而来的，他们参加进修的目的也在于希望通过学习来解决现实的问题。由此，培训的内容应不同于师范教育的理论性、学术性和系统性，而要做到学术性和实践性的融通与结合，做到理论为实践服务。而且来自不同区域、处于不同年龄阶段的教师参加培训亦往往有着不同的需求与期盼，如何重视不同教师的个性学习需求，并且针对不同要求的教师授以不同层次、不同类别的教育内容，以避免"一刀切"情况的产生，亦是使培训更具针对性和个体性的重要方面。解决这一问题的有效方法是，开展对教师学习意愿的调查。

2. 重视继续教育师资的培养

当前承担教师继续教育的机构主要是根据学校自身的师资状况来安排培训教师的，因而随意性很大，参与培训的师资水平也参差不齐，缺少严格的资格基准。国外的一些经验值得借鉴。比如，德国师资培训机构的专职教师，必须要有 10 年以上的教学经验，并要在理论上有较深的造诣，在理论界有一定的知名度，如此方可具备专职教师的聘任资格；英国向中小学教师提供培训的主要机构有大学教育学院或教育系、高等教育学院、开放大学、教师中学、皇家督学团、教育部与教育当局，而教师资格审查权和证书发放权均在教育与技能部[15]。

鉴于此，我国也应加快完善培训教师资格的认证制度和采用基准，以规范培训教师的队伍，保证教师继续教育的质量。笔者以为，培训教师不一定非要有专家学者的头衔，他们也可以是具有丰富实践经验的基层教师；认证的标准也可分为偏实践型和偏理论型两种；对于培训教师的资格认证，应设置独立的机构，制定规范的标准，并予以严格把关和定期审查。

3. 完善教师继续教育的评价机制

参与教师培训后往往会进行一定的考核，以判断是否达标。这是对教师一

阶段学习情况的综合评定，理应非常重要。但现实的状况是，教师在职培训的评价体系常常没有严格的标准，评价方式也非常单一，往往组织一次形式上的考试或上交一篇作业就草草了事。针对这一现象，笔者认为应建立一个多维度的、适合成人学习特点的评价体系。有学者指出可以将以下三种方式结合起来：①表现性评价，指对学员的除书面考试成绩以外的表现进行评价，如平时作业表现、对真实情境问题的解决，依靠培训教师的专业判断对学员的学习效果进行整体判断；②档案袋评价，具体是将参训教师具有代表性的作业样品收集到一个档案袋中，将其作为判断学员学习情况的一个方面，培训教师可据此来了解学员学习进步的情况；③自我评价，与前两种评价相比，这种评价完全由学员自己做出，具体的方式是采用问卷和访谈的形式对学员的学习情况进行一个较为全面的深入调查。[16]这样的做法也有利于立体地了解学员学习的真实状况，并及时调整培训内容。总之，为了全面而深入地推动教师继续教育工作的实施，教育理论界亦需进一步加大理论研究的力度。我国现阶段的研究主要集中在教师继续教育的课程设置、培训模式等方面，而立法保障、一体化框架的设置、师资资质的认证等方面还处于相对薄弱的状态，这是今后需要继续努力的方向。

[参考文献]

[1] 郭景扬. 教师继续教育研究[M]. 徐州：中国矿业大学出版社，2001.

[2][3] 时伟. 当代教师继续教育论[M]. 合肥：安徽教育出版社，2004.

[4]《中国教育年鉴》编辑部. 中国教育年鉴(2008)[M]. 北京：人民教育出版社，2008.

[5] 姜楠. 论高校教师继续教育问题[J]. 改革与开放，2009(5)：180.

[6] 彭萍. 对高校教师继续教育问题的分析与研究[J]. 辽宁行政学院学报，2007(8)：187-188.

[7] 魏景. 高校教师继续教育的问题与对策[J]. 继续教育研究，2009(6)：1-2.

[8] 常瑞卿. 关于中小学教师继续教育问题的探讨[J]. 泰山乡镇企业职工大学学报，2007(3)：36-37.

[9] 赵庆云. 新课改视野中的中学教师继续教育问题与对策的探讨[J]. 继续教育研究，2006(5)：20-22.

[10] 杨文娴，钱歆红，傅令章. 昌吉州小学教师继续教育：问题与对策[J]. 昌吉学院学报，2002(1)：56-61.

[11] 朱晓东，郭飞翔. 农村中学教师继续教育问题与对策[J]. 继续教育研究，2008(10)：6-8.

［12］Hutchins，R. M. The learning society［M］. New York：Fred Erick A. Praeger Publishers，1968.

［13］梅新林. 聚焦中国教师教育［M］. 北京：中国社会科学出版社，2008.

［14］管培俊. 关于教师教育改革发展的十个观点［J］. 教师教育研究，2004(4)：3-7.

［15］张琳. 我国中小学在职教师培训存在的问题与思考［D］. 济南：山东师范大学，2005.

［16］王俊明. 新时期中小学教师继续教育培训的几点思考［J］. 当代教育论坛，2005(4)：46-47.

（本文责任编辑：王俭）

（原载《教师教育研究》，2010 年第 2 期）

论"国培计划"的价值①

朱旭东

(教育部普通高校人文社会科学重点研究基地北京师范大学教师教育研究中心，北京 100875)

[摘要]"国培计划"是为落实《国家中长期教育改革与发展规划纲要(2010—2020年)》而实施的第一个重大项目。本文首先分析了它的国家公共价值、社会价值、教师专业发展价值。其次指出了影响"国培计划"价值有效实现的教师培训体系的问题，具体表现为：传统教师培训体系瓦解，现代教师培训体系重建迟缓，不能满足教育发展的需要；传统补偿式课程体系过时，项目制课程体系的专业化水平不高。文章最后提出了实现"国培计划"价值的改进建议。

[关键词]国培计划；价值

[中图分类号]G650　[文献标识码]A　[文章编号]1672-5905(2010)06-0003-06

On the Value of the National Training Plan

Zhu Xudong

(Center for Teacher Education Research of Beijing Normal University，Key Research Institute of Humanities and Social Sciences for Universities，Ministry of Education，Beijing，100875，China)

Abstract：National Training Plan is the first important program to implement the education planning outline. The article analyses the national public values，social values and teacher professional development values. It points out the problems such as disintegration of the traditional dependent system of teacher training，slowing reconstruction of the system of modern teacher training，

[收稿日期]2010-11-02

[作者简介]朱旭东，北京师范大学教师教育研究所所长、教授，教育学博士，主要研究方向为比较教育、外国教育史、教师教育。

①"国培计划"是"中小学教师国家级培训计划"的简称。

dissatisfaction of the educational development，obsolete system of traditional system of compensation curriculum，low levels of the professional program-based curriculum system. It finally gives the improvement suggestions for realizing the value of the National Training Plan.

Keywords：National Training Plan，value

一、问题提出

中国自 2009 年开始提出国家级培训政策，中央政府投入了大量专项资金保障这项政策的顺利实施，由此形成了一个政策话语，即"国培计划"，它是一个具有国家形象的品牌，并且是为落实《国家中长期教育改革和发展规划纲要（2010—2020 年）》（以下简称《教育规划纲要》）而实施的第一个重大项目。[1]可见政府对教师队伍建设的重视和此项目自身的重要性。但鉴于我国地域辽阔，地区差异性大，教师队伍的数量和质量也存在较大差异，如何实施以省为单位的"国培计划"是一个需要思考和研究的问题；同时，本人在有限地参与"国培计划"的过程中也看到了一些问题，这些问题使"国培计划"的价值不能得到有效体现，培训有效性不足在一定程度上是由于具体到一个培训机构的项目设计存在内在逻辑不一致性，需求与目标之间没有建立有效的逻辑关系，项目培训目标与培训课程之间也没有明确的一一对应关系……出现这些问题的原因是多方面的，如教师因为三个月时间找不到置换教师而无法正常按时参加培训，教师培训积极性不高，小学低、中、高年级的长期固定化教学使教师对培训内容无法获得共鸣而产生厌倦心理，还有培训的针对性、实效性不强，培训机构的开放度、竞争性不够，优秀培训资源不足与资源浪费并存，学用脱节与学风不正等。为此，本文提出的研究问题是："国培计划"的价值有哪些？"国培计划"的价值得不到有效实现的原因何在？为了更好地实现"国培计划"的价值，可以提出哪些政策建议？本文将对这些问题进行回答。

二、"国培计划"的价值表现

从本质上说，"国培计划"是中国政府在教师队伍建设上提出的一项重大政策，教师队伍建设会涉及教师培养、入职、发展的内容，这些内容与教师待遇、资格、招聘、任用、薪酬、流动、社会福利等密切相关，但就教师个体来说，如何发展是一个核心问题，在当前国家社会转型和经济发展水平地区差异巨大的现实背景下，在政府的集中管理体制下提出这项政策具有重要的多元价值。

（一）价值

在讨论"国培计划"的价值之前，我们首先需要理解价值的意义。所谓价值，是一个产生和存在于主客体之间的关系范畴。任何事物（客体）是否有价值以及有何种价值，都是相对于一定主体而言的，都是以主体尺度为尺度的。在这里，"国培计划"的价值是一个产生和存在于教师、政府主客体之间的关系范畴，相对于教师而言，它一定是以教师尺度为尺度的。同时，价值不是事物的存在本身，而是事物对人的意义。事物的存在本身是不以人的意志为转移的，但一个事物的价值却是因人而异的，也就是说，同一个事物对不同的人有不同的意义，这也是客观存在的。因此，价值既是一种客观状态，也是一种主观反映，价值是指人的价值关系状态，而价值观念是对这一客观状态的主观认识或表达。就"国培计划"而言，其价值是指对教师的意义，但也因教师的不同而有差异，这就决定了"国培计划"对教师具有不同的意义。既然价值是关系范畴，不是实体范畴，也不是某事物固有的属性，那么只有在相互作用中，价值才能被正确理解。价值是一事物对另一事物的积极效应，换句话说，价值就是在主客体对象性活动中的客体主体化，客体对主体的积极效应，促进主体生存、发展、完善，使主体特别是使人类社会更美好。因此，只有在与教师的相互作用中，"国培计划"的价值才能被正确理解。

当然，从价值的类型上来看，"国培计划"主要体现教师发展的价值，尽管它需要体现出功利价值。所谓功利是指功用、功效、利益，指使用价值或实用价值，具有实用性。显然，"国培计划"也具有这种功利价值，体现在它的公共价值上。

（二）"国培计划"的国家公共价值：公共性和权威性

在理解了价值概念的基础上，本文提出"国培计划"首先要实现其公共价值。实现"国培计划"的公共价值根本上是一个为什么需要"国培计划"的问题。这实际上涉及政府的职能。通常，政府除了致力于共同体建设和国家建设、安全和秩序、保护财产权和其他权利、促进经济增长外，还有维护社会正义、保护弱者的职能。显然，"国培计划"作为政府的一项政策也必须致力于这些职能的完成，而直接的职能在于维护社会正义。政府必须通过对财富和其他资源进行再分配，从而促进社会正义。从"国培计划"来说，它是在农村地区教师培训长期得不到保证时的一种培训资源公平分配的政策。"国培计划"表明了国家对教师队伍建设的重视，反映了教师教育的核心价值理念，也就是强国必先强教，强教必先强师，教师队伍在强国兴教中起重要作用。"国培计划"从属性上说是政治的，而政治又是人类的决策。显然，"国培计划"是一项政策，反过来说，政策需要决策，于是它具有政治性，所以它是中国政府的政治决策。由于政治决策具有公共性和权威性，因此，"国培计划"同样具有公共性和权威性。

1."国培计划"的公共性

在学术领域，公共性总是与私人性相对并联系在一起的。"国培计划"不是私人性的，不是教师个体的福利，更不是承担培训任务的机构的营利来源，它是实现公共价值的国家政治决策。为此，在选拔受训对象时必须与公共价值联系在一起，或以公共价值为依据。公共性意味着"国培计划"的公益性、公平性和正义性，培训机构不能通过"国培计划"来营利。

2."国培计划"的权威性

权威意味着授予某些个体或团体正式权力，以期他们的决策能得到尊重和贯彻。对于"国培计划"，政府授予哪些培训机构以培训的权力，从而使这些机构尊重和贯彻这项决策，是一个重大问题。这就意味着从机构、培训人员、受训对象到培训过程以及培训评价都必须"权威"。在政治中，权威和强制联系在一起，也就是说，为了确保决策的贯彻执行，有时需要运用强力，即强制。为了实现"国培计划"的公共价值，必须运用权威和强制。[2]

"国培计划"的公共价值决定了其必须满足公共需要，这些需要有显性的，也有隐性的。显性需要是指政策（尤其是一项重大政策）的普遍效果，而隐性需要是指要对公共纳税人负责，这种庞大的公共经费的使用是由公共事业的需要决定的，这种需要就是纳税人需要有质量的公共服务，也就是高质量的教师队伍，这也是由《教育规划纲要》中明确提出的"提高质量"的战略目标决定的，它是培训机构的一种社会责任。

（三）"国培计划"的社会价值

"国培计划"的公共价值体现了政府决策的功利性，但任何一项政策的提出都必须基于一定的现实背景。当前中国政府提出"国培计划"无疑具有我国教师队伍建设的现实基础，因此明显地体现出"国培计划"的社会价值，这种社会价值具有教育内外部的广泛性。

第一，提高中小学教师特别是农村教师队伍的整体素质。通过"国培计划"提高中小学教师特别是农村教师队伍的整体素质是第一个现实价值。为此，"国培计划"专设了"农村骨干教师培训项目"，并且通过学科培训、班主任培训、紧缺学科教师培训来实现这种价值。

第二，推进均衡发展，促进基础教育改革，提高教育质量。通过"国培计划"，提高教师整体素质，尤其是农村教师素质，保障教师人力资源的有效配置，实现提高教育质量、教育公平的国家战略目标。

第三，旨在发挥示范引领、"雪中送炭"和促进改革的作用。"国培计划"是一个"骨干"培训项目，它是在教师已经成为骨干的基础上增量，而不是在通过"国培计划"成为骨干上增量。因此，"国培计划"的培训能够起到示范引领的作用。示范引领体现在两个方面：一是接受培训的骨干教师为没有参加"国培计划"培训的教师提供示范，二是"国培计划"培训为省级以下培训提供示范。

第四，培训一批"种子"教师，推进素质教育和教师培训。"国培计划"相当于一台"种子"机，它要使接受培训的教师成为"种子"教师，成为推进素质教育的主力军，这也满足了国家提出的要着力培养优秀教师和教育家的需要。

第五，开发教师培训优质资源，创新教师培训模式和方法，推动全国大规模中小学教师培训的开展。"国培计划"是教师培训项目的大规模的开发计划，它最终势必会促使一大批优质培训资源产生，并且在培训的模式和方法的创新上得到突破，从而起到推动全国大规模中小学教师培训开展的重要作用。

第六，重点支持中西部农村教师培训，引导和鼓励地方完善教师培训。"国培计划"与师范生免费教育的价值趋向存在着一致性，也就是通过"国培计划"的西部农村骨干教师和班主任的培训项目，从政策上重点支持中西部农村教师培训，从而起到引导和鼓励地方教师培训制度、体制、内容、方法等的完善和创新的作用。

第七，促进教师教育改革，推动高等师范院校面向基础教育、服务基础教育。"国培计划"明确提出要鼓励师范大学、高水平综合大学参与，从而促进教师教育模式的改革，尤其是师范院校的教师教育一体化改革，更重要的是增强其面向基础教育、服务基础教育的能力。

第八，提供一批优质培训课程教学资源。"国培计划"不是单纯地对教师进行培训，它还会创造一批优质培训课程教学资源，通过生成、互动、研讨、观摩等多种形式形成教师实践性知识，从而积累鲜活的、优质的教师培训的教学资源。

(四)"国培计划"的教师专业发展价值

前面在理解价值的时候，我们一再强调"国培计划"对于教师的价值，其实质就是对于教师专业发展的价值。问题是教师专业发展包含十分丰富的内容，在时间不等、培训方式各异的"国培计划"项目中，如何实现教师专业发展的价值？在本文看来，无论哪种方式的教师培训，培训内容都是由项目设计者和专家提供的预设知识构成的，因此，教师认知能力上获得提高就意味着实现了培训的目标。当然，如果通过研讨、观摩等方式来组织教师培训，那么有可能会对教师行为的改变或改善起到促进作用。

第一，教师认知能力的提高。由于"国培计划"的受训对象是骨干教师，虽然骨干教师具有校级、区县级、省市级之分，但至少是具有发展潜质的教师，是具有非常丰富的教学经验的教师。通过"国培计划"，一定要提高他们的认知能力，这是"国培计划"项目设计中必须解决的问题。问题是如何提高教师的认知能力？为此，需要在"国培计划"的项目实施中建构教师的认知能力结构。[①]

第二，教师行为的改变或改善。因"国培计划"项目不同，教师接受培训的时间长短也不同。如何在有限的时间之内通过培训改善他们的专业行为，也是一个非常重要的问题。行为是一种基于环境的有意义的行动，它体现在操作、工作、劳动的诸层面，因而，教师行为是在课堂环境中促进学生学习

① 什么是专业化教师？对于这个问题，我想通过一个故事来回答。每次给全国各地不同的教师做报告的时候，我都会向在场教师提出一个问题，即他认为他所在学校或所在班级的学生的学习有什么特点？老师们普遍地回答，所在学校的学生的学习具有勤奋、刻苦、认真等好的特点，但也会说具有懒惰、眼界窄、死记硬背等不好的特点。这样的答案，非教学专业人员也能够说出来，缺乏专业性，是经验的看法。但如果是专业化教师来回答这样的问题，那么一定会运用专业知识，如从学习兴趣、学习注意力、学习态度、学习情感等方面来回答。问题是如何运用这些专业知识来回答？显然要通过教师教育形成有效地运用这些专业知识的能力，并且必须借助一定的方法，如观察、调查等，用数据来表达。因此，培训要提升教师的专业认知能力。

的一种行动。然而，如何通过"国培计划"改变或改善教师行为？这也是"国培计划"项目设计需要解决的一个重要问题。我们通过大量的课堂观察可以发现一个有兴趣的现象，那就是，每个教师都会有基于自身特点的教学行为，经过一定阶段的专业发展会形成一种"程式"或"惯习"，有时这些"惯习"并非都具有积极作用，但要想改变也并非易事。因此，教师培训要能够在这种教学行为的改变或改善上起作用。

第三，教师教育教学实践能力的提升。"国培计划"最终的价值在于帮助教师树立面向全体学生、促进学生全面发展的教育观念，帮助教师提高服务国家、服务人民的社会责任感，培养勇于探索的创新精神及善于解决问题的实践能力。

第四，教师基本专业素养的提高。"国培计划"需要面对复杂的、新出现的教育现实，也需要面对因地区性差异而提出的需求，从而提高教师应对复杂问题的基本专业素养，如理解特殊群体(进城务工人员子女、农村留守儿童等)的素养是教师特别需要的。通过"国培计划"，教师会对复杂的社会问题产生一定的了解，从而形成有效应对这些复杂问题的能力。

三、影响"国培计划"价值有效实现的教师培训体系的问题

实现"国培计划"的价值是需要一个有效而庞大的教师培训体系作为支撑的。我国一直以来都有一个相对独立的教师培训体系，但这个体系出现了一些问题，具体表现在以下方面。

第一，传统教师培训体系瓦解，现代教师培训体系重建迟缓，不能满足教育发展的需要。传统教师培训体系是一个封闭的、独立的、分段式的体系。封闭的体系是指由省级教育学院、地市级教育学院和县区级进修学校构成的不受外来干预的，并且具有行政级别的、教师只能选择的体系；独立的体系是指在封闭的体系的条件下，教师培训的资源、经费、人员等有专门的来源，有独立的预算的体系；分段式的体系是指教师分别在自下而上的机构中接受培训的体系。传统教师培训体系为教师的学历补偿和提升起到了积极的作用，在中国教师整体的学历水平提高上产生了重要影响。但随着学历补偿任务的完成，尤其是高等学校介入学历提升的工作，以及对基础教育质量的要求不断提高，这种独立的教师培训体系逐渐瓦解。瓦解的主要表现是省级教育学院，甚至地市级教育学院在院校合并调整过程中走进了历史，成为历史的记忆。因而，教师培

训体系迈入重建的进程，但这种进程迟缓，不能满足教育发展的需要。

第二，传统补偿式课程体系过时，项目制课程体系的专业化水平不高。培训体系既是培训机构的构成，也是培训项目的设计系统。当前传统教师培训，尤其是大学内部继续教育式培训体现了如下特征。

①培训人员的"雇佣"特征。由于培训机构相对独立于知识体系之外，即使在大学内部，它也仅仅是一个组织机构，而不是教师培训知识的生产者，因而在实施培训过程中只能"雇佣"其他院系的教师教育者来主持其预设的课程讲座，培训机构进行付费。这显然是一种"雇佣"的关系，其效率是被质疑的。

②受训对象的"福利"特征。接受培训既是一种权利，也是一种义务，还是一种责任，但在培训经费不断增长的背景下，外出接受培训成为一种"福利"。中国地域辽阔，优质培训资源相对集中，因而培训机会往往被视为教师的一种"福利"。

③培训项目的"旅游"特征。与"福利"特征相关的是培训项目的"旅游"特征，培训和旅游的结合成为当前教师培训的一种普遍模式。这种模式也不是完全没有价值的，但往往会陷入一种"水土不服"的尴尬的局面。比如，在北京接受培训，但北京的培训机构设置的培训课程以及聘请的专家不一定适合受训对象的需要。

④培训课程的"预设"特征。与以上所有培训特征相关的是培训课程的"预设"特征。有时课程表是培训机构提供的，尽管也会得到受训对象的认可；有时课程表是根据讲座专家的安排设定的，它也是"预设"的，尽管这种课程对于扩大接受培训的教师的知识面、视野等会起到积极作用。但走出培训课堂，培训内容很容易"烟消云散"，回到自己的课堂，教师又重走老路。为此，需要培训课堂转变为"生成"模式。

⑤培训评价的"单一"特征。培训机构对授课教师会采取"测量"式评价，尽管这种"测量"式评价是由受训教师来完成的，但这种评价的逻辑往往是从单一的教的方面来建立的，而缺乏对教师专业逻辑的建构以及对接受培训教师的关注，没有从受训教师的角度去评价。培训的有效性最终要通过对受训教师在认识或行为上的改变的评价来衡量，但几乎所有的评价都缺乏对受训教师的学习效果的评价。

以上这些特征在一定程度制约着整个培训体系的有效性，尽管这个体系为促进中国教师专业发展做出过巨大贡献。随着教育发展水平的不断提升，对教师质量提出的要求也越来越高，传统的教师培训体系也随之发生了变化。但在"国培计划"实施的过程中，这种传统的教师培训体系仍在发挥作用，甚至制约着"国培计划"的有效实施。为此，我们需要思考教师培训体系变革的问题，以实现"国培计划"的价值。

四、实现"国培计划"价值的改进建议

前面我们阐述了"国培计划"的价值以及教师培训体系存在的问题。基于这样的认识，本文提出实现"国培计划"价值的改进建议。

（一）建立"国培计划"的机构标准

"国培计划"实施中存在两种倾向，一是培训机会的平均主义倾向，二是培训机构的竞争主义倾向。"国培计划"明确提出，不管是集中培训还是远程培训，不管是院校还是远程教育平台都要实行招投标机制。各省要按照教育部、财政部下发的招标指南和招标流程要求规范招标，通过竞争机制，遴选最好的资源实施培训。"国培计划"在实施过程中选择哪些培训机构是一个敏感问题。参加投标的培训机构是否真正实现了淘汰制？从已经承担培训任务的机构来看，让所有师范院校，无论专科院校还是本科院校都承担培训任务是一种参加投标的平均主义倾向，而问题是：这些院校都有能力承担培训任务吗？其实这是一个培训机构的资质问题。用什么标准来判断某个机构具有培训资质呢？为此，需要建立实施"国培计划"的机构标准。"国培计划"实施过程中推荐的远程教育机构首先应是通过资质认定的，没有资质不准用，这是基本的门槛要求。

（二）重建高校"国培计划"实施体系

"国培计划"的实施机构主体是高等院校，这已成趋势，但高校内部承担教师培训任务的机构在整个培训体系发生变革的过程中并没有动摇，而高校内部的结构已然发生巨大变化，补偿性、以学历提升为主的继续教育机构并没有在这种变革中提升教师培训的能力。前面提到的特征依然存在，作为受训对象的教师对具有这些特征的机构的质量提出了疑义。更重要的是培训专业化无法体现，因为专业化的一个重要前提是研究和开发，教师培训项目的研究和开发是走向专业化的必由之路，但这些机构更多是管理机构。

(三)注重"国培计划"项目设计评审的专业逻辑

实施"国培计划"的重要步骤是组织专家对申报"国培计划"的项目进行专业评审。谁是专家?专家需要什么资格?在评审中如何贯彻"国培计划"项目设计的专业逻辑?在本文看来,需要建立以下的专业逻辑关系。

1. 专业发展的培训内容逻辑建构

这个逻辑包括两个方面,一是学科专业逻辑,二是教学作为一个专业的逻辑。从学科专业逻辑来看,学科教师培训是基于学科知识的逻辑来建构的,因此要实现通过对教师学科专业需求的满足来设置培训课程。从教师教育的基本原理的角度来看,专业伦理(道德、信念)、专业知识(学科知识和教育知识)和专业能力(学科技能和教学技能)是任何教师教育项目必须遵循的三大内容。专业伦理无论在农村骨干教师培训项目中,还是在班主任培训项目中都是首要的内容;而专业知识因项目不同,侧重面也不同,但必须明确对其内容的规定,按知识的逻辑,如描述性知识、理解性知识、生成性知识,来建构项目中课程的结构和内容;最重要但也最不容易做到的是专业能力,如何通过"国培计划"项目提升教师的专业能力是最需要解决的问题。

2. 培训需求与培训目标之间的逻辑关系

任何培训项目都以需求为导向,"国培计划"项目也不例外。需求显然来自教师,包括农村骨干教师和班主任。但如何获得教师对"国培计划"项目的需求,这是要做调查的,而"国培计划"是由各省市来执行的,于是需求又具有地方性差异。为此,任何"国培计划"项目都应该有一个需求认证。建立在需求认证基础上的培训目标才是科学的,培训效果才是可预期的。

3. 培训目标与培训内容(常表现为课程、讲座形式)之间的逻辑关系

这种关系涉及是由专家设置课程讲座,还是由目标设置课程的问题。在需求认证基础上设定的培训目标将决定培训内容。其实,"国培计划"实施过程中存在着培训目标与培训内容之间的不一致问题。以某省的培训者及管理人员培训项目为例,其设计的课程主要包括以下几个讲座,即"课程改革十年:回顾与展望""新课程课堂教学评价改革""如何提升研修活动的品质——反思教师教育者的工作""校本有效课程开发""深入学习领会规划纲要精神扎实推动教育事业科学发展""从'控制'到'支持':教师培训管理变革",其中有两个讲座涉及教师培训,而其他的讲座并不是培训者和管理人员直接需要的内容。问题在于,培训者和管理人员的需求是什么?本文认为,当前培训者及管理人员最需要的是如何设计有效的教师培训项目，这就涉及教师培训项目设计的方法论问题。比如，如何做需求调查？培训项目设计的理论基础如何确定？培训项目评估的方法有哪些？以上这些讲座与培训项目设计的方法论无关。那么，培训者会在"国培计划"中获得何种专业知识和能力呢？

4. 培训内容和培训方法之间的逻辑关系

任何教师培训项目最终都将通过培训内容的确定以及相应课程的安排来实现其培训目标，满足受训教师的需求，"国培计划"也不例外。但如果培训过程中的方法或策略没有效果，一切都将付之阙如，因此，教师培训内容和培训方法之间需要建立一种专业的逻辑关系。通过对相关"国培计划"项目的分析，我们在培养内容与方法之间的专业逻辑关系建构上还需要做进一步的明确，应当在每一门课或每一个单元的后面标明用何种策略或方法进行培训，如个体学习、学习者创建的案例讨论、案例教学、班级讨论、合作小组学习等。

5. 培训目标与培训评价之间的逻辑关系

任何培训项目都会涉及培训评价的问题，这种评价是基于培训项目设定的目标而开展的。比如，如果有三个目标，那么就应该有针对三个目标的评价指标。它们之间应该具有合理的逻辑关系，这种关系同样是专业逻辑关系。"国培计划"执行过程中至少涉及三个评价：一是国家委托一个中介机构对整个"国培计划"的评价，二是受训教师对接受的培训项目的评价，三是培训项目的自我评价。

6. 培训内容与实践之间的逻辑关系

"国培计划"普遍地关注到了实践问题，也就是通过开展公开课活动①，使授课教师和受训教师之间实现互动，体现了培训内容与实践之间的关系。但我们也注意到，公开课与培训项目的内容的整体关联性并没有得到很好的建立，这可能与培训项目设计中没有理论基础有关。从逻辑上看，培训内容应该是以一定的理论为前提的。然而在实践中，如何把讲座中的理论或从项目理论基础中参透的思想转变成为课堂行为？因此，必须增强教师培训内容与实践之间的逻辑关系，从而实现"国培计划"赋予的真正从理论转化为实践的价值。

---

① 公开课既让授课教师上，也让受训教师上。这是一种双向互动的培训实践活动。

(四)实施"国培计划"质量评估

每次"国培计划"结束后，有关部门应当递交一份"国培计划"实施结果报告。"国培计划"需要打造成一个具有国家形象的教师培训项目，它必须对国家负责，必须对纳税人负责，必须对公众负责，必须对没有机会受培训的教师负责；同时它一定会受到国际关注，或者会成为国际教师教育界研究的对象。因此，"国培计划"应通过评估向社会公开结果。

(五)防止"国培计划"可能带来的地方政府在教师培训上的责任缺位

"国培计划"是一个由中央政府提供经费的教师培训项目，它是一个由省级政府实施的项目。值得注意的是，不能因"国培计划"而使省级政府或地方政府减少对教师培训的责任。

[参考文献]

[1] 管培俊. 努力建设高素质专业化教师队伍[N]. 中国教育报，2010-08-11.
[2] 加布里埃尔·A. 阿尔蒙德，拉塞尔·J. 多尔顿，小 G. 宾厄姆·鲍威尔，等. 当代比较政治学：世界视野[M]. 杨红伟，吴新叶，方卿，等译. 第八版更新版. 上海：上海人民出版社，2010.

（本文责任编辑：刘东敏）

（原载《教师教育研究》，2010 年第 6 期）

走向以"情"为根基的教师专业发展

王凤英，柳海民

（东北师范大学教育科学学院，吉林长春 130024）

[摘要]当今时代的教师专业发展不仅需要专业知识、教育性知识和实践能力这些技术"硬件"，而且应有统摄技术选择和应用的理性和情感。情感是教师专业发展之基础、纽带、承诺、动力和境界。教师的情感培育有别于知识教育。教师需要深刻认识情感与认知的和谐互动关系，在教育教学实践的打磨中，通过科学的反思提升情感。

[关键词]教师情感；情感培育；教师专业发展

[中图分类号]G650　[文献标识码]A　[文章编号]1672-5905(2012)03-0022-04

Teachers' Professional Development Rooted in "Emotion"

Wang Fengying，Liu Haimin

（School of Educational Science，Northeast Normal University，Changchun，
Jilin，130024，China）

Abstract：In the current era，teachers' professional development requires not only the technical "hardwares" such as expertise，educational knowledge and practical ability，but also the rationality and emotion of commanding the selection and application of these techniques. Teachers' emotion is the foundation，link，commitment，power and state of their professional development. Its cultivation is different from knowledge education. Teachers need to deeply understand the harmonious interaction between emotion and cognition，

[收稿日期]2012-02-25

[基金项目]黑龙江省教育厅人文社会科学研究面上项目(12512150)研究成果之一

[作者简介]王凤英，哈尔滨师范大学社会历史学院副教授，东北师范大学博士研究生，主要研究方向为教育基本理论、俄罗斯教育教学。

and heighten the emotion through scientific reflection in their career of education and teaching practice.

Keywords：teachers' emotion，emotion cultivation，teachers' professional development

一、教师专业发展之情感的呼唤

一直以来，在教师专业发展问题上，人们将目光更多地聚焦在教师专业知识的拓展和教育性知识的应用上，强调如何通过培养教师的教育教学技能促进教师实践性知识的增长和教学水平的提高。教师专业主义的技术层面得到了强调，而不是职业道德层面——也就是支撑教师职业感和专业主义理想的个人使命和价值承诺[1]，教师专业发展内含的情感要素被忽略。早在古希腊时期，苏格拉底批驳诡辩家时就提出了这样的观点：除非专业技术知识能够牢固地建立在清晰的道德观念上，否则，再多的专业技术知识也不足以建立起人类事物的正确顺序。[2]专业知识和技术的单维支撑不足以全面正确地解读教师专业发展的内涵。

对科学技术主义的崇拜是当下教师教育、教师专业发展的主要问题。在科学技术主义精细的框架勾勒下，成为一名技术娴熟的专家已经成为教师的集体无意识。教师被打造成听命于技术评价的工匠，教师专业化的目的是要把教师培训为按照标准操作的工作机器，虽然教师专业化的专业理论表面上以教师的专业化扬弃了教师的工匠化。[3]教师专业化口号下的教师教育更为关注的是熟练应用教育程序，而非教育所要达到的塑造人的内在品质之目的。这是当今教师专业发展中无法回避的问题。笔者认为，当下教师专业发展不仅需要技术，而且应有统摄技术选择和应用的理性和情感。教师之所以为教师，是因为教师的工作对象不是器物而是人。一名优秀的教师，除恪守必要的职业规范外，还必须真正认识到教师的职业本质是创造人的精神生命。只有肩负创造人的精神生命的使命，摒弃技术工匠对工作对象不需情感关照的比照，教师职业的非理性本质才不会淹没在科学技术主义中。只有当教师达到对职业的高度认同后，教师才能不再单纯地将目光聚焦于固定知识的传授，而是聚焦于学生和自我发展的未来，进而发展学生和自我的精神生命。追求创新教育的过程同时也是教师职业成长的过程，这种创新过程必定以情感为依托。在康德看来，情感是一种判断的能力，是联结知性和理性的一种特殊的能力。[4]教师对职业本质的正确判断来源于联结知识和理性的职业情感。职业情感的不断培养和醇厚的过程，也是教师不断走向成熟的过程。教师不应是无情无义的工作机器，其使命不仅包括传递知识，而且包括与受教育者共赴知识的海洋，一同去探寻精神生命的发展。

"以情感人"为根基的教育是我国的优良传统和教育特色。儒家哲学把情感提到一个十分重要的高度，认为人首先是情感的存在，离开了情感，教育就难以进行。中国传统的价值判断标准更重"情"的滋养。自古至今，"情"始终是中国文化一以贯之的主导因素，也是中国教育发展的内在主线。在教师专业发展中，强调专业知识、教育性知识和实践能力的重要地位是必要的，但忽略了职业情感先行发展的教育就难以与学生碰撞出火花，难以使课堂焕发出生命的活力，更难以体现"以人为本"的教育理念。有学者指出，在我国目前的教育现实中，"关注知识的教育甚于关注情感的教育"[5]。因此，我们需要把情感培育作为教师专业发展的首要内容予以高度关注。

二、教师情感之价值意蕴

要对教师专业发展做完整的理解，而不仅仅囿于科学技术的视角，就不能回避情感层面。只有情感才能充当人的内在尺度，才是教育走向创造、实现价值理性的根据。[6]在哲学研究中，情感被看作人类一种特殊的思维方式，其本质就是人脑对于价值的主观反映。综合教师职业的特殊性以及对情感的释义，本文认为，教师情感是指教师基于对教师职业的认同以及教育工作是否满足自己的需要而产生的内心体验和感受，并由此而外显的情绪表现。本文所说的教师情感特指正向、积极的情感。教师专业发展视域下教师情感的价值内涵是一种多角度的表达，主要从以下五个层面来理解与考察。

(一)情感是教师专业发展之基础

教师专业发展作为当前我国有效提升中小学教师教育教学质量的重要途径，在现实语境下，被一些教师认识为知识和技能等"硬实力"的发展。然而，忽略情感这一"软实力"，先行的教师专业发展容易走向苍白无力、工具化的表层发展，失去情感的支撑还有可能窄化教师专业发展的精神品格，其所带来的后果是教育本质的疏离和教育目的的短视。情感是教师专业发展的前提和基础。鲁迅说：教育是植根于爱的。作为一名教师，最根本也是最重要的，就是要有一颗爱心。这种情感首先表现为教师要发自内心地认可、喜欢自己所从事的职业。这种喜欢，已不再是简单意义上的喜欢，而是热爱、执着。热爱能创造奇迹，执着能获得成功。教师对专业发展的追求和志向则以热爱当前所从事的教育教学工作为前提，以顽强的意志和自觉的发展为基础，追求个人专业发展，以促进教育教学能力的提升。这种情感体验能从内心深处激发教师潜力，为教师拓展知识面、提高教学技能增添无穷的动力。在现实的教育教学岗位上，许多优秀教师以其高尚的价值追求和良好的情感能力获得学生的认可，他们把对学生、对工作的爱全部融入课下专业发展和课上知识的传授活动中，并取得了非凡的效果。

(二)情感是教师专业发展之纽带

如果把教师专业发展看作由教师的态度、价值与行为活动两方面构成的主观、客观二维体，那么，我们可以把教师专业发展分为"外专业发展"和"内专业发展"。"外专业发展"指的是专业知识的拓展和专业技能的提高过程，对教师专业发展的态度和价值认同则代表了"内专业发展"。众所周知，"知""情""意""行"四要素在人的行为发展中相互促进和影响，其中，"情"在"知"向"行"的转化中起着重要的联结和推动作用。情感作为基本的价值判断，推动着教师由"内专业发展"转向"外专业发展"。这种情感是教师在教育教学实践中伴随着内心的体验而产生的，反过来又体现出教师是否自觉落实专业发展观的态度。积极的"内专业发展"促使教师主动认知和接受"自上而下"的教师专业发展观，积极落实专业发展行动，实现教师专业发展由"被动"到"主动"的转变。此外，情感还能促进认识的升华，使教师专业发展成为教师稳定而长久持续的行为习惯以致贯穿职业生涯。

(三)情感是教师专业发展之承诺

对教师而言，教育教学过程和日常生活密不可分。在现实的生活和工作中，每一位教师总会遇到这样或那样的困难、烦恼、挫折甚至打击，这一切都可能动摇教师已经建立起来的积极情感。但是，当教师深深地意识到肩膀上承担的那一份沉甸甸的责任并恪守自己的承诺时，这份责任和承诺就会化作推进教师专业发展的动力，教师就会在职业行为中表现出高度的自觉性和主动性，用优秀教师的标准来要求自己，遇到困难不退缩、不轻言放弃，在专业发展中勇往直前、不断开拓进取，在教育教学中敢于担当，使教师专业发展成为一种永恒。教师内心深处那份对教育的承诺能够支撑教师战胜各种困难，坚守教育阵地。"就算学校剩下一个孩子听课，我也会照常上课。"这样一句朴素但掷地有声的承诺让教师胡炳林战胜了各种各样的困难和挫折，扎根大山 28 年，对大山里的孩子们不离不弃，将纯真、持久、深厚的爱渗透在言传身教中。这一句承诺是一份沉甸甸的责任，让胡老师放弃物质追求，将自己一生的精力和满腔的热忱全部倾洒在孩子们身上。

（四）情感是教师专业发展之动力

列宁说：没有"人的感情"，就从来没有也不可能有人对于真理的追求。人是理性的动物，也是情感的动物，除了需要制度的刚性规约外，还需要情感的关照。教师专业发展需要情感的支持，才能获得更内在的驱动力量。教师专业发展的终极价值在于通过促进教师自我提高来培养全面发展的学生。而情感作为人的活动的一种原动力，能够以其动力系统的优势，打开教师专业发展价值理性的大门。热爱教育工作、热爱学生是教师情感的本质体现和首要前提。没有深藏于心底的对教育工作的爱，没有宽厚的情感，教师专业发展就缺少了最为珍贵的灵魂的依托与引领。情感能使教师专业发展由被动走向主动，使教师专业发展拥有生命活力，让教育充满力量。如果教师本身缺少情感光芒的照耀，这样的教师专业发展就是"无人"的"发展"、被动的"发展"，就会失去"发展"应有的意义和价值。

（五）情感是教师专业发展之境界

中国传统哲学认为人首先是情感的存在，理性化的情感体现着人具有的情操、精神境界。"有境界，则自成高格。"情感作为人的精神世界的一个维度，具有自我超越性，即追求对自我的超越，使自己成为自觉的人、自为的人。本文认为，真正的教师专业发展，应该在追求专业发展水平的自觉提高，即在为学生的成长和成功感到喜悦的同时，主动提升个人的事业境界和人生高度，追求在个人成长过程中感受人生快乐。"自觉提高"意味着教师专业发展更多的是发自内心的要求和行动，即育人者先自育。情感是"内心的要求和行动"的出发点和最终的落脚点。有"情"的教师专业发展兼有爱的博大和理性的自知；有"情"的教师专业发展展现的不仅仅是娴熟的教学技能和宽厚的专业知识底蕴，更是职业道德与职业良心的高度统一；有"情"的教师专业发展不仅关心"发展"的手段，更关心"发展"的意义和价值。因为，情感的作用，追根溯源，在于支持作为个体人的教师的成长，支持教师从内心深处体验教育生活的真正意义，支持教师积极地利用情感这一"无声胜有声"的力量对学生施以人文精神的关怀。这样的教师专业发展实现了教师的自我提升，使教育真正面向对生命的关怀，使教育回归向善的育人本性。

三、教师情感培育之思考

教师情感是鲜活的、富有生命力的东西。教师在专业发展中倾注的情感往往是微妙的，带有明显的个体差异性。因此，情感培育有别于知识教育，它是教师内心的旅程，需要从以下三个方面来思考。

（一）知与情的互动：情感培育的前提

认知是情感的基础，教师只有对职业有正确深刻的认识，才会对其产生深厚的情感。这种认识，主要表现在三个层面上。首先，教师要深刻认识到教师职业的社会价值，认识到其在人的发展以及国家、社会、人类的发展中具有的重要地位和作用。其次，教师要善于用辩证和发展的观点分析教师职业的苦与乐、得与失。教师职业和社会上的其他职业一样是平凡的，但是教师劳动产生的社会价值是巨大的；教师职业带来的物质待遇不高，但桃李满天下却能带给教师无尽的职业成就感，使其精神富足；教师形象是高尚的，"人类灵魂工程师"的美誉是任何职业都无法拥有的。最后，教师应正确看待和善于化解生活与工作中的各种挫折，提高自身修养，这样有利于稳定、巩固和提升良好的职业情感，缩小职业理想与现实的差距。所以，一个教师只有对自己的职业性质、意义、作用、价值有深刻全面的认识，才会对自己从事的工作充满深厚的感情，对个人的专业发展有较高的自信心。反过来，健康而高尚的情感有利于教师教育教学工作的开展和个人的专业发展。

（二）理论与实践的融会：情感培育的根本

培育教师良好情感不仅仅通过理论培训这种"外铄"的方式进行，在理论基础指导下的教育教学实践也是其重要土壤。情由心生，人们只有在对事物深入了解的基础上才会产生情感。因此，一个教师只有经过多年教育教学实践的打磨，才会真真切切地体会到教育教学工作和专业发展的意义与价值，获得一种超越物质需求的精神满足感和自豪感。脱离教育教学实践的情感培育只是一种理论上的口号和文字上的说教，情感培育必须立足于教育教学实践。那么，教师如何在实践中培育和提升情感？首先，情感来自师生的互动。教师的一言一行都渗透着情感，对学生的成长产生重要影响。一方面，一个热爱生活、热爱工作、热爱学生、努力提高自我的教师能够带给学生积极向上的阳光理念，教给学生做人、做事的道理，教会学生健康成长；另一方面，学生的成长和进步是教师最大的期待和收获，是对教师工作的最大肯定，也将进一步激发教师的工作热情。其次，情感来自教师之间的互动。一个团结向上、互帮互助的教师集体能够营造浓浓的学习氛围，使每一位身在其中的教师感受到情的温暖，这种温暖能够转化为一种强大的力量感染和推动着教师主动提升自我。

（三）行动与反思的统整：情感培育的核心

在当今的教育现实下，教师每天面对的繁重而琐碎的教育教学任务以及升学压力致使教师很少对专业发展做整体的思考和反省。美国心理学家波斯纳提出了教师成长模式，即成长＝经验＋反思。反思是教师对自己的教育教学行为进行评价、对教育教学经验进行梳理、对教育教学效果进行全面而深刻的审视和分析的过程。反思是教师自觉提升专业素养的重要途径。科学的反思是教师成长的内在核心，体现了教师发展的个体性特征；科学的反思也是教师专业发展的内推力，它能够使教师个体的专业发展更具有规划性、合理性，能够使教师发现新问题，从而更加明确专业发展的目标和方向。不仅要反思教师个体专业发展中知识、教育教学技能的不足之处，积累经验，更要反思教师专业发展是否遵循了教育发展规律。教师在努力做好教育教学工作的同时应学会主动反思，形成反思习惯，提升反思能力，加强反省和批判意识，通过行动、反思、创新、行动的循环促进良性专业发展，从而走向以情为根基的专业发展，实现从普通教师成长为专家型、学者型的优秀教师，使教师的专业发展具有不断拓展的空间，永远充满人文主义的生命活力。正如有学者指出，真正的教师专业发展应当包含人文主义、建构主义的精神。所谓人文主义，乃强调个人尊严、价值及自我实现的能力，承认一个完整的人既有认知能力也有情感面向。[7]

[参考文献]

[1] 艾弗·F. 古德森. 专业知识与教师职业生涯[M]. 刘丽丽，译. 北京：北京师范大学出版社，2007.

[2] 弗兰克·M. 弗拉纳根. 最伟大的教育家：从苏格拉底到杜威[M]. 卢立涛，安传达，译. 上海：华东师范大学出版社，2009.

[3] 高伟. 回归智慧，回归生活——教师教育哲学研究[M]. 北京：教育科学出版社，2010.

[4] 卢春红. 情感与时间——康德共通感问题研究[M]. 上海：上海三联书店，2007.

[5] 王坤庆. 教育哲学——一种哲学价值论视角的研究[M]. 武汉：华中师范大学出版社，2006.

[6] 朱小蔓. 情感教育论纲[M]. 北京：人民出版社，2007.

[7] 赵明仁. 教学反思与教师专业发展——新课程改革中的案例研究[M]. 北京：北京师范大学出版社，2009.

（本文责任编辑：江东）

（原载《教师教育研究》，2012 年第 3 期）

论教师专业精神的内涵

张华军，朱旭东

（教育部普通高校人文社会科学重点研究基地北京师范大学教师教育研究中心，

北京 100875）

[摘要]本文针对目前教师评价中过多注重教师业绩而忽略教师内在精神的问题，提出了教师专业精神的概念，认为教师专业精神是体现优秀教师素养的重要方面。专业精神具有内隐特性。本文试图通过构建教师专业精神的三个发展层次，即教师认同、教师美德和教师使命感，对教师专业精神的内涵做出阐释，旨在理解教师工作的丰富性和挖掘教师发展的内在动因，探索教师在其专业发展生涯中自我完善的可能性和方法。

[关键词]教师专业精神；教师认同；教师美德；教师使命感

[中图分类号]G650　[文献标识码]A　[文章编号]1672-5905(2012)03-0001-10

On the Conception of Teachers' Professional Spirit

Zhang Huajun，Zhu Xudong

（Center for Teacher Education Research of Beijing Normal University，Key Research Institute of Humanities and Social Sciences for Universities，Ministry of Education，Beijing，100875，China）

Abstract：In response to the current issue of excessive emphasize on teacher performance and neglect the intrinsic spirit of teachers in teacher evaluation，this article proposes the concept of teachers' professional spirit and believes that teachers' professional spirit is an important aspect that reflects the quality of excellent teachers. Professional spirit has implicit characteristics. This arti-

---

[收稿日期] 2012-04-02

[基金项目] 教育部人文社会科学重点研究基地项目基金资助(10JJD880003)

[作者简介] 张华军，北京师范大学讲师，主要研究方向为教师教育和教育哲学。

cle attempts to explain the connotation of teachers' professional spirit by constructing three levels of development, namely teacher identity, teacher virtue, and teacher mission. The aim is to understand the richness of teacher work, explore the internal motivation of teacher development, and explore the possibility and methods of self-improvement for teachers in their professional development career.

Keywords：teachers' professional spirit, teacher identity, teacher virtue, teacher mission

一、问题提出

众多对教师专业化的研究中，往往对教师的知识、技能和态度着力较多，而对更为深层的教师内在情感、认同和自我实现没有足够的关注。本文试图通过对教师认同、教师美德和教师使命感三个层次的阐述，以教师专业精神这个概念来统领这三个层次。通过对教师专业精神的阐释，我们试图理解教师工作的丰富性和挖掘教师发展的内在动因，探索教师在其专业发展生涯中自我完善的可能性和方法。

本文提出的研究问题是：如何定义和建构教师专业精神？优秀教师的特质需要多方位的阐释，而不能仅仅停留在业绩、表现等看得见的方面。我们认为，在面对种种教学困境时，教师并不仅仅依赖专业知识来解决问题，还有一个重要的方面是教师的内在精神力量。因为教学作为专业性工作的特点在于，其对象为不断成长、变化的学生，教师需要面对诸多未知的、不可测的因素，教师具有的专业精神可以帮助教师以理性、专业、道德的视角解决教学中的问题，帮助学生成长。如何定义和建构教师专业精神？这是本文的核心问题。但本文并不准备对教师专业精神进行"应然"的描述并给出一个确定的定义，这样做既不切实际，也没有实际意义。但是，为了对教师专业精神做出进一步研究，对其内涵的阐释又是必需的。

二、教师专业精神概念的建构

在这部分，我们首先对精神的概念做一个基本的阐释；其次，我们对"教师专业"进行界定，并且指出教学作为一种专业道德实践的本质，即教学本身就是具有道德性的实践，教学的道德性并不需要通过外在的道德规定实现。明确这一点是阐释教师专业精神的前提，因为教师只有认识到教学本身的道德性，才可能生发出内在的专业精神。

（一）精神的概念

"精神"一词在英文中为 spirit，在牛津大词典的解释中，精神包含了一切区别于肉体的心智、感觉和个性气质等。由于西方文化中尚智的传统，即崇尚理性、逻辑等可以言说的人类活动，"精神"往往和宗教联系起来，带有神秘主义的倾向，"精神性"主要表现为宗教的内心生活。[1]近几十年以来，西方哲学界后现代的转向，才慢慢把非科学的或者不是完全可以言说的人类活动纳入哲学和社会科学的视野。中国文化传统中没有"科学—宗教"的二元对立，特别是在儒家传统中，"精神"一直以来都被认为是日常生活中的组成部分，是"为人、为学"的功夫，它摆脱了宗教的神秘色彩，被认为是处世立人之修养的结果。钱穆在《灵魂与心》中更是直接指出精神是理性的产物。[2]中国传统文化语境下，"精神"具有更为包容的向度，包含了理性、情感和道德的各个要素。其中，"道德性应看作是人类精神性发展的核心标志，它在精神系统里起统摄、支架性的作用"。道德的发展是人的情感进入价值观的内化阶段之后的稳定阶段，道德的发展建立在情感交往的基础上，成为精神发展的重要方面。[3]

所以，精神作为理性的产物，是具有主体性的个体对自我、工作对象、工作实践本身的感知、反思、理解以及行动上的调整，这种理解进而扩展到对和自己没有直接关系的他人、对更广泛意义上的生命和宇宙存在，即儒家所指的推己及人的"人文关怀"。精神的本质在于具有主体性的个体的感悟、反思、体察、探索和实践，这些活动既有理性的因素，也包含强烈的道德和情感因素，个体的"精神"则在这些活动中得到外显。对教师来说，在具有了自主的反思和探究之后，其精神的独特性便通过教学活动显现出来。但是，抽象地谈论教师精神并没有意义，因为精神的独特性决定了其在具体情境和不同个体身上有不同的外显形式。比如，教师 A 的敬业精神可能表现为对学生的严厉管教，而教师 B 的敬业精神可能表现为花大量的时间进行备课。但是，要称得上教师的专业精神，教师 A 和教师 B 都需要对自己的行为有持续的理性反思，以保证自己的行为是有利于学生智力、道德、情感等各方面发展而不是起到阻碍作用的。

(二)教师专业的概念

对教师专业的概念界定需要解决两个问题：第一，为什么教师是专业性的职业？第二，为什么教学作为教师的专业实践是教师专业精神发展的前提？以下就这两个问题分别展开论述。

1. 教师作为专业性的职业

关于教师是不是一种专业性的职业，一直以来饱受争议。很多人认为，教师并不具有像医生或律师那样的专业身份，进入教师行业并不需要像进入医生或律师行业那样经过长期、严格的训练，教师的知识也不像医生或者律师的知识那样具有专业性。所谓的专业知识，即没有专业身份的人不具备的特殊的知识。于是，教育界曾掀起"教师专业化"的热潮：一方面，旨在提高教师的专业地位；另一方面，旨在为教师作为一门专门化的职业提出正当性，为教师赋权。1974年，霍伊(Hoyle)提出"专业主义"(professionalism)和"专业性"(professionality)两个概念来区分和探讨教学与专业之间关系的不同含义。"专业主义"用来表示为提高本职业的社会地位、收入和改善工作条件所采取的策略和手段，而实现这一目标的过程被称为"专业化"(professionalization)。此外，把教师在教学过程中运用的知识、技能以及程序，用"专业性"这个概念概括。[4]对这两个概念的区分有助于我们理解教师职业具有专业性，但教师职业的专业化还需要一个过程。经过教育学者长期的研究，我们对教师职业的专门性和特殊性有了更深的理解。

众多教育学者坚持教师的专业地位，在理论和实践的层面均为提升教师的专业化而努力，如舒尔曼提出专业的教师需要具备知识基础来保证教师教学的专业性[5]。同时，也有学者提出警示，教师的专业化并不仅仅是教师履行功能上进行知识传递的角色。教师的专业化要避免过度强调教师的专业知识而忽略教师相对于医生、律师等其他专业行业的特殊性，教师的教学需要重视教师与学生的情感交流和道德自觉。[6]

芬斯特马赫(Fenstermacher)在对教师专业性的讨论中，更是直接指出了教师专业性研究中的缺失，即过度强调教师知识和教学技巧的独特性和专有性，而忽略了教师作为一种专业所具有的道德层面的独特性。他认为，教师工作对象和工作性质的独特性需要教师具有的道德感也跟普通意义上的职业道德要求不同，教师具有的道德精神才是教师体现其独特的专业性之所在。

他进一步阐明了与医生、律师等其他专业相比，教师专业具有的独特性的具体表现。第一，其他专业的知识具有独有性，只由行业者占有，如医生诊断的知识并不和病人共享，医生具有权威性；而在教学中，教师的任务之一在于通过一定的教学方式和教学技巧与教学对象（学生）共享知识，达到知识传递的目的。第二，医生或律师为了保持其专业身份往往并不涉入对象（病人或受代理人）的个人生活；而教师则必须尽可能全方面地了解对象（学生）生活的各个方面，通过包括家长会、家访、面谈、观察等各种方式了解学生的性格、个性、习惯及成长经历等，以和学生在教学中进行有效沟通并制订适当的指导计划。第三，在医生或律师行业，往往其对象（病人或受代理人）并不干涉医生或律师的专业决策，对象处在相对被动、服从的状态，只需要听从安排即可；而教师和学生之间则需要双方的持续努力，如果学生并没有主动学习的意愿，没有学习的实际行动，那么教师单方面的教学依然是无效的。[7]

综上所述，芬斯特马赫提出，因为教师行业和其他行业的不同，教师的工作对象是健康、独立但不成熟的个体，所以，教师的专业性和其他行业的专业性存在实质性的不同。教师的专业性不能仅仅通过教师知识或技能的专业性来体现，教师的专业性必须回到对教学本身的理解，即回到教学的德性中来。在继承杜威思想的基础上，芬斯特马赫一方面认可教师需要具有专门的知识基础，但另一方面认为，教师的专业性体现在教师在教学过程中投入智力、情感以提升教学本身的质量上，即教学作为一项促进人的发展的专业本身所具有的道德因素是教师专业性的基本特点，教学本身具有独立于外在目的的道德性。

2. 教师专业性的特点：教学作为教师的专业道德实践

在西方的研究文献中，对教师专业精神的讨论往往从教师道德切入。在教师知识一统教师研究的领域的具体语境下，一些学者提出，尽管教师知识对于教师专业发展非常关键，但是，教师的专业发展、优秀教师的培养不应该仅仅关注教师知识。他们认为，如果忽略了非知识层面对教师的影响，那么我们将不能真正理解教师的教学工作，也不能理解教师这一专业的特性。教师道德又集中体现为教师教学中的道德性，教师教学作为道德的实践是教师专业精神发展的前提。汉森（Hansen）对目前西方教师教学中的道德研究做了非常详尽的文献梳理，讨论了这个领域研究的主要成果。[8]他最突出的观点是：教学本身具有的道德性并不在于教学带来的结果，如学生成绩的提高，尽管学生成绩的提高是高品质的教学带来的结果之一。教学的道德性在于教学这个专业本身的特性，即教学天然地需要导向善。正是因为教学本身的道德性，所以教师的知识、价值、态度、信念、性情等这些教师具有的带有中性色彩的"认同"，即本文所说的教师专业精神的第一个层次，才会导向善的一面，演变成教师的专业美德，即本文所说的教师专业精神的第二个层次，并通过具体的教学行为体现出来。也就是说，教师专业精神的体现出于教师对教学本身的理解和追求，而不是出于其他外在的规定。

倡导教学本身具有的道德性为有关教师专业精神的讨论提供了依据，就是说，我们必须承认教师并不仅仅只是一份一般意义上的职业，而是带有内在的道德倾向，即促使人在心智、情感各个方面从不成熟状态走向成熟状态，而这种道德感是通过教师对教学的理解、对学生的理解和对教学内容的理解实现的，是教师在教学实践中内在生发出的德性，包括责任、关心、奉献、求真、创新，等等。这些德性并不能穷尽，也无须穷尽，重要的是我们需要理解教学作为一种复杂的专业所需要的智力的和情感的投入，这种投入本身会带来教师专业精神的实现。所以，教学这一专业实践的完成本身就包含着道德的实践，这种道德是内生的，不是外在的规定。

正是教学的这一特点，为我们讨论教师的专业精神提供了前提和基础，因为教师的专业精神区别于教师的伦理规范，并不能通过外界的规定产生，教师的专业精神只有在教师认识到教学本身所具有的内在德性之后才会出现。这个观点的重要性在于，它澄清了教师专业性的特点：教学不只是一种知识传递的手段，教师只有注重教学过程中的投入和对教学本身的热爱，讨论教师的专业精神才有意义，教师的专业精神先天带有非功利的色彩。

三、教师专业精神的三个发展层次

我们提出教师专业精神的概念，其立足点就在于认为教师的专业精神是教师的理性、道德和审美情感通过教学实践过程的集中体现，三者融为一体、不可分割。在接下来的讨论中，我们基于这一立足点，尝试提出教师专业精神的三个发展层次，以更好地理解教师专业精神发展的可能性和内在变化过程。

通过分析现有教师研究中已经做出解释的一些相关概念，我们把教师专业精神的内涵分为三个层次（见图1），旨在体现教师专业精神的动态发展过程和逐步推进的精神境界。当然，教师专业精神的发展并不是自动发生的，我们展现的教师专业精神的三个发展层次也不必然成立，教师专业精神的发展还需要基于各种外部条件的支持和教师持续的自我完善，这将是在后续研究中我们会重点关注的问题。

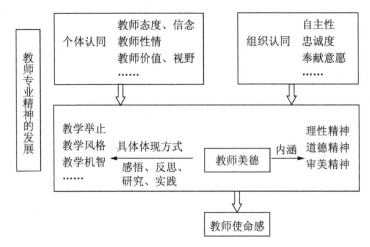

图1　教师专业精神的内涵构建

在教师专业精神的三个发展层次中，首先，教师专业精神发展需要教师对其职业具有认同感。这种认同既包括个体认同，即认同自我所从事职业的价值；还包括组织认同，即认同自我和组织之间的职业关系。

其次，教师的专业精神发展进入第二个层次时，因为已经获得了专业认同，而教师专业的道德性使得教师在第二个层次的实践必然带上道德的色彩，教师的专业精神具体体现为教师在专业实践中的种种美德。我们把这些美德分为理性精神、道德精神和审美精神，但需要再次强调的是，三者并没有截然的区分，往往相互包容、互不可缺，只是为了论述的方便而在这里进行了区分。如上所述，教师的专业精神具有不同的体现形式，并具有内隐性，它只能通过教师的教学实践，如教学方式、教学风格、教学机智等具体的形式体现出来。教师在具体的教学实践中进行感悟、反思、探索和实践，又可以促进其专业精神的发展。值得注意的是，教师美德通过教学实践外显，但美德自身的内隐性决定其并不以外显为目的，因为教师的专业精神始终具有内在的自发性，如果过多地注重其外显性，就会陷入表演性的展示而失去其精神本质。

最后，当教师在教学实践中体现出种种教学的美德并不断进行反思时，其专业认同会得到进一步加强，教师的美德会逐渐发展成更为稳定的教师人格的一部分。朱小蔓在其著作《情感德育论》中指出："把人格化作为情感发展的最高阶段，人的精神发展的较高阶段是价值观及态度内化为比较稳定的人格。"[9]我们把这种教师稳定的价值观的建立称为教师使命感的获得。在这个阶段，教师对其职业获得更为广阔的理解，通过教学获得自我实现但又不以自我实现为目的，而完全以他人的发展为己任。科萨根（Korthagen）在其教师研究中把教师的使命感定义为自我和他人之间联系的扩大，也就是儒家所说的推己及人而无限扩展至"无我"境界的过程。[10]所以，我们说教师的使命感是不以自我实现为目的的自我实现。在这个阶段，教师内在的精神力量得到彰显，外部条件对教师的教学影响变小，或者说，教师可以创造性地应对外部环境中的阻碍因素。我们认为这是教师专业精神发展的较高境界。

接下来，我们就教师专业精神的三个发展层次，通过对相关文献的梳理做出进一步的阐释。

(一)第一层次：教师认同

我们认为，教师的职业认同是其专业精神发展的起点。而职业认同的一方面是教师个人对其专业的认识即教师个人认同，包括教师对其专业知识的理解、对其专业的态度和信念、教师个人性情和其专业性质的匹配以及教师个人价值观和其专业价值观的一致性等；职业认同的另一方面是教师对自身和其所在的组织机构关系的认识，我们通过对现有文献的梳理整理出"教师自主性""教师忠诚度""教师的奉献意愿"和教师的组织认同相关①。罗杰斯和斯考特（Scott）认为，教师个人认同涉及教师的内在生活（inner life），包括教师的态度、信念、价值观、自我个性特点、个人生活史等自我认识的方方面面。[11]理查德森（Richardson）认为，教师态度（attitude）和教师信念（belief）具有一致性，但教师信念对教师的实践影响更大。她认为，如果教师教育不涉及教师态度和教师信念的领域，那么，教师教育对教师的影响将微乎其微。[12]同时，教师性情（teacher disposition）的概念区别于教师的行为、态度或技艺，强调教师行为上的某种倾向。教师性情是教师某种思维习惯指导下的行为，因为它体现了某种思维的习惯，所以具有某种程度上的无意识，但又不同于完全无意识的行为，而表现为不断重复之后反思的缺位。这个概念的提出可以帮助教师通过观察自身行为的倾向而更加有意识地对阻碍教学的行为倾向进行

---

① 因为篇幅关系，本文的论述并不涉及具体的文献综述，而只是把文献的查找作为梳理相关概念的方法，我们将会在其他文章中详细论及文献综述的情况。

反思，从而使得教学行为的习惯更加朝着有利于学生发展的方向改变。[13]和教师个人认同相关的另外一个概念是教师视野（vision），它体现了教师建立在自我认识基础上的对职业的长远规划。范班克斯（Fairbanks）等人认为，教师视野是比教师信念更进一步的职业认同，其中包含了教师要超越规定的要求而更好地改善学生学习状况的努力，并且这种努力并不仅仅局限于成绩上的改善，而是对学生全面发展的追求。[14]达夫（Duffy）更明确地指出，教师视野建立在教师对自我的深入认识和独立思考的基础上，是教师对自我和对职业理性思考的结果。[15]从教师视野的概念中我们可以看出，把教师专业精神分成三个层次并不表示这三个层次是相互割裂的，它们之间并没有完全明确的界限，分为三个层次的目的只是为考察教师专业精神发展过程提供一种可能的路径。从教师视野的概念中我们也可以看出，教师视野的获得与教师专业精神的第二个层次，即教师职业中具有的理性精神和道德性具有紧密的内在联系。

罗杰斯和斯考特在关于教师认同的研究中指出，教师职业认同的获得既需要内在的动力，也需要外在因素的推动。[16]我们在建构教师的职业认同时，也理出两条线索：一条线索是上面已经论述的教师的个人认同，即教师个体对职业的认识，偏重教师的内在生活；另一条线索是教师和所在组织之间的关系，偏重教师形成职业认同的外部环境，即教师的组织认同。现代教师职业的一个特点即教师不可能以一个单独的个体进行教学，教师一定是在某个组织中（往往以学校的形式出现）进行教学活动的，教师的组织认同影响教师对职业的认同。我们从教师的自主性、教师的忠诚度和教师的奉献意愿三个方面来考察教师的组织认同。于书娟通过介绍杜威对教师专业精神的观点，提出影响教师自主性的一个重要方面在于组织的赋权。只有在拥有了一定的自主权之后，教师才会表现出更大的积极性和主动性去钻研教学内容，帮助学生成长。[17]芬斯特马赫也认为，教师的自主性是教师把教学作为一种道德实践的前提。[18]对教师忠诚和教师奉献的讨论往往和教师自主性联系起来，一般认为，教师需要具有一定的专业自主和学术自由，才会发展出对组织的认同。[19]

需要强调的是，这些和教师职业认同相关的概念常常具有交叉性，这些概念也只是为我们理解教师职业认同提供了更加丰富的内涵，但并不能保证涵盖了所有的概念。它们之间也往往呈现出一个动态发展的过程，如教师的奉献意愿常常和教师的组织认同有关，但也和教师的个人认同，特别是教师对职业的信念、价值的认识有紧密的联系。接下来，我们把教师美德作为理解教师专业精神的第二个层次，所依据的逻辑是：教师只有在建立了对职业的认同之后，才可能进一步展现种种更具道德性的个人特质，我们把这种特质称为教师美德（virtue）。但是，我们并不否认教师在获得职业认同的过程中，同样伴随着教师美德的体现。不同的是，在第二个层次中，这种美德以更加稳定的形态表现出来，而不再强调第一个层次中教师职业认同建立过程中的探索。

（二）第二层次：教师美德

我们把教师美德的更加稳定的形态分成三个方面：理性精神、道德精神和审美精神。首先需要指出的是，把教师美德的内涵分为三个方面是为了说明教师美德的多样性和丰富性，并不说明这三个方面可以割裂存在，三者之间往往是共生且相互关联的。亚里士多德在《尼各马可伦理学》中把德性分为理性的和道德的[20]，我们沿用这样的划分并提出审美精神作为补充。现代伦理学中，审美是一个非常重要的部分，我们认为这样的细化可以增加这个概念的包容性，把更多相关的教师特性囊括进来。

斯洛特尼克（Sirotnik）认为，教师的理性精神是教师美德的第一要素。教师对教学的理性探究，首先是一种道德上的努力。[21]教师的理性精神可以包括教师的批判精神、反思精神、创造精神、探索精神、开放精神、求真精神，等等。理查德森和芬斯特马赫在对教师的教学举止进行研究时，就格外注重教师的理性精神对教学的影响。[22]

相对于理性精神对证据和逻辑的强调以促进对知识的理解和对教学过程中合理性的追求，教师美德中体现出的人文性即道德精神更能展现教师这一职业的特点。因为教师面对的对象是未成熟的、不断成长的个体，所以教师需要体现出强烈的对人性从不成熟到成熟过程中种种需要的认识和理解。亚里士多德在对教学的德性的论述中指出，具有教学美德的教师常常表现出勇敢、友善、可信赖、正义、机智、具有荣誉感、温和、高尚、高贵、大度、节制。法罗那（Fallona）对亚里士多德提出的这些教师德性进行了逐条解释，大大丰富了教师所具有的道德精神的内涵。[23]在对教师举止的研究中，理查德森和芬斯特马赫突出了教师道德精神中的公正、富有同情心、谦卑和宽容。[24]在现有的对教师美德的研究中，诺丁斯（Noddings）指出教师关怀（caring）是教师道德精神的重要方面，她强调教师关怀这种美德的建立实质上是教师和学生双方良性互动关系的建构，教师关怀并不仅仅是教师单方面的付出。诺丁斯的研究也指明了研究教师美德的一个方向，即教学中教师和学生双方都需要对道德关系的建立做出努力。[25]范梅南（Van Manen）也指出教学中的关系并不仅是单向的知识传递的关系，而且是一种道德、情感的互动。[26]

汉森认为，教师美德从道德精神转向审美指向的人文精神是一种自然的转变，教师美德中包含教师的审美旨趣。通过对苏格拉底、康德和杜威思想的讨论，汉森指出，教师在全身心地投入教学中，并在其中彰显教师的种种道德品质时，教师的教学就会体现审美的特质。[27]加里森（Garrison）直接指出了道德中的审美要素。他说，我们感觉到教学品质，就像感觉到布料的舒适性一样，这种感觉是对美的体验。[28]

在我们对教师美德中包含的理性精神、道德精神和审美精神进行考察时，我们发现教师美德往往通过教师具体的教学实践获得体现。现有的研究主要通过教师风格、教师举止、教学机智等来挖掘教师的专业美德的内涵。对教师风格的研究主要以杰克逊（Jackson）为首展开。杰克逊从 20 世纪 60 年代起开始研究以课堂生活（classroom life）为中心的教师教学，并在其后的研究中聚焦于道德层面的教师教学。通过对教师教学风格的研究，杰克逊指出了教学本身具有的道德特质。汉森对杰克逊提出的教师风格进行了进一步挖掘，通过对教学过程中的各种规范，如举手、教师开始讲课的方式等具体的教学行为展开分析，阐释了其中可能包含的道德特质。[29-30]对教师教学举止的研究则以芬斯特马赫和理查德森为首展开，他们以项目推进的方式进行了一系列研究。他们认为，对教师举止的研究实际上是试图让教师性情（即教师行为举止的倾向和习惯）成为教师进行有意识的自我反思的对象，帮助教师对自己的行为倾向和行为特点进行理性的分析，重新思考教师行为所包含的假设，并做出必要的调整。他们认为，教师的这种理性思考能力是教师道德的基础。同时，他们也指出，仅靠教师的理性思考能力并不能保证教师教学的道德性，但是，教师的理性判断力可以帮助他们在特定情境中对自身的教学举止所带来的后果有更清醒的认识。[31]范梅南在对教师教学的道德性进行研究时，提出教师在教学中更多地依赖直觉的判断力，前提是教师对教学具有敏锐的感受，处在一种智力和情感上的投入状态，这种直觉式的判断他称之为"教学机智"。区别于对教学的武断的判断，尽管教学机智强调即时性，但它同时是教师处在思维高度运转时的状态，尽管这种状态和建立在逻辑判断上的推理过程并不完全相同。范梅南尤其强调教学机智中包含的道德因素，因为教师智力和情感上的投入是为了保护学生免受伤害，通过教师的努力，学生可以从不成熟状态走向成熟状态。[32]

对教师美德的研究当然并不局限于现存的对教师风格、教师举止或教学机智的研究，它通过教师的体悟与反思、系统的研究和有意识的实践得到彰显。不管通过何种形式考察教师美德，都旨在使教师的观念、信念、性情、视野获得道德的指引，使得教师更加有意识地对教学进行研究并调整教学实践，在实践中使得教师的教学美德成为教师个性中更加稳定的自我特质，为教师专业精神的进一步发展开拓空间。

(三)第三层次：教师使命感

如上所述，教师的美德建立在教师对自我性情、信念、态度或价值的职业认同的基础上。教师专业美德的建立需要教师对教学进行体悟、反思、研究和实践。特别是范梅南提出的"教学机智"，并不排斥教师的专业美德很大程度上来自和自我认同的契合带来的即时的深切感受和专业判断。教师专业精神进一步发展，在此基础上逐渐脱离对既定情境的特定感受，而更多地进入对人生根本问题的追问和反思，使得教师人格进入更加稳定的状态，不易受外界的影响。这些人生的根本问题包括但不局限于：什么是人？什么是自我？什么是人生根本问题？对这些问题的追问最难获得答案，但一旦获得了对这些根本问题的认识，即人之为人的生存之道，教师就会突破外界环境的种种影响，进入人格的稳定状态。这种稳定状态并不是不求变通，而是自我可以主导内在的精神力量而不轻易被外界的力量所左右，达到内心的自主。它建立在教师对自身、教学、学生以及更加广阔的世界和宇宙的理解的基础上，这是一种经哲学的、道德的反思之后建立起的稳定的人格特征。

教师使命感的获得是一种比较难达到的状态，而且它不是一种具有明确意向的、可以追求的目标，它是通过个人的不懈追求所达到的"道"。这个"道"可能因人而异，并没有一个统一、一致的目标。当然，我们并不准备暗示教师的使命感具有任何神秘色彩，而是认为它是教师在自我职业认同的基础上，对教学以及生活方方面面的自我认识，是建立在教师理性、道德和审美不断发展的基础上的。教师使命感的难以言说也不意味着不存在这种状态，我们试着把这种状态揭示出来，就是为了帮助我们更好地发现优秀教师，以及为具有专业精神的优秀教师的培养指明方向，纠正我们在对教师的专业发展进行研究时只关注教师专业知识或专业技能的片面性。

四、后续研究及结语

我们提出教师专业精神的概念并建构教师专业精神内涵的三个层次，旨在探讨理解优秀教师品质的途径以及培养优秀教师的方向。优秀教师不仅仅体现在对专业知识或专业技能的掌握上，而且包括在获得专业认同的基础上所体现的种种专业美德。优秀教师对教学具有内在的使命感，他们可以创造性地化解环境中的制约因素，以促进学生的发展以及在更大范围内推动社会的进步为己任。在现有的教师研究中，我们发现，教师内在精神力量的培养的方法研究是匮乏的，我们希望通过对教师专业精神概念的建构开始这样的探索。

教师专业精神不同于教师知识或技能具有显性的、可观察的点，这给研究造成了困难。它常常隐含在教师日常不经意的言语或行动中，教师并不有意为之。就如维特根斯坦所说：对我们的生活最重要的事物，往往因为它的简单和普通而为我们所忽略，但是这些事物往往最有力量、最让人震撼。[33]尽管教师专业精神具有内隐性的特点，但它是理解教师品质的一个不可缺少的途径。在西方对教师专业美德的研究中，最主要的是通过对教师教学风格、教学举止、教学机智等长时间的观察和实地考察进行的。

在杰克逊、布斯特鲁姆（Boostrom）和汉森主持的名为"学校的道德生活"的项目（The Moral Life of Schools Project）中，三位研究者在考察教师教学中的道德性时，通过长时间的课堂观察和不间断的访谈进行研究。这个项目对6所不同类型的学校中的18个教师进行了为期两年半的课堂观察，对授课教师进行了访谈并主持了课下讨论。[34]汉森强调了长时间的、持续的课堂观察和非正式的交谈对于教师研究，特别是对于研究教师美德、教师精神这样不易观察到并容易造成误读的主题的重要性。[35]杰克逊更直接地指出：理解教师美德最好的方法是尽可能地了解这个教师，原则上需要花大量的时间在这个教师的课堂上，当然还需要辅以充分的交谈以及其他社会科学研究的方法。[36]

同时，我们也需注意，如前文所述，教师美德往往体现在教师在教学中全身心地投入的对学生的关注中，这使得教师对自我行为中美德的体现往往是无意识的。这种情况使得教师对自己的教学往往存在某种程度的盲区，他们在教学过程中常常并不会有意识地进行反思。[37-38]针对这个问题，可以借鉴芬斯特马赫和理查德森在对教师理性思维的研究中提出的"他者"的概念。"他者"在教师专业精神研究的语境中可以被理解为大学研究者、同行教师或其他不直接参与到教师教学中的教师合作者。[39]

除了上述所说的长期持续的观察、访谈和实地考察，对教师叙事的研究也成为研究教师专业精神的重要方法。教师的叙事可以是教师在日常交谈中的讲述或教师以日记和其他形式进行的自述。叙事是让教师讲最有感触的情境和教育故事，从这些故事中折射教师的专业精神，并通过一定的互动对话引导教师反思。这种方法（区别于访谈）的最大的特点在于可以让教师在自然的状态下表达最为真实的情感，描述最为真实的情境，也就是说，叙事中的情境是教师自己建构的，而不是通过访谈者的引导来建构的，叙述者可以通过这种方式发现教学经历中最真实的和对自我经验的重构最重要的部分。

以上我们对教师专业精神研究方法的讨论主要借鉴了一些对教师美德的研究方法以及其他与教师研究相关的主题的研究方法。通过定量研究进行教师美德方面的研究的成果还不多，今后可以进行进一步探讨。我们可以使用社会科学研究中的方法，但需要注意教师专业精神内隐的特点，可以通过详细的研究设计，使教师专业精神外显的同时又不曲解教师的行为、态度、价值等。这需要研究者在成为教师教学中的"他者"的同时，更设身处地地进入教师的角色，发现教师在日常教学中于细微之处折射的专业精神进一步发展的可能性。只有这样，研究者才不仅是"他者"，而且成为教师专业发展的"关键伙伴"。

在后续的研究中，我们将对教师专业精神进行实证研究，进入教师的工作环境和生活世界中，以教师专业精神为出发点对优秀教师的品质进行研究。一方面，我们希望通过实证研究进一步丰富教师专业精神内涵的三个层次的动态发展过程以及在各个层次之间教师存在的进一步发展的空间和可能性；另一方面，我们也希望通过实证研究对教师内在精神的变化有更多观照，为改革教师培养课程提供借鉴，即在短期和长期的教师发展项目中，不单纯强调知识的输入而注重教师的道德和个人修养、自我完善。

[参考文献]

[1] 陈来. 有无之境：王阳明哲学的精神[M]. 北京：生活·读书·新知三联书店，2009.

[2] 钱穆. 灵魂与心[M]. 桂林：广西师范大学出版社. 2004.

［3］［9］朱小蔓. 情感德育论［M］. 北京：人民教育出版社. 2005.

［4］卢乃桂，王晓莉. 析教师专业发展理论之"专业"维度［J］. 教师教育研究，2008(6)：1-6.

［5］Shulman，L. S. The wisdom of practice：essays on teaching，learning，and learning to teach［M］. San Francisco：Jossey-Bass，2004.

［6］［26］［32］［38］Van Manen，M. Pedagogy，virtue and narrative identity in teaching［J］. Curriculum Inquiry，1994(2)：135-170.

［7］［18］［21］Goodlad，J. I.，Soder，R.，Sirotnik，K. A. The moral dimensions of teaching［M］. San Francisco：Jossey-Bass，1990.

［8］［27］［33］［37］Richardson，V. Handbook of research on teaching［M］. 4th. Washington，D. C.：American Educational Research Association，2001.

［10］Korthagen，F. A. J. In search of the essence of a good teacher：towards a more holistic approach in teacher education［J］. Teaching and Teacher Education，2004(20)：77-97.

［11］［16］Cochran-Smith，M.，Feiman-Nemser，S.，John Mclntyre，D.，et al. Handbook of research on teacher education：enduring questions in changing contexts［M］. 3rd. New York：Routledge，2008.

［12］Sikula，J.，Buttery，T. J.，Guyton，E. Handbook of research on teacher education：a project of association of teacher educators［M］. New York：MacMillan，1996.

［13］Dottin，E. S. Professional judgment and dispositions in teacher education［J］. Teaching and Teacher Education，2009(25)：83-88.

［14］Fairbanks，C. M.，Duffy，G. G.，Faircloth，B. S.，et al. Beyond knowledge：exploring why some teachers are more thoughtfully adaptive than others［J］. Journal of Teacher Education，2010(61)：161-171.

［15］Duffy，G. G. Visioning and the development of outstanding teachers［J］. Reading Research and Instruction，2002(4)：331-343.

［17］于书娟. 试论杜威的教师教育思想［J］. 教师教育研究，2007(6)：57-61.

［19］Newsom，N. W. Teacher loyalty oaths and related issues［J］. Peabody Journal of Education，1953(3)：174-179.

［20］亚里士多德. 尼各马可伦理学［M］. 廖申白，译注. 北京：商务印书馆，2003.

［22］［24］［31］Richardson，V.，Fenstermacher，G. Manner in teaching：the study in four parts［J］. Journal of Curriculum Studies，2001(6)：631-637.

［23］Fallona，C. Manner in teaching：a study in observing and interpreting teachers' moral virtues［J］. Teaching and Teacher Education，2000(16)：681-695.

［25］Noddings，N. An ethic of caring and its implications for instructional arrangements［J］.

American Journal of Education，1988(2)：215-230.

[28] Garrison，J. Dewey and eros：wisdom and desire in the art of teaching[M]. New York：Teachers College Press，1997.

[29] Hansen，D. T. Getting down to business：the moral significance of classroom beginnings[J]. Anthropology & Education Quarterly，1989(4)：259-274.

[30][35] Hansen，D. T. The emergence of a shared morality in a classroom[J]. Curriculum Inquiry，1992(4)：345-361.

[34] Jackson，P. W.，Boostrom，R. E.，Hansen，D. T. The moral life of schools[M]. San Francisco：Jossey-Bass，1993.

[36] Jackson，P. W. The enactment of the moral in what teachers do[J]. Curriculum Inquiry，1992(4)：401-407.

[39] Fenstermacher，G. D.，Richardson，V. The elicitation and reconstruction of practical arguments in teaching[J]. Journal of Curriculum Studies，1993(2)：101-114.

（本文责任编辑：刘东敏）

（原载《教师教育研究》，2012 年第 3 期）

教师专业发展阶段的调查研究
及其对职后教师教育的启示

钟祖荣，张莉娜

（北京教育学院办公室，北京 100120）

[摘要]本研究对 194 名北京市骨干教师就教师专业发展阶段的划分及特点进行了调查研究，并根据调查的结果提出了对教师专业发展阶段的划分依据，揭示了五个发展阶段的特点、需求以及教师发展过程中的关键事件和关键人物，最后对职后教师教育工作提出了建议。

[关键词]教师专业发展阶段；五个阶段；职后教师教育；分层培训

[中图分类号]G650　[文献标识码]A　[文章编号]1672-5905(2012)06-0020-06

A Survey on Teacher's Professional Development Stages
and the Inspiration for In-service Teacher Education

Zhong Zurong，Zhang Lina

（Administrative Office，Beijing Educational Institute，Beijing，100120，China）

Abstract：Based on a survey of 194 teachers，current study investigates the characteristics and division stages of teacher's professional development. The results of the investigation help to divide teacher's development stages and inform the characteristics of each stage. It reaches relevant conclusions and recommendations.

Keywords：teacher's professional development stages，five stages，in-service teacher education，tiered training

---

[收稿日期]2012-06-20

[基金项目]"北京市教师继续教育创新平台"项目研究成果之一

[作者简介]钟祖荣，北京教育学院副院长，教授，主要研究方向为教师教育。

一、研究目的

国内外学者对教师发展阶段进行了大量研究，提出了许多理论或模型，然而大都是从某个角度提出的，因此在实践中将其作为评价工具都有局限性。此外，这些研究绝大多数为理论推演型的研究，很少有客观的调查。为了更具体、深入地了解中小学教师发展的过程和阶段，以及各阶段的特点、困惑、需要，从而为研制教师发展阶段评价工具、构建科学系统的教师专业发展体系、科学开展职后教师教育工作提供依据，我们特做此调查。

二、研究对象与方法

本调查的对象是北京市主要学科的骨干教师。选择他们主要是因为他们经历了教师发展的大部分阶段，比较成熟，能针对相关问题表达比较有价值的看法。

本调查采取抽样调查的办法，共发放问卷 194 份，回收 194 份，问卷回收率 100％。

调查使用自编问卷。调查内容包括：骨干教师对划分教师发展阶段的依据、相关理论等的看法，对各阶段教师的任务、关注点、困难等的判断，影响教师专业发展的关键事件、关键人物等。我们用 SPSS 17.0 统计软件对回收的问卷进行统计分析。对本次调查结果进行分析的方法主要是描述性统计和卡方检验。

被调查对象为 194 名中小学市级骨干教师。其中，男性占 24.0％，女性占 76.0％。从年龄、教龄分布上来看，被调查对象主体为 35 岁以上的教师，他们大多具有 15 年以上的教龄。从职称分布上来看，被调查对象中 87.4％属于中小学高级教师。从学历分布上来看，被调查对象的原始学历主要是高中或中师、本科，其中 44.8％的被调查对象的原始学历为高中或中师，36.1％为本科；被调查对象的最后学历大多为本科，占 85.5％；3.6％的被调查对象的原始学历为硕士研究生，10.9％的被调查对象的最后学历为硕士研究生，即 7.3％的被调查对象通过学历补偿，获得了硕士研究生的学历。从工作学校类型来看，被调查对象中 32.6％是小学教师，16.1％是初中教师，29.5％是高中教师，20.2％来自教研或培训部门。（参见表 1）

表 1　教师基本信息统计表

题目	选项	占比/%	题目	选项	占比/%	题目	选项	占比/%
性别	男	24.0	职称	小学一级	0.5	最后学历	大专	3.1
	女	76.0		小学高级	31.4		本科	85.5
年龄	≤25 岁	0		中学一级	6.7		硕士研究生	10.9
	25～35 岁	8.8		中学高级	56.0		其他	0.5
	35～45 岁	61.8		其他	5.4	工作学校类型	小学	32.6
	≥45 岁	29.4	原始学历	高中或中师	44.8		初中	16.1
教龄	≤5 年	2.6		大专	14.9		高中	29.5
	5～15 年	11.9		本科	36.1		教研或培训部门	20.2
	15～25 年	64.4		硕士研究生	3.6		其他机构	1.6
	≥25 年	21.1		其他	0.6	家庭所在地域	城市	43.3
							县镇	49.0
							农村	7.7

三、调查结果及其分析

(一)教师专业发展阶段的划分

关于教师发展阶段的划分，我们从对发展阶段理论的认同、对发展阶段的主观感受、划分教师发展阶段的依据、划分为几个阶段等方面进行了调查。

在对教师发展阶段理论的认同上，我们列出了比较有代表性的 5 种理论，分别是福勒、伯林纳、利思伍德、休伯曼、钟祖荣与李晶等人的教师专业发展阶段理论，并把各理论对每个阶段主要特点的描述进行了列表呈现，请教师们选择。结果是认同福勒关注理论的占 2.3%，认同伯林纳教学专长五阶段理论的占 34.7%，认同利思伍德思维方式四阶段理论的占 5.2%，认同休伯曼工作问题及其解决七阶段理论的占 8.7%，认同钟祖荣与李晶教师素质与业绩五阶段理论的占 49.1%。认同两个五阶段理论的占 83.8%。看来，以教学及其素质为核心进行划分、阶段不过少或过多的理论，比较容易获得教师们的认同。

在对发展阶段的主观感受上，从本次调研的结果来看，被调查对象几乎都对教师职业生涯的阶段性有所感受(95.9%)，而且呈现出教龄越大的教师对自己职业生涯阶段性的主观感受越明显的特点。差异性检验的结果表明：不同教龄的教师对教师职业生涯阶段性的主观感受存在显著差异($\chi^2 =20.600$；$P<0.01$)。在选择"能够比较明显地感觉到"的教师中，明显呈现出教龄大的教师对自己职业生涯阶段性的主观感受更明显的特点。(见表2)

表2 不同教龄的教师对教师职业生涯阶段性的主观感受的差异

教龄/年	A. 能够比较明显地感觉到	B. 有一些感觉	C. 没有感觉到
≤5	0	3	2
	0%	60.0%	40.0%
5~15	11	12	0
	47.8%	52.2%	0%
15~25	68	52	5
	54.4%	41.6%	4.0%
≥25	23	17	1
	56.1%	41.5%	2.4%

在划分教师发展阶段的依据上，我们列出了6项依据请教师们选择。结果发现，54.5%的教师认为应以专业知识和教学水平为依据，占第一位；占第二位的是教育行为背后的教育观念水平，得到19.3%的教师的认同；而教龄(5.9%)、职称(8.6%)、荣誉称号(7.5%)等显性标志和关注问题的类型(4.3%)等深层次特征等依据获得认同的比例都比较低。

结合调查结果，我们认为，按照教师素质、能力表现，结合教龄，可将教师专业发展划分为5个阶段：①初步适应期(工作的第1年)，②适应和熟练期(工作的第3~5年)，③探索和定位期(工作的第10年左右)，④教学成熟期(工作的第15年左右)，⑤专家期(工作的第20年左右)。

(二)教师专业发展的阶段及其特点

1. 各阶段的特点和发展任务

我们假定了五个发展阶段，并尝试性地给其起了名称，同时列出了10项教师应该完成的特定水平的任务或活动，请教师们选择。得到以下结果（见表3）。

表3 不同阶段的教师应完成的任务或活动

序号	阶段项目	初步适应期	适应和熟练期	探索和定位期	教学成熟期	专家期
1	A. 正确把握教材内容	50.9%	24.7%	4.4%	2.6%	0.7%
2	B. 系统深入了解学生	3.7%	21.6%	10.6%	3.3%	0.7%
3	C. 把握学科知识结构体系	4.3%	29.6%	16.3%	4.6%	5.1%
4	D. 学会备课和上课	38.7%	7.4%	—	1.3%	—
5	E. 纯熟驾驭课堂教学	1.8%	9.9%	26.3%	11.8%	7.2%
6	F. 深刻理解学科本质和思想方法	—	1.9%	16.3%	30.3%	20.3%
7	G. 能对学生进行有效的个别指导	0.6%	2.5%	5.6%	0.7%	0.7%
8	H. 开展教育研究或实验		—	3.1%	19.7%	36.2%
9	I. 改变教育观念和思维方式	—	1.2%	13.0%	13.2%	13.2%
10	J. 总结和反思自己的教学	—	1.2%	4.4%	12.5%	15.9%

从表3可以看出，初步适应期的主要任务是正确把握教材内容，学会备课和上课；适应和熟练期的主要任务是把握学科知识结构体系，正确把握教材内容，系统深入了解学生；探索和定位期的主要任务是纯熟驾驭课堂教学，把握学科知识结构体系，深刻理解学科本质和思想方法；教学成熟期的主要任务是深刻理解学科本质和思想方法，开展教育研究或实验，改变教育观念和思维方式；专家期的主要任务是开展教育研究或实验，深刻理解学科本质和思想方法，总结和反思自己的教学。

从对各阶段任务的选择上可以看出一些规律。一方面，各阶段的任务有不同的重点，反映出一定的发展趋势。在对学科的把握上，从把握教材内容到把握学科知识结构体系，再到深刻理解学科本质和思想方法；在关注点上，从关注教材与教学到研究学生；在教学能力上，从达到备课、上课的基本要求到纯熟驾驭课堂教学；在实践的重点上，从教育教学到教育研究和总结。另一方面，各阶段之间又有连续性，主要的任务在两个相连的阶段上都占较高的比例，很好地说明了教师素质发展的连续性。

2. 教师职业生涯的变化过程

我们还从教师的知识结构、关注点、工作和心理状态等方面，逐一调研了教师对各自发展的趋势或特点的看法，以了解教师职业生涯的变化过程。

关于教师知识结构的变化过程，被调查对象普遍认为最符合实际的情况是：第一，关于学科、学生、教学各方面的知识和经验均不断增加，结构不断优化(54.0%)；第二，对本学科的专业知识和对教材的理解越来越深(22.4%)；第三，关于教育教学的实践性知识、经验知识越来越多(17.8%)；第四，关于学生心理与教育的知识越来越多(5.8%)。

关于教师关注点的变化过程，更多的教师从任教初期关注教学、学生的成绩，发展到关注学生的心理、困难和与学生的交流，关注学生的思维和心理素质的培养，关注社会变化及其与教育的关系(见表4)。关注点的变化体现出在对象上由教师到学生、在关注面上由窄到宽的变化特点。

表 4　教师关注点的变化过程

关注点的变化	占比/%
一直关注学生的成绩	4.0
一直关注对教学内容的深入钻研	12.4
开始时关注学生的成绩，后来更关注学生的思维和心理素质的培养	26.6
开始时关注教学，后来更关注学生的心理、困难和与学生的交流	32.2
开始时关注教学，后来也关注社会变化及其与教育的关系	19.2
开始时关注教学的方法，后来更关注设计的依据和效果	5.6

关于教师工作和心理状况变化，绝大多数骨干教师能够始终保持对工作的热情和投入。(见表5)

表 5　教师工作和心理状况的变化过程

工作和心理状况的变化	占比/%
热情—烦恼—倦怠—应付	7.9
虽有些小的烦恼和困惑，但始终保持对工作的热情和投入	69.8
热情—探索—热爱	22.3

关于教师职业生涯变化过程的特点，不同教师的看法存在差异。大多数教师(37.1%)认为中间变化大，开头和最后变化不明显，并且这一特点更多地得到了年龄大、工作时间长的老教师的认可。差异性检验的结果表明，不同年龄的教师对教师职业生涯变化过程的特点的认识存在显著差异

（$\chi^2 = 16.774$；$P = 0.01$）。25～35 岁的中青年教师认为开始和最后变化大，中间变化不明显（52.9%）；35～45 岁的中年教师（37.5%）和 45 岁以上的老教师（43.9%）认为中间变化大，开始和最后变化不明显，而且年龄越大的教师对这一特点的认同程度越高。（见表 6）

表 6　不同年龄的教师对教师职业生涯变化过程的特点认识的差异

年龄/岁	开始和最后变化大，中间变化不明显	各阶段变化都小	中间变化大，开始和最后变化不明显	各阶段变化都大	其他
25～35	9	0	2	6	0
	52.9%	0%	11.8%	35.3%	0%
35～45	21	14	45	33	7
	17.5%	11.7%	37.5%	27.5%	5.8%
≥45	10	9	25	11	2
	17.5%	15.8%	43.9%	19.3%	3.5%

3. 不同阶段教师专业发展的困难及其解决

不同阶段教师存在的专业发展困难不同。工作 1 年的新教师的主要困难在于，对教材不能全面、准确地把握（占 47.9%），不了解学生的学习规律和具体情况；工作 3～5 年的教师的主要困难在于，不能灵活运用多种教学方法（占 51.1%），不了解学生如何学习以及如何与学生有效沟通；工作 10 年左右的教师的主要困难在于，感到专业知识的深度、广度不够（占 44.1%），不知道如何开展教育研究；工作 15 年以上的教师的主要困难在于，不知道自己应在哪里突破和如何突破（占 46.3%），职业倦怠。对不同教龄的教师的困难分析，也印证了上述各阶段教师对主要任务的选择。对各阶段的主要困难，大多数教师都解决了或部分解决了。而且可以看出，早期的困难解决得比较彻底，而后期的困难解决得不很彻底。这或许是因为这些教师目前正在解决这些问题，或许是因为后期的困难难度更大，更不容易解决好。教龄在 5 年以下的教师遇到的问题是知识、技术类的问题，相对容易解决；教龄为 10 年左右的教师遇到的问题是内容、方法类的问题，这一阶段问题解决的差异可能是导致教师后续专业发展出现差异的重要因素；教龄在 15 年以上的教师遇到的问题是高级方法、情感态度类的问题，较难突破。（见表 7）

表 7　不同教龄的教师问题解决情况

单位：%

问题解决与否	5 年以下	10 年左右	15 年以上
A. 解决了	48.9	24.9	15.6
B. 部分解决，部分没有	46.8	65.1	60.7
C. 基本没有解决	4.3	10.0	23.7

教师们是通过什么途径来解决这些问题的？调查发现，不同教龄的教师解决问题的方法具有相似性，主要集中在实践积累、学习培训、思考研究 3 种途径上。其中，在实践中积累是各个教龄段教师解决问题的主要方法；随着教龄的增长，思考研究的作用更突出了。（见表 8）

表 8　不同教龄的教师解决困难的方法

单位：%

解决方法	5 年以下	10 年左右	15 年以上
A. 学习，培训	49.0	57.2	49.0
B. 实践积累	80.4	67.0	51.0
C. 导师指导	26.3	20.1	34.5
D. 观摩听课	47.4	35.6	20.1
E. 思考研究	49.0	58.8	54.1
F. 其他	1.5	3.1	4.1

这说明实践积累有助于解决知识、技术类问题，但是影响教师专业发展的瓶颈问题，如学科教学知识的发展、专业精神的培养等单靠实践积累是难以突破的。教龄在 15 年以上的教师会更多地通过做课题和研究解决问题。随着教龄的增长，老教师逐渐意识到上述问题可以寻求除了实践积累之外的方法进行突破，他们更多依靠做课题和研究解决问题，这就不可或缺地要进行合作。合作对象包括其他教师以及教研部门、教师培训部门、高等师范院校等，这就给教师培训工作提出了严峻的挑战。目前的状况是：在解决问题的方法中，教师的学习和培训占有一定比例，约为 50%，而且学习和培训对工

作 10 年左右的中年教师问题解决的影响最大。教师的职后教育机构需要更好地研究、把握学员的培训需求，提高培训的针对性和实效性，进而更好地发挥教师培训的作用。

(三)影响教师专业发展的关键事件和关键人物

关于教师专业成长过程中的关键事件，排名第一位的是思考方式的改变，占 52.1%；其次是听精彩的观摩课和获得领导的肯定，分别占 34.5%。除此之外，自己上第一节公开课、聆听著名专家的报告、获得特别好的书籍、获得重要的奖励等，也是一些教师专业成长过程中比较重要的事件。（见表 9）

表 9 教师专业成长过程中的关键事件

序号	关键事件	人数	占比/%	排序
1	A. 职业的选择	48	24.7	5
2	B. 获得特别好的书籍	43	22.2	7
3	C. 听精彩的观摩课	67	34.5	2
4	D. 自己上第一节公开课	60	30.9	4
5	E. 获得领导的肯定	67	34.5	2
6	F. 遇到教学上的难题	28	14.4	9
7	G. 聆听著名专家的报告	45	23.2	6
8	H. 上充满挫折和失败的课	17	8.8	10
9	I. 遇到难教的学生	12	6.2	11
10	J. 思考方式的改变	101	52.1	1
11	K. 获得重要的奖励	31	16.0	8
12	L. 其他	6	3.1	12

关于教师专业成长过程中的关键人物，不同方面存在差异。给予教师发展目标上的指导最多的是学者专家；给予教师钻研教材、教学方法上的指导最多的是教研员；给予了解学生上的指导的关键人物是学生；提供心理支持和关心的关键人物是家人；校长则是为教师提供发展机会的关键人物。（见表 10）

表 10　教师专业成长过程中的关键人物

单位：%

关键人物	发展目标上的指导	钻研教材上的指导	教学方法上的指导	了解学生上的指导	提供心理支持和关心	提供发展机会
学生	12.7	7.7	10.2	56.1	13.5	2.4
教研员	24.1	70.4	55.9	14.0	14.0	40.5
校长	36.7	5.3	7.9	7.6	32.2	77.4
学校中的师父	19.9	29.0	31.6	28.0	12.9	8.3
学者专家	48.2	37.9	49.2	28.7	17.0	19.6
家人	6.0	1.8	1.7	5.7	69.6	6.0

四、结论及启示

(一)关于教师专业发展阶段

通过本次调查，我们认为：教师的专业发展存在明显的阶段性；教师素质和能力表现是受到广泛认可的划分依据，可以据此对教师专业发展阶段进行划分。阶段的划分不一定以一个维度为标准，可以以一个以上维度为标准，如能力表现(教育教学水平、教育观念)和教龄。

我们认为，可以根据教师素质、能力表现结合教龄将教师专业发展阶段划分为 5 个阶段：初步适应期(工作的第 1 年)、适应和熟练期(工作的第 3～5 年)、探索和定位期(工作的第 10 年左右)、教学成熟期(工作的第 15 年左右)、专家期(工作的第 20 年左右)。每个阶段遇到的困难不同，有不同的特点和需要，教师应发展的关键素质也不同。

(二)关于教师职后分层培训的设计

教师的职业成长存在明显的阶段性，不同发展阶段的教师遇到的困难不同。因此，应针对不同阶段教师的困难和问题设计分层培训，构建起由 5 个层次构成的教师终身发展的培训体系，从而提高教师职后培训的针对性和实效性。

各层培训的主要目标和任务是：对初步适应期的教师，应更多地进行教学技能、教学内容分析、学生学习心理等方面的培训，帮助他们尽快适应教师工作；对适应和熟练期的教师，要着意提高教师系统把握教材与学生发展、驾驭课堂的能力；对探索和定位期的教师，要抓住学科教学知识的发展，促进教师进行教学反思，帮助教师形成自身的教学风格；对教学成熟期的教师，要注重培养其教学研究能力，并注重在培训中进行正向激励，促进其学习兴趣的保持，避免职业倦怠；对专家期的教师，要为他们进行教育研究提供平台，帮助他们总结教育教学特色，并提升其引领示范、指导他人的能力，使他们在教育教学研究和指导他人的过程中获得进一步发展。

(三)关于教师职后培训研究的深化

1. 细致分析培训需求

职后教师教育需要深度把握培训需求。不同发展阶段的教师的困难、要达成的目标和有待发展的关键能力与素质存在差异，而这恰恰是职后教师教育的起点。在教师继续教育项目设计中，可以根据本研究的结果进一步开展培训需求调研，进而深度把握教师培训需求，细化项目设计，提高培训的针对性和实效性。

2. 研究学科教学知识

无论是教师知识结构的整体变化、教师关注点的变化还是教师需要发展的关键能力，都启示我们：学科教学知识——一种关于学科、学生、教学的综合性的知识，是教师知识结构变化过程中最符合实际需要也最有效的应得以发展的知识。建议深入开展对教师学科教学知识和能力的研究，分学科深入分析不同发展阶段的教师应发展的关键能力，为培训课程的设计和开发提供依据。

3. 创新培训模式

不同阶段的发展任务不同，而这些发展任务通过什么样的方式才能被掌握，也需要进一步研究。对于不同任务，肯定不是用一种统一的方式来学习和掌握的。对于教学技能的掌握，可以采用技能学习和训练的模式；对于学科内容的分析和把握，则可以把专家的分析讲解与个人自学、合作学习、实际作业结合起来；对于学生心理的掌握，则可以通过学生案例分析的方法进行；对于教学研究，则应通过项目学习、任务驱动的方式，在研究中学习研究。

[参考文献]

[1] Shulman, L. S. Those who understand knowledge growth in teaching[J]. Educational

Researcher，1986（2）：4-14.

［2］倪传荣，周家荣 . 骨干教师队伍建设研究［M］. 沈阳：沈阳出版社，2000.

［3］张学民 . 教师职业发展与培训——教师教学专长发展的研究［M］. 北京：知识产权出版社，2007.

［4］顾荣芳，等 . 从新手到专家——幼儿教师专业成长研究［M］. 北京：北京师范大学出版社，2007.

［5］费斯勒，克里斯坦森 . 教师职业生涯周期——教师专业发展指导［M］. 董丽敏，高耀明，丁敏，等译 . 北京：中国轻工业出版社，2005.

（本文责任编辑：刘东敏）

（原载《教师教育研究》，2012 年第 6 期）

教育理念的凝练
与个性化办学思想的生成

王 俭

（教育部中学校长培训中心，上海 200062）

[摘要]建设中国特色社会主义事业迫切需要造就一大批教育家型校长。而拥有独特的教育理念和个性化的办学思想是教育家型校长的重要特征。本文主要围绕中学校长凝练教育理念和办学思想的必要性与重要性、教育理念的内涵、凝练教育理念的关键、校长思想的特点及思想生成的过程等方面进行了论述。

[关键词]教育家型校长；教育理念；办学思想

[中图分类号]G40-20　[文献标识码]A　[文章编号]1672-5905(2014)05-0068-05

The Condensing of Philosophy of Education and the Formation
of Individualized School Leadership Thoughts for the Principals

Wang Jian

(The Ministry of Education Secondary School Principals Training Center,
Shanghai，200062，China)

Abstract：The construction of socialism with Chinese characteristics urgently requires the cultivation of a large number of highly education focused and oriented principals. Having a unique educational philosophy and personalized educational ideas is an important feature of an highly education focused and oriented principal. This article mainly discusses the necessity and importance of

[收稿日期]2013-10-25

[基金项目]国家民委"我国民族地区教育家型中学校长成长机制及其培养策略研究"（2013-GM-081）成果之一

[作者简介]王俭，教育部中学校长培训中心人力资源开发研究室主任，教育学博士。

condensing educational philosophy and school leadership thoughts，the conno-
tation of educational philosophy，the key to condense educational philosophy，
the characteristics and generation process of principals' thoughts.

Keywords：highly education focused and oriented principal，educational philos-
ophy，school leadership thoughts

全国不少地方都在积极探索早出教育家并出好教育家的路径，如浙江省
的"浙派教育家发展共同体"、江苏省的"人民教育家培养工程"、吉林省的"杰
出校长培养工程"等。笔者有幸参加了上述造就教育家型校长的培训的部分工
作，近四年来也主要参与教育部中学校长培训中心的"全国优秀中学校长高级
研究班"的培训工作。从这些探索的共同点来看，培训主要是为他们"凝练理
念与生成思想体系"提供支持服务。正如苏霍姆林斯基说：校长对一所学校的
领导首先是教育思想的领导，其次才是行政上的领导。

然而，凝练理念与生成思想并不是一件简单的事。有一些关键的问题是
应当厘清的。这些问题主要包括凝练教育理念的必要性与重要性、教育理念
的内涵、凝练教育理念的关键、校长思想的特点及思想生成的过程等。

一、凝练教育理念的必要性与重要性

"为什么要凝练教育理念"是一个前提性的问题。只有深刻认识到凝练的
必要性与重要性之后，校长才有可能静下心来思考自己的理念的问题。凝练
理念的必要性与重要性，至少体现在三个方面。

（一）世界的不确定性

杜威说："人生活在危险的世界之中，便不得不寻求安全。人寻求安全有
两种途径。一种途径是在开始时试图同他四周决定着他的命运的各种力量进
行和解……另一种途径就是发明许多艺术，通过它们来利用自然的力量；人
就从威胁着他的那些条件和力量本身中构成了一座堡垒。"[1]正因为世界充满
着不确定性，所以人一直在寻求确定性。这种确定性从本质上说就是理念。
寻求这种确定性的一种途径是人通过自己心灵的、内心的祈祷以获得内心的
确定性；而另一种途径是劳动与艺术，即人通过自己的劳动，在实践中提升
自己的智慧，以更好地把握不确定性中的确定性。在充满不确定性的世界中，

要想把握确定性，就需要凝练理念，而凝练理念恰恰就是"内在的敬畏"与"外在的实践"两种途径的辩证统一。

(二)人性的复杂性

孟子的性善论、荀子的性恶论不禁会让人思考：究竟人性是善的还是恶的？马克思指出：人的本质不是单个人所固有的抽象物。在其现实性上，它是一切社会关系的总和。当然，校长都是在马克思主义思想指导下的党的教育方针的坚定践行者。但是，现实中的人又是多样的。就如本-沙哈尔在《幸福的方法》中指出的，人追求幸福也有四种类型：忙碌奔波型、享乐主义型、消极主义型(虚无主义型)、感悟幸福型。[2]人性的复杂性以及人追求幸福的多样性，不仅会时常影响校长的办学思想，而且，这种复杂性与多样性使得校长自身的人性观与幸福观的确认显得更为重要。办学背后的人性假设与确认比办学的思路与方法更为重要。

(三)教育的矛盾性

教育本身是一项充满矛盾的事业，因为充满矛盾，所以教育需要智慧。这种矛盾体现在以下维度。

空间维度上，教育事业的无限性与学校教育的有限性的矛盾。教育事业是无限的，而学校教育的功能是有限的。

时间维度上，昨天的知识、今天的教育、明天的人才之间的矛盾。课程是昨天的知识累积，而教育的对象是今天的孩子，目的是为明天培养人才。

价值维度上，价值理性与工具理性的矛盾。教育是道德的事业，甚至有人认为："道德是教育的最高目的。"而现实的教育中，教育目的的伦理性与教育手段的功利性之间往往矛盾重重。

面对世界的不确定性、人性的复杂性以及教育的矛盾性，如果没有信念、没有坚定自身的理念，就很可能会在实践中迷失自己，而学校的发展也会迷失方向。正如习近平总书记反复强调的那样，"理想信念就是共产党人精神上的'钙'，没有理想信念，理想信念不坚定，精神上就会'缺钙'，就会得'软骨病'"。

二、教育理念的内涵

"凝练教育理念，生成教育思想"基于这样的假定：校长思想的形成，即一个完备的逻辑体系或者说思想体系的建构是从一个逻辑起点开始的。而对于校长教育思想形成的基础而言，这个逻辑起点，就是校长要凝练的理念。

(一)理念

"理念"这个词最早是古希腊柏拉图的客观唯心主义中的一个词。它的本义是指独立存在于事物与人心之外的实在，是指永恒不变而为现实世界之根源的独立存在的、非物质的实体。理念比世界更有价值，理念也就是理想，对这些理想的渴望是植根于我们内心的。这就是柏拉图似的爱：对真、善、美不断的渴望。[3]

(二)教育理念

对校长需要凝练的理念来说，它更多是指理性的观念或理想与信念的统称。在很大程度上，凝练教育的理念就是寻找教育的原点、立足点，寻求办学过程中的确定性。这是校长形成自己个性化的办学思想的逻辑前提。著名管理学家吉姆·柯林斯在《从优秀到卓越》中指出，从优秀走向卓越的关键就是"刺猬理念"：你想知道是什么将那些产生重要影响的人与其他那些和他们同样聪明的人区别开来的吗？是刺猬。弗洛伊德之于潜意识，达尔文之于自然选择，马克思之于阶级斗争，爱因斯坦之于相对论，亚当·斯密之于劳动分工——他们都是刺猬，他们把复杂的世界简化了。[4]坚定自己的信念，是从优秀走向卓越的重要保证。

校长凝练教育理念时有两个基本点必须把握：对教育规律的不断探寻与对教育价值的不断追求，即培养什么样的人与怎样培养人的问题。实质上，就是要做到合目的性和合规律性的统一。规律是求真的结果，道德是求善的追求，而艺术则是求美的境界。我们的教育应该是求真、求善与求美的统一。

(三)对教育理念的发展性理解

尽管理念的本质是不变的，但我们的认识能力往往又是有限的。因此，对凝练的理念而言，不同的人对其理解往往由于经历、个性、环境的不同而不同。例如，对"格致"而言，其表达方式简洁而精练。但是，对它的理解与诠释却常因为地处不同的学校而多样。全国多地的"格致中学"，其"格物致知"的内核是确定的，然而不同格致中学的校长对"格致"的理解往往是多样的。正是因为理解的多样性，所以具体的实践中就导致了办学的多样性。

三、凝练教育理念的关键

凝练教育理念是一个技术问题，更是一个价值问题。抓住关键十分必要。

(一)"向下的追问"与"向上的追求"

没有向下的不断追问，就不可能有向上的崇高追求。正如不少校长认识到的那样："每一所学校都需要有自己的教育哲学。"美国著名教育哲学家奈勒曾说：个人的哲学信念是认清自己的生活方向的唯一有效手段，如果一个教师或教育领导人没有系统的教育哲学，并且没有理智上的信念的话，那么他就会感到茫茫然无所适从。因此，哲学思考的方式对凝练理念而言是十分重要的。

首先，哲学思考是不断追问。不断追问，是逼近事物本质的思维方式。凝练理念需要我们不断思索教育为了什么、教育是什么这些最本质的问题。

其次，哲学思考是不断批判。哲学精神就是一种批判精神，批判就需要找到与找准问题。教育理念的提炼，往往是针对时代的弊端而体现其价值的。如果思想没有对时弊的批判，那么它就显得不深刻。时代精神实质上是对时代问题的把握，问题是对时代最直接的呼唤。

最后，哲学思考也是一种不断发现与深入的理解。价值与意义是需要我们发现与理解的。教育中许多问题是永恒的问题，不少教育的原则具有相对的独立性。比如，《国家中长期教育改革和发展规划纲要(2010—2020 年)》"创新人才培养模式"中提出了三大原则，即注重学思结合，注重知行统一，注重因材施教。这是中国教育一直强调和坚持的原则，关键在于如何理解这些原则的当下内涵，从而更好地在当下有创造性地实施。

(二)"立足自我"与"超越自我"

"认识你自己"，这是许多哲学家经常提到的一个命题。事实上，我们每个教师都是按照"我是谁"来施教的，每个校长也是按照"我是谁"来办学的。"一个好校长，就是一所好学校"就是在这个意义上讲的。对于我们来说，你不了解自己是谁就不可能了解学生是谁，也就不可能了解你教的学科；校长不了解自己是谁就不可能了解教师是谁，就不可能深入理解"为谁培养人"与"如何培养人"。

我们通常说要认识自我、挑战自我，并超越自我。"认识自我"，是人为之努力一生的目的。当人不知道自己是谁时，当然首先要认识自我；但是现实中也往往会出现"自己太以为自己是谁"，此时，就必须清晰地认识到自己的局限性。所以，要挑战自我，否定再否定自己。当然，这种挑战是站在超越自我的高度上的。

(三)"尊重历史"与"面向未来"

对历史的把握和尊重对我们来说非常重要。恩格斯曾指出，逻辑的分析就是排除了偶然性的历史分析。柏拉图也说过，辩证法就是灵魂"回忆"理念的方法。从初步形成的优秀校长教育思想中，我们看到中国教育的根在中国优秀的文化传统中。我们要在尊重与解读历史中，不断解读与掌握历史发展的内在规律，把握学校发展历史中的问题所在，同时，在解读历史的过程中更好地把握与解读自己。

教育是面向未来的事业，目的是培养明天的人才。我们要敢于不断反思、不断质疑，进行大胆的假设。杰出的教育家、优秀的教师在教育活动中，永远是一个怀疑论者——当然是蒙田、休谟式的怀疑。表现在这些人不但怀疑陈旧的知识、根深蒂固的思维模式、习以为常的各种管理体制，而且还会怀疑各种教育思想的可靠性，以及自身作为一个教育者的行为。没有怀疑这一出发点，教育者就难免受谬误的驱使；遇到具体的事件发生，就缺乏思考和判断能力。[5]

(四)"把握当下"与"用心实践"

"大胆假设，小心求证"是胡适告诫我们的做学问之道。校长的教育理念往往影响着办学的方向。理念既要尊重历史，又要面向未来，还要把握当下。活在当下，实践在当下，人一生的幸福是一天天幸福的累积。教育既要面向未来，也要把握今天。同时，要用心实践，在实践中求证。教育家对高于单个人的思维范式的真理充满渴望。但他很明白，他的努力只能是在亲近真理的过程中获得真理性。所以，教育家的心灵永远保持着谦卑，他永远是一个倾听者，而不是一个发号施令的人。[6]

真正的教育家一定是以敬畏的态度面对教育的，除了倾听就是更多地实践，这样才能静听天籁，才能真正地"潜下心来教书，静下心来育人"。

四、校长思想的特点及思想生成的过程

理念是我们思考教育、探索办学的立足点。要践行我们的理念，还必须在理念的指导下，形成自身的独特的思想体系。

(一)何谓思想

对思想的认识有很多种。《辞海》对思想的解释有：一是"思考；思虑"；二是"想念；思念"；三是思维活动的结果，属于理性认识，亦称"观念"。人们的社会存在决定他们的思想，思想具有相对独立性，对社会存在反作用。正确的思想一旦为群众所掌握，就会变成巨大的物质力量。

哈佛大学王德威教授说过：我们学者诉说他人的意见，倾听自己的心声，更交代不由自主的杂音，这一切的升华或者沉淀，就是思想。知识分子的责任应该是化简为繁，让问题复杂，这是我们的能量所在。当然，这个"繁"，不是人事上的，而是指学问的深度。换句话说，就是更深入。确实，校长与学者相比，校长更多是要将"复杂问题简单化"，而学者更多是要将"简单问题复杂化"。但是，真正的教育家型校长，是在"复杂与简单的辩证思索中"成长起来的。

(二)思想的特点

从全国各地举办的以校长名字命名的教育思想研讨活动中，我们可以发现，其思想大体具有如下特点。

第一，深刻性，即其思想是带有对时弊的批判的。一种思想，如果没有批判性，那么注定是没有生命力的。

第二，逻辑性，即其思想的由来与发展的轨迹是合乎逻辑的。思想从什么地方而来？思想发展轨迹是什么样的？对此校长都有着清晰的论述。这种思维的逻辑性往往决定行动的逻辑性。思想能不能在现实中转化为人们的行动，与其本身是否合乎逻辑有着重大的关系。

第三，稳定性，即其思想是经典的积淀。真正的思想除了具备深刻性和逻辑性外，还需要有一定的稳定性。苏联哲学家普列汉诺夫说：社会意识有两个层次，较低层次的叫社会心理，较高层次的就是思想体系。教育家型校长的思想体系，应该是能够引领和影响社会心理的思想体系。

第四，扎根性，即其思想应该是扎根于学校实践的，其言语方式应该是日常式的、易在广大师生中传播的。

(三)思想生成的过程

关于思想生成的过程，杜威的"思维五步说"或者说"思想的五步说"给了我们极大的启示。第一是感觉到疑难；第二是找到疑难所在和进行明确的理解；第三是提出解决各种疑难的假设；第四是对这些假设进行推理的选择，排除不适当的，选出适当的；第五是通过观察与实验决定有效与否。这五步正是生成校长教育思想体系的思维逻辑。

五、生成思想需要的素质准备

作为高于"社会心理"的校长思想体系，其生成的过程虽然类似于杜威的"思维五步说"，但是，要真正生成具有生命力的教育思想，也绝非易事。有一些素质是必需的。

(一)思想的生成需要校长自身素质结构的不断完善

校长与教师的发展从本质上说是专业发展，而不是一般的发展。发展的主要含义大概可从两方面来理解：一是外在的发展，通常是指数量与规模上的增加或扩大；二是内在的发展，通常是指质上的提升与内涵的丰富。当然，两者之间还是有一定联系的，外在的量不发展到一定的程度，也很难有内在的发展。就如不在校长岗位上工作一定的年限，要想对教育与办学有深刻的理解，往往是不可能的。

专业发展是内涵的不断丰富，而内涵的丰富则体现在校长自身素质结构的不断完善上。正如中国的经济目前主要依靠结构的调整与增长方式的转型一样，校长与教师的内涵的丰富，也要依靠自身结构的完善，依靠反思、学习、行动、研究等专业的方式来发展自己。

(二)思想的生成需要校长自身道德智慧的不断提升

教育本来就是充满智慧的事业。美国伦理学家麦金太尔在《德性之后》中指出：真正的实践理智是需要善的知识的，智慧本身需要有某种善在它的拥有者里。

智慧中的道德力量是至关重要的，就如英国哲学家洛克认为的那样：智慧是善良的天性、心灵的努力与经验结合的产物。其中，"善良"是必不可少的。只有具有道德智慧的校长，形成的教育思想才是具有道德影响力的。校长思想的领导，在很大程度上说，就是道德的领导。没有对生命的敬畏，没有感恩的心态，即使通过"感悟"会有所得，得到的结果也仅仅是"技术"，甚至是"伎俩"。

(三)思想的生成需要校长责任担当的不断强化

造就一批教育家型校长，既是党和政府的期望，也是人民对优质教育的渴望。因此，教育家型校长一定是贯彻党的教育方针、全面实施素质教育的楷模。他们应当自觉地承担起"以生为本，为国育才"的历史使命。没有对国家、对民族未来负责的大情怀、大豪情，是不可能对教育有真正感悟的。

(四)思想的生成需要校长思维品质的不断优化

"存在"决定"思维"，而思维方式往往决定着行为方式。教育家型校长除了应达到其道德智慧要求外，也必须具有专家的思维品质。所谓"像专家一样思维，就是专家"是有一定道理的。思维的"圆通"，才能保证工作上的"圆满"。培训在很大程度上可以说就是为了促进思维方式的改进。

我们应该根据马克思在《〈政治经济学批判〉导言》中指出的那样，在"思维的两条道路"上不断地螺旋上升。"在第一条道路上，完整的表象蒸发为抽象的规定；在第二条道路上，抽象的规定在思维行程中导致具体的再现。"笔者以为，第一条路就是提炼核心概念，就是要透过现象抓住事物的本质，抽象的规定就是概念，就是主题；第二条路就是通过思维把提炼的主题具体化。列宁在《哲学笔记》中也有论述：由生动的直观到抽象的思维，再由抽象的思维到实践，这是认识真理、认识客观实在的辩证的途径。

(五)思想的生成需要校长不断走向自觉

近年的培训实践中，教育部中学校长培训中心在陈玉琨教授的引领下，已经初步把校长思想的形成归纳为如下"四化"。

第一，隐性知识显性化。要把校长的默会知识彰显出来，尽可能把隐性知识不断外显，把默会知识明确化，使其可以言传。

第二，感性认识理性化。要把校长平时感觉到的东西，通过自身的思维与感悟上升到理性的高度。正如毛泽东所说："感觉到了的东西，我们不能立刻理解它，只有理解了的东西才更深刻地感觉它。"

第三，零碎知识系统化。要把校长在日常的工作中迸发的智慧火花"系统化"，让其成为照亮自身与师生的"火炬"。

第四，教育理念体系化。凝练理念是重要的，但是理念如果不能体系化为具体的思想，尤其是为师生所接受与认同的思想，那么便很难在实践中发挥现实的力量。

当然，校长教育理念的提炼与教育思想体系的生成，并不是经过短短的一年或者三年培训所能完成的。但是上述培训的做法，还是有助于他们加速理念的凝练与思想的生成的。

[参考文献]

[1] 约翰·杜威. 确定性的寻求：关于知行关系的研究[M]. 傅统先，译. 上系：上海人民出版社，2005.

[2] 泰勒·本-沙哈尔. 幸福的方法[M]. 汪冰，刘骏杰，译. 北京：当代中国出版社，2007.

[3] G. 希尔贝克，N. 伊耶. 西方哲学史——从古希腊到二十世纪[M]. 童世骏，郁振华，刘进，译，上海：上海译文出版社，2004.

[4] 吉姆·柯林斯. 从优秀到卓越[M]. 俞利军，译. 珍藏版. 北京：中信出版社，2009.

[5][6] 吴松. 大学正义[M]. 北京：人民出版社，2006.

（本文责任编辑：辉明）

（原载《教师教育研究》，2014 年第 5 期）

反馈促进新教师教学
反思能力发展的行动研究

罗晓杰，牟金江

（浙江师范大学外国语学院，浙江金华 321004）

[摘要]本文作者采用个案研究方法，在"师徒制"和"校本教研"制度下实施了一项旨在促进新教师教学反思能力发展的行动研究。为期两年的研究发现：反思方法指导有助于提高新教师的教学反思能力；基于"师父"或同伴反馈的新教师教学反思较独立的反思更有广度和深度；与简单的自我反思相比，"反馈＋反思"、"反思＋反馈"、"反思＋反馈＋再反思"和"对比反思"等教学反思模式更能有效提高新教师的教学反思能力。

[关键词]新教师；教师反思能力；教学反思；同伴反馈

[中图分类号]G652　[文献标识码]A　[文章编号]1672-5905(2016)01-0096-07

Action Research on Improving Novice Teachers' Competence of Teaching Reflection with the Help of the Feedback Information

Luo Xiaojie, Mou Jinjiang

(College of Foreign Languages, Zhejiang Normal University, Jinhua, Zhejiang，321004，China)

Abstract：Based on a case study of promoting a novice teachers' competence of teaching reflection which was carried out under the system of apprenticeships and school-based teaching research，the author reached the following conclusions after a two-year action research：the guidance of the methods of teaching reflection helps to improve novice teachers' competence of teaching reflection；

[收稿日期]2015-06-01

[作者简介]罗晓杰，浙江师范大学教授，教育学博士，主要研究方向为教师专业发展、英语课程与教学论。

feedback-based teaching reflection is superior to self-reflection in both depth and breath；teaching reflection models as "feedback＋reflection"，"reflection＋feedback"，"reflection＋feedback＋re-reflection"，and "contrast reflection" are more effective for novice teachers comparing with the simple self-reflection.

Keywords：novice teachers，competence of teaching reflection，teaching reflection，peer feedback

一、引言

新教师专业成长问题是教师教育研究领域的重要课题，该研究拥有多种学科视角和多元研究方法。国外相关研究表明，新教师专业成长是新教师专业化的渐进过程，是新教师的教学行为不断完善、教学反思能力不断提高、教学效能感不断增强的"一个职业学习的过程"。[1]可见，教学反思能力的提高是新教师专业成长的重要标志。

普遍认为，教学反思能力在教师能力结构中居于核心地位，是较难发展的教师能力之一。而对于教学行为尚未完善和教学监控能力尚未形成的新教师而言，其教学反思能力的发展更是难上加难。近年来，有研究者构建了"以撰写典型案例为反思方式，以反馈评价为指导方式"[2]的新教师培养模式；也有研究者探索了在"师徒制"体制下，"以实践反思为价值取向、'师徒'反馈结合同伴反馈"[3]促进新教师专业成长的途径。虽然上述两项研究把师徒反馈和教学反思同时作为促进新教师专业成长的有效途径，但并未深入探究二者之间的关系，也未就基于同伴反馈发展新教师反思能力的方法途径展开深入研究。这正是本研究的关注重点所在。

二、教学反思与教师间的同伴反馈

(一)教学反思的类型与方法

教学反思是指教师为了实现有效教学，在教师教学反思倾向的支持下，对已经发生或正在发生的教学活动，以及这些教学活动背后的理论、假设进行积极、持续、周密、深入、自我调节性的思考[4]的过程，是教师对自己的教学行为以及教学效果进行审视、分析和反省的过程。国内外学者从不同的视角将教学反思划分为不同的类别。美国教育家舍恩（Donald Schon）提出了"行动中反思"和"行动后反思"两个概念。行动中反思就是个体有意识地或潜意识地、不断地对与以往经验不相符的、未曾预料的问题情境的重新建构；行动后反思是个体对已经发生的行为的回顾性思考，其中也包括对行动中反思的结果与过程的思考。[5]舍恩强调，行动中反思会使个体对自身所处的独特的教学情境产生更深的理解。布鲁巴赫（J. W. Brubacher）等人将反思性教学实践划分为"为实践（教学）反思"、"实践（教学）中反思"和"对实践（教学）的反思"[6]三类。"为教学反思"是指反思发生在教学前，"教学中反思"是指反思发生在教学的过程中，而"对教学的反思"是指反思发生在教学之后。吕洪波借鉴布鲁巴赫的研究成果，按照教学进程把教学反思划分为"教学前反思"、"教学中反思"和"教学后反思"，并对三者进行了明确的区分："教学前反思"具有前瞻性，能使教学成为一种自觉的实践，并有效地提高教师的教学预测和分析能力；"教学中反思"即及时、自动地在行动过程中反思，这种反思具有监控性，能使教学高质高效地进行，并有助于提高教师的教学调控和应变能力；"教学后反思"具有批判性，能使教学经验理论化，并有助于提高教师的教学总结能力和评价能力。[7]多数国内研究者认为，教学反思主要是对课堂教学过程和教学效果的反思。

常用的反思方法是日志反思法，具体包括随笔式反思日志、案例式反思日志和主题式反思日志。随笔式反思日志不拘形式，也没有问题框架，教师可以随时记录自己的所思和所感。案例式反思日志的问题框架为：发生了什么事情？为什么发生？采取何种策略解决？效果如何？主题式反思日志一般包含教师对某一主题的较长时间的思考和实践，可能会包含教师教育观念的变化、教育教学实践能力的提升。[8]

(二)教师间同伴反馈的内涵与类型

反馈（feedback）泛指（消息、信息等）返回。心理学认为，反馈是指人们对自身行为信息的获得和了解，进而帮助个体不断调整自己的行为，以改善和提高自己的行为效果。[9]人力资源管理学将反馈定义为对人的行为及行为结果的客观评价[10]，即告诉他人你对他们表现的看法，其中包括对个人行为的评论以及行为对他人所造成的影响[11]。教师间的同伴反馈是反馈在教学领域的具体应用，它不同于师生间的反馈，它以教师课堂教学行为及其有效性为反馈内容，是教师同伴间关于教学行为及其有效性的信息交流。教师间的同伴反馈能够帮助教师认识到自己的教学行为是否规范，是否有效，如何改进。

依据反馈方式，可以将教师间的同伴反馈划分为认可式教学反馈和矫正式教学反馈两种类型。认可式教学反馈是对教师出色完成教育教学工作的一种肯定；矫正式教学反馈是针对教师的工作表现、教学技能和教学行为等提出的反馈意见，旨在改变教师低效或无效的教学行为，帮助教师提高工作效率。两种反馈在强化教师有效教学行为和矫正其低效或无效教学行为中起着不同的作用，是促进教师专业成长的有效途径。

三、反馈促进 X 教师教学反思能力发展的行动研究

(一)研究设计

本研究选择一名新手型高中英语教师(X 教师)作为研究对象。X 教师所在的学校是省级示范高中，该校有着较为完善的"师徒制"和"校本教研"制度，"师徒制"运行良好，备课组教研活动开展得有声有色。在备课组长的支持下，我们实施了一项反馈促进 X 教师教学反思能力发展的行动研究。本研究历时两年，其研究假设是：来自"师父"和同伴的反馈能够促进 X 教师教学反思能力的发展。本研究首先制定了反馈促进 X 教师教学反思能力发展的行动研究方案，计划在两年内完成对 X 教师教学反思能力的培养。采用课堂观察、反馈会议、访谈和问卷调查等方式收集数据，采用文本分析法和简单量化相结合的方法分析数据和评估效果。

(二)研究过程

本研究的实施过程共分三个阶段：任务驱动的反思方法训练、反馈驱动的反思能力培养和内部驱动的教学反思实践。具体目标和措施如下。

1. 第一阶段：任务驱动的反思方法训练

第一阶段的行动研究始于 X 教师入职后的第二学期，持续时间为一个学期。在对 X 教师的反思能力进行前测时研究者发现，X 教师对教学反思了解甚少。根据 X 教师的实际反思能力，研究者对其进行了反思方法指导。除了为其提供案例式反思日志的基本问题框架外，还给出了常用的课后反思日志

的基本问题框架(本节课教学目标的达成情况如何？成功之处是什么？为什么？不足之处是什么？为什么？再教设计怎么做?)和侧重目标达成的反思日志的基本问题框架(教学目标的达成情况怎样？各种教学行为的有效性如何？教学程序、教学策略、教学内容等与预设相比有何不同？为什么?)。为了培养 X 教师良好的反思习惯，使其形成一定的反思意识，本研究要求 X 教师按照上述问题框架，在每单元的阅读课后撰写反思日志，把发现的问题、成功的举措、收获的感悟和理性的思考记录下来，对具有共性的问题进行分析，将反思日志上交给经验老师，即"师父"。

2. 第二阶段：反馈驱动的反思能力培养

第二阶段的行动研究始于 X 教师入职后的第三学期，持续时间为一学年。经过第一阶段的教学反思方法训练，X 教师的教学反思意识有所提升，基本能够发现教学中存在的问题，并能有意识地思考问题产生的原因，但其教学反思归因能力尚未形成，多数情况下还找不到问题产生的真正根源。鉴于此，研究者采取了两项措施。措施一是指导 X 教师反思归因方法，要求其将备课环节的预设和课堂教学实施一并纳入反思范畴，并为其提供反思的问题框架："你在教学之前的计划或期望是什么？实际的教学情境又是怎样的？两者之间是否存在差距？为什么存在差距？这对你以后的教学有什么启示作用?"[12]措施二是要求 X 教师的"师父"或同伴在公开课或汇报课后进行反馈，强化反馈环节的问题归因。为了不增加 X 教师及其师父和同伴的工作负担，研究者建议 X 教师延续在每单元的阅读课后独立撰写反思日志的习惯，只在公开课后主动寻求"师父"或同伴反馈，探讨教学中存在的问题并进行归因分析，研讨改进教学的有效策略。

3. 第三阶段：内部驱动的教学反思实践

第三阶段的行动研究始于 X 教师入职后的第五学期。经过两年教学工作的磨砺，X 教师的课堂教学行为已经达到规范要求，其教材分析、学情分析、重难点确定、教学目标构建和教学活动设计能力得到了长足的发展。在接受反馈、主动寻求反馈和基于反馈的反思过程中，X 教师的反思能力也不断提高。鉴于此，研究者建议 X 教师强化自我反思能力。主要采取以下三项措施进行。①要求 X 教师在一节课结束后立即反思，马上调整教学设计，在第二节课上加以改进，然后对比两节课在教学设计和教学效果上的差异，并对产生差异的原因进行分析。②要求 X 教师对自己两年前后针对同一教学内容的教学设计和教学效果进行对比反思，反思教学设计与实施效果的差异及其原因，借助教学录像，分析两节课的教学有何差异，在对比中发现自身的教学行为有哪些进步，还存在哪些问题，并进行自我强化或自我矫正。③要求 X 教师把自己的课与他人的课进行对比，对比不同的教学设计和教学行为产生的教学效果及其背后的原因，取长补短。

(三)研究数据采集与分析

本研究采用多种方法采集数据。本研究在征得研究对象 X 教师及其"师父"和同伴的同意后，对 X 教师每单元的阅读课和其他课型的公开课进行了教学录像，对师徒一对一反馈面谈和备课组反馈会议进行了录音记录。使用录音录像设备，研究者可以多次放听和观看，有效避免了教学信息和反馈信息遗漏，有利于对数据进行客观处理。为了确保数据的全面和准确，研究者还收集了 X 教师的教学反思日志、说课稿和教学课例等个人教学资料，辅以课堂观察、问卷调查、文本分析等方法进行了量化和质性分析。不同来源的数据相互引证，当事人核准数据，有利于实现三角互证，提高研究的信度。

(四)行动研究效果评估

在行动研究开始和结束时，研究者选用国外教学反思能力测试问卷，对 X 教师的教学反思能力进行了测量。该测量工具共 30 道测试题目，每一道题目的选项均为：总是这样(4 分)，经常这样(3 分)，有时这样(2 分)，极少这样(1 分)。本项测试满分为 120 分。75 分以下，表明教学反思能力一般；75~104 分，表明教学反思能力较强；104 分以上，表明教学反思能力很强。[13]行动研究开始时，X 教师反思能力测试结果为 50 分，这表明 X 教师当时的教学反思能力一般。行动研究结束时，X 教师反思能力测试结果为 81 分，这表明 X 教师的教学反思能力已达到较强水平。具体分项测试结果见表 1。

表 1 X 教师反思能力的自我评估数据

题目	行动研究前	行动研究后
当我遇到问题时：		
1. 我能够鉴别问题情境。	1	3
2. 我能够根据学生的需要分析问题。	2	3

题目	行动研究前	行动研究后
3. 我会为自己的决策寻找支持性（或反对性）的证据。	2	3
4. 我会在伦理的背景下分析问题。	1	3
5. 我能有条理地解决问题。	2	3
6. 我凭直觉做出判断。	3	2
7. 我会创造性地理解问题情境。	1	2
8. 我的做法因情而异。	1	2
9. 我对固定的常规最放心。	1	2
10. 我坚持一些观点（比如，所有学生都能够学习）。	1	2
11. 我能够对学生的需要做出积极的回应。	1	2
12. 我常常评价各种教学方法的目标与行动。	2	3
13. 我思维灵活。	3	3
14. 我爱提问。	3	3
15. 我欢迎同事评价我的做法。	3	2
当我进行教学计划、实施、评价时：		
16. 我常常运用创新性的观点。	2	3
17. 我关注的焦点是教学目标。	1	3
18. 我认为不存在最好的教学方法。	4	4
19. 我拥有一名好教师所需的技能。	2	3
20. 我拥有一名好教师所需的知识。	2	3
21. 我会自觉地调整教学以适应学生的需要。	1	3
22. 我能够充分地完成任务。	2	3
23. 我理解概念、基本事实、步骤以及技能。	2	3
24. 我理解那些被公认为不错的教学实践的社会意义。	1	2
25. 我会设定长期目标。	1	2
26. 我会对自己的行动进行自我监控。	1	3
27. 我会评价自己教学的有效性。	1	3
28. 学生实现了我的教学目标。	1	3
29. 我会有规律地写日志。	1	2
30. 我参与了行动研究。	1	3

为了清楚地描述 X 教师的教学反思能力，研究者建议 X 教师按照教学反思能力测试问卷的问题框架和自己的选项，对其行动研究前后教学反思能力测试的结果做出解读。具体解读内容如下：

两年前，我的教学反思能力相当薄弱。当教学中遇到问题时，我基本不能独立鉴别问题情境，不能创造性地理解问题情境。在分析问题时，我主要凭直觉做出判断，缺少在伦理的背景下分析问题的意识。有时，我会为自己的教学决策寻找支持性（或反对性）的证据，但一般不能根据学生的需要分析问题。在解决问题时，我还缺少常规意识，尚未形成稳定的教学观念。虽然我能有条理地解决教学中的问题，但很少因情而异。有时，我会评价各种教学方法的目标与行动，但较少对学生的需要做出积极的回应。目前，我的教学反思能力有了很大提高。当教学中遇到问题时，我通常能独立鉴别问题情境，基本能够创造性地理解问题情境。在分析问题时，我有时也会凭直觉做出判断，但经常会在伦理的背景下分析问题，为自己的决策寻找支持性（或反对性）的证据，能根据学生的需要分析问题。在解决问题时，我基本能有条理地尝试解决各种教学问题，也会评价各种教学方法的目标与行动，有时还能做到因人而异，对学生的需要做出积极的回应。

两年前，在进行教学计划、实施和评价方面，我的反思能力也比较薄弱。当时我认为我已经拥有了一名好教师所需的知识和技能，能够理解相关概念、基本事实和步骤以及跟教学密切相关的基本技能，能够完成教学任务，但我很少自觉调整教学以适应学生的需要。我认为不存在最好的教学方法，有时会尝试运用创新性的观点，但我极少对行动进行自我监控，也很少评价自己教学的有效性。我较少关注教学目标的落实，也很少考查学生是否实现了我设定的教学目标。目前，我已能够有意识地调整教学以适应学生的需要，完成教学任务。我还会尝试运用创新性的观点，但不同的是，我已经能够有意识地对自己的教学行为及其有效性进行监控，关注教学目标的落实，考查学生是否实现了我设定的教学目标。

两年前，我很少思考和设定长期的教学目标，很少尝试理解那些被公认为不错的教学实践的社会意义，没有写过教学日志，也没有参与过行动研究。现在，我学会了思考和设定长期的教学目标，正在尝试理解那些被公认为不错的教学实践的社会意义。我已基本养成了写教学日志的习惯，也参与了行动研究。

四、研究发现

(一)基于反馈的新教师教学反思更有广度和深度

为了评估"师父"或同伴反馈在提高新教师教学反思能力中的作用，研究者在行动研究的三个阶段分别选取了一篇 X 教师的独立教学反思文本和一篇基于"师父"或同伴反馈的教学反思文本。加上行动研究前测和后测时各一篇独立教学反思文本和基于反馈的教学反思文本，合成了由五篇独立教学反思文本和五篇基于反馈的教学反思文本组成的教学反思文本。依据有效教学的相关理论，研究者从 X 教师的教学反思文本中选取了与教学目标达成和教学问题反思归因相关的词汇进行了词频统计，具体差异见表2。

表 2　X教师的独立教学反思文本和基于反馈的教学反思文本词频分析对比

相关词汇	独立反思文本（词频数）	基于反馈的反思文本（词频数）
重点及其近义词	11	22
突出重点及其近义词	28	42
难点及其近义词	11	20
突破难点及其近义词	25	37
目标达成及其近义词	54	57
问题回顾及其近义词	15	29
反思归因及其近义词	28	70

注：重点、突出重点及其近义词包括关注点、重点、重心、重要、侧重点、关注突出；难点、突破难点及其近义词包括难点、难度、困难、设计、预设、降低、引导、铺垫、突破、深层、表层、层次、层层推进；目标达成及其近义词包括目标、目的、结果、效果、效率、效益、有效、旨在、可行、落实、达成、达到、实现、解决、完成、掌握；问题回顾及其近义词包括问题(去掉教学设计中的问题和学生提出的问题)、不足、遗憾、失误、失败、败笔、错误、可惜、发现、找到、觉得、错误理解；反思归因及其近义词包括原因、因素、由于、因为、为什么、为了、一是、二是、分析、思考、认为、知道、不知道、模糊、不清楚、清楚。

为了能够更加清楚地说明 X 教师的独立教学反思文本与基于反馈的教学反思文本之间的差异，研究者分别将二者在重点、突出重点、难点、突破难点、目标达成、问题回顾和反思归因项上的词频数进行了差异分析。具体见

图 1 和图 2。

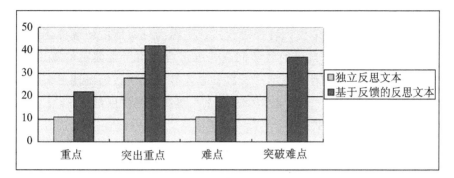

图 1　两种类型教学反思文本词频分布差异分析：重点、突出重点、难点、突破难点

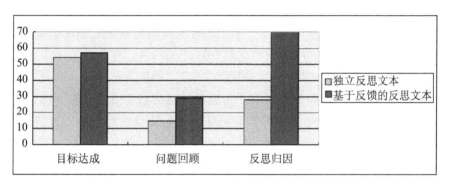

图 2　两种类型教学反思文本词频分布差异分析：目标达成、问题回顾和反思归因

从两幅图中可以明显看出，除了目标达成差异较小外，其他六项指标均存在显著差异。这表明，获得"师父"或同伴的反馈后，X 教师对重点、难点、教学问题及其原因等的教学反思内容更多、更广。图 2 显示，反思归因项差异最为显著，这说明 X 教师在基于反馈的教学反思中更多进行反思归因，反思内容更加深刻。

（二）新教师的教学反思模式

为了更好、更快地促进新教师教学反思能力的发展，使"师父"或同伴反馈在新教师专业成长过程中充分发挥促进作用，在行动研究的实施过程中，除了独立的日志反思外，X 教师也采用了其他教学反思形式。具体可以归纳为"反馈＋反思"、"反思＋反馈"、"反思＋反馈＋再反思"和"对比反思"四种模式。

1.“反馈＋反思”模式

“反馈＋反思”模式是指在接受“师父”或同伴的反馈后，新教师进行教学反思，撰写反思日志。采用该种反思模式，是因为见习期的新教师还缺乏独立反思能力，很难发现自己的教学问题，也很难找出产生问题的真正根源。待“师父”或同伴提供反馈后再撰写反思日志，能保证新教师发现更多的问题和进行正确的反思归因，可使新教师反思的广度扩大和深度延伸。

2.“反思＋反馈”模式

“反思＋反馈”模式包括反馈主导和反思主导两种类型。反馈主导的“反思＋反馈”模式是指新教师在“师父”或同伴的要求下进行反思。在“师父”或同伴给予反馈前，新教师先对自己的课堂教学进行口头反思，然后再由“师父”或同伴针对其他未纳入新教师自我反思的问题进行反馈，陈述现象、分析原因和提出改进意见。反思主导的“反思＋反馈”模式是指新教师上交反思日志后，针对教学中的失误或不解现象主动求教“师父”或同伴。该模式是新教师主动寻求反馈，以求解教学问题产生的根源和求教问题解决的策略。二者的区别在于前者是在“师父”或同伴的要求下新教师进行的教学反思，是外部驱动的“反思＋反馈”模式；而后者是新教师先反思后主动寻求“师父”或同伴反馈，是内部驱动的“反思＋反馈”模式。研究发现，当新教师学会了反思方法，具备了一定的反思意识后，内部驱动的“反思＋反馈”模式的使用频率会逐渐增加。

3.“反思＋反馈＋再反思”模式

“反思＋反馈＋再反思”模式属于内部驱动的反思模式，是指新教师在自我反思、接受(或主动寻求)“师父”或同伴的反馈后，基于反馈对自己教学中存在的问题及其根源，以及问题解决策略做出了第二次反思。“反思＋反馈＋再反思”模式是新教师反思的理想模式，该模式中的“再反思”也是新教师进行再教设计的过程，是培养新教师的教学能力和教学反思能力的有效途径。

4.“对比反思”模式

“对比反思”模式是新教师在基本形成了教学反思能力后采用的内部驱动的教学反思模式。第一种对比反思是对比相同教学内容在不同班级的教学效果，反思两节课在教学设计(第二节课的教学设计根据对第一节课教学效果的反思进行了调整)和教学效果上的差异，并进行归因分析。第二种对比反思是对同一节课进行的跨年度教学反思，借助教学录像，分析两节课在教学设计和教学效果上有何差异，并进行原因分析，在对比中发现自身教学行为有哪些进步，还存在哪些问题，从而进行自我强化或自我矫正。第三种对比反思是针对同一节课，把自己和同伴的教学设计和教学效果进行对比，对比不同的教学设计和教学行为产生的教学效果及其背后的原因，取长补短。"对比反思"模式与基于反馈的反思有所不同，反思过程中没有反馈环节，或者说只有自我反馈环节，因而更能体现新教师的反思水平。

对比上述四种新教师教学反思模式发现，前三种反思模式均属于基于反馈的反思，第四种反思模式属于独立的反思（有研究者称之为自我反馈）。研究者发现，从基于反馈的反思到对比反思，独立反思的成分逐渐增加，"师父"或同伴的反馈在新教师的反思中的作用逐渐减弱，新教师的教学反思能力不断提高，教学反思能力逐渐形成。

五、结论与讨论

(一)"师父"或同伴反馈有助于提高新教师的教学反思能力

"师父"或同伴的反馈有助于提高新教师的教学反思能力。这在本研究中得到了充分的印证。研究发现，新教师与经验教师在教学反思上最大的区别在于是外部驱动还是内部驱动。基于"师父"或同伴反馈的教学反思对于新教师而言，更具建设性和建构性。因为，新教师在入职初期很难发现自己教学中存在的问题，很难独立完成对教学问题的正确归因，而"师父"或同伴的反馈则能帮助新教师及时发现问题、正确归因和合理解决教学问题。正如 X 教师所说，新教师的专业成长，尤其是教学反思能力的提高，得益于"师父"和同伴的反馈。用他自己的话说："两年前，我在备课时很少考虑学生的基础，很少为不同层次的学生设计不同的问题和提出差异性的要求。基本没有余力根据课堂实际调控自己的教和学生的学。由于缺乏教学经验，我很难准确判断教学目标是否真的达成，更谈不上进行正确的反思归因。有了'师父'和同伴的反馈，我的反思意识不断提高，教学反思能力逐渐形成，教学监控能力也逐渐提高。"

(二)反思方法指导有助于提高新教师的教学反思能力

反思方法指导在 X 教师反思能力的培养和发展过程中发挥着重要作用。和许多新教师一样，在行动研究实施前，X 教师几乎没有教学反思意识，甚至不会进行教学反思。在行动研究实施的过程中，研究者为 X 教师提供了反思的问题框架，在具体操作层面上为 X 教师提供了反思方法指导，并要求其按照问题框架撰写反思日志。当发现 X 教师反思归因能力欠缺后，研究者要求 X 教师从教师的教和学生的学两个方面反思自己的教学行为、学生的学习行为、学生的学习效果，反思教学中存在的问题及其背后的原因。上述反思方法的指导，为 X 教师教学反思能力的提高奠定了基础。目前，X 教师已具备反思性教学意识，进入了反思性教学习惯和能力的形成和发展阶段。用 X 教师自己的话说就是，"我会主动进行阶段反思，会综合考虑各种情景，具体细致地分析自己在较长一段时间内的变化，从纵向的角度反思自己的成长情况。我的教学反思已由关注教学行为到关注学习效果，由看清自己的教学问题到看清教学问题背后的原因，对教师的教和学生的学有了更加深入的理解，对课堂教学的规律性有了一定的把握。我学习了反思方法，通过撰写反思日志和教学课例，我的教学反思能力越来越强了"。可以说，随着行动研究的不断推进，X 教师的教学反思意识逐渐提高，反思习惯基本养成，这与学习反思方法和进行相关训练是分不开的。

六、结语

毋庸置疑，教学反思指向问题解决和行动改善，本质上是一种问题解决过程，即从发现问题到探究原因，再到提出解决问题的方案和进行行动跟进。由于新教师缺少教学经验，对问题的认识往往浮于表面，对原因的分析不够全面和深入。如果没有"师父"或同伴的反馈，那么新教师很难及时发现问题和进行正确的问题归因，在行动跟进中也很难有效地解决问题。

基于反馈的新教师教学反思能力的培养，有利于最大限度地发掘和利用经验教师的资源，充分发挥经验教师在新教师校本培训中的作用。因为"师父"或同伴的反馈能够帮助新教师发现教学中存在的问题，引导新教师分析导致问题产生的真正原因，帮助新教师制定改进教学行为的行动方案。"师父"或同伴的反馈可以弥补新教师教学经验的欠缺和自我反思能力的不足。但值得注意的是，"师父"或同伴的反馈发挥作用建立在新教师的积极主动和能动的教学反思的基础之上。从任务驱动的教学反思到反馈驱动的教学反思，再到独立的、自动化的教学反思，只有新教师主体积极接受"师父"或同伴的反馈，能动地参与教学反思，才能实现教学行为的改善，实现对自身教学行为和学生学习行为的有效监控，进而实现个人的专业成长。

［参考文献］

［1］Britton，E.，Paine，L.，Pimm，D. J.，et al. Comprehensive teacher induction：systems for early career learning［M］. Boston：Kluwer Academic Publishers，2003.

［2］邹丽红. 在职新手外语教师培养模式之案例研究［D］. 上海：华东师范大学，2009.

［3］杨文颖.“导师制”教师入职教育模式探究——以宝鸡文理学院为例［D］. 西安：西安外国语大学，2011.

［4］［5］［8］［12］申继亮. 教学反思与行动研究——教师发展之路［M］. 北京：北京师范大学出版社，2006.

［6］［7］吕洪波. 教师反思的方法［M］. 北京：教育科学出版社，2006.

［9］羽生义正. 学习心理学——教与学的基础［M］. 周国韬，编译. 长春：吉林教育出版社，1989.

［10］哈佛商学院出版公司. 反馈的艺术［M］. 王春颖，译. 北京：商务印书馆，2010.

［11］玛丽埃塔·科普曼斯. 反馈——掌握给予和接收反馈的艺术［M］. 思腾中国，译. 北京：气象出版社，2009.

［13］Taggart，G. L.，Wilson，A. P. 提高教师反思力50策略［M］. 赵丽，译. 北京：中国轻工业出版社，2008.

（本文责任编辑：吴娱）

（原载《教师教育研究》，2016 第 1 期）

论教师专业学习深度化新路径

李育球

（广州大学教育学院，广东广州 510006）

[摘要]教师深度专业学习是教师专业发展的重要方式。然而，现实中浅层专业学习问题严重阻碍了教师专业发展，因此迫切要求教师专业学习深度化，即从浅层学习转向深度学习。教师浅层学习问题集中体现为学习逻辑的缺陷、学习历史维度的萎缩与学习个性的压抑。全人学习是教师专业学习深度化新路径，具体包括主题生成、主线延伸与主义形成三部曲。主题生成注重教师深度专业学习的逻辑力量，主线延伸侧重教师深度专业学习的历史表征，主义形成强调教师深度专业学习的范式表达。

[关键词]教师专业发展；深度学习；全人学习

[中图分类号]G650　[文献标识码]A　[文章编号]1672-5905(2019)03-0026-05

On New Path of Deepening Teacher's Professional Learning

Li Yuqiu

(Teachers College，Guangzhou University，Guangzhou，Guangdong，510006，China)

Abstract：Deep professional learning is the important way of teacher's professional development. Actually，surface learning is a serious problem that hinders teacher's professional development. So，it is urgent to transform the surface learning into deep learning. For teachers，the surface learning problems are mainly reflected in the defects of learning logic，the shrinkage of learning history dimensions，and the suppression of learning personality. Holistic learning is the new path of deepening teacher's professional learning. To pose

[收稿日期] 2018-10-09

[作者简介] 李育球，广州大学教育学院讲师，教育学博士，主要研究方向为教师教育、比较教育与教育哲学。

the theme，to extend the principal line of learning，and to create the ism are the significant steps of holistic learning. Posing the theme focuses on logical power of teacher's deep professional learning；Extending the principal line stresses one historical characterization of teacher's deep professional learning；Creating the ism emphasizes the paradigmatic expression.

Keywords：teacher's professional development，deep learning，holistic learning

一、问题提出

教师学习是教师专业发展的重要途径。在知识爆炸与终身学习的时代，学生发展需求日趋多元，教学情境日益复杂，教师更需要不断学习，以满足社会对教师的期待以及学生发展对教师的需求。然而，现实中教师学习状况不尽如人意，其中浅层学习问题较为严重，往往表现为学习动机不足、学习方式机械、学习知识零散、学习效果不明显。这种浅层学习难于为教师的专业发展提供有力的智力支持。为此，教师迫切需要将浅层学习转化为深度学习，从而为教师专业的可持续发展提供源源不断的智慧支撑。那么，到底如何改造教师的浅层学习，促进其深度化呢？本文试图回答这一基本问题。

二、教师浅层专业学习的内涵及弊端

厘清什么是浅层学习，并揭示浅层学习的弊端，是改造浅层学习的前提。教师浅层专业学习是指教师为促进专业发展而学习，但表现出动机不足、方式被动、内容零碎、效果不明显的一种学习。虽然这种学习多多少少会带来一定的学习效果，但是难以满足培养高素质、专业化、创新型教师的时代需求，难以支撑教师可持续的专业发展，最终会导致教师专业发展的学习基础问题。真正有影响力、有生命力的学习应该是逻辑与历史的统一、理念与经验的统一、理论与实践的统一、科学与艺术的统一。然而，教师浅层专业学习的弊端集中体现为学习逻辑的缺陷、学习历史维度的萎缩与学习个性的压抑。

首先，教师浅层专业学习在知识逻辑、实践逻辑与存在逻辑上存在着严重的逻辑缺陷。知识逻辑、实践逻辑、存在逻辑是教师深度专业学习的三大基本逻辑。知识逻辑指教师专业学习不仅要全面，而且要在逻辑上实现有机统一；实践逻辑指教师专业学习应基于实践、为了实践和学于实践；存在逻辑指教师专业学习应是一种彰显教师主体性的存在。

教师浅层专业学习的知识逻辑缺陷主要体现为教师"全专业学习"的缺失。由于教师的全专业属性包括学科专业属性、教授专业属性和学习专业属性[1]，因此，教师的专业学习也应该是全专业学习，它不仅包括学科专业知识学习、教授专业知识学习，而且包括学习专业知识学习。教师不仅要学好自己所教的学科知识，而且要学好教育学和学习学方面的知识。教师深度专业学习要实现三大专业知识学习的有机统一，即实现学科知识、教授知识与学习学知识的有机统一，就要把它们统一到教师专业发展和立德树人的主旨上来。教师仅仅拥有学科知识是不够的，还需要拥有教授知识，更需要把两者有机统一为"PCK"（pedagogical content knowledge），即"学科教学知识"。同时，还需要拥有学习学知识[2]，并将其有机统一为"LTCK"（learning and teaching content knowledge）[3]，即"学科学教知识"。只有实现了这种"LTCK"的获得与领悟，才算真正实现了教师深度学习在知识逻辑维度上的内在统一。而教师浅层专业学习的知识逻辑缺陷，集中体现为"LTCK"的缺失，具体表现为"半专业学习"，即教师学习的知识是分裂的、隔离的和残缺的。有的教师虽然拥有深厚、扎实的学科知识，但缺乏如何教授的教育学知识；有的教师虽然具备较好的 PCK，但缺乏学生如何学习的知识。真正的教师深度专业学习，应该是三大知识即学科知识、教授知识与学习学知识的有机统一，应该是富于教育力的"LTCK"的生成与丰富。

教师浅层专业学习逻辑的缺陷不仅表现为知识逻辑的残缺，而且表现为实践逻辑的困境。基于实践、为了实践、学于实践是教师深度专业学习的实践逻辑。教师深度专业学习注重从教师真实的学习体验出发，理解教师针对自己工作中的具体问题，与教师同行和外来专家共同建构知识的过程。[4]教师浅层专业学习的实践逻辑困境在于学习与实践的断裂与隔离。不少教师的专业学习不仅缺乏基于实践的经验基础，而且缺失为了实践的学习目的，更缺少学于实践的学习情境。缺乏基于实践的经验基础，教师的专业学习容易具有不切实际的弊端，教师学习的知识也难以内化成教师自身的教育力量，难以转化为教学智识和智慧；缺失为了实践的学习目的，教师的专业学习难免陷入为了知识而学习的困境，难以促进所学知识转化为教育实践产生力，教师的可持续学习动力也易枯竭；缺少学于实践的学习情境，教师的专业学习难以实现在地化与个性化。而教师的教学实践是一种高度的在地化、个性化的实践，因而浅层专业学习容易阻碍教师的个性化发展与教学风格的形成。

除了知识逻辑的残缺、实践逻辑的困境外，教师浅层专业学习逻辑的缺陷还表现为教师存在逻辑的缺席。教师存在逻辑是一种由内向外的逻辑。教师首先是一种教育心灵的存在，然后才是一种教育实践的存在。教师需要一种存在的勇气，这种勇气是一种内圣外王式的教学勇气。[5]教师深度专业学习不仅是知识的拓展与升华，也不仅是实践的推进与发展，更是教师存在勇气的彰显。教师是一种不断超越的存在，需要不断超越自己，不断塑造和凝练自身的教学个性，不断完善自己的教学风格，不断提升自我认同。从根本上说，教师深度专业学习，是教师存在的一种方式。存在不同于存在者，教师作为一种自为存在，"是其所不是，而又不是其所是"。[6]存在意味着不断超越、不断批判与改造现实的勇气。如果教师从存在蜕变成了存在者，那么教师的教育生活就失去了批判性、挑战性、创新性的源头，教师的学习也就失去了最根本的内驱力，如此，他将从一位锐意进取的创新型教师转变成故步自封的守旧型教师，不再对专业学习感兴趣，内心也不再渴望专业学习，不再通过学习来不断提升，而是安于现状，从一位主动的教育革新者退化成一个被动应付外在要求的教育守旧者。

其次，教师浅层专业学习体现为学习历史维度的萎缩。教育是培养人的事业，也是培养人的艺术，它需要源源不断的精神投入和生生不息的教育智慧。教师作为教育的第一资源，自然需要自身的不断发展和不断完善。而专业学习是教师不断发展和完善的重要途径，因此，教师专业学习是一个漫长的过程，是终身的过程。"教到老、学到老"是教师专业学习的必然要求。教师浅层专业学习历史维度的萎缩，体现在以下方面。第一，缺乏连续性学习时间。教师浅层专业学习在时间维度上往往表现为"三天打鱼，两天晒网"，教师浅层专业学习的时间分布呈现为不规则的点状。而深度专业学习的时间分布多成有规则的线状。不规则的点状时间容易导致教师专业学习的内容碎片化，难以形成知识的集成效应。第二，缺乏可持续学习的动力与知识基础。由于浅层专业学习缺乏知识逻辑、实践逻辑与存在逻辑，因此，教师缺乏可持续学习的知识与动力基础，知识方面缺乏递增和递进性，动力方面缺乏内在的持续动力。

最后，教师浅层专业学习压制教师的学习个性。每一位教师都是独特的个体，教师学习也应有鲜明的个性。浅层专业学习中的教师人云亦云，缺乏独立的批判精神。从学习认识论来看，深层学习是学习主体以独特的视角对认识对象进行深刻的审视和积极的知识建构，从而形成一种澄明的洞见；浅层学习则相反，学习主体缺乏认识的独特视角，主体性受到抑制，消极被动地接受知识，自身与知识是分离的，甚至是二元对立的，知识难以融入自己的生命体验和个性成长。从知识社会学来说，深层学习彰显的是学习的主体间性关系，它既体现为与他人共同学习，也表现为学习者与所学知识是一种对话关系，学习者在与别人建构的知识交流对话中建构自己独特的知识体系。浅层专业学习中的教师缺乏自己的教育哲学理念，缺少自己建构的专业学习认识论框架和独特的学习视角，缺乏专业学习的学生立场，故而，教师学习的知识难以融进自己的教育事业中，难以促进个性化、风格化的专业成长。此外，浅层专业学习中的教师难以与同事、同人形成专业学习共同体。专业学习共同体是彰显主体间对话、交流、分享、互进的学习群体，浅层学习与学习的主体性和主体间性背道而驰，浅层专业学习中的教师难以适应学习共同体生活，难以为学习共同体贡献自己个性化的思想、观点和知识。

既然教师浅层专业学习具有这样的缺陷和弊端，那么如何来克服呢？如何实现教师浅层专业学习的深度化改造？基于逻辑、历史、个性三个维度，我们可建构教师专业学习深度化的全人学习理论。全人学习是一种具有健全的逻辑力量、丰富的历史表征与深邃的范式表达的学习，它强调学习的实践性、历史性与形而上性的有机统一。全人学习为教师专业学习深度化提供了一条新路径，主题的生成、主线的延伸与主义的形成是全人学习三部曲，也是实现教师专业学习深度化的重要路径。

三、主题生成：教师深层专业学习的逻辑力量

教师浅层专业学习的知识逻辑缺陷导致教师学习缺少知识的整合力量，实践逻辑困境导致教师学习缺乏现实之根，而存在逻辑缺席导致教师学习缺乏内在动力与批判力。如何解决教师浅层专业学习的逻辑问题？主题的生成显得格外重要，它能提高教师学习的逻辑性，促使教师从浅层专业学习向深层专业学习转化。

何谓主题的生成？它是指教师在专业学习过程中生成与教师实践问题息息相关的研究课题。这种研究课题不同于传统的学术研究，它不是学科知识的生产，也不是教育原理，而是一种具有实践特色的教学学术。教学学术作为学术的一种新范式实现了教学和科研整合，有利于大学教师学术的创新，有利于大学教师创新共同体的建设以及创新人才的培养。[7]事实上，教学学术不仅有利于大学教师学术创新与人才培养，而且有利于中小学教师的专业学习与专业发展，它不仅能整合教师所学的专业知识，而且能提升所学知识的实践品性，提高教师专业学习的内驱力。

教师如何生成学习主题？首先，从教学实践中生成核心问题。教师在教学实践中经常会碰到各种问题，这些问题往往比较零碎，而学习总是伴随着问题的产生，零碎的问题不利于深度学习，因此需要厘清问题群，将问题成核化，即把众多的小问题凝练成一个核心问题。在核心问题的统摄下，各种小问题结构化，问题与问题之间生成一种有机的内在逻辑。其次，以核心问题为指向，形成基于问题逻辑的知识谱系。从教学实践中生成的核心问题，为教师深度专业学习奠定了问题逻辑基础。现代科学知识常以命题逻辑呈现，但这些命题逻辑离不开问题逻辑。从某种意义上讲，一切命题逻辑都可以还原成问题逻辑。命题是对问题回答的结果，命题逻辑形成于问题逻辑的基础之上。核心问题是教师专业学习的问题逻辑中心，围绕着核心问题，回答一系列实践问题形成的命题知识，就成为教师深度专业学习的知识谱系。知识谱系既包括对相关知识历史的梳理，也包括对知识的逻辑建构。[8]因此，教师在围绕核心问题的学习过程中，既要学习与梳理前人对此问题的相关研究和知识，也要建构新的知识逻辑。这样，教师专业学习的逻辑力量将得到充分显现。

四、主线延伸：教师深层专业学习的历史表征

如果说主题的生成侧重于从横向的角度改造教师浅层专业学习，那么主线的延伸则侧重于从纵向的角度深化教师专业学习。主题的生成为教师深度专业学习奠定了逻辑基础，但还远远不够，因为教师专业学习不是一蹴而就的，而是需要持续努力的，尤其在当前终身学习的社会语境下，更应是终身事业，所以仅仅靠一段时间来学习显然是不够的。现实中，很多教师今天学这、明天学那，很难形成自身专业学习的主线，这严重地影响了教师专业学

习的质量和效果，与真正的深度专业学习也相去甚远。因此，是否有鲜明的学习主线是衡量教师是否进行深层专业学习的重要标志。教师深层专业学习，不仅需要主题生成的逻辑力量，也需要主线延伸的历史表征。从某种意义上说，主线的延伸是主题生成的时间化、历史化和脉络化。也就是说，主线的延伸需要以主题的生成为基础，并确保主题在教师专业成长过程中可持续发展。

既然主线的延伸是教师深层专业学习的历史表征，那么如何实现教师专业学习的主线延伸呢？首先，教师要明确自身所处的专业发展阶段和层次，进而有针对性地形成自身专业学习主线。一般来说，教师专业发展大致可分为新手阶段、成熟阶段和专家阶段。根据教师主体层次，可将教师的专业发展划分为五个层次：前经验主体、经验主体、认识主体、价值主体、审美主体。[9]根据每个阶段、每个层次教师专业发展的不同，教师的学习主线也应该有所不同。新手阶段、前经验主体层次的教师，由于其书本知识丰富、实践经验不足，故其专业学习应以教学经验的积累与理论的运用为主线；成熟阶段、经验主体与认识主体层次的教师，由于其实践经验丰富但教学个性不足，故其专业学习应以尝试建构自己的教学理念、形成自己的教学特色为主线；专家阶段、价值主体与审美主体层次的教师，由于其理论与经验具备，只欠升华，故其专业学习应以创新教学实践、凝练与发扬教学风格为主线。只有针对自身的专业发展阶段与层次，明确自身专业学习的主线，教师的专业学习才能获得自我成长的历史性力量。

其次，教师专业学习主线的延伸要防止"脱离"与"脱节"两种倾向。"脱离"倾向，指教师在专业学习过程中，脱离了自身实际情况。脱离了实际情况，教师专业学习的效果将大打折扣，也就谈不上深度学习了。教师真正的深度学习，一定要针对自身的具体实际情况，明白自身所处的教师专业发展阶段和专业发展层次，明晰自己立德树人实践中遇到的问题，明确基于实践问题逻辑的学习目标。"脱节"倾向，指不同专业发展阶段、不同专业发展层次之间出现了衔接与转换问题。如果缺乏有机衔接与转换，教师的专业学习主线就会出现不连贯与脱节现象，学习主线的历史力量就会受阻。例如，从新手阶段、前经验主体层次教师的专业学习主线顺利延伸到成熟阶段、经验主体与认识主体层次教师的专业学习主线，需要有机衔接与平稳过渡，而不是断裂式的冒进。

五、主义形成：教师深层专业学习的范式表达

如果说，主题的生成为教师深度专业学习奠定了逻辑基础，主线的延伸为教师深度专业学习奠定了历史基础，那么主义的形成则为教师深层专业学习提供了发展方向。教师深度专业学习不是一时一势的，而应伴随着教师的整个教学生涯。作为范式的表达，主义的形成是教师深度专业学习的高级形式。范式原是著名科学哲学家库恩提出的重要概念，它是指"那些公认的科学成就，它们在一段时间里为实践共同体提供典型的问题和解答"[10]。它是一段时间内科学共同体共同遵守的科学信念与基本规则。在这里，范式指教师对教育形成的个性化、成熟的教育信念和基本认识。从某种意义上说，作为范式的表达，主义的形成是教师的个人教育哲学的形成。"教师的个人教育哲学属于教师知识范畴的认识，即教师所应具有的知识体系中最基础最重要的部分是他的教育哲学，是教师专业发展的最高境界。"[11]因此，教师的深层专业学习应指向主义的形成，即指向教师的个人教育哲学的形成。那么，教师如何形成主义？有学者认为，形成教师个人教育哲学的教师教育路径有三条：常识取向、科学取向与哲学取向。[12]这固然有其道理，但从教师专业学习的角度而言，教师个人教育哲学的形成主要有两条基本路径。

首先，教师要对自身的专业学习主题进行元研究（meta-study）。元研究有两重基本内涵：一是对研究的研究，二是分析哲学式研究。由于元研究是对研究的研究，因此，元研究其实是一种二阶研究，是对一阶研究的反思性研究。因此，它对一阶研究具有高度的依赖性，一阶研究是其基础。分析哲学式研究，是一种以清思为目的的逻辑与语言研究。因此，教师对专业学习主题的元研究，需要以丰富而深刻的主题学习为基础。教师在教学实践中碰到许多问题，这些问题的成核化带动学习主题的生成。教师对专业学习主题的元研究，就是对这些学习主题的前提性批判和反思性评价以及进行分析哲学式的厘清。这种元研究为教师专业学习从主题生成到主义形成奠定了逻辑基础。

其次，教师专业学习主线要以教师个人教育哲学为指向。教师专业发展并非一蹴而就，而是一个长期的过程。教师专业学习主线随教师专业阶段的发展而延伸，从新手阶段、前经验主体层次以经验积累为旨的学习，转向成熟阶段、经验主体与认识主体层次以理念建构为主的学习，再转向专

家阶段、价值主体与审美主体层次以风格化为趣的学习。教师专业学习这一历史过程集中体现了"正—反—合"的辩证过程。新手教师的专业学习重在丰富实践经验；成熟教师的专业学习重在从经验中建构理念；专家教师的专业学习重在融合经验与理念，形成自己独特的教学风格与教育范式。这样，教师在自身专业发展历史过程中，就形成了历史与逻辑相统一的教师个人教育哲学。

六、结语

教师的深度专业学习，是教师专业发展的重要方式，也是可持续成长教师的存在方式。我们应从"小逻辑、大历史、高追求"的全人学习角度来审视教师的深度专业学习。"小逻辑"，指深度专业学习应体现在教师日常的教学实践的问题逻辑中，从一个个微小的教师实践问题出发，形成问题丛，生成核心问题，建构问题逻辑和知识谱系；"大历史"，指深度专业学习是教师终身学习的重要内涵，应以学习主线贯穿教师专业发展的整个过程；而"高追求"，指深度专业学习应立足教师形而下的教学实践，追求形而上的教育之道，追求"学以成哲"的教育人生。

[参考文献]

[1] 朱旭东. 论教师的全专业属性[J]. 教育发展研究，2017(10)：1-7.

[2] 朱旭东. 论教师的学习专业属性[J]. 教育科学研究，2017(9)：5-11.

[3] 朱旭东，李育球. 论教师全专业意识的内涵及其唯物主义基础[J]. 云南师范大学学报（哲学社会科学版），2018(1)：116-123.

[4] 陈向明. 从教师"专业发展"到教师"专业学习"[J]. 教育发展研究，2013(8)：1-7.

[5] 李育球. 教学勇气即教师存在的勇气——帕尔默的"教学勇气"思想新解与本土重构[J]. 上海教育科研，2015(6)：12，13-16.

[6] 萨特. 存在与虚无[M]. 陈宣良，等译. 北京：生活·读书·新知三联书店，1987.

[7] 李育球. 教学学术对大学创新型教师队伍建设的意义[J]. 江苏高教，2010(6)：61-63.

[8] 李育球. 论大学教师学术创新力的基础：知识谱系能力[J]. 比较教育研究，2011(7)：31-35.

[9] 朱旭东. 论教师专业发展的理论模型建构[J]. 教育研究，2014(6)：81-90.

［10］托马斯·库恩. 科学革命的结构［M］. 金吾伦，胡新和，译. 北京：北京大学出版社，2003.

［11］朱旭东. 教师哲学思想研究的新探索——评《教师哲学思想研究——以 20 世纪下半叶的美国为例》［J］. 外国教育研究，2018(3)：124-128.

［12］蔡春，卓进，麻健. 教师的哲学诉求——兼论教师教育的路径问题［J］. 教育研究，2018(3)：83-93.

（本文责任编辑：吴娱）

（原载《教师教育研究》，2019 年第 3 期）

论教育家型教师的内涵与成长路径

靳 伟，廖 伟

（教育部普通高校人文社会科学重点研究基地北京师范大学教师教育研究中心，

北京 100875）

[摘要]本研究以教育家相关研究为学术基础，以我国特级教师评选和正高级教师职称评审的相关规定为制度基础，以教育发达国家（如美国、英国、澳大利亚）有关卓越教师的专业标准为国际参照，对教育家型教师的内涵进行了界定和阐释。教育家型教师是指具有国家教育情怀和信念、独特的本土教育实践模式和理论，并能发挥示范作用和服务于区域和国家教育发展的领导型教师。基于上述内涵，教育家型教师的成长路径包括突破心智模式、扎根本土实践、搭建交流平台和完善政策保障。

[关键词]教育家型教师；实践与理论创新；成长路径

[中图分类号]G451.6 [文献标识码]A [文章编辑]1672-5905(2019)04-0053-07

On the Connotations and Development Approaches
of Educationalist Teachers

Jin Wei，Liao Wei

（Center for Teacher Education Research of Beijing Normal University，Key Research

Institute of Humanities and Social Sciences for Universities，Ministry of Education，

Beijing，100875，China）

Abstract：Based on the academic research related to educators，the relevant

---

[收稿日期]2018-11-12

[基金项目]教育部"国培计划"中小学名师领航工程北京师范大学 APEx 卓越教育家培养项目研究成果

[作者简介]靳伟，教育部普通高校人文社会科学重点研究基地北京师范大学教师教育研究中心博士研究生，主要研究方向为教师自我研究、教师教育教学法；廖伟（通讯作者），北京师范大学教育学部教师教育研究所讲师，主要研究方向为教师教育、教育政策、质性研究方法。

regulations on the evaluation of "chief senior teacher" and "special-grade teacher" in China，and the professional standards of excellent teachers in the US，England and Australia as international references，this study defines and explains the connotation of educationalist teachers. Educationalist teachers refer to leading teachers who possess national educational sentiments and beliefs，unique local educational practice models and theories，and can play a demonstrative role and serve regional and national educational development. Based on the above connotations，the growth path of educationalist teachers includes breaking through mental models，taking root in local practices，building communication platforms，and improving policy guarantees.

Keywords：educationalist teacher，practice and theory innovation，development approach

一、问题的提出

《中共中央 国务院关于全面深化新时代教师队伍建设改革的意见》(以下简称《意见》)确立了教师在国家教育改革和发展中的优先地位。《意见》明确了我国教师队伍建设目标，即"到 2035 年，教师综合素质、专业化水平和创新能力大幅提升，培养造就数以百万计的骨干教师、数以十万计的卓越教师、数以万计的教育家型教师"。随后，为了落实《意见》，教育部等部门制定了《教师教育振兴行动计划(2018—2022 年)》(以下简称《计划》)，其中提出，"实施中小学名师名校长领航工程，培养造就一批具有较大社会影响力、能够在基础教育领域发挥示范引领作用的领军人才"。此处的"领军人才"与《意见》中"教育家型教师"的表述相互照应。《教育部办公厅 财政部办公厅关于做好2018 年中小学幼儿园教师国家级培训计划组织实施工作的通知》(以下简称《通知(2018)》)指出实施名师领航研修项目。具体要求如下："面向中小学特级教师、正高级职称教师，采取跨年度、分阶段递进式培训组织方式，采取集中培训、网络研修、访名校培训、交流访学、返岗实践、成果展示等方式，帮助教师拓展专业知识，提升教育教学专项能力，进一步提升名师素养，帮助其塑造教学风格，凝练教育思想、生成标志性成果，着力培养造就一批具有鲜明教育思想和教学模式、能够引领基础教育改革发展的教育家型卓越教师。"但是，政策和学术界对教育家型教师①的内涵和成长路径等的研究尚不充分。本研究以教育家相关研究为学术基础，以我国特级教师评选和正高级教师职称评审的相关规定为制度基础，以美国、英国和澳大利亚教师专业标准中对"卓越教师"②的特质描述为重要参考，通过对比和整合，厘定教育家型教师的内涵，并进一步探讨其成长路径，以期与学术界开展对话和交流，并为政策落实提供基础性的认知框架。

二、教育家型教师内涵建构的学术基础与制度基础

教育家型教师是"数以万计的""领军人才"，"面向中小学特级教师、正高级职称教师"。从这一概念的限定词上看，他们像教育家，是具有教育家特质的特级教师或正高级职称教师。因此，在定义教育家型教师时，有两个重要参考：一是教育家的内涵，它为理解教育家型教师的内涵划定了上限；二是我国特级教师评选和正高级教师职称评审的相关规定，它们为理解教育家型教师的内涵划定了底线。

(一)教育家型教师内涵建构的学术基础

教育家型教师内涵建构的学术基础是学术界关于教育家的内涵的相关研究。对教育家的界定主要来源于辞典和学者。从类型上看，存在一高一低两种看法。一种认为教育家高不可攀，另一种认为教育家是普通教育者可以企及的。

根据孙孔懿的考证，"教育家"一词最早出现于 19 世纪末 20 世纪初。[1]在

---

① 《意见》中提出的概念为教育家型教师，《计划》中使用的是"领军人才"的概念，而《通知(2018)》中使用的概念为"教育家型卓越教师"。本文认为教育家型教师的概念内含卓越的意味，因此本文使用"教育家型教师"的概念。

② "卓越教师"是指各国教师专业标准中处于最高发展层次的教师。比如，美国教师专业标准中将教师分为候选教师(candidate teacher)、新教师(beginning teacher)、优秀教师(accomplished teacher)和杰出教师(distinguished teacher)，杰出教师为"卓越教师"。英国教师专业标准中将教师分为合格教师(qualified teacher)、入职教师(induction teacher)、资深教师(post threshold teacher)、优秀教师(excellent teacher)和高级技能教师(the advanced skills teacher)，高级技能教师为"卓越教师"。澳大利亚教师专业标准中将教师分为准教师(graduate)、胜任教师(proficient teacher)、优秀教师(highly accomplished teacher)和领导教师(lead teacher)，领导教师为"卓越教师"。

《教育大辞典》中，对"教育家"的解释是"在教育思想理论或实践上有创见、有贡献、有影响的杰出人物"。[2] 由此可见，教育家的特质主要体现在教育者理论和实践的杰出性和影响力上。1901 年，梁启超撰写了《康南海传》，其中第五章的标题是"教育家之康南海"，这开创了我国教育家研究的先河。[3] 陶行知在《第一流的教育家》中提出教育家有三种，"一种是政客的教育家，他只会运动、把持、说官话；一种是书生的教育家，他只会读书、教书、做文章；一种是经验的教育家，他只会盲行、盲动、闷起头来，办……办……办。第一种不必说了，第二第三种也都不是最高尚的"。接着，陶行知话锋一转，认为第一流的教育家要"敢探未发明的新理""敢入未开化的边疆"，前者体现的是"创造精神"，后者体现的是"开辟精神。"[4]"创造"和"开辟"的对象分别是理论与实践。从中可以看出，陶行知非常重视教育家的精神。陶行知对"教育家"有一个限定，即"第一流的"，这说明此要求描述的是教育家中的优秀者。

当代学者也开展了对教育家的探讨。林良夫考察了民国时期蔡元培、黄炎培、梁漱溟、陶行知等教育家的理论和实践活动，提出民国时期教育家具有三大核心特征：一是将教育救国作为出发点，二是对教育进行中国化改造，三是积极开展教育实验。[5] 相比于以往研究，林良夫的结论中突出了"将教育救国作为出发点"，这一方面与时代和社会背景有关，另一方面说明教育家国家情怀的重要性。田正平、肖朗发现近代教育家坚持"思想提倡"和"付诸实践"的统一。[6] 秦虹、张武升提出教育家是教育改革的先锋，是大仁大爱者，具有独立系统的教育教学思想[7]，这一论述侧重于教育家的勇气、情怀与思想。

综上所述，对教育家的内涵界定侧重于两个方面：有教育胆识，有教育情怀。有教育胆识意味着敢于行动，具体表现为"改造""实验""改革"等，也意味着思想独立，"敢探未发明的新理"；有教育情怀具体表现为立足于"教育救国"等。

（二）教育家型教师内涵建构的制度基础

教育家型教师内涵建构的制度基础是我国对特级教师评选和正高级教师职称评审的相关规定。依据相关政策，教育家型教师面向特级教师和正高级职称教师。这说明政策制定者的逻辑前提为，教育家型教师是在特级教师和正高级职称教师的基础上发展起来的。换言之，特级教师评选或正高级教师职称评审的相关规定是教育家型教师内涵的底线和起点。那么，我国特级教师评选和正高级教师职称评审的标准是什么呢？

特级教师是我国高水平教师的荣誉称号。1993 年，国家教育委员会发布了《特级教师评选规定》(以下简称《规定》)，阐明了评选特级教师的目的和意义，规定了特级教师评选的条件和程序，以及待遇等。《规定》共十六条，其中第四条规定了特级教师的评选条件，具体体现在三个方面："(一)坚持党的基本路线，热爱社会主义祖国，忠诚人民的教育事业；认真贯彻执行教育方针；一贯模范履行教师职责，教书育人，为人师表。(二)具有中小学高级教师职务。对所教学科具有系统的、坚实的理论知识和丰富的教学经验；精通业务，严谨治学，教育教学效果特别显著。或者在学生思想政治教育和班主任工作方面有突出的专长和丰富的经验，并取得显著成绩；在教育教学改革中勇于创新或在教学法研究、教材建设中成绩卓著。在当地教育界有声望。(三)在培训提高教师的思想政治、文化业务水平和教育教学能力方面做出显著贡献。"虽然《规定》出台的时间距离现在较远，但同样可以看出政策对特级教师形象和内涵的一种关切。特级教师具有政治性和教育性的双重特征。特级教师不仅要拥护党，热爱祖国，忠诚于教育事业，贯彻教育方针，而且要在学科知识、教育教学理论和实践上有所建树，并且具有影响力。除此之外，还特别强调特级教师具有引领其他教师追求专业发展的示范性作用。

正高级教师是我国中小学教师职称的最高级别。人力资源社会保障部、教育部 2015 年制定的《关于深化中小学教师职称制度改革的指导意见》中提出，我国中小学教师职称名称为三级教师、二级教师、一级教师、高级教师和正高级教师。其中，教师评聘"正高级教师"职称，应具备以下标准条件："1. 具有崇高的职业理想和坚定的职业信念；长期工作在教育教学第一线，为促进青少年学生健康成长发挥了指导者和引路人的作用，出色地完成班主任、辅导员等工作任务，教书育人成果突出；2. 深入系统地掌握所教学科课程体系和专业知识，教育教学业绩卓著，教学艺术精湛，形成独到的教学风格；3. 具有主持和指导教育教学研究的能力，在教育思想、课程改革、教学方法等方面取得创造性成果，并广泛运用于教学实践，在实施素质教育中，发挥了示范和引领作用；4. 在指导、培养一级、二级、三级教师方面做出突出贡献，在本教学领域享有较高的知名度，是同行公认的教育教学专家；5. 一般应具有大学本科及以上学历，并在高级教师岗位任教 5 年以上。"从内在素质上看，正高级教师职称的评定比较重视职业理想与职业信念、专业知识和教学能力、教育教学研究与创造能力、指导和培养教师的能力。这些素质内部存在着一定的逻辑关系：职业理想和职业信念是价值，专业知识和教学能力是基本要求，教育教学研究与创造能力是自我拓展的基石，指导和培养教师的能力则是教师教育者角色的体现。

纵观我国特级教师评选和正高级教师职称评定的相关规定，我们发现二者具有三个共同的内在要素：一是政治性，表现为拥护国家教育方针，热爱祖国，拥护党；二是业务性，在教育理论和实践上有突出贡献；三是领导性，强调服务于其他教师，具有教师领导的作用。

三、教育家型教师内涵建构的国际参考

教育家型教师内涵的建构不仅需要思考我国学者关于教育家型教师的内涵建构及我国现实的制度基础，而且要放眼世界，思考教育发达国家对教育家型教师的描述，从而为内涵的建构提供多视角的参考。本研究参考了世界主要教育发达国家，尤其是美国、英国、澳大利亚"卓越教师"的专业标准，以为我们思考教育家型教师的内涵提供国际参照。

从全球范围看，美国、英国、澳大利亚等国制定了较为成熟的层级性、一体化教师专业标准，即以教师培养、入职和在职的时间顺序，结合教师在知识、能力、伦理、品性、专业发展等方面的表现，为处于不同发展层次的教师设定了标准。这些标准为我们描述了教师专业发展水平的不同层次及其特征。[8]虽然国外尚未出现教育家型教师的概念，但各国在对"卓越教师"的专业发展描述中所强调的维度和内容可以为我们理解教育家型教师的内涵提供一定参考。

制定美国"卓越教师"专业标准的机构为优质教师证书委员会（American Board for Certification of Teacher Excellence），面向的是杰出教师，主要从扎实的学科知识、出色的专业化概念和领导水平、优秀的教学实践、巨大的正面影响力四个方面描述。[9]由此可见，美国"卓越教师"的核心特征除了学科知识和教学实践等基础要素外，非常强调领导力和影响力。英国2006年形成了一体化的教师专业标准，将教师分为合格教师、入职教师、资深教师、优秀教师、高级技能教师五个级别，该标准下的"高级技能教师"可对应"卓越教师"。各个级别教师专业标准包括三个共性维度，分别是专业素质、专业知识与理解、专业技能。[10]合格教师专业标准是整个教师专业标准体系的基石。伴随着教师专业发展的深入，其要求在进一步深化。比如，在"专业素质"方面，

高级技能教师应能开发工作场所的政策和常规，并能够在学校加以执行，从而发挥"战略性领导作用"；再如，在"专业知识与理解"方面，要对"有效教学、学习和行为管理策略"具有批判性的理解。总之，英国"卓越教师"需要在理论、实践、政策等方面具有创造性，且能发挥引领作用。澳大利亚全国性的教师专业标准将教师分为四个级别，其中，"领导教师"可对应我们所探究的"卓越教师"这一概念。[11]这说明，在澳大利亚政府看来，"卓越教师"要在专业知识、专业实践和专业参与等领域具有领导作用。

综上所述，我们做出如下判断：美国、英国、澳大利亚三国的专业标准中所描绘的"卓越教师"在内涵上凸显了教师的专业性，专业性主要体现在专业知识、专业素养、专业实践等方面，尤其强调"卓越教师"能够独立地、比较开创性地解决教育实践中的问题，进行专业判断，并能引领同行的专业发展。其中，能够独立解决教育中的问题是领导力的基础，领导力是"卓越教师"影响力的体现。

四、教育家型教师的内涵建构及其阐释

在我国，有关教育家型教师的直接研究不多。20世纪90年代末，韦力提出学校校长要致力于培养教育家型教师。[12]周春良提出培养教育家型教师是教师专业发展的现实要求。[13]刘庆昌提出教育家分为三种类型：行政型教育家、管理型教育家和教学型教育家。[14]以此为思考起点，我们认为教育家型教师是教学型教育家的一种。"教育家型教师"的主体是教师，因此，教育家型教师必须是教师，是教师中的优秀群体。结合教育家"有教育胆识，有教育情怀"的两大特质，我国特级教师和正高级职称教师"政治性""业务性""领导性"的特征，以及英国、美国、澳大利亚三国"卓越教师"的"专业性"，尤其是批判性和领导性的特征，我们认为教育家型教师是指具有坚定的国家教育情怀和信念、独特的本土教育实践模式和理论，并能发挥示范作用和服务于区域和国家教育发展的领导型教师。具体的内涵阐释如下。

第一，教育家型教师是具有坚定的国家教育情怀和信念的领导型教师。教育家型教师对教育的情怀和信念是虔诚的、纯粹的、发自内心的。同时，他们能将教育看成国之重器，具有悲天悯人的情结，爱学生，愿意为帮助学生投入情感和耐心，甚至在遭遇困难时也能做到矢志不渝。具有教育情怀的教师，他们教育行动的目的不是获得荣誉，而是真正致力于改善自己所在的

教室、学校、区域，并不断扩大延展，直至改善整个国家的教育事业。教育情怀是教育家型教师投身教育事业的动力之源，并且能够产生教育专业精神，具体包括教师认同、教师美德和教师使命感。[15]只有具备教育情怀和信念的教师，才具有教育的意向性，即一个人行动的原初动力。

第二，教育家型教师是具有独特的本土教育实践模式和理论的领导型教师。教育家型教师一定是行动派，是扎根本土教育问题的实践专家，核心特征是面对复杂的教育实践具有娴熟而充满教育机智的专业判断，具有丰富的教育智慧。正如陈向明所说，教师最需要的素养是专业判断。[16]实际上，英国教育哲学家格特·比斯塔（Gert Biesta）在《教育的美丽风险》中提出了"精通"的概念，表达了同样的含义。[17]另外，教育家型教师能够批判性地看待历史和当代的教育理论，并且批判性地吸纳，形成具有自我创新性和深刻性的观点。教育家型教师的理论创新往往通过教师个体对教育中常见概念的思想表达体现出来，为日用而不自知的概念赋予新的内涵，抑或形成新的认知框架。

第三，教育家型教师是能够发挥示范作用和服务于区域和国家教育发展的领导型教师。教育家型教师不仅是学生的示范和服务者，而且是教师的示范和服务者。国内外"卓越教师"的标准或规定都尤其强调教育家型教师服务于其他教师的专业发展的职能，换言之，教育家型教师的身份已经超越了教师，教育家型教师具有教师教育者的身份。教育家型教师的领导性不仅体现在对教育教学实践的领导上，而且体现在对教育教学理念的引领上。教育家型教师的领导力是一种影响力，但不是一种"明星式"的符号。教育家型教师扎根于实践，有开拓创新的精神。正如陶行知所言，"敢探未发明的新理""敢入未开化的边疆"。

总之，坚定的国家教育情怀和信念是教育家型教师的底色和动力，独特的本土教育实践模式和理论是教育家型教师的现实依托和内核，发挥示范作用和服务于区域和国家教育发展则是教育家型教师内在素养发挥影响力和领导力的体现，三者相互影响，不可分割。

五、教育家型教师的成长路径

教育家型教师的内涵中所强调的"国家教育情怀和信念"的形成要依赖心智模式的突破，"独特的本土教育实践模式和理论"的获得则需要有扎根中国大地办教育的行动，"发挥示范作用和服务于区域和国家教育发展"的实现则需要搭建平台，并完善政策。因此，我们提出教育家型教师的成长路径包括突破心智模式、扎根本土实践、搭建交流平台和完善政策保障四个方面。

(一)突破心智模式

成为教育家型教师的过程是一个重塑教师的过程，这种重塑不仅包括行为的改善，关键是心智模式的改善。心智模式是指一个人长期形成的一种稳定的心理模式，具有一定心智模式的人，行动具有一定的稳定性。人与人之间的区别根本上在于心智模式的区别。比如，创新型的教师需要有创新型的心智模式。[18]同样，教育家型教师需要有教育家型教师的心智模式。阿吉里斯等人提出的双回路学习为心智模式的打破提供了一定的依据。所谓的双回路学习是指学习不仅要关注到行为，而且要关注到行为背后的信念和价值体系。双回路学习则需要一个人打破原有行为系统的防御机制，重新审视行为产生的内在动机，通过改变内在的心智状态，从而获得行为改变源源不断的动力，促进行为长久的发展。[19]国家教育情怀和信念的形成需要"卓越教师"从应试教育、分数至上、题海战术、工资待遇等中跳出来，并能够从更高层次，如国家意识、民族意识、全面发展等高度重新思考教育。同样，扎根实践、形成理论、服务同行都需要教育家型教师突破以往的心智模式，从个人的价值实现升级到教育同行价值的共同实现，从学校教育目标的实现升级到区域甚至国家教育目标的实现，从对班级、学校教育的发展的关注升级到对区域和国家教育的发展的关注。

(二)扎根本土实践

教育家型教师要立足于自我、课堂和学校，做一个教育田野中的"人类学家"[20]。教育家型教师的成长首先表现为反求诸己，实现自我更新。教育家型教师的成长和影响力的扩散遵循张载所述的修身、齐家、治国、平天下的由内而外的发展路径。科萨根的洋葱模型强调自内而外的使命、认同、信念、能力、行为、环境的发展层次，可以为我们提出扎根本土实践，促进教育家型教师生成的路径提供一定的参考。[21]

一个教育家型教师的成长是通过自我、课堂、学校和社会等呈波浪形不断向前的过程，是一个首先改变自己，继而改变世界的过程。教育家型教师最重要的立足点就是自我的课堂，这是因为占据教师最多时间的是教师与自己所教的学生之间的相处。教师和学生的相互挑战和支持，则是对方发展的直接动力。学生向教师提出具有挑战性的问题，能够引发教师的认知冲突，吸引教师的深入思考和不断革新，不断引发教师提出问题、分析问题和解决问题，甚至采用研究的手段理顺问题的来龙去脉，从而实现教师的行动和认识边界的不断扩展。除了教师的课堂之外，还可以逐步延伸到学校和区域层面。扎根实践是教育家型教师成长的根本，教育情怀和信念可以在实践中获得滋养，服务于其他教师同行的案例、资源和知识也都来自教育家型教师的本土实践。在扎根本土实践探究教育问题的过程中，有力量的教育知识才能被生产出来。

(三)搭建交流平台

如同学习一样，一个人的发展不仅包括个体维度，而且包括社会维度。[22]在社会维度上思考教育家型教师的成长，最关键的要素是搭建教育家型教师交流的平台。文东茅等学者调查了380位来自高校、示范高中、普通中小学、科研机构、教育行政部门等机构中具有一定影响力的人员，发现在教育家培养对象间搭建思想交流的平台是最受欢迎的一种培养方式。[23]那么，如何搭建平台呢？

第一，依托"名师领航研修项目"，不仅可以搭建同一个教育家型教师培养基地的名师之间的交流平台，而且可以在不同的培养基地间搭建沟通交流的平台。扎根实践是必要的，是深耕；但彼此交流同样需要，是扩展视野的制度性基础。实际上，同一个基地的教师来自全国的不同地区，学科背景、心智模式、行动策略彼此不同，因此，培养基地不仅是教师展现自我的平台，更是名师相互倾听、相互提醒、相互学习与进步的专业共同体。

第二，为教育家型教师搭建服务不同地区一线教师的平台。纵观国内外"卓越教师"的专业标准，无一例外都在强调他们领导者和示范者的角色。从这个意义上来讲，教育家型教师需要承担教师教育者的角色，能够至少为本地区设计、实施和评价教师专业发展项目提供支持。在国家教育精准脱贫的背景下，可以建立"名师工作室""对口支援"等平台，充分发挥教育家型教师的作用。参与教师培养和教师专业发展的实践将有助于提升教育家型教师服务同行的能力。

第三，搭建教育家型教师培养对象与国内外教育前沿的对话平台。国内外教育前沿包括国内外最新的教育理念和实践。比如，伴随着互联网、大数据、人工智能、学习科学、认知神经科学、脑科学等领域的不断发展，学术界对人的发展，尤其是大脑的神经机制有了更加清晰的认识，这些都可以帮助教育家型教师更好地落实因材施教，更新自我的教育教学实践。此外，可以通过国际游学等方式让教育家型教师了解国外同行的做法、经验及其所根植的社会文化环境，并且从中反思其背后的教育思维、教育观念和教育价值，进而通过国际比较反观自身的理论与实践，以促进教育家型教师的养成。

（四）完善政策保障

正如上文所讲，教育家的成长是一个反求诸己、不断辐射的过程，但同样离不开政策支持。教育家型教师并不是生活在真空中的，教育家型教师的成长同样受到国家和地方教育政策、评价机制等因素的制约。教育家型教师是负重前行的一群有胆有识的教育探险家，其成长客观上需要政府出台相关政策以提供保障。第一，出台鼓励教育实践创新的政策。扎根实践、改变实践会受到教育利益相关者如家长、学生、校长等的影响，因此，政府应当出台有关教育实践创新的政策，鼓励其突破现有的实践情况。第二，出台鼓励教育交流的政策。教育家型教师虽扎根于自我的课堂，但必须走出校园，走向更加广阔的空间，如此才能实现进一步的成长。但这些都需要一定的体制机制保障。

综上，突破心智模式是"卓越教师"再出发，成长为教育家型教师的心智基础，体现了一种变革与超越的心态。扎根本土实践是发现真问题、挖掘新知识、形成新理论的关键，体现了教育的实践品性。搭建交流平台创建了观念相遇、视角交叠、彼此融合、相互冲撞、服务他人的桥梁，体现了教育的开放品性。完善政策保障形成了提供支持、提出要求、爱护人才的保护带，体现了教育的政策品性。

六、结语

教育家型教师是新时代教师队伍建设目标的重要内涵之一，体现了国家对教师队伍建设的重视。教育家型教师是介于"卓越教师"和"教育家"之间的一种教师专业发展状态，他们肩负国家使命，具有民族情怀，热爱教育事业，并且能扎根教育实践，创新教育理论。他们不是满足于将教学仅仅当作一门谋生职业的普通教师，他们是志在服务学生、服务教师、服务教育事业、服务国家发展的垂范者。

本研究是从学理上建构教育家型教师的内涵和成长路径的一次探索。未来研究中需要通过实证研究，进一步追踪和揭示教育家型教师成长的需求、特征和路径，验证或修正本文提出的若干概念和理论，从而加深学界对于教育家型教师这一在中国情境中新涌现出来的教育现象的认识。

［参考文献］

[1] 孙孔懿. 散论教育家[J]. 中国教育科学(中英文)，2013(1)：109-123，108，210.

[2] 顾明远. 教育大辞典(简编本)[M]. 上海：上海教育出版社，1999.

[3] 伍雪辉. 教育家型教师研究[D]. 武汉：华中师范大学，2013.

[4] 陶行知. 中国教育改造[M]. 北京：商务印书馆，2014.

[5] 林良夫. 民国时期教育家群体特征论析[J]. 华东师范大学学报(教育科学版)，1999(4)：82-91.

[6] 田正平，肖朗. 中国近代教育家群体特征综论[J]. 教育研究，1999(11)：47-52.

[7] 秦虹，张武升. 教育家的本体研究[J]. 中国教育学刊，2012(10)：1-4.

[8] 王颖华. 卓越教师专业标准的国际比较及其启示[J]. 西北师大学报(社会科学版)，2014(4)：92-99.

[9] 张治国. 美国四大全国性教师专业标准的比较及其对我国的借鉴意义[J]. 外国教育研究，2009(10)：34-38.

[10] 王艳玲. 英国"一体化"教师专业标准框架评析[J]. 比较教育研究，2007(9)：78-82.

[11] 蹇世琼，饶从满. 澳大利亚最新国家教师专业标准述评[J]. 比较教育研究，2012(8)：37-41.

[12] 韦力. 校长要着力培养教育家型教师[J]. 人民教育，1999(3)：31-32.

[13] 周春良. 教育家型教师：当代教师发展的现实追求[J]. 上海教育科研，2012(3)：76-78.

[14] 刘庆昌. 论教育家[J]. 山西大学学报(哲学社会科学版)，2001(5)：6-11.

[15] 朱旭东，张华军，等. 教师专业精神研究[M]. 北京：北京师范大学出版社，2017.

[16] 陈向明. 教师最需要什么素养[J]. 中国教育学刊，2018(8)：3.

[17] 格特·比斯塔. 教育的美丽风险[M]. 赵康，译. 北京：北京师范大学出版社，2018.

[18] 齐义山. 知识型员工创新行为的心智模式研究[J]. 中国科技论坛，2010(1)：122-127.

[19] 阿吉里斯，帕特南，史密斯. 行动科学：探究与介入的概念、方法与技能[M]. 夏林清，译. 北京：教育科学出版社，2012.

[20] 闫守轩. "教学田野"：教师的自我成长之域——论教师培训的教学实践走向[J]. 课程·教材·教法，2004(3)：77-81.

[21] Korthagen, F., Vasalos, A. Levels in reflection：core reflection as a means to enhance professional growth[J]. Teachers & Teaching，2005(1)：47-71.

[22] 克努兹·伊列雷斯. 我们如何学习：全视角学习理论[M]. 孙玫璐，译. 北京：教育科学出版社，2010.

[23] 文东茅，林小英，吴霞. 教育家成长的制约因素与政策建议——基于"教育家成长的政策支持"调查分析[J]. 中国教育学刊，2013(2)：1-4，9.

（本文责任编辑：吴娱）

（原载《教师教育研究》，2019 年第 4 期）

三

教师心理与实证研究

近年来国内关于教师角色冲突的研究综述

王俊明

（郑州师范高等专科学校教育系，河南郑州 450044）

[摘要]教师角色冲突是教育研究的一个重要内容。教师角色冲突对教师个人发展和教学工作产生直接的影响。教师角色冲突产生的原因包括外在和内在两个方面。学校和社会应该为教师创造宽松的环境，教师自身要不断学习，增强教师角色的适应能力。

[关键词]教师角色；角色冲突；原因；措施

[中图分类号]G451　[文献标识码]A　[文章编号]1672-5905(2005)03-0044-05

A Literature Review on the Conflicts of Teacher's Role in China

Wang Junming

（Education Department，Zhengzhou Teacher College，Zhengzhou，Henan，450044，China）

Abstract：The conflicts of teacher's role is an important issue in the study of education. It directly affects the development of teachers and their teaching. The reasons of the conflicts of teacher's role are objective and individual. This paper suggests that schools and society should build up better circumstance for teachers, and encourages teachers to keep learning in order to develop the adaptable ability of teacher's role.

Keywords：teacher's role，the conflicts of teacher's role，reason，measure

---

[收稿日期]2004-10-15

[作者简介]王俊明，郑州师范高等专科学校高级讲师，北京师范大学教育学院硕士研究生，主要研究方向为教育基本理论、教师教育。

一、关于教师角色与角色冲突的含义

（一）角色与教师角色

角色（role）一词原指舞台上演员所扮演的人物。1935 年，美国社会学家米德（George H. Mead）把这个概念引入社会心理学。一般认为，角色是个体因占据一定的社会位置而产生的行为模式，如教师角色、学生角色等。[1]角色是处于一定社会地位的个体，根据社会的客观期望，借助自己的主观能力适应社会环境所表现出来的行为模式。[2]

角色一般可划分为期望角色、领悟角色和实践角色。期望角色是指社会或团体对某一特定角色所规定的一整套权利义务和行为规范，也称为理想角色。领悟角色是指人们对期望角色理解后所形成的观念中的角色模式。实践角色是指个人在社会互动过程中实际扮演的角色，它受领悟角色的指导与制约，但有时也由于社会环境和个人水平的制约，个人很难达到领悟角色的水平，更谈不上达到期望角色的水平。

教师角色是指处在教育系统中的教师表现出来的由其特殊地位决定的符合社会对教师期望的行为模式。教师与其社会地位身份相联系的被期待行为，包括两个方面：一是教师的实际角色，二是教师的期望角色。[3]教师作为一个独立的行动者，要扮演多重角色，教师在教师角色的指导下所出现的行为就是教师的角色行为。[4]

关于教师的角色转变，刘丽群认为，教学行为的变化引起教师角色的改变：教师从知识的传授者转变为学生学习的促进者，从课程的执行者转变为课程的研究和开发者，从单纯的教育者转变为既是教育者又是学习者。[5]霍力岩研究认为，在教育变革的背景下，教师既是知识的输出者，又是学生学习的引导者；从书本知识的复制者转变为学生创造能力的培养者；既是知识的给予者，更是学习方法的给予者；由强调统一性的教育者转变为真正意义上的因材施教者。[6]冉祥华研究认为，教师要扮演以下角色：家长代理人、知识传授者、榜样、集体领导者、纪律监督者、朋友和知己、心理调节者。[7]

（二）角色冲突

由于角色丛的存在，个人要同时扮演多个不同的角色，因此就会产生角色冲突的问题。角色冲突的产生源于角色丛中不同角色含有不相容的成分。角色冲突可以分为角色间冲突和角色内冲突。角色间冲突是指个体必须同时扮演不同的角色，由于缺乏充足的时间和精力，无法满足这些角色提出的期望而产生的冲突。角色内冲突是指两个或两个以上的角色伙伴因对同一个角色抱有矛盾的角色期望而引起的冲突。

关于教师角色冲突的功能，宋辉、张玲研究指出，适当的冲突有助于教师适应角色的要求，促进教师学习，冲突的解决能够使教师体会到成功的乐趣。但是，冲突可能影响教师的身心健康、工作积极性，影响教师职业的稳定，诱发部分教师的角色转变行为。[8]

二、关于教师角色冲突类型的研究

(一)传统的分类研究

明庆华从传统的角色分类的视角探讨了教师角色冲突的类型。[9]

1. 教师的角色间冲突

教师的角色间冲突主要表现在以下方面。①权威与朋友。教学实践对教师提出了很高的要求，教师既不能摆绝对权威的架子，也不能成为学生的"铁哥们""铁姐们"，放弃应有的原则。教师很难既是一个严厉的管理者，又是一个像朋友一样为学生所喜爱的人。这常常使教师陷入苦恼之中。②教员与父母。教员的角色是教师表现出来的首要角色，它因具有较强的职业性、专业性而处于核心的地位。教员与父母的角色是有较大差异的，有时是冲突的。③领导者与顺应者。教师作为领导者时，要严格管理学生、严格要求学生；而作为顺应者时，又要尊重、谅解和宽容学生。对于很多教师来说，很难同时扮演好两种角色，从而带来角色冲突的困惑与不安。

2. 教师的角色内冲突

教师角色内冲突的主要表现在以下方面。①不同角色期望引起的角色冲突。首先是来自校外的不同角色期望引起的角色冲突。其次是来自校内各方面的不同角色期望引起的角色冲突。最后是来自社会角色定式和教师自身表现的角色冲突。教师个人的角色行为与社会上教师角色定式之间存在较大的差异，而这种差异又往往使不少教师遭到他人的非议和社会的指责，从而使教师在心理上产生矛盾与冲突。②角色本身的局限引起的冲突。这里角色本身的局限主要是指教师的认识水平、能力水平与角色需求间存在的差距。首先，表现为教师主体对其扮演的角色的行为落差和必须履行角色义务引起的冲突。其次，表现为教师自身的价值观念与角色职责要求不符引起的冲突。教师在面对不同价值观念或新旧价值观念冲突而进行调适时，必然出现心理冲突而导致自身的压抑和痛苦。最后，表现为教师个人的能力与角色需求不符而引起的冲突。

(二)从教师角色冲突的根源与表现进行的分类研究

孙龙存、张廷贵从冲突产生的根源入手，把教师角色冲突分为以下几种类型。①所扮演角色的转换引发的角色冲突。教师在日常生活中需要及时、频繁地转换角色。②不同角色期待引发的角色冲突。③对教师行为的不同理解引发的角色冲突。作为"一个人的教师"和"一个教师的人"之间经常会发生冲突。④高付出与低待遇引发的角色冲突。⑤角色责任与自我价值实现引发角色冲突。⑥角色扮演竞争引发的角色冲突。⑦学校机构的特征引发的角色冲突。[10]

董泽芳从教师角色冲突的表现入手，把教师角色冲突分为以下几种类型。①在教师角色追求的目标上，有表现型角色与功利型角色的冲突。②在教师角色规范的程度上，有规定型角色与开放型角色的冲突。③在教师角色行为的态度上，有执着型角色与自由型角色的冲突。④在教师角色适应的倾向上，有社会中心型角色与学生中心型角色的冲突。⑤在教师角色功能的形态上，有专一型角色与复合型角色的冲突。⑥在教师角色情感的反映上，有自尊型角色与自卑型角色的冲突。[11]由于社会转型的全面性、复杂性，教师角色冲突还分为以下几种类型：在角色认可的标准上，有务实型角色与符号型角色的冲突；在角色关系的平衡上，有教育者角色与同事角色的冲突、教师角色与家庭成员角色的冲突、社会楷模角色与普通人角色的冲突等。

(三)从学校教育角度进行的分类研究

谭晓玉从班级社会结构体系模式分析入手，认为教师面临以下的冲突。①外部观念与班级内部的冲突，即社会习俗要求与学校制度本身对教师期望不符。②制度中角色期望与个人的人格需要之间的冲突，即职业要求与个人能力不符。③不同的人对教师有不同的期望，如校长、家长、学生对教师的期望并不完全一致。充任两个以上角色易产生冲突。④教师个人内在人格冲突，即个人潜能与需要不符。[12]

蔡笑岳从职业的角色适应角度把教师角色冲突分为以下几种情况：角色职能与角色期望的冲突，社会角色定式与个人角色行为的冲突，角色活动性质与角色活动成果的冲突，角色的责任要求与个人事业成就的冲突，角色职责与不同价值间的冲突，群体组织特性与教师个人自我形象维护的冲突，职业劳动价值与职业劳动报酬的冲突等。[13]孙海涌从道德调节的角度把教师角色冲突分为三种类型：理想角色与实际角色的冲突，主导角色与辅助角色的冲突，职业角色与生活角色的冲突。[14]

曾宁波从课程改革的角度探讨了教师角色冲突的问题。教师在接受课程的过程中，存在着心理的角色冲突：自我否定的痛苦感，新型师生关系引发的不适应感，教师的知识技能的缺失，教师工作负担重，课程资源缺乏，培训内容与形式缺乏实用性，评价制度与方法滞后。[15]潘涌研究认为，在新课程环境下重新塑造和界定角色职能，教师要经历一个角色适应与角色冲突的过程。教师要由课程规范的复制者转变为新课程的创造者，由课程知识的施予者转变为教育学意义上的交往者，由课程分数的评判者转变为学生自主学习的促进者。[16]

三、关于教师课堂角色冲突的研究

(一)关于教师课堂角色的分类

吴康宁、程晓樵、吴永军等人研究认为，可以根据角色功能和课堂教学任务把教师课堂角色分为正式角色和非正式角色。正式角色是为完成课堂任务而明确规定的角色，非正式角色则是课堂参与者自觉或不自觉地扮演的非明确规定的角色。教师的正式角色包括学习动机的激发者、学习资源的指导者、教学过程的组织者、学习效果的评价者，教师的非正式角色包括教育知识的分配者等。[17]

王伟杰采用人本主义的观点或者糅合实用主义理论，认为中小学教师在课堂教学中扮演多重角色：教学专家、促进者和激发者、管理者、领导者、学生的榜样、咨询者。同时，他们又是环境工程师，如安排教室、改变座位安排、开辟学习角等。[18]

郑震从课堂话语权利的角度分析教师的角色，认为教师是课堂中的文化传播者，垄断着主流话语的解释技能。在课堂实践中，教师以其被赋予的角色期望去规范自身的行为。教师不仅是制度代言人，而且具有自身主动的权利。教师常常被解释为有权威的、严格的、有知识的等。[19]

(二)关于教师课堂角色冲突的表现

关于教师课堂角色冲突的表现，王伟杰研究认为，教师的课堂角色行为总是在有限的空间与时间内，与学生进行良好的交往，从而带领学生完成教学任务。但在实际的教学活动中，教师的角色紧张经常伴随着课堂教学，教师的行为要想完全符合社会要求的角色规范是困难的，这就出现了理想角色与实际角色的冲突。教师课堂教学中的角色紧张表现为两种基本类型，即角色冲突和角色超载。教师课堂角色冲突的主要原因是教师在与学生的交往过程中，缺乏沟通技巧，缺乏教学经验。

教师课堂角色冲突主要有以下几种表现。①训诫与理解的冲突。教师的领导者与同情者、顺应者的角色冲突，教师常常处于两难的境地。②领导与失范的冲突。教师作为管理者与自己管理知识、能力、水平的冲突，即教师发现自己缺乏相关角色的知识。③负责与自由的冲突。教师作为课堂纪律维持者与作为学生欢迎的朋友之间的冲突。④多疑与友好的冲突。教师作为社会代理人角色与作为父母代理人角色的冲突。[20]

四、关于教师角色冲突的原因探讨

(一)教师角色冲突的外在原因

1. 社会对教师的期望过高

董泽芳研究认为，从传递文化的角度讲，教师既是旧文化的维护者，又是新文化的启蒙者；从施行教化的角度讲，教师既要扮演学者，又要扮演圣者；从培养人才的角度讲，教师既是知识的传授者、道德的示范者，又是学生集体的领导者与心理困扰的治疗者；从自身来讲，教师既是社会化的承担者，又是社会化的承受者，既是特殊的社会成员，又是普通的社会成员。各种期望交织，教师常常陷入无所适从的苦恼之中。[21]

周艳、马勇研究认为，社会对教师期望过高，教师难以适应角色要求。表现为教师自身不同角色意识之间的冲突(如教师的劳动者意识与教育者意识的冲突)、社会对教师的不同角色期待之间的冲突（如"希望培养具有批判意识的学生"与"希望培养循规蹈矩的学生"的冲突）等。[22]周鹏生认为，教师角色冲突的外在原因主要表现为：教育与社会需求的脱节，教师的职业声望与教师的实际待遇的反差，教育主管部门或学校制定的不符合教育规律和客观实际的规章制度。[23]

2. 教育环境的压力

教师的心理压力是导致教师角色冲突的直接原因。李军兰、于近仁从教师的心理压力状况出发来探讨教师角色冲突的原因，认为教师的压力与当前的教育环境有关。首先是部分学校追求升学率，教师要应付各种考试、检查，给教师心理带来了很大的压力；其次是教育教学改革的进程加快，对教师的职业素质提出了很高的要求，而教师难以在短期内适应这种改革的步伐；最后是教师的工作负荷和劳动付出与他们的物质报酬等不相符。[24]

3. 教师培训的问题

毛晋平从教师培训与教师专业化的视角研究出发，认为当前教师培训的效果不佳，不少教师所学的教育理论知识只是停留在口头和理解上，并没有内化为教师的职业知识经验，对教师的教学实践没有发挥应有的作用。出现两条腿走路的现象，理论与实践的脱节，也是导致教师冲突的一个因素。其实，教师具有两种理论：所倡导的理论和所使用的理论。前者教师能意识到，能报告出来，会因易受外界影响而改变，但不能对教学实践产生直接的影响；后者能对教学实践产生影响但教师不一定意识得到，更多地受文化和习惯的影响。[25]

（二）教师角色冲突的内在原因

由于教师专业知识的缺乏，教师角色认识有误、角色体验不良、角色扮演技巧运用失当等都会造成角色冲突。教师在对课程进行重新加工时往往进退维谷：一方面，深知扩大学生知识视野的益处，应把各种优秀的作品和思维方式推荐给学生，希望培养具有创新精神和批判意识的学生；另一方面，在基础教育阶段学校大班授课的压力下，教师又无力顾及其他，只能让学生反复、机械地掌握国家课程的所有知识。

鲍嵘研究认为，教师的知识特征影响教师的角色冲突。教师求知的动机来源于教育实践，教师面临的主要困惑是针对具体的教学情境的，教师的实践知识的行动性为教师专业诉求提供了有力的支持，教学实践对教师的决策能力和决策权限要求很高，但教师在教学组织中缺乏必要的决策权。教师天天忙碌，很难发展明确的专业意识。教师的实践知识被置于边缘化的地位，也使得教师产生角色冲突。[26]

五、关于教师角色冲突的缓解措施研究

董泽芳研究认为，社会转型时期教师角色冲突的加剧，既与教师角色活动的外部环境，包括社会大环境与学校小环境的急剧变化有关，也与教师自身对角色认识不清及角色行为失范有关。因此，要缓解教师角色冲突，必须从社会、学校与教师三方面同时着手。[27]

(一)社会方面：为教师创造宽松的环境

从社会方面讲，缓解教师角色冲突，要通过相应的社会改革，为教师角色活动提供必要的条件和创造良好的外部大环境。其关键在于提高教师的经济待遇与社会地位。

加强教师角色的社会调适。通过多种途径指导人们正确认识教师角色的特定职能，营造支持教师职业威望的社会心理氛围；不应过分夸大教师的作用而对教师产生过多的不切实际的角色期望。通过提高教师的实际社会地位，尤其是提高教师的劳动报酬，正视教师劳动的价值，以缓解由此而引起的教师心理冲突。

(二)学校方面：减轻教师的角色负担

从学校方面讲，教育管理者要为教师提供一个宽松民主的角色活动环境，让教师有教育教学的自主权。抓好学校内部的管理体制改革。建立引导机制，实现科学管理；通过组织调整教师的角色关系，消除教师的角色紧张。其核心是为教师的自我实现营造最佳的学校氛围。

曾宁波从课程适应的角度研究教师角色冲突，认为：课程改革的程度要符合教师的成长规律；增强教师的心理适应性；开展有组织的专题研究；采用反思教研方式，提高教师的自我发展能力。[28]

(三)教师方面：增强角色适应能力

从教师本身讲，缓解角色冲突的关键在于主观努力。重视提高自身素质，增强角色适应能力；重视角色学习，不断提高自己的角色认知水平；建立角色系统，合理调整自己的角色行为；培养角色精神，有效抵制非本质角色行为的诱惑。教师角色调适一般是指人为地缩小教师角色差距，协调教师的期望角色、领悟角色与实践角色三者之间关系的过程，包括自我调适与社会调适两方面。这是对教师的一种内在要求，也是教师对角色的一种真正适应，能从根本上缓解角色心理冲突。[29]

教师在教学中扮演着多重角色，角色冲突时常存在于教学的过程中。探讨教师的角色及角色冲突，成为教师研究的一个重要内容。已有的研究从多方面探讨了教师角色冲突的问题，对教师的成长和发展具有指导价值。但现有的研究存在着一定的不足，主要表现在以下方面。①对教师角色冲突的实质缺乏统一的认识，只是从教学实践的角度分析教师角色冲突的问题。②没有把教师的角色冲突与教师教学的主体性联系起来。目前的研究较多采用理论分析的方法，从外部来探讨教师角色的冲突，针对教师主体的深度研究较少。③关于教师角色冲突的解决措施研究，多从心理调适和提高教师的待遇、减轻教师压力的角度进行探讨，缺乏对教师培养与培训制度的反思。

[参考文献]

[1][3] 顾明远. 教育大辞典：增订合编本[M]. 上海：上海教育出版社，1998.

[2] 周晓虹. 现代社会心理学——多维视野中的社会行为研究[M]. 上海：上海人民出版社，1997.

[4][18][20] 王伟杰. 课堂教学中的教师角色行为分析[J]. 外国中小学教育，2003(9)：35-38.

[5] 刘丽群. 论课程改革中的教师角色期待[J]. 全球教育展望，2003(1)：56-60.

[6] 霍力岩. 教育的转型与教师角色的转换[J]. 教育研究，2001(3)：70-71.

[7] 冉祥华. 试析教师角色及其角色丛[J]. 黄淮学刊（社会科学版），1995(4)：100-101，113.

[8] 宋辉，张玲. 教师角色冲突的作用及危害[J]. 社会科学论坛，2003(7)：91-92.

[9] 明庆华. 试析教师的心理角色及其冲突[J]. 湖北大学学报（哲学社会科学版），1998(2)：87-92.

[10] 孙龙存，张廷贵. 知识经济时代教师面临的角色冲突探微[J]. 教学与管理，2001(20)：3-5.

[11][21][27][29] 董泽芳. 社会转型期的教师角色冲突[J]. 华中师范大学学报（哲学社会

科学版），1996(6)：44-50，58.

[12] 谭晓玉. 西方班级社会体系研究述评[J]. 上海教育科研，1995(9)：15-19.

[13] 蔡笑岳. 试析教师角色的心理适应与冲突[J]. 中国教育学刊，1994(5)：58-61.

[14] 孙海涌. 试论教师的角色冲突与道德调节[J]. 镇江师专学报（社会科学版），2000
(2)：116-118.

[15][28] 曾宁波. 关于教师对新课程改革方案可接受性问题的研究[J]. 中国教育学刊，
2003(9)：36-40.

[16] 潘涌. 基础教育课程改革与教师角色创新[J]. 人民教育，2002(9)：15-18.

[17] 吴康宁，程晓樵，吴永军，等. 课堂教学的社会学研究[J]. 教育研究，1997(2)：
64-71.

[19] 郑震. 课堂情境中的权力秩序——中小学课堂社会化中权力因素的研究[J]. 青年研
究，1999(9)：40-44，48.

[22] 周艳，马勇. 教师重构课程的社会学分析[J]. 高等教育研究，2003(1)：80-82.

[23] 周鹏生. 教师行为与教师角色不符现象分析[J]. 内蒙古师范大学学报（教育科学版），
2002(1)：120-122.

[24] 李军兰，于近仁. 中小学教师心理压力状况的调查与研究[J]. 教师教育研究，2003
(6)：46-51.

[25] 毛晋平. 从所倡导的理论到所使用的理论——对教师职业培训的思考[J]. 高等师范教
育研究，2003(1)：20-24.

[26] 鲍嵘. 论教师教学实践知识及其养成——兼谈教师专业发展的基础[J]. 高等师范教
育研究，2002(3)：7-10，6.

（本文责任编辑：石门）

（原载《教师教育研究》，2005 年第 3 期）

城市初中教师工作倦怠状况
及其社会支持的关系研究

宋中英

（北京师范大学教育学院，北京 100875）

[摘要]本研究以 400 名城市初中教师为被试，采用问卷调查法，考察了城市初中教师工作倦怠状况，详细探讨了工作倦怠各维度与社会支持各来源和类型之间的具体关系。结果发现，城市初中教师工作倦怠总体状况并不严重，但在情绪衰竭维度上的问题较为严重；男、女教师的工作倦怠程度没有显著差异；教龄为 1 年以下的教师工作倦怠程度最轻，其次是教龄为 5～10 年的教师；普通校教师的情绪衰竭程度和去人性化程度比示范校教师严重，但在个人效能感降低程度上不存在显著差异；社会支持对个人效能感降低维度的预测作用最大；就降低教师工作倦怠程度来说，校领导支持最为有效，情感支持比实际支持的作用更大；同事支持反而提高了教师的情绪衰竭程度。

[关键词]城市初中教师；工作倦怠

[中图分类号]G443　[文献标识码]A　[文章编号]1672-5905(2007) 03-0065-07

Current Situation of Job Burnout of Middle School Teachers in Urban Areas and Its Relationship with Social Support

Song Zhongying

（School of Education，Beijing Normal University，Beijing，100875，China）

Abstract：This study surveyed the current situation of job burnout in a sample of 400 teachers from urban middle school with questionnaire and examined the relationship between dimensions of job burnout and sources and types of social

---

[收稿日期]2006-12-15

[作者简介]宋中英，北京师范大学教育学院博士研究生，主要研究方向为教育管理。

support they received. The results showed that urban middle school teachers' job burnout is not serious on an overall level，but the problem of emotional exhaustion is serious；gender does not affect the score of burnout significantly；teachers with less than 1 year job experience recorded significantly lower scores of burnout than others and teachers who have worked for 5-10 years is secondly；urban middle school's type affect the score of emotional exhaustion and depersonalization significantly and does not affect reduced personal accomplishment；social support is most important to suppress the decrease of teacher's personal efficacy；support from school leaders is the most significant predictor of job burnout，emotional support is more significant than practical support；support from colleague increased the degree of emotional exhaustion of teachers.

Keywords：urban middle school teachers，job burnout

一、问题提出

(一)教师工作倦怠

工作倦怠(job burnout)也称"职业倦怠"，国内也有研究者将其翻译成"工作耗竭""职业耗竭"等。在众多为工作倦怠所下的定义中，最为学者所接受的是马斯拉奇(Maslach)等人的定义，即以人为服务对象的职业领域中，个体因不能有效地应对工作上延续不断的各种压力，而产生的由情绪衰竭(emotional exhaustion)、去人性化(depersonalization)以及个人效能感降低(reduced personal accomplishment)三方面构成的生理上、心理上的综合性症状[1]。情绪衰竭是指因工作而导致的个体身心资源过度消耗，疲惫不堪，精力丧失；去人性化是指个体对待服务对象持负性的、冷漠的、过度疏远的态度，如责备自己的工作对象、拒绝工作对象的要求等；个人效能感降低是指个体对自己工作的意义和自身价值的评价降低，认为自己不能有效地胜任工作，怀疑自己所做工作的意义，缺乏成就感等。

情绪衰竭、去人性化以及个人效能感降低这一工作倦怠的三维模型提出以后，得到了众多实证研究的证明，我国相关研究也证明了这一三维模型运用于我国教师群体的可靠性[2]。本研究不再具体探讨教师工作倦怠的结构，而是参考已有研究结论，沿用教师工作倦怠的三维模型。

（二）教师工作倦怠与社会支持

社会支持的概念首先出现在 20 世纪 70 年代的社会病源学中，目的在于探求生活压力对身心健康的影响，后来该问题引发了学者们广泛的研究兴趣。一般意义上说，社会支持指人们从社会中得到的、来自他人的各种支持。从社会心理刺激与个体心理健康之间关系的角度来看，社会支持应该被界定为一个人通过社会联系获得的能减轻心理应激反应、缓解精神紧张状态、提高社会适应能力的影响。其中，社会联系是指来自家庭成员、亲友、同事、团体、组织和社区的精神上和物质上的支持和帮助。[3]

我国相关研究已经证明社会支持对教师工作倦怠具有重要的缓解作用，教师拥有的社会支持越多，就相应地表现出越少的工作倦怠。[4]但这些研究存在两点不足。一是较少详细探讨教师社会支持的来源和类型与教师工作倦怠三维模型的具体关系，即究竟什么类型的支持、什么来源的支持对教师工作倦怠哪一维度的作用更大，这是需要进一步探讨的问题。二是在测量教师社会支持状况时，大都直接采用我国学者肖水源编制的《社会支持评定》量表，但采用该量表的局限性在于：该量表从支持来源上看涵盖了被试与家庭成员、同事、朋友、正式组织和非正式团体的关系，但未涵盖与上级的关系。而研究表明，教师工作倦怠与他们获得的来自学校管理者的支持间存在显著相关，来自校领导的支持比来自同事和朋友的支持更重要。[5]因此，教师在学校中获得的来自校领导的支持是社会支持中不可缺少的一部分，在进行研究时，应选用支持来源包括了校领导的教师社会支持量表。本研究将在参考国内外对教师社会支持来源与类型的分类框架的基础上，尝试编制支持来源包括校领导、同事、学生、家长、家人和朋友，支持类型包括实际支持和情感支持的教师社会支持量表，并以此量表为工具，深入探讨城市初中教师工作倦怠各维度与社会支持各来源和类型的具体关系。

二、研究方法

本研究共进行了两次调查。第一次为预试，根据预试数据对初始问卷进行项目分析、探索性因素分析和信度分析，得到正式施测问卷。第二次为正式施测，通过对正式施测数据进行统计分析，获得研究结论。

（一）被试取样

1. 预试的被试取样

利用曲阜师范大学举办的在职中小学教师暑期面授的机会集中发放和当场回收问卷。共发放问卷 120 份，获得有效问卷 93 份，有效率为 77.5％。其中，男教师 35 人、女教师 58 人；教师教龄为 1 年以下的 3 人、1～5 年的 48 人、5～10 年的 26 人、10～20 年的 10 人、20 年以上的 6 人；普通校教师 47 人、区级示范校教师 30 人、市级示范校教师 16 人。

2. 正式施测的被试取样

本研究选取河南省商丘市作为调查地点，采取分层整群抽样方法，从该市抽取普通校、区级示范校、市级示范校各两所共六所学校，经校领导的同意，利用开学初学校教师集体开会时间集中发放和当场回收问卷。共发放问卷 420 份，获得有效问卷 400 份，有效率为 95.2％。其中，男教师 139 人、女教师 261 人；教师教龄为 1 年以下的 27 人、1～5 年的 66 人、5～10 年的 121 人、10～20 年的 123 人、20 年以上的 63 人；普通校教师 152 人、区级示范校教师 133 人、市级示范校教师 115 人。

（二）研究工具

1. 教师工作倦怠问卷编制过程

本研究沿用教师工作倦怠的三维模型，自编问卷。

第一步，问卷项目的整理与筛选。对有关工作倦怠实证研究的文献进行仔细分析，深入把握工作倦怠的概念和相关理论，收集具体的工作倦怠问卷内容和项目，对这些项目进行归类和汇总，在此基础上筛选出了代表情绪衰竭、去人性化和个人效能感降低三个维度的各 8 个项目共 24 个项目。

第二步，形成初始问卷。请中小学教师各 5 人对 24 个项目进行评定，就各个项目与其工作的符合程度及可读性进行修改，经过对个别词语的替换和对一些项目的剔除，形成了由情绪衰竭、去人性化和个人效能感降低三个分量表各 6 个项目共 18 个项目组成的教师工作倦怠初始问卷。问卷采用李克特五点计分，"1"代表"从未如此"，"5"代表"完全如此"，得分越高说明倦怠程度越严重。

第三步，初始问卷的试测和统计分析。采用 SPSS 10.0 统计软件对预试数据进行项目分析、探索性因素分析和信度分析。

①项目分析。根据工作倦怠总分，对高分组、低分组两组独立样本进行

每个项目上的差异显著性检验（t 检验）。结果显示，教师工作倦怠初始问卷的 18 个项目中有 1 个项目未达显著性水平（$P<0.01$），因此，删除 1 个不显著的项目，保留 17 个具有较高区分能力的项目。

②探索性因素分析。已知教师工作倦怠是一个三维模型，因此，在进行因素分析时将因子提取数限定为 3 个，运用主成分分析法和极大正交转轴法进行分析。结果显示，教师工作倦怠问卷探索性因素分析的 KMO 值为 0.823、Bartlett 检验的相伴概率 $P<0.001$，表明适合做探索性因素分析。三个因素的累积贡献率为 55.379%，基本反映了教师工作倦怠的信息。具体的因素载荷值见表 1。其中，有 6 个项目在去人性化因素上有较高的载荷，其最低载荷值是 0.489；有 6 个项目在情绪衰竭因素上有较高的载荷，其最低载荷值是 0.610；有 5 个项目在个人效能感降低因素上有较高的载荷，其最低载荷值是 0.604。问卷的 17 个项目在三个因素上各归各位，因此，证明由这 17 个项目组成的教师工作倦怠问卷具有较好的结构效度。

表 1　转轴后的因素载荷

项目	去人性化	情绪衰竭	个人效能感降低
项目 14	0.789	8.169E−02	0.181
项目 8	0.742	0.112	5.190E−02
项目 17	0.739	0.356	0.214
项目 11	0.710	0.309	0.190
项目 5	0.574	8.223E−02	0.496
项目 2	0.489	0.324	0.374
项目 7	0.137	0.718	0.289
项目 10	0.259	0.706	−2.457E−02
项目 4	0.224	0.687	0.148
项目 16	0.306	0.668	0.289
项目 13	0.345	0.658	4548E−02
项目 1	−0.107	0.610	0.173
项目 9	0.261	0.146	0.713
项目 15	−156	0.201	0.637
项目 3	−2177E−02	0.307	0.624
项目 6	8.642E−02	0.194	0.621
项目 12	0.282	−0.137	0.604

③信度分析。结果显示，教师工作倦怠问卷总量表的 Alpha 系数为 0.89；情绪衰竭、去人性化、个人效能感降低三个分量表的 Alpha 系数分别为 0.82、0.85、0.72。各量表的 Alpha 系数值均在 0.70 以上，说明教师工作倦怠问卷具有较好的内部一致性信度。

经对初始问卷的项目分析，由 17 个项目组成的教师工作倦怠问卷形成；后经探索性因素分析和信度分析可知，此问卷结构效度和内部一致性信度良好，可以在正式研究中使用。

2. 教师社会支持问卷编制过程

第一步，整理教师社会支持来源和类型的分类框架和操作化定义。本研究主要探讨教师社会支持各来源和类型与教师工作倦怠各维度之间的具体关系，参考相关研究[6]，将教师社会支持的来源分为校领导、同事、学生、家长、家人、朋友六个方面，教师社会支持的类型分为情感支持和实际支持两类。情感支持指的是教师工作周围有意义的人群为教师提供的关怀、倾听和友谊等，实际支持指的是为教师工作提供的实质性的帮助、建议、反馈等。

第二步，收集问卷项目，形成初始问卷。首先进行开放式调查，让 20 位教师分别写出"我希望校领导、同事、学生、家长、家人和朋友给我的工作提供的支持是什么"，每一来源提供的支持要有三条以上；其次对收集到的项目进行分析整理，提炼出了 28 个项目，形成初始问卷。问卷采用李克特五点计分，"1"代表"完全不同意"，"5"代表"完全同意"，得分越高说明获得的社会支持越多。

第三步，初始问卷的试测和统计分析。社会支持来源和类型并非社会支持的内在结构维度，因此，不适合进行探索性因素分析，采用 SPSS 10.0 统计软件仅进行项目分析和信度分析。

①项目分析。对教师社会支持初始问卷的项目分析结果显示，28 个项目中有 6 个项目未达显著性水平，因此删除 6 个不显著的项目，保留 22 个具有较高区分能力的项目。

②信度分析。对保留 22 个项目后的教师社会支持问卷进行信度分析。结果显示，教师社会支持问卷总量表的 Alpha 系数为 0.93，情感支持、实际支持分量表的 Alpha 系数分别为 0.89、0.87；校领导支持、同事支持、学生支持、家长支持、家人支持、朋友支持分量表的 Alpha 系数分别为 0.71、0.76、0.74、0.72、0.73、0.71。各量表的 Alpha 系数值均在 0.70 以上，说明教师社会支持问卷具有较好的内部一致性信度。

经对初始问卷的项目分析，由 22 个项目组成的教师社会支持问卷形成；后经信度分析可知，此问卷的内部一致性信度良好，可以在正式研究中使用。

(三)数据分析

用经过预试修订的问卷进行正式施测，采用 SPSS 10.0 及 AMOS 4.0 软件对收集上来的数据进行统计分析。

三、研究结果

(一)教师工作倦怠问卷和教师社会支持问卷的信度、效度再探讨

1. 教师工作倦怠问卷的验证性因素分析结果

根据正式施测数据，对教师工作倦怠问卷进行验证性因素分析，各拟合指数见表 2。各指数显示三维模型达到了可以接受的拟合结果，验证了教师工作倦怠问卷的结构效度。

表 2　教师工作倦怠问卷的模型拟合指数

拟合指数	CMIN	DF	CMIN/DF	CFI	TLI	GFI	AGFI	NFI	IFI	RMSEA
数值	406.023	116	3.500	0.893	0.875	0.887	0.851	0.858	0.894	0.079

2. 教师工作倦怠问卷的内部一致性信度分析结果

统计分析结果显示，教师工作倦怠问卷总量表的 Alpha 系数为 0.89；情绪衰竭、去人性化、个人效能感降低三个分量表的 Alpha 系数分别为 0.90、0.78、0.67，符合问卷总量表 Alpha 系数在 0.80 以上、分量表 Alpha 系数在 0.60 以上的要求。

3. 教师社会支持问卷的内部一致性信度分析结果

统计分析结果显示，教师社会支持问卷总量表的 Alpha 系数为 0.92；情感支持、实际支持分量表的 Alpha 系数分别为 0.86、0.86；校领导支持、同事支持、学生支持、家长支持、家人支持、朋友支持分量表的 Alpha 系数分别为 0.74、0.72、0.75、0.72、0.81、0.67，符合问卷总量表 Alpha 系数在 0.80 以上、分量表 Alpha 系数在 0.60 以上的要求。

(二)城市初中教师工作倦怠状况

教师工作倦怠问卷为五点记分，中度水平的记分为 3.000。从表 3 显示的

工作倦怠三个维度的平均得分来看，情绪衰竭维度的平均得分最高，达2.840，接近中度水平；去人性化维度的平均得分为2.027；个人效能感降低维度的平均得分为2.146。因此，目前城市初中教师的情绪衰竭问题较为严重，已接近中度水平，个人效能感降低和去人性化问题次之。

表3　城市初中教师工作倦怠三个维度的描述性统计结果（$N=400$）

维度	平均得分	标准差
情绪衰竭	2.840	0.852
去人性化	2.027	0.633
个人效能感降低	2.146	0.548

(三)城市初中教师工作倦怠程度在相关变量上的差异检验

1. 性别

表4显示，男、女教师在工作倦怠三个维度上的得分都不存在显著差异。但从具体数据中可以发现，男教师在情绪衰竭、去人性化、个人效能感降低维度上的得分都比女教师高。

表4　城市初中教师工作倦怠三个维度上的性别差异检验结果（$N=400$）

维度	t	P
情绪衰竭	1.836	0.067
去人性化	1.726	0.085
个人效能感降低	0.268	0.789

2. 教龄

表5显示，不同教龄教师在情绪衰竭维度上的得分存在显著差异，在去人性化和个人效能感降低维度上的得分不存在显著差异。经事后检验发现，在情绪衰竭维度上，教龄为1年以下的教师得分要显著低于其他教龄教师，教龄为6~10年的教师得分要显著低于教龄为1~5年、10~20年、20年以上的教师。

表5　城市初中教师工作倦怠三个维度上的教龄差异检验结果($N = 400$)

维度	F
情绪衰竭	6.183***
去人性化	1.645
个人效能感降低	2.374

（注：* 表示 $P < 0.05$，** 表示 $P < 0.01$，*** 表示 $P < 0.001$。下同。）

3. 学校类型

表6显示，三种类型学校的教师在情绪衰竭和去人性化维度上的得分存在显著差异，在个人效能感降低维度上的得分不存在显著差异。经多重比较发现，在情绪衰竭维度上，普通校教师的得分显著高于其他两类校教师；在去人性化维度上，普通校教师的得分显著高于区级示范校教师，虽然也比市级示范校教师的得分高，但差异未达显著性水平。

表6　城市初中教师工作倦怠三个维度上的学校类型差异检验结果($N = 400$)

维度	F
情绪衰竭	15.748***
去人性化	3.152*
个人效能感降低	1.482

（四）城市初中教师工作倦怠各维度与社会支持各来源和类型的关系

1. 城市初中教师社会支持来源与工作倦怠各维度的回归分析

表7显示，当六个来源的社会支持与情绪衰竭进行逐步多元回归分析时，进入回归方程式的显著变量有校领导支持、朋友支持、同事支持三个；当六个来源的社会支持与去人性化进行逐步多元回归分析时，进入回归方程式的显著变量有校领导支持、朋友支持、学生支持三个；当六个来源的社会支持与个人效能感降低进行逐步多元回归分析时，进入回归方程式的显著变量有校领导支持、同事支持、学生支持三个。

从各来源的社会支持看，"校领导支持"对教师工作倦怠三个维度都有显著的作用，而且比其他来源的支持的作用更重要（在三个维度上的解释率都明显高于其他来源的支持）；"朋友支持"对情绪衰竭和去人性化维度有显著的作用；"同事支持"对情绪衰竭和个人效能感降低维度有显著的作用；"学生支持"对去人性化和个人效能感降低维度有显著的作用；"家长支持"和"家人支持"对教师工作倦怠三个维度的作用都未达显著性水平。从解释率上看，各来源的社会支持对个人效能感降低维度的作用最大（解释率为 32.8%），其余依次是去人性化维度（解释率为 22.1%）、情绪衰竭维度（解释率为 14.5%）。

另外一个值得注意的结果是，从标准化回归系数看，各来源的社会支持大都对教师工作倦怠有负向预测作用，即可以降低教师的工作倦怠程度。但同事支持的标准化回归系数为 0.176，表示对情绪衰竭有正向预测作用，即同事支持反而提高了而不是降低了教师的情绪衰竭程度。

表 7　城市初中教师社会支持来源与工作倦怠各维度的逐步多元回归分析摘要

因变量	选出的自变量顺序	多元相关系数 R	决定系数 R^2	增加解释率 $\triangle R^2$	F	t	标准化回归系数
情绪衰竭	1. 校领导支持	0.317	0.100	0.100	44.379***	−4.617***	−0.268
	2. 朋友支持	0.359	0.129	0.029	29.409***	−4.519***	−0.281
	3. 同事支持	0.381	0.145	0.016	22.437***	2.744**	0.176
去人性化	1. 校领导支持	0.411	0.169	0.169	80.791***	−3.920***	−0.227
	2. 朋友支持	0.459	0.211	0.042	53.009***	−3.016**	−0.177
	3. 学生支持	0.470	0.221	0.010	37.484***	−2.300*	−0.147
个人效能感降低	1. 校领导支持	0.499	0.249	0.249	132.167***	−4.682***	−0.257
	2. 同事支持	0.559	0.312	0.063	90.201***	−4.351***	−0.236
	3. 学生支持	0.573	0.328	0.016	64.559***	−3.072***	−0.176

2. 城市初中教师社会支持类型与工作倦怠各维度的回归分析

表 8 显示，当情感支持和实际支持两种类型与情绪衰竭进行逐步多元回归分析时，进入回归方程式的显著变量只有情感支持；当情感支持和实际支持两种类型与去人性化进行逐步多元回归分析时，进入回归方程式的显著变量只有情感支持；当情感支持和实际支持两种类型与个人效能感降低进行逐步多元回归分析时，情感支持和实际支持都作为显著变量进入了回归方程式。

"情感支持"对教师工作倦怠三个维度都有显著的作用；"实际支持"虽然对个人效能感降低维度有显著的作用，但其解释率要明显低于情感支持。从解释率上看，两种类型的社会支持对个人效能感降低维度的作用最大（解释率为 30.4%），其余依次是去人性化维度（解释率为 22.0%）、情绪衰竭维度（解释率为 10.2%）。

从标准化回归系数看，情感支持和实际支持都对教师工作倦怠有负向预测作用，即都可以降低教师的工作倦怠程度。

表 8　城市初中教师社会支持类型与工作倦怠各维度的逐步多元回归分析摘要

因变量	选出的自变量顺序	多元相关系数 R	决定系数 R^2	增加解释率 $\triangle R^2$	F	t	标准化回归系数
情绪衰竭	1. 情感支持	0.319	0.102	0.102	45.078***	−6.714***	−0.319
去人性化	1. 情感支持	0.469	0.220	0.220	112.099***	−10.588***	−0.469
个人效能感降低	1. 情感支持	0.545	0.297	0.297	168.008***	−5.382***	−0.413
	2. 实际支持	0.552	0.304	0.007	86.791***	−2.053*	−0.158

四、讨论

（一）本研究的测量工具

教师工作倦怠问卷、教师社会支持问卷是研究者依据理论假设，在参考相关研究的基础上编制的，并且经过了信度、效度检验，获得了统计学上的良好验证。所以，从总体上看，本研究使用的工具是科学的。

（二）城市初中教师的工作倦怠状况

由于目前国内尚无对教师工作倦怠水平的统一判断标准和常模，本研究将教师工作倦怠各维度的平均得分与项目记分的中数相比较，来判断教师工作倦怠的总体情况。结果显示，城市初中教师在情绪衰竭维度上的问题较为严重，得分接近中数，其次是个人效能感降低和去人性化维度上的问题，这与我国以往的研究结论基本一致[7]。教师相对较高程度的个人效能感降低、情绪衰竭以及去人性化可能是一种压力不平衡状态的先兆。如果令人满意的工作成绩是建立在身心资源过度消耗、疲惫不堪的基础上的，那么在这种状态下继续工作，不进行必要的调节，倦态就会进一步加剧[8]。这提醒有关部门和学校要关心教师当前的工作倦怠状况，采取一些措施，防止教师工作倦怠程度进一步加深。

（三）城市初中教师工作倦怠程度在性别、教龄和学校类型变量上的差异

就性别来看，王芳和许燕的研究指出，教师工作倦怠程度存在性别上的显著差异，男教师的工作倦怠程度显著高于女教师。[9]研究者用社会对性别角色的期待和教师收入、待遇低来解释其中的原因。而我国其他研究却没有支持这一结论。[10]本研究发现，虽然男教师在工作倦怠三个维度上的得分都高于女教师，但差异未达显著性水平，即城市初中教师工作倦怠程度不存在性别上的显著差异。

为了与以往研究相比较，参考教师专业发展阶段理论，本研究将教师教龄分为1年以下、1～5年、5～10年、10～20年、20年以上五个级别。本研究发现，不同教龄教师在情绪衰竭维度上存在显著差异，在去人性化和个人效能感降低维度上不存在显著差异。以往研究认为，教龄为1年左右的年轻教师尤其容易陷入工作倦怠状态，这是因最初的期望与现实的落差太大，理想破灭而导致的。[11]本研究不仅没有发现类似的结果，反而发现教龄为1年以下的教师的情绪衰竭程度要显著低于其他教龄教师。赵玉芳和毕重增的研究结论是教龄为6～10年是教师工作倦怠程度最严重的阶段[12]，而本研究发现教龄为5～10年的教师工作倦怠程度虽然比教龄为1年以下的教师严重，但显著低于教龄为1～5年、10～20年、20年以上的教师。我们认为，教龄为1年以下的初任教师具有充满理想主义、精力充沛、积极进取、知识和能力达标的特征，因此不易体验到工作倦怠。教龄为5～10年的教师已进入专业发展的成熟期，积累了丰富的教学经验，具有较高水平的教学能力与技巧，对教学工作和学生特点都非常熟悉，工作上得心应手，容易出成果，因此也不易体验到工作倦怠。今后对教龄与教师工作倦怠关系的研究，应结合教师专业发展阶段理论进行更深入的分析和探讨。

就学校类型来看，以往研究一般把学校分为普通校和重点校。赵玉芳和毕重增的研究没有发现学校类型对教师工作倦怠的显著影响[13]；刘长江、王国香、伍新春对青岛市中学教师的调查则发现，重点中学教师比普通中学教师更有可能面临情绪衰竭的威胁[14]；马雅菊的研究发现，城市普通中学教师的情绪衰竭和去人性化程度高于城市重点中学教师[15]。我国目前教育管理实践中，虽然已经从名称上取消了重点校的称谓，但开展了示范校评估。以前的重点校大都顺利地评上了示范校，所以相对来说，示范校在生源、办学条

件、学校声望、教师的福利待遇等方面要优于普通校。就初中来说，示范校又可分为区级示范校、市级示范校、省级示范校等。在本研究调查的地区中，初中学校只有普通校、区级示范校和市级示范校三种，因此本研究也就将学校操作化分为这三种类型。本研究的结果显示，三种类型学校的教师在情绪衰竭和去人性化维度上存在显著差异，而在个人效能感降低维度上不存在显著差异。普通校教师的情绪衰竭程度要显著高于其他两类校教师；在去人性化程度上，普通校教师显著高于区级示范校教师，虽然也比市级示范校教师高，但差异未达显著性水平。本研究的发现与马雅菊的研究结论基本一致，而与其他相关研究结论并不一致。我们认为，一般来说，示范校各方面的条件都比普通校优越，所以普通校教师要想获得与示范校教师一样的个人效能感，就需要付出更多的时间和精力，因此，会体验到更高程度的情绪衰竭及去人性化。针对学校类型与教师工作倦怠的关系问题，研究者仍需要在我国选取更多的地区进行研究，以了解新的政策背景下，不同类型学校教师的工作倦怠状况的差异及其原因。

(四)城市初中教师工作倦怠三个维度与社会支持各来源和类型的关系

国内外对教师工作倦怠各维度与社会支持各来源和类型的具体关系的研究尚不多见，为数不多的研究结论也并不一致。从支持的来源上看，萨罗斯(Sarros J. C.)等人的研究发现，校领导支持的重要性远远大于同事和其他人支持的重要性。[16]王芳和许燕的研究发现，来源于学生的支持对降低教师工作倦怠程度的作用最大，其次才是来源于校领导的支持。[17]从支持的类型上看，萨罗斯等人的研究发现，情感支持对教师情绪衰竭、去人性化维度有显著的作用，对个人效能感降低维度没有显著作用；而且值得注意的是，情感支持中的积极倾听教师对工作的抱怨，反而提高了而不是降低了教师的工作倦怠程度。[18]王芳和许燕的研究发现，情感支持对于降低教师的情绪衰竭、去人性化程度，提高个人效能感均有显著的积极作用；实际支持只对提高个人效能感有显著的积极作用；相比于实际支持，情感支持对降低教师工作倦怠程度更有效。王芳和许燕的研究还发现，各种来源(校领导、同事、学生、家长、家人、朋友)的社会支持对教师工作倦怠的三个维度都有显著的作用。其中，对个人效能感维度的作用最大，其余依次是去人性化维度和情绪衰竭维度。[19]

就社会支持的来源来看，本研究并没有发现所有来源的社会支持都对教师工作倦怠的三个维度有显著的预测作用，而是发现只有来源于校领导、朋友、同事的支持对教师的情绪衰竭维度有显著的预测作用，只有来源于校领导、朋友、学生的支持对教师的去人性化维度有显著的预测作用，只有来源于校领导、同事、学生的支持对教师的个人效能感降低维度有显著的预测作用。在各来源中，来源于校领导的支持对降低教师的工作倦怠程度最有效。

就社会支持的类型而言，情感支持对教师工作倦怠的三个维度都有显著的预测作用，实际支持仅对个人效能感降低维度有显著的预测作用，情感支持比实际支持对降低教师的工作倦怠程度的作用更大。

本研究最有意义的发现是，同事支持反而提高了而不是降低了教师的情绪衰竭程度。这首先表明社会支持和工作倦怠之间存在着很复杂的关系，并不能想当然地认为不管什么样的支持都能降低教师的工作倦怠程度。若尝试对此发现进行解释的话，可以参考萨罗斯等人的研究中的解释，即如果同事之间经常在一起抱怨教师工作本身以及任职学校的工作任务重、工作量大、学生难以管理等问题，就可能会加重教师的情绪衰竭程度。今后有必要从更广的范围中选取样本来对这一结论进行验证。[20]

五、结论

城市初中教师工作倦怠总体状况并不严重，但在情绪衰竭维度上的问题较严重，已接近中度水平。

男、女教师的工作倦怠程度没有显著差异。教龄为1年以下的教师工作倦怠程度最轻，其次是教龄为5~10年的教师；教龄为1~5年、10~20年、20年以上的教师倦怠程度较高，但相互之间没有显著差异。普通校教师的情绪衰竭程度显著高于区级示范校教师和市级示范校教师；普通校教师的去人性化程度显著高于区级示范校教师，虽然也高于市级示范校教师，但差异未达显著性水平；三种类型学校教师在个人效能感降低程度上没有显著差异。

各来源和类型的社会支持对个人效能感降低维度的预测作用最大，其余依次是去人性化维度、情绪衰竭维度；校领导支持比其他来源的支持更能有效地降低教师的工作倦怠程度；同事支持反而提高了教师的情绪衰竭程度；情感支持比实际支持对降低教师的工作倦怠程度的作用更大。

［参考文献］

［1］Maslach，C.，Schaufeli，W. B.，Leiter，M. P. Job burnout[J]. Annual Review of Psychology，2001(52)：397-422.

［2］李永鑫．三种职业人群工作倦怠的比较研究：基于整合的视角[D]. 上海：华东师范大学，2005.

［3］李强．社会支持与个体心理健康[J]. 天津社会科学，1998，(1)：67-70.

［4］邵来成，高峰勤．中小学教师的职业倦怠现状及其与社会支持的关系研究[J]. 山东师范大学学报(人文社会科学版)，2005(4)：150-153.

［5］［6］［16］［18］［20］Sarros，J. C.，Sarros，A. M. Social support and teacher burnout[J]. Journal of Educational Administration，1992(1)：30-37.

［7］徐晓宁．中小学教师职业压力、社会支持与职业倦怠的关系[D]. 长春：东北师范大学，2005.

［8］［12］［13］赵玉芳，毕重增．中学教师职业倦怠状况及影响因素的研究[J]. 心理发展与教育，2003(1)：80-84.

［9］［11］［17］［19］王芳，许燕．中小学教师职业枯竭状况及其与社会支持的关系[J]. 心理学报，2004(5)：568-574.

［10］［15］马雅菊．中学教师工作倦怠现状及相关因素研究[D]. 西安：陕西师范大学，2005.

［14］刘长江，王国香，伍新春．中学教师职业倦怠的状况分析[J]. 沈阳师范大学学报(社会科学版)，2004(06)：118-121.

（本文责任编辑：田小杭）

（原载《教师教育研究》，2007 年第 3 期）

教师的认识信念系统及其对教学的影响

喻 平

（南京师范大学课程与教学研究所，江苏南京 210097）

[摘要]教师的认识信念系统是一个涉及知识信念、认识方式信念、文化信念、学习信念、行为表现和自我调节信念的复杂结构。教师认识信念的形成受到个体的学习活动经验、个体的科学观和社会环境的影响。教师的认识信念会对自我的教学理念、教学设计、教学行为、教学组织以及教学评价产生直接影响，同时又会通过教学过程传达给学生，对学生的学习产生间接影响。

[关键词]认识信念；教学

[中图分类号]G420 [文献标识码]A [文章编号]1672-5905(2007)04-0018-05

Teacher's Epistemic Beliefs System and Its Impact on Teaching

Yu Ping

（ Institute of Curriculum and Instruction，Nanjing Normal
University，Nanjing，Jiangsu，210097，China）

Abstract：Teacher's epistemic beliefs system is a complicated structure which involves knowledge belief，cognition style belief，culture belief，learning belief，behavioral performance and self-regulation belief. The formation of teacher's epistemic beliefs is influenced by individual's learning experience，views of science and the social environment. Teacher's epistemic beliefs have direct effects on their teaching ideas，teaching design，teaching activities，the organization and evaluation of teaching. Meanwhile，teacher's epistemic be-

[收稿日期]2007-03-15

[基金项目]江苏省教育科学"十五"规划课题

[作者简介]喻平，南京师范大学教授，博士生导师，主要研究方向为课程与教学论、教师教育、数学教育心理学。

liefs may produce remote-effects on students through the teaching process which will influence students' learning indirectly.

Keywords：epistemic belief，teaching

如果说"知与不知"是认知领域研究的问题，"愿与不愿"是情感领域研究的问题，那么"信与不信"就属于认识信念所要研究的问题。近年来，对个体认识信念的研究引起了国内外学者的广泛关注。[1]许多研究表明，学生的认识信念对学习有影响，教师的认识信念对教学也有影响。因此，对教师而言，充分认识自身的认识信念系统与自我成长和发展之间的关系是十分必要的，特别是在课程改革的大环境下，这种必要性显得更加突出。

一、个体认识信念的内涵

个体认识信念是个体对知识以及知识认知过程的直觉认识。[2]它涉及对知识性质、知识认知、学习性质、学习条件等维度的认识。个体认识信念是一个系统，这个系统由文化信念、认识方式信念、学习信念、知识信念、行为表现和自我调节信念组成，这些要素之间相互联系、相互作用而形成一个复杂的结构。朔莫-艾金斯（Schommer-Aikins）提出了个体认识论的多维信念的一个嵌入式模型。[3]

嵌入式的信念系统模型至少与这样六个系统相互作用。①关于文化的信念：个体所处的文化背景这个外在因素直接或间接地影响个体关于知识与学习的信念，影响个体的认识方式、自我调节和行为表现。譬如，集体主义文化中的个体更倾向于持合作认识的信念，平等民主文化中的个体更相信知识来自交往而不是权威给予。②关于认识方式的信念：类似认知领域的认知风格，认为个体认识方式与个体认识信念相互关联。譬如，持分离性认识信念的个体更倾向于在接受或理解知识前提出问题。③关于知识的信念：包括知识的结构、知识的来源与知识的确定性三个维度，每个维度表现为从一个极端向另一个极端的过渡。知识的结构维度，一端认同知识是孤立的、片段性的事实、概念、原理等，与其他知识和生活实际没有内在联系，另一端认同知识是一个复杂的、有广泛联系的有机体；知识的来源维度，一端认同知识来自权威、课本或教师，另一端认同知识来自经验和推理；知识的确定性维度，一端认同知识是确定不变的，每个问题都是有固定答案的，另一端认同知识是可以变化的、具有试验性的，每个问题都是有多种答案的。④关于学习的信念：包括学习的速度与学习的能力两个维度。学习的速度，一端认同获取知识是很快就能完成的，另一端认同获取知识是循序渐进的过程；学习的能力，一端认同学习的能力是先天注定的、不可改变的，另一端认同学习的能力是可塑造的、可随时间和经验改善的。⑤行为表现。⑥自我调节信念。这两个系统受前面四个系统的直接或间接的影响，同时，这两个系统的发展也对前面四个系统产生深刻的反馈作用，进而促进个体认识信念系统的改变。（图1）

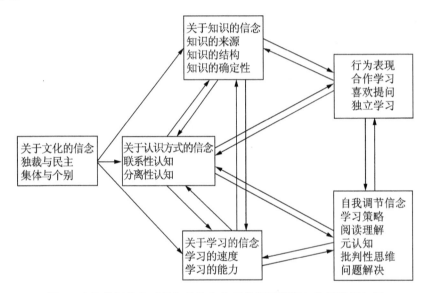

图1 个体认识信念系统与其他多个系统相互解释与作用的嵌入图

值得强调的是，自我调节信念不仅仅是对自我认知过程的调节，更重要的是对自我认识信念的调节，因而是对传统元认知概念的拓展。从这个意义上说，又可以将个体认识信念系统分为"认识"层面和"对认识的认识"层面。事实上，霍夫（Hofer）构建了一个包括元认知知识、元认知判断与监视、自我调节与控制的元认知三成分模型。[4]关于知识性质的信念和认识过程性质的信念分别对应元认知知识、元认知判断与监视成分，并将情感、意志、兴趣、动机、智力特征和影响信念的认识过程纳入元认知的自我调节与控制成分之中。

二、教师认识信念的形成

教师认识信念的形成，来自个体内部因素和外部环境两个方面。

(一)个体的学习活动经验

教师的成长伴随着自我学习活动经验的不断积淀。从小学、中学一直到大学，个体学习活动经验的发展是一个逐渐添加同时又不断改造、不断丰富和完善的过程。

一方面，学习活动经验的增加可以使自我的认识信念变得更加成熟。例如，对知识确定性的认识，从儿童到青少年，个体认识思维的发展要经历朴实的现实阶段、对现实的防卫阶段、介于教条主义与怀疑主义之间的阶段、后怀疑的理性阶段。[5]也就是说，一个人对知识本质的认识，经历了从对知识绝对可靠性的认识到对这种绝对性的怀疑，再到倾向于运用比较理性的方法对知识的合理性进行判断的过程，沿着由绝对主义到相对主义再到评价主义的顺序发展。另一方面，由于认识信念是一个多维的复杂系统，不同维度的发展会出现不平衡、不同步的情况，这就造成了认识信念的个体差异。当一个人在一种良好的文化环境中成长时，他的文化相关观念会更加成熟，他会在独裁与民主维度趋向于民主，在集体与个别维度趋向于集体。当一个人长期接受传统的灌输型教育，他就会把学习理解为记忆与复述的过程。总之，认识信念系统的发展依赖于个体学习活动经验的积累，不同的经验造就了认识信念水平发展的不平衡性，这体现了个性与共性的对立统一。

(二)个体的科学观

不同学科的教师接受的教育是有差别的，这种差别在很大程度上由不同学科自身所存在的信念标准各异所致。从事科学教育的教师倾向于客观主义认识论，往往把事物的发展用一种线性的因果关系加以解释，重思维的严谨，重实验的精确，重知识的结构，在认识方式上更多采用"联系性认知"。而从事人文教育的教师更倾向于对事物不确定性的认识，淡化知识的唯一性标准，在认识方式上更多采用"分离性认知"。显然，接受不同学科训练的教师在很大程度上会形成不同的科学观，从而影响到他们对自我认识信念系统的建构。

问题的另一面还在于，即使是同一学科的教师，由于他们对该学科知识本质的认识程度不同，也会形成不同的科学观。从数学学科来看，人们对数学本体的认识经历了由绝对主义数学观向可误主义数学观的沿革。[6] 长期以来，人们把数学的理论视为绝对的真理，认为数学的概念、命题一经建立就是永恒的、不变的、放之四海而皆准的真理。后来，由于数学理论体系中悖论的出现、非欧几何的产生等，人们对数学真理的绝对性产生了怀疑，逐步改变了对数学本体的认识观念，一些数学家和数学哲学家采用变化和发展的眼光去审视数学，提出了数学真理相对性和易谬性的观点，从而形成了一种可误主义数学观。如果数学教师对数学观有不同的理解，就会形成关于数学认识的不同信念，这种信念会无形地渗透自己的教学。例如，如果一个教师持绝对主义数学观，他就会静态地看待数学知识，把数学教学理解为一种知识结果的教学，数学是绝对真理，教师的任务是把这些知识原封不动地传授给学生，而学生的任务则是无条件地接受这些真理。如果一个教师持可误主义数学观，他就会用动态的观点解释数学教学过程，采用探究的方法去展示知识的发生和发展过程，使学生在辨析谬误中体验数学，在问题解决中获取知识。

(三)社会环境

从纵向维度看，个人成长所经历的社会文化背景、教育环境以及人际沟通的场景，都会对自身的认识信念系统产生影响。对于教师来说，所经历的职前教育、职后教育以及在职的工作经历，在直接滋生认识信念的同时又助力认识信念的发展。

从横向维度看，有两个因素对在职教师认识信念的形成有重要的作用。第一，教师共同体内部交流的作用。包括教师之间的日常沟通、教研组活动、观摩课等，教师个人的认识信念会在相互交流中传播，自我的信念可能会同化他人，也可能会被他人的信念同化。例如，一个教师对知识的理解以及他将这种理解贯彻到教学设计中，通过公开课的形式展现，可能会在潜移默化中影响着听课教师，使听课教师的认识信念系统发生变化。第二，整个教育大环境的制约作用。所谓大环境，指由教育制度、教育体系、教育观念、教育目标等要素构成的复杂空间，这些要素的不同定位必定会对教师的信念系统产生冲击，有时会迫使教师去迎合这种环境，甚至会扭曲教师自身的一些合理认识信念。譬如，在"应试教育"的环境中，教师会违背自己的意愿去加大对学生的训练强度，注重记忆、模仿性学习，寻求一系列应对考试的教学策略。

三、教师的认识信念对教学的影响

教师的认识信念会对自身的教学实践活动产生影响，这种影响是多方位的。

(一)教师的知识信念对教学的影响

从知识的确定性维度分析，教师对知识性质的不同认识，会导致他们采用不同的指导思想来处理教学内容。把知识视为确定的、客观的事实，教师就会把自己和学生都置于客观知识之外，以"旁观者"的身份看待学习。由于认同知识是确定不变的，每个问题都有固定的解答程序和答案，教师的任务就是不容更改地把这些客观知识和解决问题的程序教给学生，学生的任务就是接受，在自己的头脑中复制客观知识，整个教学是一种"结果式"范型。如果承认知识的不确定性、辩证性，认同知识是可以变化、可以试验的，教师就会把自己和学生置于"参与者"地位，积极引导学生去探究知识的来龙去脉，使教学成为一种"过程式"范型。

从知识的结构维度分析，同样可以看到不同信念对教学的影响。如果一个教师认同知识是孤立的、片段性的事实、概念和原理，而与其他知识和生活实际没有内在的联系，那么他在处理教学内容时就会囿于学科内部，割断学科与学科之间、学科与现实生活之间的联系，即使在学科内部也不注重沟通知识之间的联系，孤立地突出概念、原理的特殊性，引导学生在机械记忆和模仿中强化。

由此可见，教师对知识的认识信念不仅会对教学理念产生影响，而且还会对教学目标的拟定、教学内容的组织以及教学方法的选择产生影响，更重要的是，教师的知识信念观会以缄默知识的形式传递给学生，使学生形成与教师相似的知识认识信念。从这个意义上说，教师知识认识信念的正确与否对学生知识信念的形成与否是至关重要的。例如，在数学教学中，教师习惯了传统的教学程序：概念—命题—命题应用。这可能会给学生带来一种信念：数学知识是由许多事先建立的解题程序组成的集合体。所以他们常常认为，解决一个问题的方法就是回忆起正确的程序，因而既不需要做复杂的工作，也不需要深入思考。一旦在头脑中没有准备好解决某一问题的特定程序，他们就会盲目地尝试解答。[7]

(二)教师的认识方式信念对教学的影响

如何看待学习的本质？如何理解认知的内核？不同的理解和认识会直接影响教师自身的教学意识和教学行为。例如，如果把知识的认知过程归结为"外部刺激"与"内部反应"之间的联结，即认同行为主义的学习观，教师就把自己摆到了教学的主体地位，教师给予学生刺激是教师的主动行为，而学生在刺激下做出反应是被动行为，这种信念所导致的教学行为就抹杀了学生的主体性。反之，如果把知识的认知过程理解为学习者对知识的建构过程，是学习者利用已有认知结构去同化和顺应新知识的过程，那么教师扮演的就是辅助者和组织者的角色，学生自然就成了学习的主人。

在学科背景下，教师关于认识方式的信念，关于学习的信念对教学的影响更加显著。例如，关于语文学科中的阅读训练，施劳（Schraw）认为，阅读理解过程中存在两种不同的认识信念：传承信念和转换信念。[8]传承信念认为阅读是为了准确把握作者想要表达的意图，在阅读中应当追溯作者的原意。与传承信念相反，转换信念则指不同的读者对同一篇文章可能有不同的理解，因而更强调读者这个认知主体的主观能动性。如果一个教师认同传承信念，他在教学中就会把阅读教学处理成信息的传递和承接过程，学生通过译码来了解文意，进行再造性阅读；反之，如果教师认同转换信念，他就会把这种阅读信念灌输到教学中，充分调动学生原有知识、意识、情感，多视角地对阅读材料进行加工处理，把阅读教学处理成学生按照自己的目的和意图能动地建构意义的过程。

(三)教师的文化信念对教学的影响

在"独裁"与"民主"维度，倾向于独裁信念的教师会过高地估计教师在课堂上的作用，把整个课堂塑造为"一言堂"。教师在课堂上扮演的是劣质导演的角色，学生只能扮演演员角色而任其摆布，不能发挥主观能动性。持独裁倾向的教师总是按照自己的意愿组织教学，不愿听取其他教师和学生的不同意见，我行我素、患得患失。倾向于民主信念的教师则会充分考虑学生的主体作用，在课堂上构筑和谐、平等、民主的氛围，尊重学生的观点和意见，鼓励学生参与讨论，在教学方法上会更多地选用合作学习形式，注重人与人之间的对话、沟通和交流。

在"集体"与"个别"维度，持"个别"信念的教师倾向于独裁，强调自我，在对待学生方面常常表现为关注个体多于关注群体，突出独立学习的作用；而持"集体"信念的教师则倾向于民主，认可集体的力量，相信合作学习、集体讨论、群体探究是有效的学习方式。

教师的文化信念还会渗入学科教学，对具体学科教学产生影响。我们以数学学科为例说明。数学本身兼有科学与人文二重性。作为科学，数学揭示自然界的规律，这些规律是不以人的意志为转移的；数学是其他自然科学的基础，以至于人们把数学推崇为"科学的皇后"。数学作为科学已经根植于人们的头脑中。此外，数学作为人类思维的产物，它离不开社会环境的润育，离不开社会共同体的协商、交流，离不开语言的传播，离不开历史的传承，这又使数学作为一种文化为人们所认同，数学的人文精神依附于数学文化得以彰显。正是数学的二重性，使人们在认识数学时会形成科学视角的数学观和人文视角的数学观，由此导致人们会对数学的价值做出不同的判断。持科学视角数学观的人，会注重数学的科学价值；持人文视角数学观的人，会产生对数学文化价值、社会价值和历史价值的钟爱。对应在数学教育上，持不同数学观的教师会对数学教育的本质有不同的理解，反映在对数学教育目的、数学教学过程、数学教学评价等方面的认识上。倾向于科学视角数学观的教师会把数学教育目的解释为使学生系统地、准确无误地理解作为绝对真理的数学知识，牢固掌握数学的基本技能；学习的方式主要是接受，教师的任务在于为学生提供外部信息，灌输和倾注成为主要的教学方式；在对学习结果的评价上，就会以知识和技能掌握的数量和质量为指标。倾向于人文视角数学观的教师，会把数学教育目标定位在凸显数学的文化和社会价值方面，偏重对学生的思维训练、人文熏陶和个性发展；学生的学习方式更多是探究、合作和交流，教师是学生学习的引导者和促进者；教学评价形式会更加多样化，介入质的评价而不仅仅是量的评价。

四、结语

个体认识信念系统是客观存在的，它随着个体学习活动经验的积累、改造而逐步形成。个体认识信念具有发展性，同时在发展的过程中又有相对的稳定性。教师的认识信念既会对自我的教学理念、教学设计、教学行为、教学组织以及教学评价产生直接影响，又会通过教学过程传达给学生，对学生的学习产生间接影响。因此，教师要充分认识自我认识信念的重要性，要不定期地、经常地反省自身的认识信念，摒弃不合乎当代教育理念的信念，不断地充实、改造和完善认识信念系统，使自己成为一名合格的当代教师。

[参考文献]

[1] 喻平，唐剑岚. 个体认识论的研究现状与展望[J]. 心理科学进展，2007(3)：443-450.

[2] Hofer，B. K.，Pintrich，P，R. The Development of epistemological theories：beliefs about knowledge and knowing and their relation to learning[J]. Review of Educational Research，1997(1)：88-140.

[3] Schommer-Aikins，M. Explaining the epistemological belief system：introducing the embedded systemic model and coordinated research approach[J]. Educational Psychologist，2004(1)：19-29.

[4] Hofer，B. K. Epistemological understanding as a metacognitive process：thinking aloud during online searching[J]. Educational Psychologist，2004(1)：43-55.

[5] Duell，O. K.，Schommer-Aikins，M. Measures of people's beliefs about knowledge and Learning[J]. Educational Psychology Review，2001(4)：419-449.

[6] Ernest，P. 数学教育哲学[M]. 齐建华，张松枝，译. 上海：上海教育出版社，1998.

[7] Schoenfeld，A. H. Mathematical problem solving[M]. San Diego，CA：Academic Press，1985.

[8] Schraw，G. Reader beliefs and meaning construction in narrative text[J]. Journal of Educational Psychology，2000(1)：96-106.

（本文责任编辑：江东）

（原载《教师教育研究》，2007 年第 4 期）

北京市小学教师工作满意度实证研究

徐志勇，赵志红

（北京师范大学教育学部，北京 100875）

[摘要]本研究运用问卷调查法对北京市 1308 名小学教师进行了调查，结果如下。第一，北京市小学教师的总体满意度达到了较高水平，且教师的内在满意度显著高于教师的外在满意度。第二，北京市小学教师的内在满意度、外在满意度和总体满意度在人口学变量上存在显著差异。其中，薄弱校教师满意度高于优质校和中等校；男教师满意度高于女教师；学校干部满意度高于任课教师，副科教师满意度高于主科教师；低年级教师满意度高于中、高年级教师；新入职教师与老教师满意度高于其他教龄教师；教师的职称越高，满意度越高。在原因分析的基础上，本研究提出了政策建议。

[关键词]小学教师；工作满意度；问卷调查

[中图分类号]G526.5　[文献编号]A　[文章编号]1672-5905(2012)01-0085-08

An Empirical Study of Job Satisfaction of Beijing
Primary School Teachers

Xu Zhiyong，Zhao Zhihong

(Faculty of Education，Beijing Normal University，Beijing，100875，China)

Abstract：The paper carries out an investigation on 1308 Primary teachers of Beijing with questionnaire method. First，Beijing primary school teachers' overall satisfaction reaches a high level，and teachers' intrinsic satisfaction is

---

[收稿日期]2011-09-09

[基金项目]2012 年度教育部人文社会科学研究青年基金项目"学校文化领导力模型构建与作用机制研究"成果之一

[作者简介]徐志勇，北京师范大学讲师，管理学博士，主要研究方向为学校领导、教育行政与政策。

significantly higher than the extrinsic satisfaction. Second, Beijing primary school teachers' intrinsic satisfaction, extrinsic satisfaction and overall satisfaction are significantly different in terms of demographic variables, which shows as follows: weal school teachers' job satisfaction is higher than those from mid-level and quality school; male teachers' satisfaction is higher than female teachers; school cadres' satisfaction is higher than course teachers, and major course teachers' satisfaction is higher than minor course teachers; low-grade teachers' satisfaction is higher than middle and high-grade teachers; new and old teachers' satisfaction is higher than others; the higher the teachers' title, the higher their job satisfaction. The paper proposes policy suggestions on the basis of the reason analysis and discussion.

Keywords: primary school teachers, job satisfaction, questionnaire method

一、引言

教师是学校的核心力量。教师的工作满意度影响着他们的工作积极性，进而对学校教育成效产生重要影响。工作满意度是组织管理中的一个基本变量，这一概念由泰勒(Taylor)于 1912 年首先提出，梅奥(Mayo)等人通过霍桑实验发现员工的情感及心理因素会影响其工作行为和企业产出。在此基础上，霍波克(Hoppock)给工作满意度下了比较完整的定义，即工作满意度是指员工对工作环境的感受以及生理和心理上的满足。[1]教师工作满意度是教师的一种主观价值判断，取决于教师从工作中的实际所得如工作条件、福利待遇、职业发展机会等与他们的期望所得之间的差距。教师工作满意度不仅是衡量学校效能的一个重要指标，也是反映学校管理人本化的一个重要参数，它与教师的职业承诺、工作主动性、职业倦怠、心理健康、教学效能感等有着密切的关系。[2]研究教师工作满意度一方面可以为提高学校效能提供依据，另一方面还可以为提高教师的工作生活质量提供建议。

二、文献综述

工作满意度实质上是员工对工作环境的主观反应。研究者基于不同的理论基础和视角提出了多种满意度测量方法。韦斯（Weiss）等人编制的《明尼苏达满意度调查量表》（*Minnesota Satisfaction Questionnaire*）从个人能力发挥、成就感、能动性、报酬、奖惩、责任等 20 个维度来测量员工满意度。[3]史密斯（Smith）和肯德尔（Kendall）等人编制的《工作说明量表》（*Job Descriptive Index*）则从工作本身、薪酬、升迁、上司、同事 5 个构面来确定员工对于组织的满意度。[4]哈克曼（Hackman）和奥尔德姆（Oldham）设计的《工作诊断调查量表》（*Job Diagnostic Survey*）从员工的一般满意度、内在动机和特殊满意度（如工作安全、待遇、社会关系、成长）三个方面来评价满意度。[5]总的来看，组织管理对工作满意度的分析，一般从内在满意度、外在满意度以及二者的综合即总体满意度三个方面进行。定量与定性研究都表明，员工人口学变量如性别、年龄、文化程度、婚姻状况、收入等对满意度有着直接影响，组织特征如组织规模、氛围、领导风格、职业声望等对满意度也有显著影响。[6]员工满意度也被称为组织的幸福指数，它与员工在组织中的工作和生存状态、组织承诺、组织公民行为、流失率、工作绩效以及可能出现的反生产行为等有密切的关系。[7]

关于教师工作满意度的结构，西蒙斯（Simmons）将其分为工作内容满意度和工作环境满意度两个方面，工作内容满意度主要涉及教学过程本身，工作环境满意度主要涉及学校人际关系、薪酬等。Ololube 从工作环境安全、工作本身、专业成长、机会、成就标准、他人的认可、工作独立性、创新、薪酬福利、对教育事业发展的贡献、地位影响力等指标来评价教师的工作满意度。[8]陈云英和孙绍邦、冯伯麟、胡咏梅等人的研究从教师工作条件、工作强度、自我实现、领导与管理、人际关系、工资收入、发展环境等维度来评价教师的工作满意度。[9-11]关于教师工作满意度的影响因素，Michaelowa 提出主要有四类：物理因素，如班级规模、教室设备等；教师个人的人口学变量，如性别、婚姻状况、工作经历等；教师工作性质，如是公立学校雇员还是私立学校雇员；学校中人际关系，如教师与同事、领导、家长的沟通等。[12]关于教师满意度，常用的研究方法为量表或问卷调查法，主要采用的统计方法有差异性分析、相关分析、多元回归分析和结构方程模型等。但是，由于所选取的研究对象不同，对教师满意度的研究不管是在整体满意度、构面满意度还是在影响因素上，得出的结论都存在很大的差异。比如，陈云英和孙绍邦的研究认为教师工作满意度存在着性别差异，女教师的满意度高于男教师；而冯伯麟发现男教师的工作满意度高于女教师；胡咏梅的研究则发现性别因素对教师工作满意度不存在显著影响。这说明，对教师工作满意度的度量具有很强的场景性，地域条件、研究时间、研究方法等都可能对研究结果的普遍性产生制约。因此，要想为提高学校效能、提高教师工作生活质量提供有针对性的建议，就必须对特定的教师群体的工作满意度进行具体分析，而不能盲目照搬已有研究结果。

三、研究方法

(一)研究工具

本研究采用问卷调查法来评估小学教师的工作满意度。研究问卷主要有两个参考来源。一是我国学者吴明隆设计的《教师社会支持与工作满意度关系》调查问卷，该问卷将教师工作满意度分为外在满意度和内在满意度两个基本维度，其中，内在满意度有 8 个测项，外在满意度有 4 个测项。[13] 二是《盖洛普工作场所量表》(Gallup Workplace Audit)，该量表由盖洛普调查公司设计并在组织管理领域广泛使用，主要从才能、认可与奖励、人际关系、期望值四个维度来测量工作氛围及员工敬业度，共有 12 个有效测项。本研究综合了上述两个量表的题项，在此基础上设计出了《教师工作满意度问卷》。在预调研及教师访谈的基础上，本研究根据我国的语言表达习惯和学校教师关注问题的实际情况，最终将教师内在满意度确定为 6 个有效测项，分别是：①我的工作能给我带来学习与成长的机会；②我的工作很稳定性，这使我感到满意；③在工作中我有被尊重的感觉；④我能够从工作中获得很大的快乐；⑤我经常在工作中体验到成就感；⑥学校能够给予教师工作足够的支持。将教师外在满意度确定为 4 个有效测项，分别是：①学校提供的福利待遇让我感到满意；②我对学校提供的办公条件感到满意；③目前的薪酬与实际的工作付出相比较，我感到满意；④我对目前的工作负荷感到满意。

本研究设计的问卷采用李克特五点计分，1 分表示教师认为相应题项的描述与本校的实际情况"完全不符合"，5 分表示题项的描述与本校的实际情况"完全符合"。每个题项只能选择一个答案。在填写时，提醒教师不要漏项。采用 AMOS 7.0 和 SPSS 17.0 进行数据分析。

(二)样本构成

本研究采用分层抽样的原则向北京市海淀区、丰台区、石景山区的 28 所小学发放调查问卷。每个学校发放 60 份，共发放 1680 份问卷，回收有效问卷 1308 份。在本研究的调研对象中，来自优质校、中等校、薄弱校的教师分别占 37.1%、32.5% 和 30.4%；男、女教师比例分别为 13.5%、86.5%；教师学历分布为研究生 0.7%，本科 78.1%，大专 16.3%，中专 4.9%；任教年级为 1～6 年级的教师所占的比例分别为 18.3%、14.8%、17.4%、17.0%、16.9%、15.6%；教师职称分布为初级 22.0%，中级 17.7%，小学高级 59.3%，中学高级 0.8%，特级 0.2%；教师教龄分布情况为 0～3 年的占 11.8%，3～5 年的占 6.0%，5～10 年的占 13.8%，10～15 年的占 18.0%，15～25 年的占 38.4%，25 年以上的占 12.0%。

(三)问卷的信效度分析

1. 探索性因素分析

本研究采用探索性因素分析来探讨问卷的结构效度，采用内部一致性系数来检验问卷的信度。KMO 检验得出 MSA 值为 0.939；Bartlett 球形检验卡方值显著性系数 $P < 0.001$，说明问卷非常适合进行探索性因素分析。采用主成分分析法提取因子，并按照正交方差最大法进行因子旋转，从问卷测项中提取出了两个公共因子，第一个公共因子 F1 累积解释方差变异为 39.054%，第二个公共因子 F2 累积解释方差变异为 29.805%，合计 68.859%。正交旋转后，F1 和 F2 的因素负荷值都大于 0.60。问卷总的内部一致性系数为 0.920，教师内在满意度、外在满意度维度的内部一致性系数也都大于 0.70。这说明，问卷的信效度指数都达到了良好的水平。（表 1）

表 1　问卷信效度的探索性因素分析结果

维度	测项	测项		Cronbach's α
		F1	F2	
教师内在满意度	1. 我的工作能给我带来学习与成长的机会。	0.749		0.907
	2. 我的工作很稳定性，这使我感到满意。	0.679		
	3. 在工作中我有被尊重的感觉。	0.747		
	4. 我能够从工作中获得很大的快乐。	0.756		
	5. 我经常在工作中体验到成就感。	0.808		
	6. 学校能够给予教师工作足够的支持。	0.786		

续表

维度	测项	测项		Cronbach's α
		F1	F2	
教师外在满意度	7. 学校提供的福利待遇让我感到满意。		0.786	
	8. 我对学校提供的办公条件感到满意。		0.616	
	9. 目前的薪酬与实际的工作付出相比较，我感到满意。		0.849	0.843
	10. 我对目前的工作负荷感到满意。		0.743	

2. 验证性因素分析

为检验各潜在变量的测量指标的有效性，从而系统保证研究工具的质量，本研究采用 AMOS 7.0 软件对测量结果进行验证性因素分析。结果显示，各个测量指标对相应的潜在变量的因素负荷量为 0.674～0.845，都高于 0.60，表示测量指标能够较好地反映潜在变量的特质。教师内在满意度、外在满意度的组合信度分别为 0.9045 和 0.8326，都明显大于 0.60。平均方差提取值分别为 0.6136 和 0.5544，都明显大于 0.50。（表2）

表 2 问卷信效度的验证性因素分析结果

观测变量	路径	潜在变量	估计值	因素负荷量	标准误	临界比值	P	组合信度	平均方差提取值
1	<——	教师内在满意度	1.000	0.674					
2	<——	教师内在满意度	1.174	0.737	0.049	23.942	＊＊＊		
3	<——	教师内在满意度	1.411	0.801	0.055	25.588	＊＊＊		
4	<——	教师内在满意度	1.440	0.811	0.056	25.882	＊＊＊	0.9045	0.6136
5	<——	教师内在满意度	1.453	0.819	0.056	25.909	＊＊＊		
6	<——	教师内在满意度	1.264	0.845	0.047	26.905	＊＊＊		
7	<——	教师外在满意度	1.000	0.733					
8	<——	教师外在满意度	0.838	0.764	0.036	23.433	＊＊＊	0.8326	0.5544
9	<——	教师外在满意度	1.017	0.713	0.042	24.286	＊＊＊		
10	<——	教师外在满意度	1.050	0.767	0.045	23.525	＊＊＊		

结构方程模型拟合度分析表明，卡方自由度比值 CMIN/DF＝3.245＜5.0，渐进残差均方和平方根 RMSEA＝0.041＜0.100；绝对拟合指标 GFI＝

0.989，AGFI＝0.975，都大于0.80；相对拟合指标NFI＝0.990，NNFI＝0.987，CFI＝0.993，IFI＝0.993，都大于0.90。问卷具有较好的模型拟合度（见表3）。以上这些数据表明，验证性因素分析的计算结果支持前述探索性因素分析的结果，教师工作满意度的各个测项具有良好的收敛效度，说明本研究设计的问卷内在质量是理想的。

表3　结构方程模型适配结果

拟合指数	CMIN	DF	CMIN/DF	RMSEA	绝对拟合		相对拟合			
					GFI	AGFI	NFI	NNFI	CFI	IFI
计算数值	77.872	24	3.245	0.041	0.989	0.975	0.990	0.987	0.993	0.993
判断标准	—	—	＜5.0	＜0.100	＞0.80	＞0.80	＞0.90	＞0.90	＞0.90	＞0.90

四、研究结果

（一）北京市小学教师工作满意度的整体情况

本研究中，教师工作满意度的结构主要包括三个基本的层面：①内在满意度，指工作本身如发展机会、稳定性、成就感等带给教师的满意度；②外在满意度，指工作负荷、薪酬、福利待遇、办公条件等带给教师的满意度；③总体满意度，是内在满意度与外在满意度的整合，指教师对工作所持的一种总体的、综合的情感反应。北京市小学教师的内在满意度得分均值为4.32，标准差为0.72；教师的外在满意度得分均值为3.72，标准差为0.93。综合内在满意度与外在满意度，北京市小学教师的总体满意度为4.09，标准差为0.75。（表4）

表4　教师工作满意度总体情况分析

教师工作满意度	均值	标准差	标准误	F	P
内在满意度	4.32	0.72	0.02		
外在满意度	3.72	0.93	0.03	178.322	0.000
总体满意度	4.09	0.75	0.02		

李克特五点计分一般以3分、3.75分、4.25分为对被试得分高低进行判断的临界点：3分以下为低，3～3.75分为一般，3.75～4.25分为较高，4.25

分以上为非常高。统计发现，北京市小学教师的内在满意度得分均值高于4.25分，达到了非常高的水平；外在满意度得分均值低于3.75分，为一般水平；总体满意度得分均值处于3.75～4.25分，达到了较高水平。方差分析结果为，$F=178.322$，$P=0.000<0.05$，且两两配对方差分析结果的显著性水平也都小于0.05，这说明北京市小学教师内在满意度显著高于总体满意度，总体满意度又显著高于外在满意度。

对问卷测项进行进一步分析发现，教师的内在满意度各测项得分均值都高于4分，其中，教师对学习成长机会(4.51分)、获得的支持(4.46分)和工作稳定程度(4.41分)的满意度高于4.25分，达到了非常高的水平；而教师的外在满意度各测项得分均值相对较低，仅有一项即教师对办公条件的满意度(4.23分)超过了4分，其他三个测项即对工作负荷(3.61分)、所获薪酬(3.41分)、福利待遇(3.65分)的满意程度都低于3.75分。（图1）

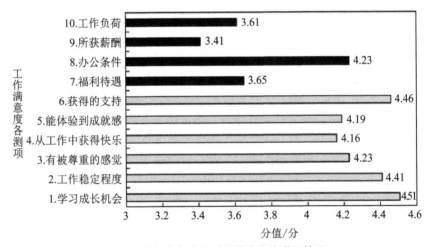

图1 教师满意度各测项得分均值详细情况

(二)北京市小学教师工作满意度的差异分析

教师满意度实际上是教师对自身期望是否得到现实满足的一种主观价值判断，是教师的一种心理感知活动。由于相关影响因素的差异，教师的工作满意度会存在不同。学校类型、性别、职务、任教年级、教龄、职称等多种因素都可能影响教师的满意度。

通过差异性分析发现，优质校、中等校、薄弱校教师的内在满意度、外在满意度和总体满意度存在显著差异。优质校教师的内在满意度高于中等校教师，但是低于薄弱校教师（$P<0.05$）。在教师的外在满意度上，优质校教师低于中等校教师，中等校教师又低于薄弱校教师（$P<0.01$）。在教师的总体满意度上，薄弱校教师高于优质校教师，优质校教师又高于中等校教师（$P<0.05$）。

在教师的性别上，男、女教师的内在满意度均达到非常高的水平，但是二者不存在显著差异（$P>0.05$）。在外在满意度和总体满意度上，男教师的满意度都显著高于女教师（$P<0.05$）。

在内在满意度、外在满意度和总体满意度上，学校干部的满意度都高于任课教师。若再将任课教师细分为主科教师和副科教师，则发现副科教师的满意度显著高于主科教师（$P<0.01$）。

教师的任教年级在内在满意度、外在满意度和总体满意度上也存在显著差异。一、二、三年级教师的满意度高，如在总体满意度上分别为 4.17 分、4.19 分和 4.11 分；四、五年级教师的满意度低，如在总体满意度上分别为 3.98 分和 3.97 分；六年级教师的满意度相比于四、五年级教师又有所提高，如在总体满意度上为 4.03 分，但是也显著低于一、二、三年级教师（$P<0.05$）。总体来看，教师的内在满意度、外在满意度、总体满意度在各个年级的分布呈现出低年级教师高，四、五年级教师低，六年级教师再次升高的"U"形曲线。

在教龄上，教师的内在满意度、总体满意度不存在显著差异（$P>0.05$），但是，教师的外在满意度存在显著差异。任教 0~3 年、25 年以上的教师的外在满意度最高，分别为 3.89 分和 3.87 分；任教 3~5 年、5~10 年、10~15 年、15~25 年的教师的外在满意度相对较低，分别为 3.59 分、3.74 分、3.63 分、3.68 分，都低于 3.75 分，且达到了显著性水平（$P<0.05$）。整体上也呈现一种"U"形曲线分布趋势。

在教师的职称上，教师的内在满意度、总体满意度不存在显著差异（$P>0.05$），但在外在满意度上存在显著差异（$P<0.05$）。具有特级职称的教师的外在满意度最高，具有中学高级职称的教师次之，都达到了非常高的水平；而具有中级、小学高级职称的教师的外在满意度最低，处于一般水平；具有初级职称教师的外在满意度比具有中级、小学高级职称的教师稍高，达到了较高水平。整体上看，随着教师职称等级的提高，教师的内在满意度、外在满意度和总体满意度呈现出逐渐升高的趋势。

上述是单因素方差分析结果。对教师工作满意度的多元方差分析未发现各人口学变量之间存在明显的交互效应。（表5）

表5　小学教师工作满意度的方差分析结果

人口学变量		内在满意度			外在满意度			总体满意度		
		得分均值	F	P	得分均值	F	P	得分均值	F	P
学校类型	优质校	4.34			3.62			4.06		
	中等校	4.26	3.50*	0.03	3.69	9.49**	0.00	4.03	5.24*	0.01
	薄弱校	4.39			3.90			4.19		
性别	男	4.42	3.68	0.06	3.88	5.32*	0.02	4.20	4.87*	0.03
	女	4.31			3.70			4.07		
职务	主科教师	4.26			3.60			4.00		
	副科教师	4.44	10.25**	0.00	3.91	17.77**	0.00	4.22	15.12**	0.00
	干部	4.50			4.03			4.31		
任教年级	一年级	4.37			3.87			4.17		
	二年级	4.43			3.79			4.19		
	三年级	4.37	2.74*	0.02	3.72	2.73*	0.02	4.11	3.14*	0.01
	四年级	4.23			3.61			3.98		
	五年级	4.22			3.60			3.97		
	六年级	4.29			3.64			4.03		
教龄	0～3年	4.34			3.89			4.17		
	3～5年	4.34			3.59			4.04		
	5～10年	4.31	0.35	0.88	3.74	2.63*	0.02	4.09	1.31	0.26
	10～15年	4.30			3.63			4.03		
	15～25年	4.31			3.68			4.06		
	25年以上	4.39			3.87			4.18		
职称	初级	4.31			3.77			4.10		
	中级	4.25			3.63			4.01		
	小学高级	4.35	1.36	0.25	3.72	3.01*	0.02	4.10	2.14	0.07
	中学高级	4.63			4.43			4.57		
	特级	4.72			4.75			4.73		

五、结论

(一)发现

①北京市小学教师的总体满意度达到了较高水平(4.09分)，教师的内在满意度达到了非常高的水平(4.32分)，教师的外在满意度水平一般(3.72分)，且教师的内在满意度显著高于教师的外在满意度。

②北京市小学教师的总体满意度在学校类型、性别、职务、任教年级 4 个人口学变量上存在显著差异，内在满意度在学校类型、职务、任教年级 3 个人口学变量上存在显著差异，外在满意度则在学校类型、教师性别、职务、任教年级、教龄、职称 6 个人口学变量上存在显著差异。

(二)讨论

①从教师的内在满意度以及各个测项的得分情况看，本次研究的样本学校的领导与管理风格都是偏重人本导向的。学校给予教师的工作有力支持，教师工作稳定，并能够获得专业发展机会，教师能从学校工作中获得成就感、快乐和被尊重感。根据彼得·F. 德鲁克的观点，教师是现代社会的知识工作者。[14] 所谓知识工作者，是那些掌握和运用符号与概念，利用知识或信息工作的人。知识工作者具有很强的专业精神和自觉主动性，善于从工作本身发现人生的意义。教师的内在满意度达到非常高的水平说明，本研究的样本学校的领导与管理抓住了教师职业的本质特点，这对于激发教师工作的内驱力、提高教师的专业发展水平具有重要的作用。

②教师的外在满意度以及各个测项的得分情况说明，教师对于所得薪酬、福利待遇、工作负荷的满意度还比较低。从 2007 年起，北京在全市范围内逐步开展小学规范化建设工程。经过持续的经费投入，现在学校硬件设施已经达标，所以，教师普遍对于办公条件感到满意。但是，由于近年来城市生活成本升高，而教师的待遇相对于生活成本来说并未获得提高，再加上工作负荷增加，因此，教师普遍对于薪酬待遇感到不满意。同时，研究也发现，教师外在满意度低与内在满意度高的情况并存，这说明教师对于外在满意度的评价不会受到其对内在满意度评价的影响。

③工作满意度是人们对于工作的主观评价，一般而言，薄弱校的教师、新入职的教师对工资待遇、工作本身带来的尊严感与成就感等的期望不高[15]，因此，任职于薄弱校的教师以及新入职教师的满意度反而相对较高；而优质校的竞争压力相对更大，教师相对忙碌，这也导致教师的满意度反而不高；语文、数学等主科教师的课时量大，因此比副科教师的满意度低。这说明在当前的社会氛围下，要想真正实现为教师减负的目标，依然任重道远。低年级教师相对于中、高年级教师来说面临的教育情境要相对简单，因此其满意度相对较高。女教师一方面要为工作而忙碌，另一方面要在料理家务和照顾子女上投入比男教师更多的精力，因此满意度普遍比男教师低。教师的职称

等级越高，职务越高，其满意度就越高，这可能意味着，随着教师业务的熟练，其对于工作更加得心应手，同时能够获得更多的薪酬等方面的收益。

(三)结语

传统的学校管理是一种结果导向的管理模式，在这种模式下，学校效能被理解为学校教育满足服务对象如学生、家长需求的程度，作为提供教育服务的主体，教师的需求是否得到有效满足并不是管理工作的重点。一些学校甚至不惜以牺牲教师人格及专业发展机会，通过超负荷式工作来换取外在效能的提升。但是，随着现代人本管理思想的兴起，学校效能的内涵得以扩大，学校效能不仅涵盖表现为教育结果的外部效能，而且还涵盖表现为教师对工作条件、专业发展和人格尊严的满意程度的内部效能。结果导向的片面学校效能观被广为诟病，取而代之的是人本导向的综合学校效能观。这种效能观认为，学校管理需要追求外在效能，但是对于外在效能的追求必须以内在效能为基础。从本次调研的样本学校来看，学校在注重技术领导力的同时，已经开始有意识地强化象征性领导力和文化领导力[16]，注重创设人本导向的管理氛围，这对提高教师的职业认同和职业幸福感发挥了重要作用。

从此次调查的结果看，北京市小学教师的内在满意度已经达到了非常高的水平，但是外在满意度仍然偏低。要解决教师的福利待遇问题，仅仅依靠学校内部实行人本管理是不够的，还需要政府持续加大经费投入力度，进一步提高教师待遇。在2007年与北京师范大学免费师范生座谈时，温家宝提出：办教育要用心力，还要用财力，两者不可偏废。用心力，就是学校要目光远大、勇于创新，把最新的知识和最好的技能教给学生；用财力，就是要不断加大对教育事业的投入。要想使教师真正成为一个有尊严的、令人向往的职业，一方面要大力提高教师的师德素养和专业水平，另一方面还要加大对于教育事业的投入，真正为教师解除后顾之忧，为教师钻研业务、提高专业化水平创造良好的条件。

[参考文献]

[1] McNichols，C. W.，Stahl，M. J.，Manley，T. R. A validation of Hoppock's Job Satisfaction Measure[J]. Academy of Management Journal，1978(4)：737-742.

[2] 姜勇，钱琴珍，鄢超云. 教师工作满意度的影响因素结构模型研究[J]. 心理科学，2006(1)：162-164.

［3］Weiss，D．J．，Davis，R．V．，England，G．W．，et al．Manual for the Minnesota Satisfaction Questionnaire［M］．Minneapolis：The University of Minnesota Press，1967.

［4］Pennington，M．C．，Riley，P．V．Measuring job satisfaction in ESL using the Job Descriptive Index［J］．Perspectives：Working Papers of the Department of English，1991(1)：20-36.

［5］Hackman，J．R．，Oldham，G．R．The Job Diagnostic Survey：an instrument for the diagnosis of jobs and the evaluation of job redesign projects：Technical Report No. 4［R］．New Haven：Yale University，1974.

［6］Judge，T．A．，Thoresen，C．J．，Bono，J．E．，et al．The job satisfaction-job performance relationship［J］．Psychological Bulletin，2001(3)：376-407.

［7］夏凌翔，黄希庭．论工作满意度与工作绩效的关系［J］．西南师范大学学报（人文社会科学版），2002(4)：32-34.

［8］Ololube，N．P．Teachers job satisfaction and motivation for school effectiveness：an assessment［J］．Essays in Education，2006(18)：1-19.

［9］陈云英，孙绍邦．教师工作满意度的测量研究［J］．心理科学，1994(3)：146-149，193.

［10］冯伯麟．教师工作满意及其影响因素的研究［J］．教育研究，1996(2)：42-49，6.

［11］胡咏梅．中学教师工作满意度及其影响因素的实证研究［J］．教育学报，2007(5)：46-52.

［12］Michaelowa，K．Teacher job satisfaction，student achievement，and the cost of primary education in Francophone Sub-Saharan Africa［J］．HWWA Discussion Papers，2002(7)：1559-1568.

［13］吴明隆．结构方程模型——AMOS 的操作与应用［M］．2 版．重庆：重庆大学出版社，2010.

［14］彼得·F．德鲁克．管理新现实［M］．黄志典，译．北京：东方出版社，2009.

［15］Schonfeld，I．S．Short research paper：an updated look at depressive symptoms and job satisfaction in first-year women teachers［J］．Journal of Occupational and Organizational Psychology，2000(3)：363-371.

［16］托马斯·J．萨乔万尼．校长学：一种反思性实践观［M］．张虹，译．上海：上海教育出版社，2004.

（本文责任编辑：田小杭）

（原载《教师教育研究》，2012 年第 1 期）

我国中小学教师职业认同的结构与量表

魏淑华[1]，宋广文[2]，张大均[3]

（1. 济南大学教育与心理科学学院，山东济南 250022；

2. 华南理工大学思想政治学院心理系，广东广州 510641；

3. 西南大学心理健康教育研究中心，重庆 400715）

[摘要]本研究采用理论探讨与实证检验相结合的方法，对教师职业认同的结构进行构建，并研发了中小学教师职业认同的测验量表。研究结果表明，教师职业认同是一个由职业价值观、角色价值观、职业归属感、职业行为倾向四个因子构成的多维度结构系统，以此为基础编制的《中小学教师职业认同量表》具有较好的信度和效度，可以作为测量我国中小学教师职业认同状况的工具。

[关键词]中小学教师；职业认同；结构；量表

[中图分类号]G449　　[文献标识码]A　　[文章编号]1672-5905(2013)01-0055-06

Study on Primary and Secondary School Teachers' Professional Identity：Structure and Scale

Wei Shuhua[1]，Song Guangwen[2]，Zhang Dajun[3]

（1. School of Education and Psychology，University of Jinan，Jinan，Shandong，250022，China；2. Psychology Department，College of Ideology and Politics，South China University of Technology，Guangzhou，Guangdong，510641，China；3. Research Center of Mental Health Education，Southwest University，Chongqing，400715，China ）

Abstract：This study researched the structure and scale of teachers' professional identity with the integrated qualitative and quantitative research meth-

[收稿日期]2012-05-25

[基金项目]济南大学博士基金项目(B0902)；济南大学社科基金项目(X1046)

[作者简介]魏淑华，济南大学副教授，心理学博士，主要研究方向为教师心理、心理健康教育等；张大均(通讯作者)，西南大学心理健康研究中心主任，教授，主要研究方向为教育心理、社会心理等。

od. The results showed：teachers' professional identity is a multi-dimensional systematic structure composed of four factors：occupational values，role values，the sense of occupational belonging and professional behavior inclination. "Primary and Secondary School Teachers' Professional Identity Scale" formulated in this study is of fine reliability and validity and it is applicable to the measurement of the professional identity of Chinese primary and secondary school teachers.

Keywords：primary and secondary school teachers，professional identity，structure，scale

一、引言

教育大计，教师为本。基础教育作为教育体系的重要组成部分，是教育的基础，是教育工作的重中之重。中小学教师则是决定基础教育质量的关键因素。《国家中长期教育改革和发展规划纲要（2010—2020 年）》指出，要加强师德建设，加强教师职业理想和职业道德教育，增强广大教师教书育人的责任感和使命感。将师德表现作为教师考核、聘任（聘用）和评价的首要内容。所谓师德，即教师的职业道德，它是教师和一切教育工作者在从事教育活动中必须遵守的道德规范和行为准则以及与之相适应的道德观念、情操和品质。"从根本上说，师德建设是一项文化建设，在于最深层的、难度最大的精神建设，所有的制度安排、政策设计、环境改造终须抵达教师个人的精神——心灵层面，即稳固教师心中的'锚'。"[1] 这个"锚"即教师对其职业的爱与责任。而教师对其职业的心理认同，则是教师对其职业的爱与责任等基础心理特质的表现。

目前，在国内外对教师心理的研究中，教师职业认同正成为一个独立的研究主题。教师职业认同是教师个体的一种与职业有关的积极的态度。已有研究发现，教师对他们的职业各方面的感知可能是制度变革和教育变革的基础[2]，可能有助于他们应对教育的变化[3]，还可能有助于他们与同事合作[4]等。教师对他们职业的积极自我感知能够克服他们对恶劣工作条件的不满，强烈的职业认同会减弱教师的离职倾向，即使他们工作的团体受到相当大的批判[5]；教师的职业认同与他们的工作压力水平、离开工作场所的意愿和离开职业的意图之间成负相关[6]。

教师职业认同是一个多维度的结构系统。克雷默（Kremer）和霍夫曼（Hofman）认为教师职业认同包括了四个次认同：向心性、价值、团结和自我表现。[7]贝加德（Beijaard）试图从所教授的学科、与学生的关系、教师的角色或角色概念三个方面来界定教师职业认同。[8]后来，贝加德等人在另一项研究中，又认为教师职业认同，包含了对学科专家、教育学专家和教导专家三个方面的认同。布里克森（Brickson）提出了教师认同确立的三因素模式，认为教师认同的形成和确立从理论上可以区分为个人的、集体的和相互的三大因素，每个因素中又包含了认知、情感、行为和社会四个方面。[9]拉莫特（Lamote）等人认为准教师的职业认同包含教学承诺、职业取向、任务取向和自我效能。[10]国内，宋广文和魏淑华在对教师职业认同的研究中，运用理论分析的方法，认为教师职业认同包括六个因素：职业认识、职业情感、职业意志、职业技能、职业期望和职业价值观。[11]于慧慧在对湖南省小城市中学青年教师的职业认同的研究中，根据文献综述和访谈结果，确定了职业认同的九个维度：职业能力、职业意义、职业特征的认识、对领导的认同、对同事的认同、对学生的认同、对工作回报的认同、对工作背景的认同、对所在学校有归属感或集体感的判断。[12]汤国杰借鉴迈耶（Meyer）等人对职业承诺的研究[13]，认为高校体育教师的职业认同由情感认同、规范认同和持续认同三个因素构成[14]。孙利和佐斌运用实证的方法，发现中小学教师职业认同包含三个维度：职业认知、职业情感和职业价值。[15]

关于教师职业认同的结构，已有研究可谓见仁见智，至今没有比较公认的看法。甚至有的对教师职业认同结构的研究，事实上是对教师职业认同类型的研究。与结构研究相关的测验量表大都存在研究方法上的问题，要么是通过文献分析和理论构想得出的，没有进行严格的统计分析检验[16-17]；要么测验项目的编制缺乏理论基础，或借鉴了其他职业心理特质，如职业承诺的结构与量表[18]，或直接建立在部分研究对象的感知经验之上[19-20]。本研究采用理论分析与实证检验相结合的方法，即在运用理论分析对教师职业认同的结构维度进行理论构想的基础之上，运用实证的方法对其进行检验和修正，采用质性和量化相结合的研究策略对教师职业认同的结构进行构建，与此同时编制适合我国中小学教师的职业认同测验量表。这对更深入地了解教师职业心理、有针对性地寻找促进教师职业认同的有效措施、探寻加强教师师德建设的有效途径有重要价值。

二、中小学教师职业认同结构的理论构想与初始问卷编制

教师职业认同概念的核心是"认同"。通过文献分析发现，认同的基本含义与认同主体对认同客体的"认可""承认""接受""赞赏"、主体与客体的"同一性""一致""符合"等相关。教师职业认同的主体是教师个体；教师职业认同的对象，包括"教师职业"和教师个体内化的"职业角色"。关于教师职业认同的心理成分，教师职业认同作为一种与职业有关的积极的态度，包含了认知、情感和行为倾向成分。因此，本研究认为，教师职业认同是教师对其职业及个体内化的职业角色的积极的认知、体验和行为倾向的综合体。

在对教师职业认同结构的理论建构上，本研究综合采用已有研究中的两种视角，即根据教师职业认同包含的心理成分及其认同对象来分析教师职业认同包含的因子。职业认知方面，与教师职业认同的两个认同对象——教师职业、个体内化的职业角色——相对应，包含职业价值观和角色价值观两个一阶因子。职业价值观，是指教师个体对教师职业的意义、作用等的积极认识和评价；角色价值观，是指教师个体对"教师角色"对自我的重要程度等的积极认识和评价，表现为教师个体以"教师"自居并用"教师"角色回答"我是谁"的意愿。职业情感方面，与教师职业认同的两个认同对象相对应，包含职业归属感和职业自尊感两个一阶因子。职业归属感反映的是教师个体对自己与其职业的关系的积极感受和体验，是指教师个体意识到自己属于教师群体中的一员，经常有与教师职业荣辱与共的情感体验；职业自尊感则反映教师的角色感受和体验，是指教师对自己作为一名教师具有的价值、重要性、效能等的积极感受和体验。职业行为倾向方面，根据教师工作的性质和内容，又可以分为要求行为倾向和额外行为倾向。要求行为倾向是指教师表现出的完成工作任务、履行职业责任所必需的行为的倾向；额外行为倾向是指教师表现出的没有在职业责任中明确规定但有益于提高职业工作效能的行为的倾向。

结合部分中小学教师和心理学专家对包括"认同教师职业的教师是什么样子的？"等问题的开放式问卷的填写情况，根据对教师职业认同结构的理论构想，按照对每个因子的内涵与外延的界定，将其因子成分进一步细化，根据成分—题项匹配性原则，本研究从与每一成分相关的典型心理、行为方面出发编制题项，每个因子下分别编制7～10个项目，共编制了48个项目，构成

了《教师职业认同量表语义分析专家问卷》；根据 12 位教育心理学博士的评议及建议，合并了一些意义相近或重复的项目，删除或修订了一些不易理解或有歧义的项目，经反复讨论，最后确定了由 36 个项目（每个因子下 5～7 个）组成的初始问卷。项目采用李克特五点记分，从"完全不符合"到"完全符合"，记为 1～5 分，得分越高表示职业认同程度越高。

三、中小学教师职业认同的结构模型探索与验证

（一）研究被试与程序

1. 研究被试

初始测量，采用整群分层抽样的方法选取山东省济南市、青岛市、济宁市、泰安市中小学教师 446 人。其中，男教师 189 人、女教师 249 人，8 人性别信息缺失；小学教师 157 人、初中教师 156 人、高中教师 125 人，8 人学校级别信息缺失。正式测量，采用整群分层抽样的方法选取我国山东、江苏、吉林、四川、湖北、广西等共 12 个省（区、市）的中小学教师 1942 人。其中，男教师 699 人、女教师 1195 人，48 人性别信息缺失；小学教师 445 人、初中教师 572 人、高中教师 860 人，65 人学校级别信息缺失。

2. 研究程序

运用初始问卷对初始测量被试进行调查，对获得的数据进行项目分析和因素分析，根据分析结果调整因素和项目，形成中小学教师职业认同正式问卷。运用正式问卷进行正式测量，测试由研究者主持或由经研究者指导的该校教师根据统一指导语进行。要求被试尽可能在规定的时间内完成测试问卷中所有的题目，并强调回答的真实性。将正式测量获得的数据分为基本同质的两部分，使用一半数据进行探索性因素分析，使用另一半数据进行验证性因素分析。数据分析采用 SPSS 16.0 和 AMOS 7.0 软件进行。

（二）项目分析

运用临界比法和相关分析法对初测数据进行项目分析，按照总分前 27%、后 27% 分组进行 t 检验（临界比值）差异不显著，项目与问卷总分的相关不显著或相关系数小于 0.2 的标准，剔除 4 个项目。对剩余的 32 个初测项目进行初步的因素分析，根据项目负荷值大于 0.4、共同度大于 0.2 的标准，保留了

16 个初测项目，修改了 4 个初测项目，新加了一个项目，形成了教师职业认同正式问卷。用正式测量的数据，采用临界比法和相关分析法对这 5 个修改或新编项目进行项目分析，其结果显示，这 5 个项目的临界比值均达到非常显著的水平（$P<0.01$），与总分的相关也都非常显著（$P<0.01$），且相关系数都达到了 0.4 以上。

（三）探索性因素分析

根据研究需要，我们对正式测量得到的 1942 份有效数据按单双号分成两组，两组分别包括 971 份数据。随机抽取其中一组用于探索性因素分析。本研究的 KMO 值为 0.921，同时 Bartlett 球形检验的 χ^2 值为 7838.105（自由度为 210，$P=0.000$），达到极显著水平，表示数据群的相关矩阵间有共同因素存在，适合进行因素分析。采用主成分分析法，提取共同因素，求得初始因素负荷矩阵，再用斜交旋转法求出旋转因素负荷矩阵。对于因素分析的结果，根据项目负荷值小于 0.4、共同度小于 0.3、因素负荷在两个以上因子上相近的标准，剔除问卷中的 3 个不合适项目，剩余 18 个项目。对剩下的项目再次进行因素分析。依据特征值大于 1 的标准并结合陡坡检验确定 4 个因子，4 个因子共解释了总方差的 62.596%。项目负荷值和共同度具体见表 1。

第一个因子包含 6 个项目，由于大部分项目来自依据理论模型编制的初始问卷的"角色价值观"因子，因此将该因子命名为"角色价值观"。第二个因子包含 5 个项目，有 3 个项目来自初始问卷的"要求行为倾向"因子，有 2 个项目来自初始问卷的"额外行为倾向"因子，而在理论结构构想中，这两个因子都属于教师的职业行为倾向方面，因此将该因子命名为"职业行为倾向"。第三个因子包含 4 个项目，全部来自初始问卷的"职业价值观"因子，因此将该因子命名为"职业价值观"。第四个因子包含 3 个项目，均来自初始问卷的"职业归属感"因子，因此将该因子命名为"职业归属感"。

上述 4 个因子之间存在不同程度的相关，而且都达到了显著水平，这意味着因子结构中可能蕴含着更有解释力的高阶因子，有必要进行二阶因素分析。把经一阶因素分析获得的 4 个因子作为新变量，采用主成分分析法，提取共同因素，抽取特征值大于 1 的因子，1 个因子共解释总方差的 61.149%，该因子即教师职业认同。因此，将教师职业认同的二阶一因子、一阶六因子的理论构想结构修正为二阶一因子、一阶四因子的实证结构。

表1　教师职业认同问卷探索性因素分析结果

问卷项目	1	2	3	4	共同度
我为自己是一名教师而自豪。	0.841				0.774
从事教师职业能够实现我的人生价值。	0.830				0.738
在做自我介绍的时候，我乐意提到我是一名教师。	0.747				0.599
我适合做教师工作。	0.689				0.618
作为一名教师，我时常觉得受人尊重。	0.687				0.491
当看到或听到颂扬教师职业的话语时，我会感到欣慰。	0.604				0.581
我能够按时完成工作任务。		0.780			0.653
我能够认真完成教学工作。		0.727			0.598
我能认真对待职责范围内的工作。		0.714			0.703
为了维护学校的正常教学秩序，我会遵守那些非正式的制度。		0.576			0.451
我会积极主动地创造和谐的同事关系。		0.557			0.478
我认为教师职业对促进人类个体发展十分重要。			0.793		0.766
我认为教师的工作对促进学生的成长与发展很重要。			0.791		0.775
我认为教师的工作对人类社会发展有重要作用。			0.692		0.569
我认为教师职业是社会分工中最重要的职业之一。			0.614		0.561
我关心别人如何看待教师职业。				0.740	0.602
当有人无端指责教师群体时，我感到自己受到了侮辱。				0.736	0.635
我在乎别人如何看待教师群体。				0.725	0.676

(四)验证性因素分析

本研究利用随机分组中的另外一组数据，运用 Amos 7.0 统计软件，对通过探索性因素分析得到的教师职业认同模型进行检验。经检验，模型的各项拟合指数中，CMIN/DF＝4.531，RMR＜0.05，RMSEA＜0.08，其他各项指标值均在 0.90 以上，达到了拟合优度的水平(见表2)，说明该模型的设置、构想是合理的，验证了教师职业认同的多维结构假设。

表2　教师职业认同模型的验证性因素分析拟合指数

拟合指数	CMIN	DF	CMIN/DF	GFI	AGFI	IFI	NFI	NNFI	CFI	RMR	RMSEA
数值	593.526	131	4.531	0.932	0.911	0.925	0.906	0.913	0.925	0.038	0.063

四、中小学教师职业认同量表的信度与效度分析

（一）信度分析

对量表信度的考察主要采用同质性信度、分半信度和重测信度。同质性信度用内部一致性系数（Cronbach's Alpha，即 α 系数）表示。从表3可以看出，自编的《中小学教师职业认同量表》各因子的 α 系数为 0.720～0.864，总量表的 α 系数为 0.893。分半信度，采用 Spearman-Brown 分半相关系数计算方法，所得各因子的分半信度系数为 0.744～0.862，总量表的分半信度系数为 0.834。对 64 名中小学教师间隔 2 周进行重测并计算重测信度，所得各因子的重测信度系数为 0.842～0.917，总量表的重测信度系数为 0.902。

表3　教师职业认同量表的信度估计值

因子	角色价值观	职业行为倾向	职业价值观	职业归属感	总体量表
内部一致性信度系数	0.864	0.780	0.807	0.720	0.893
分半信度系数	0.862	0.744	0.799	0.758	0.834
重测信度系数	0.842	0.906	0.917	0.874	0.902

（二）效度分析

本研究对量表效度的考察主要采用内容效度、结构效度和效标效度。

1. 内容效度

内容效度的确定采用对命题的逻辑分析或对测验合理性的判断。在本研究的过程中，对修改后的教师职业认同理论结构的成分细化及其对应项目的确定得到了 12 位教育心理学博士的一致认可。因此，《中小学教师职业认同量表》具有较好的内容效度。

2. 结构效度

本量表各因子之间都存在显著的相关，其相关系数为 0.384～0.598，成中等程度的相关；而量表各因子与总分之间也都存在显著相关（0.709～0.842），且高于各因子之间的相关（具体见表4）。这说明，一方面，量表各因子之间有一定的独立性；另一方面，各因子又能反映总量表所要测查的内容，量表具有良好的结构效度。

表 4　中小学教师职业认同各因子之间及因子与总分之间的相关矩阵

因子	1	2	3	4	量表总分
1. 角色价值观	1	0.384[**]	0.461[**]	0.392[**]	0.842[**]
2. 职业行为倾向	—	1	0.598[**]	0.471[**]	0.737[**]
3. 职业价值观	—	—	1	0.523[**]	0.779[**]
4. 职业归属感	—	—	—	1	0.709[**]

3. 效标效度

选择两个效标。一是李霞开发的《中小学教师职业承诺问卷》[21]，经检验，此效标关联效度为 0.613，达到了极其显著相关水平（$P < 0.001$）。将被调查教师对自己的职业认同水平的总体评价等级作为本量表的另一个效标，经检验，此效标关联效度为 0.510，达到了极其显著相关水平（$P < 0.001$）。这说明本量表具有良好的效标效度。

五、讨论

(一)关于教师职业认同的结构

本研究首先运用理论分析提出了教师职业认同的二阶一因子、一阶六因子的二阶理论结构，然后运用实证的方法将其修正为二阶一因子、一阶四因子的二阶结构。修正后的实证结构保留了理论结构中的职业认知方面的两个一阶因子——"职业价值观""角色价值观"，职业情感方面的一个因子——"职业归属感"，将职业行为倾向方面的"要求行为倾向""额外行为倾向"合为了一个因子，并将其重新命名为"职业行为倾向"，从而验证了教师职业认同包含了认知、情感和行为倾向三种心理成分的理论假设，也说明教师职业认同的理论结构模型是比较合理的。

对于教师职业认同理论结构中的"职业自尊感"，其中的部分项目归入了"角色价值观"中，这可能是因为两者都与教师个体所内化的教师角色有关，前者是角色体验，后者是角色认知。而作为"角色体验"的"职业自尊感"，是建立在作为"角色认知"的"角色价值观"的基础之上的，并在一定程度上通过后者表现出来。这是因为，情感是评价(包括认知评价和非认知评价)的产物，人们在特定情境下产生的特定情绪体验，反映了个体对客体或事物与自身之间的利害关系的评价。[22]因此在实证中，舍弃了"职业自尊感"，保留了"角色价值观"。

在实证研究中，将理论结构中的"要求行为倾向"和"额外行为倾向"合并为一个因子——职业行为倾向。这可能是因为，由于工作内容的特殊性和复杂性，在教师的工作实践中，并没有对"要求行为"和"额外行为"做出严格的区分。教师在履行职业责任、完成工作任务的过程中所做的工作远远不只在职业责任中明确规定的行为。由于工作对象，即学生是人，教师在与学生的互动交流中感情日益深厚，教师也会不自觉地、越来越多地把一些"额外行为"当作"要求行为"，或者说，教师不再严格区分"要求行为"和"额外行为"。因此，在实证中，将"要求行为倾向"和"额外行为倾向"合并为"职业行为倾向"。

对经过探索性因素分析修正后的教师职业认同的二阶一因子、一阶四因子二阶结构进行模型检验，其结果显示各项拟合指标都达到了优度拟合的水平，说明该模型是合理的，即教师职业认同是由职业价值观、角色价值观、职业归属感和职业行为倾向四个因子组成的多维结构系统。

(二)关于教师职业认同的量表

在量表研制的过程中，本研究运用的是理论分析与实证修正相结合的方法，相比于已有的关于教师职业认同问卷的研究或只建立在理论分析的基础上，或只建立在现状调查的基础上而言，更具研究方法上的合理性。本研究采用了大范围调查，调查范围涉及我国七大地区的 12 个省(区、市)。同时，本研究也采用了大样本调查，初始测量的被试样本为 446 人，正式测量的样本有 1942 人，符合心理测量的科学标准。为了保证量表的科学性，我们用专家评估、鉴别力分析、相关分析、探索性因素分析、验证性因素分析等多种方法对问卷的信效度进行了检验，问卷的信效度良好。因此，相比于以往的小范围、小样本的教师职业认同问卷研究，本研究编制的量表更加科学、适用范围更广，可用于研究我国中小学教师的职业认同状况。

六、结论

　　教师职业认同是一个由职业价值观、角色价值观、职业归属感、职业行为倾向四个因子构成的多维度结构系统。以此为基础编制的《中小学教师职业认同量表》具有较好的信度和效度，可以作为测量我国中小学教师职业认同状况的工具。

［参考文献］

［1］朱小蔓．关注师德建设的"土壤"［J］．中国教育学刊，2009(11)：1.

［2］Nixin，J．Professional identity and the restructuring of higher education［J］．Studies in Higher Education，1996(1)：5-16.

［3］［16］Beijaard，D．，Verloop，N．，Vermunt，J. D. Teachers' perceptions of professional identity：an exploratory study from a personal knowledge perspective［J］．Teaching and Teacher Education，2000(7)：749-764.

［4］Mitchell，A．Teacher identity：a key to increased collaboration［J］．Action in Teacher Education，1997(3)：1-14.

［5］Moore，M．，Hofman，J. E. Professional identity in institutions of her learning in Israel［J］．Higher Education，1988(1)：69-79.

［6］Gaziel，H. H. Sabbatical leave，job burnout and turnover intentions among teachers［J］．International Journal of lifelong Education，1995(4)：331-338.

［7］Kremer，L．，Hofman，J. E. Teachers' professional identity and burnout［J］．Research in Education，1985(1)：89-95.

［8］Beijaard，D. Teachers' prior experiences and actual perceptions of professional identity［J］．Teachers and Teaching：Theory and Practice，1995(2)：281-294.

［9］Brickson，S．The impact of identity orientation on individual and organizational outcomes in demographically diverse settings［J］．Academy of Management Review，2000(1)：82-101.

［10］Lamote，C．，Engels，N. The development of student teachers' professional identity［J］．European Journal of Teacher Education，2010(1)：3-18.

［11］［17］宋广文，魏淑华．影响教师职业认同的相关因素分析［J］．心理发展与教育，2006(1)：80-86.

［12］［19］于慧慧．中学青年教师职业认同现状研究——来自湖南省小城市中学的调查［D］．

长沙：湖南师范大学，2006.

[13] Meyer，J. P.，Allen，N. J.，Smith，C. A. Commitment to organizations and occu-pations：extension and test of a three-component conceptualization[J]. Journal of ap-plied psychology，1993(4)：538-551.

[14][18] 汤国杰. 普通高校体育教师职业认同理论模型构建与实证研究[J]. 北京体育大学学报，2009(3)：98-101.

[15][20] 孙利，佐斌. 中小学教师职业认同的结构与测量[J]. 教育研究与实验，2010(5)：80-84.

[21] 李霞. 中小学教师职业承诺问卷的研制[D]. 武汉：华中师范大学，2001.

[22] 王云强，乔建中. 小学生道德自我觉知与情绪体验的关系及影响因素[J]. 心理科学，2006(1)：205-207，188.

（本文责任编辑：田小杭）

（原载《教师教育研究》，2013 年第 1 期）

中小学教师心理资本及其
与工作投入关系的实证研究

毛晋平[1]，谢　颖[2]

(1. 湖南师范大学教科院，湖南长沙　410006；

2. 长沙市明德中学，湖南长沙　410081)

[摘要]心理资本是提升工作绩效与组织竞争优势的个体重要内在资源，具有一定的文化与群体差异性。本文基于积极心理学与积极组织行为学等理论，探索中小学教师心理资本的结构内容及与工作投入的关系。研究通过文献分析、访谈与问卷调查等途径，编制了信效度较好的中小学教师心理资本问卷。对 1071 名教师的调查结果表明，中小学教师心理资本的构成内容包含任务型心理资本(自我效能、进取心、希望、乐观和韧性)与人际情感型心理资本(热诚、幽默、爱与感恩、公平正直)两个维度 9 个因子，其中有些因子也是性格优点的表现。研究对教师心理资本与工作投入的关系进行了实证分析，结果如下。①教师心理资本与工作投入成正相关，可通过补充能量、提高认同、激发动机，促进工作投入。②心理资本各维度既对工作投入各维度有直接效应，也可通过奉献、活力的中介作用影响专注。③任务型心理资本对工作投入的作用稍大些，但心理资本两维度的作用都不可缺。

[关键词]心理资本；工作投入；中小学教师

[中图分类号]G451　　[文献标识码]A　　[文章编号]1672-5905(2013)05-0023-07

[收稿日期]2013-05-22

[基金项目]国家自然科学基金 2012 年面上资助项目(中小学教师心理资本构成内容及其与职业生涯发展关系的实证研究)(项目编号：71273087)

[作者简介]毛晋平，湖南师范大学教科院心理系教授，主要研究方向为教育心理。

A Positive Study of Lower School Teachers' Psychological Capital and Work Involvement

Mao Jinping[1], Xie Ying[2]

(1. School of Educational Science, Hunan Normal University, Changsha, Hunan, 410000, China; 2. Mingde High School, Changsha, Hunan, 410000, China)

Abstract: Psychological capital is an important internal resource for individuals to enhance job performance and organizational competitive advantage, and it has certain cultural and group differences. Based on theories such as positive psychology and positive organizational behavior, this article explores the structure and content of psychological capital of lower school teachers and the relationship with work engagement. Through literature analysis, interviews, and questionnaire surveys, this study developed a psychological capital questionnaire for lower school teachers with good reliability and validity. The survey results of 1071 teachers showed that the composition of psychological capital of lower school teachers includes two dimensions and nine factors: task-based psychological capital (self-efficacy, enterprising spirit, hope, optimism, and resilience) and interpersonal emotional psychological capital (enthusiasm, humor, love and gratitude, fairness and integrity). Some of these factors are also manifestations of personality traits. The study conducted empirical analysis on the relationship between teacher psychological capital and work engagement, and the results showed that: (1) teacher psychological capital is positively correlated with work engagement. By supplementing energy, enhancing identification, and stimulating motivation, the goal of promoting work engagement can be achieved. (2) In addition to having direct effects on various dimensions of work engagement, psychological capital can also influence focus through the mediation of dedication and vitality. (3) Task-based psychological capital has a slightly greater impact on work engagement, but the role of both dimensions of psychological capital is indispensable.

Keywords: psychological capital, work involvement, lower school teacher

20 世纪末，塞利格曼等著名心理学家发起的一场积极心理学运动，开启了关注人类积极力量的新视野。组织行为学领域将那些能引发个体积极行为、代表个体一般积极性的核心心理要素纳入资本的范畴，提出了心理资本（psychological capital）的概念，并认为心理资本是提升个体工作绩效与组织竞争优势的重要内在力量，是将人力资本（诸如人的知识、技能）、社会资本（诸如人际关系、人脉）[1]变为现实的调节器。心理资本研究由此成了组织行为学领域的热点。

关于心理资本的属性，积极组织行为学家路桑斯（Luthans）主张，它作为提升个体工作绩效与组织竞争优势的一种积极力量，应归属于一种类状态，且具有积极组织行为学的可测量、可开发、可用来提高工作绩效的特点，并以此提出了一个包含自我效能感、乐观、希望与韧性四因素的心理资本构成初步模型。其实，不同心理能力在个体主义取向文化和集体主义取向文化中受鼓励的程度不同，不同群体受职业特点的影响也可能存在差异，因此，心理资本的构成可能存有文化、群体差异。比如，有研究就显示，葡萄牙公务员心理资本的构成包括信心、乐观、坚韧、路径力和意志力五因素。[2]国内研究者对中国人心理资本的研究显示，中国人心理资本的构成内容呈现出事务型与人际型两阶多维度特点。[3-4]而教师的职责——教书育人，以及教师的人格，如热情、正直、幽默、爱等品质作为无法替代的教育力量既对学生成长有重要的正性影响，又是教师的职业行为及自我调节的内在力量，应该也是教师心理资本的构成内容。此外，积极心理学很关注人的性格优点[5]，认为性格优点是个体行为和美德的基础，具有潜在的、建设性的力量，也是面对困境时进行积极应对的"修正性力量"。只有人固有的积极力量得到培育和增长，人性的消极方面才能被消除或抑制，人才能成为一个自我实现的人。性格优点具有稳定性、可塑性、可伸展性、可测量性，可通过创设积极的社会组织系统和增进个体的积极体验来激发与提升。显然，心理资本、性格优点虽不尽相同，但它们之间存在紧密的联系。已有心理资本构成中的希望、乐观、韧性等实际也是性格优点的表现。据此，教师心理资本的构成很可能不只局限于已有的四个构念，教师的某些性格优点应该也属其心理资本的构成内容。但以往对中小学教师心理资本的关注少，对教师的性格优点与心理资本的关系的研究更少。

本研究的第一个目的，是基于心理资本的性质特点、性格优点与心理资本关系，探讨我国中小学教师心理资本的内容结构及模型。

工作投入指的是一种与工作相关的积极、完满的情绪与认知状态，具有持久性和弥散性的特点。[6]教师的工作投入是指教师对本职工作的积极主动态度和热爱程度。教师的工作投入不仅影响自身的工作绩效及专业发展，更影响学校教育质量及学生的健康成长。尤其工作投入作为一种正性体验，对调节中小学教师的情绪、态度与行为，消除或降低倦怠感尤为重要。

工作要求—资源模型认为，个体的工作投入与工作要求和工作资源相关。[7]工作资源是工作投入的前因变量。[8]工作要求是指职业工作在物理、社会和组织方面的要求。工作资源是指实现工作目标需要的资源，包括内部资源和外部资源(组织资源和社会资源)。通常，达成工作要求需要个体不断地消耗资源与能量。过高或长期的工作要求易引起个体工作倦怠或过度疲劳，从而降低工作绩效。工作资源则可为个体补充能量，提高工作认同，激发工作动机，促进工作投入。但如果工作要求高，工作资源受限，那么可因能量得不到补充而削弱个体的动机，使工作投入水平下降，甚至引起倦怠。工作—个人匹配理论也指出，当个体的情绪、动机或压力反应与工作/组织环境持久匹配时，工作投入就会增加；当不匹配时，则会导致工作倦怠。[9]然而，先前关于工作资源的研究更多关注的只是外部资源，忽视了人的心理资源，即个体内在的积极力量。而心理资本属个体一种可开发的内源性心理力量，它既可为个体在持续的工作要求等能量消耗过程中提供能量支持，提高工作认同，激发工作动机，使个体获得竞争优势；也可作为一种基础资源，调节与管理其他工作资源，促使个体持之以恒以获得积极结果。资源保存理论也认为，心理资本是一种可开发的个人重要的内部资源。[10]但关于心理资本与工作投入的关系及影响机制等的实证研究较少，尤其是涉及中小学教师方面的研究更少。

本研究的第二个目的，是探讨中小学教师心理资本与工作投入的关系。

一、研究一：中小学教师心理资本的结构内容及问卷编制研究

(一)研究内容

教师心理资本指教师职业中涉及个体积极性的核心心理要素，是提升工作绩效与组织竞争优势的一种可开发的内源性积极资源。相关文献与研究已显示，心理资本的内容结构存在一定的文化、群体差异；心理资本与性格优

点可能存在一定联系。本研究根据对教师心理资本的界定，以积极组织行为学标准为基准，采用文献分析法、访谈法、归纳法、实证法等，探索既符合心理资本内涵又能体现我国中小学教师职业特点的心理资本结构内容，尤其是性格优点入选心理资本的可能性，并编制问卷作为后续研究工具。

(二)心理资本内容结构探索

问卷调查，按"先探索，后验证"的研究思路进行。

1. 项目收集与被试

本研究项目收集通过三个途径进行。①相关文献检索。收集有关优秀教师的主要职业人格品质表现、教师性格优点与职业适应的关系等的实证研究结论、国内外已有研究涉及的与心理资本内容相关的项目。②访谈法。对中小学教师进行个别访谈以获取影响教师职业的积极心理力量。中、小学教师各9人分别接受了约10分钟的访谈。③半开放式问卷调查。要求被调查者在24种性格优点中选择出最能影响教师职业适应与发展的内容。调查对象为100位中小学教师，回收问卷95份，有效问卷89份，其中45份来自中学教师，44份来自小学教师。

2. 项目整理与内容归类

在知网和EBSCO数据库中检索有关优秀教师的职业人格品质表现、教师性格优点与职业适应的关系等的实证研究文献，经整理后获得与教师心理资本相关的特征词97个，参考积极组织行为学标准，筛选后余下其中13个特征词；通过访谈得到相关的8个特征词；整理半开放式问卷调查，得到对教师职业适应影响大、排名位于前10位的性格优点。综合三个途径所得结果，再邀请4名心理系硕士、1名中文系硕士和2名心理学专家对其进行筛选、合并与归类，最终获得了符合心理资本标准的10个特征词，即自我效能、乐观、希望、韧性、进取心、幽默、热诚、爱与感恩、谨慎细致和公平正直。其中，前4个特征词与西方心理资本的构念相似，后6个特征词具有中小学教师职业特色。柯江林、孙健敏、李永瑞在针对中西方文化差异进行心理资本的本土研究时，划分了两个类别：事务型心理资本与人际型心理资本。据此，本研究也根据各特征词的内涵，将中小学教师心理资本10个特征词归入任务型心理资本与人际情感型心理资本两个类别并对其展开实证检验。在整理了各特征词、确定了其语义后编写了题目，各特征词下包含8~10道题目。邀请心理学专家和心理学硕士对其进行审核，最后形成了包括73个项目的预测研究问卷。采用李克特五点计分，"1"代表"完全不同意"，"5"代表"完全同意"。

(三)心理资本问卷的预试与分析

1. 初测与被试

发放问卷 260 份，回收有效问卷 249 份。被试包括在湖南师范大学攻读教育硕士学位的中小学教师及长沙市几所中小学的教师。其中，中学教师占 59.44%，小学教师占 40.56%。

2. 预试结果分析

先进行项目分析。按总分排序，对高得分组和低得分组进行独立样本 t 检验，考察项目的区分度，删除了不符合要求的 8 个项目。然后用主成分分析法对余下的 65 个项目进行探索性因素分析。经过多次探索性因素分析，由 35 个项目组成的含有 9 个因子的结构的收敛效度与区分效度良好。其中，任务型心理资本有自我效能、乐观、希望、韧性、进取心 5 个因子，共解释了 57.01% 的总方差；人际情感型心理资本有热诚、幽默、公平正直、爱与感恩 4 个因子，共解释了 58.26% 的总方差。信度分析显示，任务型心理资本各维度信度值为 0.71~0.78，总体为 0.88；人际情感型心理资本各维度信度值为 0.70~0.77，总体为 0.84；教师心理资本总体为 0.92。这些都在 0.70 以上，表明本教师心理资本问卷信度良好。

(四)心理资本问卷的结果验证

1. 被试与取样

发放本教师心理资本问卷。共发放 1300 份，回收 1207 份，有效问卷 1071 份，有效率为 88.7%。被试是来自湖南长沙、怀化、常德、益阳及株洲等地区的中小学教师。其中，女性占 56.7%，男性占 43.3%；小学教师占 27.3%，初中教师占 48.1%，高中教师占 24.6%；教龄为 5 年以下的占 26.33%，5~10 年的占 9.9%，10~15 年的占 16.9%，15 年以上的占 46.87%。

2. 问卷结构模型设定

本研究假设中小学教师心理资本由任务型和人际情感型两个二阶的心理资本构念组成。为验证模型的有效性，另设定三个备择模型：①一阶单因素模型，假定 35 个项目拥有共同潜变量——心理资本；②一阶九因素模型，将教师心理资本的 9 个因子作为一阶模型的 9 个因素；③二阶单因素模型，在一阶九因素模型基础上形成一个二阶单因素心理资本模型。

3. 模型检验结果

运用 AMOS 18.0 软件进行模型验证性因素分析。结果见表 1。

表1　中小学教师心理资本测量模型的拟合指数

模型	CMIN	DF	CMIN/DF	RMSEA	GFI	AGFI	NNFI	IFI	CFI
二阶双因素模型	1654.20	508	3.25	0.04	0.91	0.90	0.89	0.90	0.90
一阶单因素模型	2783.59	561	4.96	0.06	0.86	0.85	0.80	0.81	0.81
一阶九因素模型	2109.15	527	4.00	0.05	0.89	0.87	0.85	0.86	0.86
二阶单因素模型	2384.64	551	4.33	0.05	0.87	0.86	0.83	0.84	0.84

由表1可知，四个模型的卡方自由度比值均超过了3的最理想数值。需要进行卡方检验比较模型的优劣。通过各模型间的两两比较，最后接受拟合效果更好的二阶双因素模型。表1显示了该模型的各值最佳。验证性因素分析结果与探索性因素分析结果相同，表明将中小学教师心理资本分为任务型心理资本（主要指表现在任务完成过程中的心理力量，包括自我效能、进取心、韧性、希望、乐观）和人际情感型心理资本（主要指表现在工作过程中善于处理与维持人际关系、积极情感的心理力量，包括热诚、幽默、公平正直、爱与感恩）两大类别比较合适。

（五）教师心理资本的效标关联效度分析

根据心理资本的构念特点，本研究用工作满意度、工作绩效、组织承诺作为效标进行效标关联效度分析。表2显示，教师心理资本与工作满意度、工作绩效和组织承诺均成正相关；任务型心理资本和人际情感型心理资本与几个效标变量都成显著正相关。其中，任务型心理资本、人际情感型心理资本与工作绩效、组织承诺的相关程度相近，表明这两种心理资本与教师组织承诺、工作绩效的关系都密切。拥有这两种心理资本的教师更能对组织做出承诺，努力提高工作绩效。相比而言，工作满意度与任务型心理资本的相关稍高于与人际情感型心理资本的相关，表明任务型心理资本与工作满意度的关系更密切。自我效能、进取心、韧性、希望、乐观等心理力量更有助于教师获得工作满意感。此结果说明，本心理资本问卷效标关联效度较高。

表2　效标关联效度分析

心理资本	工作满意度	工作绩效	组织承诺
任务型心理资本	0.486**	0.380**	0.476**
人际情感型心理资本	0.397**	0.324**	0.453**
教师心理资本	0.473**	0.376**	0.493**

注：** $P < 0.01$。

（六）小结

本研究在中国文化背景下，根植于中小学教育情境，以中小学教师为对象，探讨中小学教师心理资本的结构内容。经过收集文献、访谈、填写半开放式问卷，以及结合心理资本评估标准进行筛选等，有 9 个因子符合心理资本评估标准，成为教师心理资本的构成内容，具体包括自我效能、乐观、希望、韧性、进取心、热诚、幽默、公平正直、爱与感恩。显然，其中的希望、乐观、韧性、热诚、幽默、公平正直、爱与感恩，实际也是性格优点的表现。从这些因子具有的职业特色看，它们既是"教书育人"的心理力量，也是教师职业适应与发展方面重要的自我调节的支持性资源。

本研究显示，中小学教师心理资本可分为任务型心理资本与人际情感型心理资本两个维度。从中国文化及教育工作的特点看，教师劳动具有情绪劳动的特点，不仅需要个人工作努力，更需要良好的人际互动及社会支持。这使得教师的任务型心理资本和人际情感型心理资本均是不可缺的，两者的结合将更有利于教师获得社会支持，提高工作绩效。

总之，本研究探索的中小学教师心理资本的构成内容及结构因子体现了中小学教师的职业特点，显示其心理资本的构成中包含性格优点；所编制的中小学教师心理资本问卷结构合理，信效度良好，符合我国的社会文化背景，可以作为对我国中小学教师心理资本进行测评的工具。

二、研究二：中小学教师心理资本特点及与工作投入的关系研究

（一）研究内容

工作投入包括活力、奉献和专注三个方面。其中，活力是指具有充沛的精力和良好的心理韧性，为工作付出努力而不易疲倦；奉献是指对工作意义的肯定，对工作保持高度的热情，对工作的认同与强烈卷入；而专注则是指一种全身心投入工作的愉悦状态。显然，活力、奉献可影响个体的专注，即全身心地投入。

根据工作要求—资源模型，工作—个人匹配理论、资源保存理论及心理资本理论，教师心理资本作为一种个人的内部资源，应该在个体工作要求的能量消耗过程中具有补充能量，使其获得竞争优势，以及通过增加认同、激

发动机，促进其工作投入的作用。基于此，本研究提出的假设如下。

第一，教师心理资本结构变量（任务型心理资本与人际情感型心理资本）与其工作投入成正相关。

第二，教师心理资本各维度既直接影响工作投入各维度，也可通过提供能量（活力）、增加认同（奉献）的中介作用对专注产生间接影响。

(二)研究方法

被试同研究一。

1. 测量工具

心理资本问卷采用研究一研制的中小学教师心理资本问卷。问卷共 35 个项目，采用五点式计分，"1"表示"完全不同意"，"5"表示"完全同意"。工作投入问卷采用张轶文、甘怡群翻译的由萧费利（Schaufeli）等人于 2002 年编制的《Utrecht 工作投入量表》[11]。该量表共 17 个项目，包括活力、奉献和专注三个维度，同为五点式计分。分数越高，表示其工作投入水平越高。

2. 统计分析

本研究采用 SPSS 17.0 和 AMOS 18.0 对全部数据进行录入和统计分析。

(三)结果与分析

1. 教师心理资本与工作投入的相关分析

本研究将教师的心理资本与工作投入各维度的关系进行了相关分析，结果见表3。

表3　心理资本与工作投入的相关分析

维度	1	2	3	4	5
1. 活力	—	—	—	—	—
2. 专注	0.726**	—	—	—	—
3. 奉献	0.767**	0.774**	—	—	—
4. 任务型心理资本	0.655**	0.597**	0.579**	—	—
5. 人际情感型心理资本	0.615**	0.533**	0.529**	0.784**	—
6. 心理资本	0.675**	0.604**	0.591**	0.965**	0.919**

由表 3 可知，中小学教师心理资本各维度与工作投入各维度成显著正相关，这表明教师心理资本各维度水平越高，工作投入各维度水平也越高。

2. 教师心理资本与工作投入的关系

为了进一步探讨中小学教师心理资本对工作投入的影响，运用 AMOS 18.0 对教师心理资本和工作投入关系的假设模型进行检验，结果见表 4。

表 4　模型的拟合指数

拟合指数	CMIN/DF	RMSEA	TLI	AGFI	NFI	IFI	CFI
具体数值	0.011	0.000	1.01	0.90	1.00	1.00	1.00

模型的 CMIN/DF＝0.011＜2.0，显著性概率值 $P=0.916>0.05$，未达到显著水平，表示拟合效果好，可以适配；RMSEA＜0.05，其他适配指标≥0.90，表示整体模型的适配良好，假设模型与实际数据可以适配。具体而言，任务型心理资本到奉献、活力、专注的直接路径都显著；人际情感型心理资本到奉献、活力的直接路径显著，到专注的间接路径也显著，且都是正向关系。结果支持了假设一，即心理资本与工作投入成正相关，可通过增加教师的心理资本促进其工作投入。

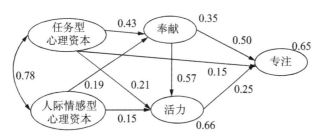

图 1　结构方程模型结果

图 1 中的统计数据显示，任务型心理资本既与工作投入各维度存在直接效应，也通过奉献、活力的部分中介作用对专注有间接效应。人际情感型心理资本则除对奉献、活力有直接效应外，还通过两者的完全中介作用间接影响专注。具体而言，"任务型心理资本""人际情感型心理资本"两变量可共同解释奉献变异量的 35%；"任务型心理资本""人际情感型心理资本""奉献"三变量可共同解释活力变异量的 66%；而"任务型心理资本""人际情感型心理资本"通过奉献、活力的间接作用，以及任务型心理资本对专注的直接作用共同解释专注变异量的 65%。结果基本证实了假设二。从各路径的系数看，任务

型心理资本的作用多大于人际情感型心理资本的作用。这些表明，中小学教师工作投入状况受心理资本的影响较大，具有高心理资本水平的教师能在工作中表现出更多的奉献、活力和专注。其中，任务型心理资本可通过影响教师对工作的自信和进取心、积极的解释风格、面对困难时的韧性等为教师工作补充能量，提高其工作认同，促进其工作投入；人际情感型心理资本则可通过影响教师的热诚、对学生的爱、处事的公平正直态度，调节其情绪情感等来激发其动机，促进其工作投入。该模型还表明，虽然任务型心理资本对工作投入的作用稍大些，但人际情感型心理资本对工作投入的作用同样不可缺。两维度共同影响教师的工作投入，都是不可忽视的影响因素。

三、结论

本研究编制的中小学教师心理资本问卷由自我效能、进取心、韧性、希望、乐观、热诚、幽默、公平正直和爱与感恩9个因子组成。9个因子均符合积极组织行为学的标准，并都与工作绩效成显著正相关。其中的热诚、爱与感恩、公平正直、幽默等，既凸显中国本土文化及教师职业特色，又是性格优点的具体表现。中小学教师心理资本问卷的信效度良好，可作为对我国中小学教师心理资本进行测评的工具。

中小学教师心理资本与工作投入成显著正相关，心理资本对工作投入有正向预测作用。其中，任务型心理资本既对工作投入各维度有直接效应，也可通过奉献、活力的部分中介作用影响专注；人际情感型心理资本除对奉献、活力有直接效应外，也通过两者的完全中介作用影响专注。任务型心理资本的预测作用稍大于人际情感型心理资本，但两者的作用都不可缺。

四、对策与建议

（一）重视教师心理资本的激发与提升

本研究表明，教师心理资本作为教师教育工作中的内在积极力量，具有明显的能量补充及动机激发的功能，可影响教师对工作意义的体验、对工作过程的坚持及工作责任感，从而更加投入工作中。尤其在面对教育改革、发展与创新带给中小学教师的压力与挑战[12-13]时，它充分体现了人的能动性。

学校管理应重视通过各种措施来引导和干预教师的心理状态，增加教师的心理资本，促使其获得更多的竞争优势，这也有助于消除或减弱倦怠感与焦虑。此外，也可通过尊重、理解、关心等不断满足教师的基本心理需求，从而激发其积极潜能，提升其心理资本水平，进而使其增强自信[14]，增加面对困难和挑战时的承受能力等。

（二）重视引导教师进行积极的自我管理与自我调节

美国职业生涯管理专家施恩认为，个体内职业生涯是其职业生涯发展的原动力，是自我开发的过程，也是外职业生涯成功的根本保障。其实，人类本是可自我管理、自我导向并具有适应性的整体。为此，学校应重视引导教师关注、了解与认识心理资本，重视心理资本与人力资本等的协同关系，进行积极的自我管理，学会自我调节，提升心理资本水平，以有效地促进其工作投入，促进其积极适应与发展。

（三）创设积极、良好的组织环境

虽然教师的工作为个体劳动，但学校育人工作实际需要教师置身于与他人的配合中。教师工作的特点决定了教师在工作中与同事的相互帮助、领导的支持等工作资源，以及积极情感体验的重要性；也决定了教师的工作绩效，甚至职业生涯发展除受到个体因素的影响外，还可能会受到教师感知到的团队和组织气氛、组织支持等的影响。本研究也显示，教师的心理资本构成中包含人际情感型心理资本，它对工作投入具有不可忽视的作用。为此，学校应注重增加教师的人际情感型心理资本，重视创设条件，形成一种互相支持、和谐的工作关系，营造社会支持的气氛等。这在促进教师工作投入的过程中，也有助于提高学校育人工作的绩效。

[参考文献]

[1] Luthans，F.，Avolio，B. J.，Avey，J. B.，et al. Positive psychological capital：measurement and relationship with performance and satisfaction[J]. Personnel Psychology，2007，60：541-572.

[2] Rego，A.，Marques，C.，Leal，S.，et al. Psychological capital and performance of Portuguese civil servants：exploring neutralizers in the context of an appraisal system[J].

The International Journal of Human Resource Management，2010(9)：1531-1552.

[3] 柯江林，孙健敏，李永瑞. 心理资本：本土量表的开发及中西比较[J]. 心理学报，2009(9)：875-888.

[4] 吴伟炯，刘毅，路红，等. 本土心理资本与职业幸福感的关系[J]. 心理学报，2012(10)：1349-1370.

[5] Peterson，C.，Seligman，M. E. P. Character strengths and virtues：a handbook and classification[M]. Washington，DC：American Psychological Association，2004.

[6] Schaufeli，W. B.，Salanova，M.，González-Romá，V.，et al. The measurement of engagement and burnout：a two sample confirmatory factor analytic approach[J]. Journal of Happiness Studies，2002(1)：71-92.

[7] 林琳，时勘，萧爱铃. 工作投入研究现状与展望[J]. 管理评论，2008(3)：8-15.

[8] Hakanen，J. J，Schaufeli，W. B.，Ahola，K. The Job Demands-Resources model：a three-year cross-lagged study of burnout，depression，commitment，and work engagement[J]. Work&Stress，2008(3)：224-241.

[9] Hakanen，J. J.，Bakker，A. B.，Schaufeli，W. B. Burnout and work engagement among teachers[J]. Journal of School Psychology，2006(6)：495-513.

[10] Cheung，F.，Tang，S. K.，Tang，S. Psychological capital as a moderator between emotional labor，burnout，and job satisfaction among school teachers in China[J]. International Journal of Stress Management，2011(4)：348-371.

[11] 张轶文，甘怡群. 中文版 Utrecht 工作投入量表(UWES)的信效度检验[J]. 中国临床心理学杂志，2005(3)：268-270，281.

[12] 李振希. 海归知识员工的心理资本对工作压力的影响研究——基于上海高技术企业的实证研究[D]. 上海：华东师范大学，2010.

[13] 赵飞，龚少英，郑程，等. 中学教师择业动机、职业认同和职业倦怠的关系[J]. 中国临床心理学杂志，2011(1)：119-122.

[14] 孙俊三，吴雪琴. 中西方人生智慧与教育价值的提升[J]. 湖南师范大学教育科学学报，2013(2)：50-54.

（本文责任编辑：王俭）

（原载《教师教育研究》，2013 年第 5 期）

自主对教师职业幸福感的影响：
工作投入的中介作用

唐海朋[1]，曹晓君[2]，郭　成[3]

（1. 陕西学前师范学院学前教育系，陕西西安　710100；

2. 西华师范大学教育学院，四川南充　637002；3. 西南大学心理学部，重庆　400715）

[摘要] 为了考察自主对教师工作投入和职业幸福感的影响，本研究采用问卷法对 707 名中小学教师进行了调查，通过结构方程模型对数据进行了分析，结果发现：①教师自主与工作投入和职业幸福感均成显著相关；②工作投入在教师自主与职业幸福感的关系中发挥了部分中介作用，即教师自主不但可以直接正向预测职业幸福感，而且可以通过工作投入对教师职业幸福感产生间接效应。

[关键词] 教师自主；职业幸福感；工作投入；中介作用

[中图分类号] G443　**[文献标识码]** A　**[文章编号]** 1672-5905（2016）01-0055-06

The Effect of Autonomy on Teachers' Professional Happiness：
the Intermediary Role of Work Engagement

Tang Haipeng[1]，Cao Xiaojun[2]，Guo Cheng[3]

（1. Faculty of Pre-School Education，Shaanxi Xueqian Normal University，Xi'an，Shaanxi，710100，

China；2. Institute of Education，West Normal University，Nanchong，Sichuan，637002，

China；3. Faculty of Psychology，Southwest University，Chongqing，400715，China）

Abstract：The research investigates 707 primary and secondary school teachers

[收稿日期] 2015-06-01

[基金项目] 国家社会科学基金教育学一般课题（BBA120016）；陕西省哲学社会科学基金项目（2015N008）

[作者简介] 唐海朋，陕西学前师范学院教师，心理学博士，主要研究方向为教育基本理论和教学心理；郭成（通讯作者），西南大学教授，主要研究方向为教学心理和心理健康教育。

to explore the relationship among teacher autonomy，work engagement and professional happiness. The results showed that：（1）Teacher autonomy is obviously correlated with professional happiness and work engagement.（2）Work engagement，to certain degree，plays an intermediary role in teacher autonomy and professional happiness，indicating that teacher autonomy not only enables direct and forward prediction of work engagement and professional happiness，but also imposes indirect influence on professional happiness of teachers via work engagement.

Keywords：teacher autonomy，professional happiness，work engagement，intermediary role

　　自主作为职业专业性的重要标志和关键因素，预示着一门职业专业性的高低，因而在西方文化中备受关注。同时，自我决定理论将自主看作个体重要的基本心理需要之一，认为它能激励人们不断学习、持续成长。因此，相对于生理需要，自主对于理解人类行为的动机和促进整体发展而言更为重要。[1]研究也发现，自主的目标动机常常与主动的信息搜索、坚持性行为、正性情绪、积极的人际关系、面对挫折的恢复能力等相关。[2]如果个体在工作中缺乏自主，那么会削弱其内部动机，进而影响工作绩效和主观幸福感。[3]自主在个体的适应性功能、心理健康、主观幸福感以及工作绩效等方面具有积极效应，这已经在医疗、政治等领域得到广泛证实。

　　在教师研究领域，虽然理论上自主也被视为教师重要的人格特质，是构成工作动机的重要方面[4]；但是由于教育对象的特殊性，自主在教师个体和教师职业中的重要性及其作用机制可能有别于其他领域，因此有必要对此进行专门、深入的研究。就国内外相关研究来看，研究者发现自主需要的满足将激发教师工作的活力，提高其专注度，使教师能够全身心地投入当前的工作中。[5]教师知觉到的自主程度是工作成就感的主要来源和离职的主要原因，可以预测教师的工作满意度和工作绩效。[6-8]但是，由于受到研究工具和研究方法的限制，大部分研究仅限于对教师自主对某一变量的个别影响的研究，远不能系统深刻地揭示教师自主的功能，进而限制了教师自主在教师发展和教学实践中发挥应有的作用与价值。

　　鉴于此，本文基于已有研究，选择与教师自主关系密切、对教师发展至关重要的工作投入和教师职业幸福感两个变量，采用问卷法收集数据，利用结构方程模型对数据进行处理，希望通过对三个变量之间的关系进行深入、系统的考察，为教师自主的重要性及其作用机制提供实证支持，为促进教师发展、提高教育教学质量提供指导和借鉴。

一、研究方法

(一)研究对象和实测过程

以方便取样为原则，随机选取重庆、四川、陕西、河南、广西、贵州、青海等省(区、市)的中小学教师，主要利用讲座的时间，采用团体测试和个别测试相结合的方式，由研究者和高校教育学专业的教师进行施测，测试后立即回收问卷。调查共发放问卷 850 份，回收问卷 776 份，回收率为 91.29%；剔除 10% 的题目未作答的问卷，以及具有明显偏向单一式的固定答案的问卷共 69 份，最终获得有效问卷 707 份，有效率为 91.11%。其中，男教师 290 人 (41.02%)，女教师 417 人 (58.98%)；高级职称 132 人 (18.67%)，中级职称 382 人 (54.03%)，初级职称 193 人 (27.30%)；来自农村的 93 人 (13.15%)，来自乡镇的 246 人 (34.80%)，来自城市的 368 人 (52.05%)；年龄在 25 岁以下的 30 人 (4.24%)，25~30 岁的 94 人 (13.30%)，30~35 岁的 201 人 (28.43%)，35~40 岁的 158 人 (22.35%)，40 岁以上的 224 人 (31.68%)。

(二)研究工具

1. 教师自主

采用自编的教师自主问卷[9]进行测试。该问卷共 20 个题项，由自主意愿、自主抉择、自主行为、自主体验共四个维度组成。采用李克特五点计分，从"完全不符合"到"完全符合"，分别给予 1 到 5 的分数，每个维度中所有题项的总分越高，说明自主水平越高。总问卷的内部一致性系数为 0.91，四个维度的内部一致性系数分别为 0.82、0.81、0.72、0.73。验证性因素分析显示，CMIN/DF＝4.81，GFI＝0.92，CFI＝0.91，RMSEA＝0.06，RMR＝0.03。本研究中总问卷的内部一致性系数为 0.89。

2. 职业幸福感

采用赵斌编制的《中小学教师职业幸福感问卷》[10]进行测试。该问卷共 22 个题项，由工作效能感、情感幸福感、社会支持感、身心愉悦感、收益满意感和职业高尚感六个维度组成。问卷采用李克特五点计分，从"完全不符合"到"完全符合"，同样给予 1 到 5 的分数，总分越高表示幸福感越高。总问卷的内部一致性系数是 0.85，六个维度的内部一致性系数分别为 0.75、0.75、0.83、0.71、0.80、0.71。验证性因素分析显示，CMIN/DF＝3.46，GFI＝0.89，CFI＝0.87，RMSEA＝0.07，RMR＝0.09。本研究中总问卷的内部一致性系数为 0.91。

3. 工作投入

采用萧费利等人在 2002 年编制，张轶文、甘怡群于 2005 年修订的《Utrecht 工作投入量表》进行测试。该量表共 17 个题项，由活力、奉献和专注三个维度组成。采用李克特五点计分，从"不同意"到"完全同意"，分别给予 1 到 5 的分数。分数越高表示其工作投入水平越高。总量表的内部一致性系数是 0.93，三个维度的内部一致性系数分别为 0.88、093、0.92。验证性因素分析显示，CMIN/DF＝2.70，GFI＝0.91，CFI＝0.83，RMSEA＝0.02。本研究中总量表的内部一致性系数为 0.94。

(三)数据处理

采用 SPSS 16.0 软件对数据进行录入和管理，使用 SPSS 16.0 和 Amos 17.0 两个统计软件进行数据分析。

二、研究结果

(一)教师自主、工作投入和职业幸福感的总体状况

对获得的 707 份有效问卷的数据进行描述性统计，分别得出教师自主、工作投入和职业幸福感三个量表在总分上的均值和标准差。其中，教师自主总分均值为 4.05，标准差为 0.46；工作投入总分均值为 3.57，标准差为 0.64；教师职业幸福感总分均值为 3.70，标准差为 0.54。由于三个量表都采用五点计分，因此，数据结果表明中小学教师自主、工作投入、职业幸福感都处于中等偏上水平(如图 1 所示)。据此推测，被调查教师具有较高的自主水平、工作投入程度和职业幸福感，这与已有研究结论较为一致。[11-13]但值得提及的是，教师自主总分均值虽然较高，但主要表现在自主意愿维度上，相比之下，教师在自主行为维度上的得分并不是很高(如表 1 所示)。这说明教师的自主意愿非常强烈，这在之前的研究中也得到了证实。

(二)描述性统计分析和相关分析结果

在数据分析之前，采用哈曼(Harman)单因子检验法，对测量中可能存在的共同方法偏差问题进行检验。对所有变量的项目进行未旋转的主成分因素分析，获得了特征根大于1的因子共12个，且第一个因子解释的变异量为24.74%。根据抽取多个因子，并且第一个因子解释的变异量低于40%的标准，本研究中的共同方法变异问题并不严重，可以对获得的数据进行深入分析。

表1列出了各研究变量的均值、标准差和相关矩阵。结果显示，教师自主与工作投入和教师职业幸福感各维度之间的两两相关均显著。其中，教师自主与工作投入各维度之间的相关为0.24～0.50，教师自主与职业幸福感各维度之间的相关为0.07～0.51，工作投入与职业幸福感各维度之间的相关为0.39～0.68。此外，教师自主总均分与工作投入三个维度间的相关为0.44～0.46、与教师职业幸福感六个维度间的相关为0.22～0.55，工作投入总均分与职业幸福感六个维度间的相关为0.46～0.70。

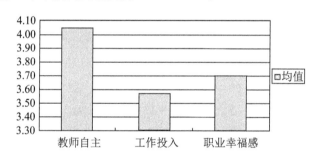

图1　中小学教师自主、工作投入和职业幸福感的总分均值

表1　研究变量各维度的均值、标准差和变量间的相关系数矩阵($n=707$)

变量	均值	标准差	变量											
			1	2	3	4	5	6	7	8	9	10	11	12
1. 自主意愿	4.30	0.55	—	—	—	—	—	—	—	—	—	—	—	—
2. 自主抉择	4.05	0.55	0.56**	—	—	—	—	—	—	—	—	—	—	—
3. 自主行为	3.74	0.66	0.53**	0.50**	—	—	—	—	—	—	—	—	—	—
4. 自主体验	4.06	0.56	0.53**	0.59**	0.44**	—	—	—	—	—	—	—	—	—
5. 活力	3.45	0.69	0.32**	0.45**	0.36**	0.24**	—	—	—	—	—	—	—	—

变量	均值	标准差	变量											
			1	2	3	4	5	6	7	8	9	10	11	12
6. 奉献	3.70	0.69	0.38**	0.50**	0.34**	0.25**	0.81**	—	—	—	—	—	—	—
7. 专注	3.58	0.68	0.36**	0.47**	0.34**	0.27**	0.84**	0.81**	—	—	—	—	—	—
8. 工作效能感	3.96	0.57	0.44**	0.51**	0.42**	0.38**	0.50**	0.52**	0.52**	—	—	—	—	—
9. 情感幸福感	3.81	0.62	0.38**	0.42**	0.30**	0.23**	0.59**	0.68**	0.61**	0.60**	—	—	—	—
10. 社会支持感	3.22	0.92	0.15**	0.22**	0.23**	0.09**	0.46**	0.46**	0.39**	0.50**	0.41**	—	—	—
11. 身心愉悦感	3.23	0.82	0.20**	0.26**	0.19**	0.07**	0.48**	0.51**	0.45**	0.40**	0.50**	0.66**	—	—
12. 收益满意感	3.97	0.62	0.40**	0.44**	0.37**	0.29**	0.51**	0.55**	0.51**	0.63**	0.65**	0.41**	0.42**	—
13. 职业高尚感	4.03	0.71	0.32**	0.36**	0.24**	0.26**	0.43**	0.57**	0.46**	0.51**	0.62**	0.43**	0.56**	0.54**

(三)工作投入的中介模型分析

根据温忠麟等人提出的中介效应检验程序，运用结构方程模型对工作投入在教师自主与职业幸福感之间的中介效应进行检验。首先，检验教师自主对职业幸福感的总效应，建立总效应结构模型1。模型1与实际数据修正后的各项拟合指数均达到了标准值（见表2），表明模型拟合良好。并且，教师自主对职业幸福感的总效应的路径系数为0.64（$P < 0.001$），达到了显著水平。

表2　教师自主对职业幸福感的总效应及工作投入的中介模型效应拟合指数

模型	CMIN	DF	CMIN/DF	GF1	NFI	RF1	IFI	TLI	CFI	AGFI	RMR	RMSEA
模型1	140.20	26	4.84	0.96	0.96	0.93	0.97	0.95	0.97	0.93	0.02	0.07
模型2	275.36	56	4.92	0.94	0.95	0.93	0.96	0.95	0.96	0.90	0.02	0.07

其次，在教师自主与职业幸福感之间加入工作投入中介变量，建立结构模型2，对中介效应进行检验。结果显示，模型2与实际数据修正后的各项拟合指数也都达到了标准值（见表2），表明模型拟合良好。模型中所有标准化路径系数也均达到显著水平，如图2所示。其中，教师自主对工作投入的路径

系数为 0.55（$P < 0.001$），工作投入对职业幸福感的路径系数为 0.66（$P < 0.001$）；加入中介变量后，教师自主对职业幸福感的标准化路径系数为由原来的 0.64 变为 0.27（$P < 0.001$），仍然显著。这表明工作投入在教师自主和职业幸福感之间起着部分中介作用，即教师自主不但直接正向预测职业幸福感，而且通过工作投入对教师职业幸福感产生正向间接效应。

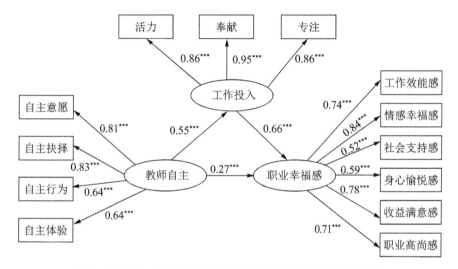

图 2　工作投入在教师自主与职业幸福感之间的中介作用模型

也就是说，自主水平高的教师的职业幸福感往往比较高。同时，自主水平越高的教师，工作投入水平也越高，而工作投入会影响教师的职业幸福感。具体来看，教师自主通过工作投入对职业幸福感的间接效应即中介效应约为 0.36（0.55×0.66），占总效应的比例为 56.25%（0.36/0.64×100%）。

三、讨论与启示

以往研究仅单独考察了或教师自主与工作投入，或教师自主与职业幸福感，或工作投入与教师职业幸福感的关系。本研究在此基础上，对三者的关系进行了深入检验，结果发现，这三个变量之间不仅两两显著相关，而且工作投入在教师自主和教师职业幸福感之间发挥着部分中介作用。在研究中，对教师自主内涵的理解包含了四个层面：从动力机制看，自主是教师追求个人自由和自我控制的需要[14]；从内在素质看，自主是教师基于可获得的信息做出判断和选择的能力；从外在表现看，自主是与教师具有的内在教育教学观点相一致的具体行为；从主观感受看，自主是教师对积极情绪的体验和获得。

(一)教师自主能够提高职业幸福感

研究结果显示，教师自主对职业幸福感的直接效应是主要的影响方式。一方面，职业幸福感通过较高的工作满意度得以表现。许多研究发现，像工资、工作条件等外在因素的提高或改善能消除教师对工作的不满意，但不能提高教师的工作满意度；只有给予教师认可、尊重、安全感，尤其是给予教师充分的自主等内在因素才可以提高教师对工作的满意度。因此，教师自主可以提高职业幸福感。

与此同时，自主的个体会对发生在自己身上的事情和行为具有选择和决定的控制感，从而使个体的适应性功能和主观幸福感的发展变得更容易。缺乏自主的个体，则会因对环境缺乏控制感而焦虑、迷惑，甚至抑郁。在各种冲突和矛盾时有发生的教学实践中，自主的教师能够有效摆脱受控状态，对形势做出自己独立的判断，对教育环境和教学活动产生较高的控制感。除此之外，自主的教师由于较少关注外部的奖惩或者压力，因此也更容易将外在的目标内化为自己的价值观和兴趣，在行为中更能显示出一致性，从而有效维护内心和谐。尤其是在面对困难时，自主的教师能充分利用已有的知识来解决问题，显示出更好的坚持性，也就更容易实现目标，体验教学的乐趣和较高的职业幸福感。缺乏自主的教师，则容易在工作中被长期忽视，得不到满足，久而久之，就容易引起内心的焦虑，对工作产生不满，甚至产生职业倦怠，体验到较低的职业幸福感。

良好的人际关系对职业幸福感的提升也至关重要。对教师而言，师生关系无疑是教师最基本和最重要的人际关系。自主的教师善于倾听学生内心的感受和想法，愿意尊重学生的兴趣，相信学生的能力，倾向于采用鼓励、内在卷入的教学方式，而不是采用外在纪律、约束、惩罚和威胁的手段来管理教学活动。因此，在师生关系中，自主的教师更容易以合作者和指导者的身份出现，表现出更多的支持行为，而不是以监督者的身份出现，表现出较多的控制行为。这不仅有利于师生关系的和谐，而且使教师更容易成为富有同情心的人，成为适应良好和成熟的人，进而体验到更高的职业幸福感，过幸福的生活。

（二）教师自主通过提高工作投入水平来提高职业幸福感

研究也发现，工作投入在教师自主对职业幸福感的影响中起到了部分中介作用，说明教师自主除了直接影响教师职业幸福感外，还通过提高教师的工作投入水平来发挥作用。也就是说，自主水平高的教师往往具有较高的工作投入水平，而工作投入又会影响职业幸福感，进而使教师的职业幸福感也得以提高。

个体在从事某项工作时，内在动机的激发和调动可以为其提供根本动力，使个体持续不断地投入时间和精力。同时，内在动机也使个体对工作产生内在认同，形成积极的认知和情绪。内在动机除了与个体需要、兴趣和自我效能感等内在因素有关外，还与活动本身是否复杂有关。[15]教师从事的工作是一项复杂的、充满创造性的专门活动，自主便成了激发和调动教师内在动机的关键因素。它使教师在做决定和行动时，更多地考虑教学本身的意义和价值，更容易卷入当前的任务中，从而使自己充满旺盛的精力，全身心投入工作当中，进而获得内心愉悦的感觉。正如心理学家米哈里·契克森米哈赖描述的那样，当自主需要得到满足时，个体将进入"完美体验状态"，在活动中能够全身心地投入，呈现出一种"沉浸状态"。对他们来说，正在做的事情让他们体验到的是纯粹的快乐。[16]而高度激活和快乐正是工作投入的基本特征，恰恰也是幸福感概念的原型。由此可见，自主能有效调动和激发教师工作的内在动机，提高教师的工作投入水平，而工作投入水平越高，行为的内部卷入越高，教师的职业幸福感也将越高。[17]

（三）教师自主是实现教师发展内生性转向的关键

促进教师专业发展是提高教育教学质量的核心，而强调教师的职业地位、工资待遇、资格标准和学历等外在条件的改善和显性水平的提高，已不能满足当前教师发展内生性转向的要求。内生性发展的关键是要挖掘教师专业发展的内在依据，调动教师专业发展的根本动力。同时，积极心理学背景下，人的幸福受到全世界的共同关注，教育则被认为是实现个体幸福的重要手段和根本途径。教师作为教育的重要实施者和执行者，其职业幸福感就显得尤为重要。本研究通过考察教师自主与工作投入、教师自主和职业幸福感、工作投入与职业幸福感两两之间的关系，以及三个变量之间的内在关系，发现教师自主作为重要的人格特质和教师发展的动力系统，不仅直接影响教师的职业幸福感，而且以工作投入为中介进一步影响教师的职业幸福感。因此，充分的教师自主不仅能促使绩效工资等外部激励产生短期效果，而且有利于将这种外部激励转化为教师工作的内在动机，进而提高教师的工作投入水平，提高教师的职业幸福感。研究结果为凸显教师自主的重要性提供了更为有力的实证支持，对教师发展具有积极启示。

［参考文献］

［1］Ryan，R. M.，Deci，E. L. Self-determination theory and the facilitation of intrinsic motivation，social development，and well-being［J］. American Psychologist，2000（1）：68-78.

［2］Koestner，R. Reaching one's personal goals：a motivational perspective focused on autonomy［J］. Canadian Psychology/Psychologie canadienne，2008(1)：60-67.

［3］张剑，张建兵，李跃. 促进工作动机的有效路径：自我决定理论的观点［J］. 心理科学进展，2010(5)：752-759.

［4］［6］Pearson，L. C.，Moomaw，W. Continuing validation of the teaching autonomy scale［J］. The Journal of Educational Research，2006(1)：44-51.

［5］［12］李敏. 中学教师工作投入与基本心理需求满足关系研究［J］. 教师教育研究，2014(2)：43-49.

［7］Brunetti，G. J. Why do they teach? A study of job satisfaction among long-term high school teachers［J］. Teacher Education Quarterly，2001(3)：49-74.

［8］郭成，唐海朋，孟晓磊，等. 中小学教师自主性发展及其与工作绩效的关系［J］. 西南大学学报(社会科学版)，2014(3)：98-105.

［9］［11］唐海朋，郭成，程平，等. 中小学教师自主水平的调查研究［J］. 教育学报，2014(2)：85-93.

［10］［13］赵斌，张大均. 教师职业幸福感与工作投入的关系研究［J］. 现代中小学教育，2014(4)：108-111.

［14］夏凌翔，黄希庭，吴波. 自主的结构与测量［J］. 西南大学学报(社会科学版)，2007(3)：10-15.

［15］陈志霞，吴豪. 内在动机及其前因变量［J］. 心理科学进展，2008(1)：98-105.

［16］L. A. 珀文. 人格科学［M］. 周榕，陈红，杨炳钧，等译. 上海：华东师范大学出版社，2001.

［17］赵斌，张大均. 教师职业幸福感与工作投入的关系研究［J］. 现代中小学教育，2014(4)：108-111.

（本文责任编辑：吴娱）

（原载《教师教育研究》，2016 年第 1 期）

情绪调节策略对教师工作投入的影响
——课堂情绪和教师效能感的中介作用

胡琳梅，张扩滕，龚少英，李　晔

（华中师范大学心理学院，湖北武汉 430079）

[摘要]本研究采用问卷法调查了 503 名中小学教师，考察了课堂情绪和教师效能感在情绪调节策略与工作投入之间的中介作用。结果如下。①认知重评策略不仅能直接正向地预测工作投入，也能通过积极、消极课堂情绪及教师效能感间接预测工作投入，还可通过积极、消极课堂情绪经教师效能感的多重中介作用间接预测工作投入。②表达抑制策略不能直接预测工作投入，但能通过积极课堂情绪间接预测工作投入，也可通过积极课堂情绪经教师效能感的多重中介作用间接预测工作投入。

[关键词]认知重评；表达抑制；课堂情绪；教师效能感；工作投入

[中图分类号]G443　[文献标识码]A　[文章编号]1672-5905(2016)01-0049-06

The Effect of Teacher Emotion Regulation Strategies on Work Engagement
——The Mediation Effects of Classroom Emotion and Teacher Efficacy

Hu Linmei, Zhang Kuoteng, Gong Shaoying, Li Ye

(School of Psychology, Central China Normal University, Wuhan, Hubei, 430079, China)

Abstract: The present study investigated the mediation effects of classroom emotion and teacher efficacy on the relationship between emotion regulation

[收稿日期]2015-06-01

[基金项目]教育部人文社科一般项目(13YJA190005)；中央高校基本科研业务费专项资金项目(CCNU15ZD013)；湖北省信息化与基础教育均衡发展协同创新研究中心项目；湖北省高校教研项目(2013081)

[作者简介]胡琳梅，华中师范大学硕士研究生，主要研究方向为教师心理；龚少英(通讯作者)，华中师范大学教授，博士，主要研究方向为学习心理和教师心理。

strategies and work engagement. Five hundred and three teachers were tested with questionnaires. The results indicated that：(1)On the one hand, cognitive reappraisal strategy can affect work engagement directly. On the other hand, cognitive reappraisal strategy can affect work engagement through positive emotion, negative emotion and teacher efficacy respectively. In addition, cognitive reappraisal strategy can affect work engagement via the indirect way which positive emotion and negative emotion influence teacher efficacy. (2)Expressive suppression strategy cannot directly predict work engagement; however, this strategy can affect work engagement not only through positive emotion, but also via the indirect way which positive emotion influence teacher efficacy.

Keywords：cognitive reappraisal, expressive suppression, classroom emotion, teacher efficacy, work engagement

一、问题提出

随着积极心理学的兴起，工作投入作为一种积极的个人状态受到越来越多研究者的关注。萧费利等人以活力、专注、奉献为工作投入的主要特征。[1]有研究表明，个体的工作投入与工作满意度、工作绩效等密切相关。[2-3]工作投入水平高的教师的职业幸福感也高，职业幸福感能有效地促进教师的心理健康发展。[4]因此，非常有必要探讨影响教师工作投入的因素及其作用机制，进而为提高教师工作投入水平提供依据。

国内研究者大都从学校组织氛围以及教师的人口学变量出发[5-6]，探讨教师工作投入的影响因素，而对教师习惯采用的情绪调节策略等因素关注较少。情绪调节是指个体对自己拥有何种情绪、何时拥有该情绪的认识，以及对如何体验和表达情绪施加影响的过程，其中，认知重评和表达抑制是受到较多关注的两种情绪调节策略。[7]研究发现，认知重评策略能促进个体的认知、情绪和社会技能的发展，使个体积累更多的工作资源和个人资源，从而增加个体的工作投入。[8-10]相反，表达抑制策略的运用会消耗个体有限的认知资源，造成个人资源和工作资源的减少，减弱个体处理即将到来的事件的能力，从而减少个体的工作投入。[11]那么，情绪调节策略与教师工作投入的关系是怎样的呢？根据前人研究，在此做出假设：运用认知重评策略会增加教师的工作投入，运用表达抑制策略会减少教师的工作投入(假设1)。

目前关于情绪调节策略与工作投入关系的研究比较少，对情绪调节策略如何影响工作投入的内部机制还不清楚。前人研究发现，教师情绪可能是影响教学行为和工作投入的重要变量。在课堂教学中，教师不仅进行传授知识的认知活动，而且会体验到各种情绪，其中，积极情绪对课堂教学有促进作用，而消极情绪会干扰课堂教学的顺利进行。[12-13]根据积极情绪的扩展—建构理论[14]，诸如愉悦等积极情绪有助于拓展和建构个人资源(认知、心理以及社会资源)，从而促使个体表现出高水平的工作投入[15-16]。实证研究也表明，工作投入水平高的员工经常体验到积极情绪，他们乐观自信，善于抓住工作机会[17]；反过来，个体重要的内在资源又通过补充能量、激发动机，促进他们的工作投入[18]。已有研究表明，与表达抑制相比，认知重评是一种更加有效的情绪调节策略，习惯运用该策略的个体在日常生活中可以体验到更多的积极情绪、更少的消极情绪，并报告更高水平的生活满意度及更低水平的抑郁。[19]由此做出假设：教师的情绪调节策略的运用可能会影响教师的情绪体验，进而对其工作投入产生影响，即课堂情绪在教师情绪调节策略和工作投入之间起中介作用(假设2)。

教师效能感是指教师为完成特定的教学任务，对自身组织和实施一定教学行为的能力的判断。[20]虽然已有研究表明，效能感会影响教师的内在动机、工作满意度和工作投入[21-22]，但是这些研究并未考虑到个体情绪调节策略的作用。研究发现，运用认知重评策略的个体更善于跟他人分享内心的情绪体验，能与他人建立和谐的人际关系。[23]对教师来说，这有利于他们更有效地完成教学任务，而这些成功的教学经验有助于提高教师的效能感，促使他们在工作中付出更多努力，并全身心地投入其中。[24]而表达抑制策略的运用仅改变教师的外在行为，对内在体验影响较小。[25]由此做出假设：教师效能感可能在教师情绪调节策略和工作投入之间起中介作用(假设3)。

根据以往研究，情绪调节策略的运用会影响教师的课堂情绪，提高或降低教师的自我效能感。同时，相关研究也发现，受到情绪调节策略影响的课堂情绪和自我效能感并不是孤立的，两者有着密切的关系。班杜拉指出，情绪是影响自我效能感的因素之一，个体会依据情绪来判断自我效能感。积极的课堂情绪体验能提高教师的效能感，消极的情绪体验可能降低教师的自我效能感。[26-27]同时，效能感水平高的教师的工作投入水平也高。[28]据此，本研究做出假设：教师效能感可能在课堂情绪与工作投入之间发挥中介作用(假设4)。

目前关于教师心理的研究已开始关注教师的工作投入，但仍很少涉及教师的情绪体验和情绪调节等因素对工作投入的影响。因此，本研究试图在以往研究的基础上探查情绪调节策略影响教师工作投入的机制，并揭示教师课堂情绪和教师效能感在其中的作用。

二、研究方法

(一)被试

来自山西、山东、河南、湖北、广东的部分中小学教师参与了本次调查。本研究共发放问卷 650 份，有效问卷 503 份(有效率为 77.38%)。

(二)研究工具

1. 课堂情绪问卷

本研究参照已有的文献[29-31]，选取了快乐、喜爱、满意、生气、焦虑、紧张、挫败、无助八种情绪，前三种为积极情绪，后五种为消极情绪。采用李克特五点计分，从"从不"到"总是"分别给予 1 分至 5 分的评定，得分越高表示在课堂教学中体验到该情绪的频率越高。本研究中，积极课堂情绪与消极课堂情绪两个维度的 α 系数分别为 0.83 和 0.80。

2. 情绪调节量表

采用王力修订的情绪调节量表[32]进行测量。该问卷共有 14 个项目，包括认知重评和表达抑制两个维度，采用李克特七点计分，从"完全不同意"到"完全同意"分别给予 1 分至 7 分的评定。原量表认知重评与表达抑制两个维度的 α 系数分别为 0.84 和 0.81，本研究中两个维度的 α 系数分别为 0.85 和 0.77。

3. 教师效能感量表

采用 Tschannen-Moran 和 Hoy 编制的简缩版教师效能感量表[33]进行测量。该量表有 12 个项目，包括教学策略效能、学生激励效能、班级管理效能三个维度，采用李克特九点计分，从"完全不能"到"完全能"分别给予 1 分至 9 分的评定。原量表各维度的 α 系数分别为 0.86，0.81，0.86，本研究中三个维度的 α 系数分别为 0.84，0.83，0.81。

4. Utrecht 工作投入量表

采用张轶文和甘怡群修订的 Utrecht 工作投入量表[34]进行测量。该量表有 15 个项目，包括活力、奉献、专注三个维度。采用李克特七点计分，从"从来没有"到"总是"分别给予 1 分至 7 分的评定。原量表各维度的 α 系数分别为 0.767，0.735，0.753，本研究中三个维度的 α 系数分别为 0.82，0.77，0.78。

（三）数据分析

使用 SPSS 20.0 和 AMOS 17.0 进行数据统计分析。

三、研究结果

（一）共同方法偏差检验

由于本研究的数据是采用问卷调查法一次收集而来的，所有项目均由教师作答，因此，有必要采用哈曼单因子检验法检验研究数据是否存在共同方法偏差。结果显示，共有 9 个因子的特征根值均大于 1，且第一个因子解释的变异量只有 22.22%，显著小于 40% 的临界标准，因此，本研究的共同方法偏差问题并不显著。

（二）各变量的描述统计结果及变量间的相关分析结果

各变量的描述统计结果及变量间的相关分析结果呈现在表 1。积极课堂情绪与消极课堂情绪成显著负相关，与认知重评、教师效能感、工作投入成显著正相关；消极课堂情绪与认知重评、教师效能感、工作投入成显著负相关；认知重评与教师效能感、工作投入成显著正相关；表达抑制与认知重评成显著正相关，与其他变量相关均不显著；教师效能感与工作投入成显著正相关。

表 1   各变量的描述统计结果及变量间的相关分析结果

变量	均值	标准差	1	2	3	4	5
1. 积极课堂情绪	3.61	0.63	1	—	—	—	—
2. 消极课堂情绪	2.43	0.63	−0.43**	1	—	—	—
3. 认知重评	5.25	0.91	0.26**	−0.21**	1	—	—

续表

变量	均值	标准差	1	2	3	4	5
4. 表达抑制	3.87	0.96	−0.06	0.02	0.14**	1	—
5. 教师效能感	7.14	1.06	0.35**	−0.27**	0.29**	0.00	1
6. 工作投入	4.45	0.9.	0.41**	−0.13**	0.29**	0.04	0.33**

（三）情绪调节策略、课堂情绪、教师效能感、工作投入之间的关系

本研究采用结构方程建模法来探讨教师的情绪调节策略、课堂情绪、教师效能感、工作投入之间的关系（如图1）。为控制由潜变量的多个项目造成的测量误差，本研究采用项目组合技术。其中，对于潜变量是单维的变量（认知重评、表达抑制），采用主成分分析法对所测项目进行打包处理，将因素负荷最高的几个项目作为锚定项目放到各项目包中，然后反方向依次放入次高项目，打包后的观测变量由每个项目包中项目的平均分代替。[35]打包后模型的各项拟合指数为，CMIN/DF=2.895，GFI=0.931，CFI=0.947，IFI=0.948，RMSEA=0.061。

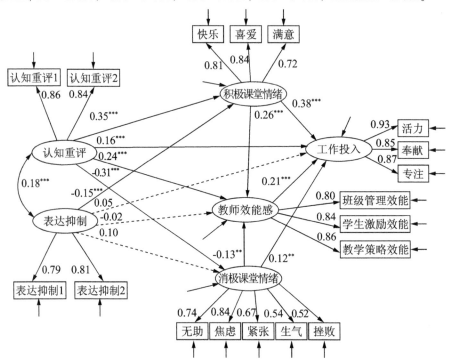

图1 教师情绪调节策略、课堂情绪、教师效能感与工作投入的关系模型

由图1可知，认知重评策略对工作投入($\beta=0.16$，$P<0.01$)、积极课堂情绪($\beta=0.35$，$P<0.001$)、消极课堂情绪($\beta=-0.31$，$P<0.001$)和教师效能感($\beta=0.24$，$P<0.001$)有显著的直接预测作用，同时，积极课堂情绪、消极课堂情绪和教师效能感对工作投入也有显著的预测作用($\beta=0.38$，$P<0.001$；$\beta=0.12$，$P<0.01$；$\beta=0.21$，$P<0.001$)。积极课堂情绪、教师效能感和消极课堂情绪在认知重评策略和工作投入之间起部分中介作用，其中积极课堂情绪的中介效应约为$0.152(0.35×0.38+0.35×0.26×0.21)$，消极课堂情绪的中介效应约为$-0.029[-0.31×0.12+(-0.31)×(-0.13)×0.21]$，教师效能感的中介效应约为$0.050(0.24×0.21)$。认知重评策略对工作投入的总效应为0.333，其中，直接效应为0.160，约占总效应的48%；中介效应为0.173，约占总效应的52%。这一结果说明，认知重评策略不仅可以直接正向预测工作投入，也可以通过课堂情绪和教师效能感间接预测工作投入，还可以通过课堂情绪经教师效能感的多重中介作用来间接预测工作投入。

表达抑制策略对工作投入($\beta=0.05$，$P>0.05$)，消极课堂情绪($\beta=0.10$，$P>0.05$)，教师效能感($\beta=-0.02$，$P>0.05$)的直接预测作用不显著，但对积极课堂情绪的预测作用显著($\beta=-0.15$，$P<0.01$)，即积极课堂情绪在表达抑制策略和工作投入间起完全中介作用，中介作用大小约为$-0.065[-0.15×0.38+(-0.15)×0.26×0.21]$。这说明表达抑制策略不仅可以通过积极课堂情绪来预测工作投入，而且可以通过积极课堂情绪经教师效能感的多重中介作用来预测工作投入。

四、讨论

(一)教师情绪调节策略与工作投入的关系

本研究引入课堂情绪和教师效能感来探讨教师情绪调节策略影响工作投入的具体机制。研究发现，运用认知重评策略能增加教师的工作投入，这与以往的研究一致。[36]对于教师而言，认知重评是一种有效的情绪调节策略，可以对教师的情绪体验产生积极影响[37]，帮助教师从课堂事件的消极情绪中分离出来，增加对事件的积极认知，从而全身心地投入工作当中。运用表达抑制策略对工作投入没有产生直接影响，这可能是由于教师职业具有特殊性，即虽然表达抑制策略会对教师从事的认知活动产生干扰，但是这一策略的运用会让教师暂时掩饰或抑制他们的情绪，从而按时完成教学任务。[18]

(二)课堂情绪及教师效能感的中介效应

本研究还发现，情绪调节策略不仅可以通过课堂情绪和教师效能感预测工作投入，而且可以通过课堂情绪经教师效能感的多重中介作用来预测工作投入。

认知重评是一种先行关注调节策略，习惯运用该策略的教师可以在课堂教学中体验到更多的积极情绪以及更少的消极情绪。[39]表达抑制策略的运用会减弱教师的积极情绪体验，但对消极情绪体验没有显著影响。一方面是由于经常运用表达抑制策略的教师在课堂教学中，更少表达和分享他们的情绪，导致积极情绪体验的减弱；另一方面是因为教师在抑制自身情绪的过程中会付出一定的心理努力，但这种有意识的情绪控制有助于教师顺利完成教学任务，因此，对消极情绪体验的影响就被减弱。根据积极情绪的扩展—建构理论，积极的情绪状态有助于教师拓宽思维及行为范围，并建构和积累个体认知、情绪以及行为资源，而个人资源的建构和积累能够促进教师的工作投入。[40]至于消极课堂情绪会对工作投入产生直接的正向影响，这可能是由于在中国情境下，教师是相对稳定并受人尊敬的职业，即使入职教师在工作中表现得不尽如人意，从而导致消极情绪的出现，他们也较少丧失信心，而是通过更多地投入工作中来改变现状，因此，消极课堂情绪可能会作为一种激励因素，刺激教师更加努力工作。

另外，课堂情绪还可以通过影响教师的效能感来增加教师的工作投入。研究发现，积极课堂情绪能促进教师效能感的提高，而消极课堂情绪则会阻碍教师效能感的提高，这可以从以下两个方面进行解释。第一，积极情绪有助于拓宽教师的思维，帮助教师灵活地应对教学过程中有挑战性的任务，使教学顺利进行，进而提高教师的效能感[41-42]；相反，消极情绪会限制教师的思维，导致教师照本宣科，达不到教学效果，最终降低其自我效能感。第二，个体在评价自身表现时，不仅依赖认知，而且依赖情绪提供的信息。积极情绪意味着教师有能力应对当前的教学任务，从而促进教师自我效能感的提高；而消极情绪则意味着教师无力应对当前的困难和挑战，这会降低自我效能感。[43]效能感水平高的教师会设定有挑战性的目标，在工作中付出更多的努力，遇到困难时有更强的坚持性，并将在工作中遇到的挫折视为提升自己能力的机遇和挑战，在这种思维、动机以及行为模式的激励下，他们会更进一步投入工作中。[44]

本研究的另一个发现是情绪调节策略可以通过教师效能感对工作投入产生影响，即认知重评策略会影响教师的效能感，进而增加教师的工作投入。这可能是由于认知重评策略对个体的认知活动、情绪体验、社会性交往均有促进作用，进而使教师在工作中有更好的表现，这些成功的体验会作为一种掌握经验提高教师效能感[45]，同时，效能感作为一种个人资源，能促进教师的工作投入。而表达抑制策略对教师效能感的直接作用不显著。这可能是因为该策略虽然能够调节个体的情绪表达，但对个体的情绪体验没有显著影响，因此对教师效能感的影响也不显著。[46]

五、总结与展望

本研究结果对促进我国教师教育的发展及教师心理健康的发展具有重要意义。首先，在教师培养和培训中，可以将有关情绪和情绪调节策略的内容纳入培训内容，帮助他们了解不同的情绪及情绪调节策略，建议他们在教学中更多地使用认知重评等积极的策略来调节自身情绪。其次，在教学督导中，应促进教师有意识地反思自身情绪的表达方式及调节方式，并及时进行调整和优化，以提升教学效果和教师的幸福感。再次，学校管理者应为教师提供支持，促进教师产生积极情绪，进而使他们更好地投入教学工作中。最后，教育行政部门应将教师的情绪幸福感作为教师健康的一个重要方面来给予重视。

本研究也存在一些不足。本研究中的教师被试虽然来自多个省份，但可能还不能充分代表全国教师，未来可以抽取更大范围的样本进一步探查教师的情绪调节策略影响工作投入的机制。其次，由于本研究数据均采用问卷调查法收集而来，这可能会造成社会赞许效应，未来需要采用自然观察法、分析课堂教学影像资料和教师日志等更加客观的方法来验证和补充问卷调查的结果。

[参考文献]

[1] Schaufeli, W. B., Salanova, M., González-Romá, V., et al. The measurement of en-

gagement and burnout：a two sample confirmatory factor analytic approach[J]. Journal of Happiness studies，2002(1)：71-92.

[2] Bakker，A. B.，Bal，M. P. Weekly work engagement and performance：a study among starting teachers[J]. Journal of Occupational and Organizational Psychology，2010(1)：189-206.

[3] 李锐，凌文辁. 工作投入研究的现状[J]. 心理科学进展，2007(2)：366-372.

[4] 赵斌，张大均. 教师职业幸福感与工作投入的关系研究[J]. 现代中小学教育，2014 (4)：108-111.

[5] 焦海涛，宋广文，潘孝富. 中学组织气氛与教师工作投入关系研究[J]. 中国健康心理学杂志，2008(3)：329-331.

[6] 盛建森. 教师工作投入：结构与影响因素的研究[J]. 心理发展与教育，2006(2)：108-112.

[7] Gross，J. J. Emotion regulation：past，present，future[J]. Cognition & Emotion，1999(5)：551-573.

[8][23][25][39] Gross，J. J.，John，O. P. Individual differences in two emotion regulation processes：implications for affect，relationships，and well-being[J]. Journal of Personality and Social Psychology，2003(2)：348-362.

[9] Richards，J. M.，Gross，J. J. Emotion regulation and memory：the cognitive costs of keeping one's cool[J]. Journal of Personality and Social Psychology，2000(3)：410-424.

[10][40] Xanthopoulou，D.，Bakker，A. B.，Demerouti，E.，et al. Reciprocal relationships between job resources，personal resources，and work engagement[J]. Journal of Vocational behavior，2009(3)：235-244.

[11] Brackett，M. A.，Palomera，R.，Mojsa-Kaja，J.，et al. Emotion-regulation ability，burnout，and job satisfaction among British secondary-school teachers[J]. Psychology in the Schools，2010(4)：406-417.

[12] Kunter，M.，Tsai，Y. M.，Klusmann，U.，et al. Students' and mathematics teachers' perceptions of teacher enthusiasm and instruction[J]. Learning and Instruction，2008(5)：468-482.

[13][29][38] Sutton，R. E. Emotional regulation goals and strategies of teachers[J]. Social Psychology of Education，2004(4)：379-398.

[14][41] Fredrickson，B. L. The role of positive emotions in positive psychology：the broaden-and-build theory of positive emotions[J]. American psychologist，2001(3)：218-226.

[15] Bakker，A. B.，Demerouti，E. Towards a model of work engagement[J]. Career development international，2008(3)：209-223.

[16] Xanthopoulou, D., Bakker, A. B., Demerouti, E., et al. The role of personal resources in the Job Demands-Resources model[J]. International Journal of Stress Management, 2007(2): 121-141.

[17] Cropanzano, R., Wright, T. A. When a "happy" worker is really a "productive" worker: a review and further refinement of the happy-productive worker thesis[J]. Consulting Psychology Journal: Practice and Research, 2001(3): 182-199.

[18] 毛晋平, 谢颖. 中小学教师心理资本及其与工作投入关系的实证研究[J]. 教师教育研究, 2013(5): 23-29.

[19] 程利, 袁加锦, 何媛媛, 等. 情绪调节策略: 认知重评优于表达抑制[J]. 心理科学进展, 2009(4): 730-735.

[20][44] Tschannen-Moran, M., Hoy, A. W., Hoy, W. K. Teacher efficacy: its meaning and measure[J]. Review of Educational Research, 1998(2): 202-248.

[21] 庞丽娟, 洪秀敏. 教师自我效能感: 教师自主发展的重要内在动力机制[J]. 教师教育研究, 2005(4): 43-46.

[22] 周文霞, 郭桂萍. 自我教师效能感: 概念, 理论和应用[J]. 中国人民大学学报, 2006(1): 91-97.

[24] 袁维新. 论教学过程中的师生互动[J]. 教育理论与实践, 2002(S1): 2-3.

[26][43][45] Bandura, A. Self-efficacy: toward a unifying theory of behavioral change[J]. Psychological Review, 1977(2): 191-215.

[27][30][42] 龚少英, 张扩滕, 张盼盼, 等. 实习教师课堂情绪与教师效能感的关系——情绪调节的中介作用[J]. 教育研究与实验, 2013(4): 66-70.

[28] 司海燕. 中学组织气氛、教师教学效能感与工作投入的关系研究[D]. 石家庄: 河北师范大学, 2009.

[31] Hosotani, R., Imai-Matsumura, K. Emotional experience, expression, and regulation of high-quality Japanese elementary school teachers[J]. Teaching and Teacher Education, 2011(6): 1039-1048.

[32] 王力. 成人情绪调节对个体主观幸福感的意义[D]. 北京: 北京师范大学, 2006.

[33] Tschannen-Moran, M., Hoy, A. W. Teacher efficacy: capturing an elusive construct[J]. Teaching and Teacher Education, 2001(7): 783-805.

[34] 张轶文, 甘怡群. 中文版 Utrecht 工作投入量表(UWES)的信效度检验[J]. 中国临床心理学杂志, 2005(3): 268-270, 281.

[35] 吴艳, 温忠麟. 结构方程建模中的题目打包策略[J]. 心理科学进展, 2011(12): 1859-1867.

[36] 温瑶, 甘怡群, 谢晓非. 地震灾后医务工作者的情绪调节与工作倦怠、投入的关系[C]. 北京市社会心理学会 2009 年学术年会论文摘要集, 2009.

[37][46] Gross，J. J. Antecedent-and response-focused emotion regulation：divergent consequences for experience，expression，and physiology[J]. Journal of Personality and Social Psychology，1998(1)：224-237.

（本文责任编辑：江东）

（原载《教师教育研究》，2016 年第 1 期）

二十一世纪以来国内外教师情绪智力与教师职业倦怠关系研究的元分析

郑楚楚，郭力平

（华东师范大学教育学部，上海 200062）

[摘要]运用元分析方法对教师情绪智力与教师职业倦怠的关系进行探讨。通过文献检索，纳入中、英文文献共30篇，总样本量为9720。研究发现，整体上教师情绪智力与教师职业倦怠成中等强度的负相关($r=-0.306$)。情绪智力越高，教师越不容易感受到职业倦怠。职业倦怠三个维度与情绪智力的相关程度由高到低分别是低个人成就感、去个性化、情绪衰竭。通过对教师的教授学段、情绪智力的测量工具、文化背景等的调节效应分析发现，不同情绪智力测量工具对情绪智力与职业倦怠的关系有显著影响，在中国文化背景下，教师情绪智力与职业倦怠的关系更强。对教师情绪智力与职业倦怠关系的相关研究体现了对教师角色的重新审视，对教师情绪智力的关注和相关研究的涌现将为教师发展理念带来新的转向。

[关键词]教师；情绪智力；职业倦怠；元分析

[中图分类号]G443   [文献标识码]A   [文章编号]1672-5905(2018)04-0114-08

A Meta-analysis of the Relationship Between Teachers' Emotional Intelligence and Burnout
——Based on Researches in the 21st Century

Zheng Chuchu，Guo Liping

（Education faculty，East China Normal University，Shanghai，20062，China）

Abstract：This paper attempts to study the relationship between teachers' emotional intelligence and their job burnout using the methodology of meta-a-

---

[收稿日期]2018-03-06

[作者简介]郑楚楚，华东师范大学教育学部博士研究生，主要研究方向为教师教育。

nalysis based on the researches from 21 century. 30 researches are collected through literature review and the total sample size is 9720. The results show that: there is a moderate negative correlation$(r=-0.307)$ between teachers' emotional intelligence and job burnout. The correlation coefficient between three dimensions of job burnout and emotional intelligence are reduced personal accomplishment, depersonalization and emotional exhaustion from high to low. Different emotional intelligence measurement tools and different culture context have significant influence on correlation coefficient. Researches on the relationship between teachers' emotional intelligence and burnout reflect a new appraisal of teacher development and will bring a new turn to teacher development ideas.

Keywords：teachers，emotional intelligence，burnout，meta-analysis

一、引言

职业倦怠是个体在长时期压力体验下产生的情感、态度和行为的衰竭状态。[1]由于面临工作量过大、角色模糊、角色冲突、缺乏社会支持、班级管理困境、与家长及管理者的人际交往冲突等多重压力，教师群体在工作中更容易产生倦怠感。[2]

关于教师职业倦怠的形成，以往研究多从工作压力、工作资源、职业特征、学生行为、社会支持、工资回报、教学环境、学校组织氛围等外部环境因素出发进行探讨。[3-5]也有学者关注了教师的人口学因素，探讨了诸如年龄、性别、从教经历、学校职位、婚姻状况、所教年级对于教师职业倦怠的影响。[6]但职业倦怠本身作为一种以情绪衰竭为突出表现的负性症状，与教师的情绪识别、认知、管理和调控能力密不可分。21世纪以前，少有研究者从教师的情绪角度切入，探究其对职业倦怠的影响。

1990年，彼得·萨洛维(Peter Salovey)和约翰·梅耶(John Mayer)首次提出了情绪智力(emotional intelligence)这一概念，用以指代个体有效地利用情绪信息，不断地调整和应对压力的情绪能力。[7]进入21世纪，随着实证研究的增多，情绪智力逐渐被研究者关注，成为使个体摆脱负面情绪，对抗心理失调问题，改善自我行为，从而缓解职业倦怠的重要因素。有关教师情绪智力与教师职业倦怠关系的研究也开始涌现。

尽管情绪智力概念已经提出几十年，但由于情绪智力在定义、维度上分歧依旧存在，测量情绪智力的工具一直无法得到统一，这使得整体衡量教师情绪智力对教师职业倦怠的真实价值和实际影响愈加困难。中国学界对教师情绪智力与职业倦怠的关注虽晚，但近十年发展迅速，积累了较为丰富的实证研究经验，因此有必要将中文文献研究纳入分析。结合中英文实证研究成果，本文尝试运用元分析技术，探讨教师情绪智力与教师职业倦怠的关系，同时从调节变量角度，考虑被试类型、情绪智力测量工具、文化背景差异等对二者相关关系的影响。

二、文献综述与理论假设

（一）职业倦怠

1. 职业倦怠的定义

职业倦怠也称为"工作倦怠""职业枯竭""工作耗竭"等，是个体在工作中由于长期不能顺利应对职业压力而表现出的一系列负性症状。[8]关于职业倦怠的维度划分，目前学界使用最广泛、承认度最高的是马斯拉奇和杰克逊于1981年提出的职业倦怠三维模型。马斯拉奇和杰克逊将职业倦怠划分为情绪枯竭（emotional exhaustion，EE），去个性化（depersonalization，DP）和低个人成就感（reduced personal accomplishment，RPA）的三个维度。其中，情绪枯竭指由于身心资源过度透支而产生的极度衰竭的情绪、情感状态；去个性化通常表现为个体对工作的冷漠、消极、排斥、反抗态度；低个人成就感则指向个体对自我的负面评价，认为自己无法有效胜任工作，并感受到无助及低落的自尊。[9]

2. 职业倦怠的测量

为了测量职业倦怠，基于职业倦怠三维模型，马斯拉奇和杰克逊于1976年开发了一套职业倦怠量表（Maslach Burnout Inventory，MBI），用以衡量服务行业人员的职业倦怠程度。[10]1986年，马斯拉奇与杰克逊又开发了一套专门针对教师的职业倦怠测试量表（MBI Educator Survey，MBI-ES），并对其进行了修订。MBI-ES与MBI同样考察了职业倦怠的三个维度，修订后的题目更聚焦于教师教育教学本身和教师独有的情绪情感体验，三个维度的克隆巴

赫 α 系数分别为 0.90，0.76 和 0.76[11]，具有较好的跨文化信度与效度。该量表被认为是目前教师职业倦怠研究领域使用最为广泛的研究工具。

（二）情绪智力

1. 情绪智力的理论模型

国际上对于情绪智力的模型界定主要分为能力模型和混合情绪智力模型两种。[12]能力模型最早由梅耶等人于 1990 年提出[13]，认为情绪智力是一种能够精确地进行情绪推理、情绪感知，恰当地了解情绪、表达情绪，并能有效使用情绪提升思维的能力。[14]能力模型下的情绪智力包含情绪知觉、情绪整合、情绪理解和情绪管理四种能力。

与能力模型相对，混合情绪智力模型认为情绪智力不是一种智力，而是智力、个性特质、情感的综合。[15]比如，1996 年，混合情绪智力模型的代表人物戈尔曼（Goleman）将移情、人际关系、自我激励等与自我意识和自我管理有关的因素纳入情绪智力模型中，构建了侧重于个体适应性的广义情绪智力模型。[16]2002 年，巴昂（Bar-On）将动机、非能力因素、个人特质、社会能力等纳入情绪智力中，构建了包括个体内部成分、人际成分、适应性成分、压力管理能力和一般心境成分五个部分在内的情绪智力模型。[17]

2. 情绪智力的测量

基于能力模型，国际上目前通用的情绪智力的测量工具主要包括梅耶等人于 2003 年开发的情绪智力测试量表（Mayer-Salovey-Caruso Emotional Intelligence Test，MSCEIT），萨洛维等人于 1995 年研制的元情绪特质量表（Trait Meta-Mood Scale，TMMS），舒特（Schutte）等人于 1998 年在萨洛维和梅耶的情绪智力测量工具的基础上进行修订后提出的情绪智力量表（Schutte Emotional Intelligence Test，SEIS），以及黄炽森、罗胜强等人在 2004 年开发的测试量表（Wong-Law Emotional Intelligence Test，WLEIS）。其中，MSCEIT 采用任务解决方式进行测量，其余则采用依靠内在感知的自评式进行测量。

基于混合情绪智力模型的测量工具主要包括巴格比（Bagby）等人开发的情绪识别能力量表、巴昂开发的情绪商数量表、戈尔曼开发的情绪胜任力问卷，以及佩特里迪斯（Petrides）等人开发的情绪特质问卷等。

总体来说，情绪智力的能力模型是一种狭义的、与个体情绪认知和掌控密切相关的模型，更多聚焦于个性子系统的情绪与认知的交互作用领域，主张将情绪智力纳入智力的研究范畴，并将其定义为一种"标准化的智能"[18]；而混合情绪智力模型则是将性格特征、激励因素和相关技能都纳入的，跨越个性多个子系统的情绪能力的总称，主张在传统智力之外寻求能够预测成功的重要因素，相比于能力模型，更具有实用性和社会价值，但在测量和评估的精确度和难度上却无法得到有效保障，而目前为止，对情绪智力模型的争议和批评也大多针对混合情绪智力模型[19]。

(三)教师的情绪智力与职业倦怠的相关研究

目前关于教师情绪智力与教师职业倦怠的实证研究多数表明了教师情绪智力与职业倦怠之间存在着一定的相关关系。比如，Reza 等人发现，情绪智力可以显著预测教师的职业倦怠。[20]Chan 通过对 167 名教师的情绪智力与工作倦怠之间的关系的研究发现，情绪管理能力和情绪评价能力能够影响工作倦怠中的情绪衰竭。[21]Zysberg 等人[22]和中国学者李永占[23]的研究都表明，教师的情绪智力与情绪衰竭成中等强度的负相关。建立在现有实证研究的基础上，本研究提出假设 1：从整体上看，教师情绪智力与教师职业倦怠成显著负相关。

在对教师情绪智力与职业倦怠之间的调节因素的研究中，教师教授的学段、情绪智力测量工具以及文化差异被广泛提及。因此，引入这三个变量作为调节变量，考察其对于教师情绪智力和教师职业倦怠相关关系的调节效应。

在教授学段上，Means 和 Cain 通过对欧美国家开展的教师倦怠相关研究的总结发现，小学教师拥有很高的职业倦怠感。[24]我国学者李永占认为，由于幼儿生理、心理的发展尚处于个体发展的早期阶段，幼儿教师在教育过程中会面临更多的困难和应激情境，相比于其他阶段的教师，更容易感受到职业倦怠。[25]教授低年龄阶段学生的教师群体似乎表现出更高的职业倦怠水平，其工作内容可能需要更高的情绪智力来应对。基于以上考虑，本研究提出假设 2(a)：教授低年龄阶段学生的教师群体的情绪智力与职业倦怠的相关关系更强。

在测量工具的选取上，当前对教师职业倦怠的测量工具较为统一，绝大多数采用的是马斯拉奇与杰克逊开发的 MBI-ES，但在情绪智力测量工具的选择上，不同的研究存在着分歧。依照不同情绪智力模型开发的测量工具测量的情绪智力的内涵必定有所差别，但同一理论模型下使用不同测量工具应当具有相似的结果。由于混合情绪智力模型缺乏实证基础，定义过于宽泛，受到了较大的争议[26]；为了更好地整合已有实证研究成果，使得研究结果更加准确、可信，本研究将研究工具的理论基础限定为能力模型，并提出假设2(b)：在能力模型基础上，运用不同的测量工具，情绪智力对教师职业倦怠的影响不存在显著差异。

在文化差异上，黄炽森、罗胜强等人的研究认为，情绪智力本身有存在文化差异的可能性。[27]不同的文化价值系统可能会影响情绪的构成、体验、表达和管理方式。[28-29]因此，在不同的文化背景中，教师情绪智力对工作相关因素的影响(如工作绩效、职业倦怠、职业投入等)可能会存在显著差异。近年来，国内有关教师情绪智力与职业倦怠的研究不断涌现，站在中国研究的视角下，有必要考察中国文化背景与非中国文化背景下，教师情绪智力与职业倦怠相关关系的差异。因此，本研究提出假设2(c)：中国文化与非中国文化背景下，教师情绪智力与职业倦怠的相关程度存在显著差异。

三、研究方法

(一)文献搜索

选取中国知网、万方数据库、维普网等5个数据库作为中文资源检索平台，选取 ScienceDirect、Web of Science、EBSCO、ProQuest 学位论文4个数据库以及 Google Scholar 网站作为英文资源检索平台。文献检索时间跨度为2000年1月1日至2017年12月31日。

中文检索采用专业检索方式，布尔逻辑检索式为：SU＝('老师'＋'教师')＊('情绪智力'＋'情绪能力'＋'情商')＊('职业倦怠'＋'工作倦怠'＋'工作耗竭'＋'工作枯竭'＋'职业耗竭'＋'职业枯竭')。英文检索以"emotional intelligence""teacher""burnout"为检索词进行主题词搜索。检索后，采取摘要浏览方式，初步筛选出实证研究文献。为避免遗漏，在已有文献的基础上进行文献追溯。最终得到中文文献23篇，英文文献41篇。

(二)元分析的程序

1. 编码程序及文献入选标准

文献入选包含以下几个方面的标准。

①以教师群体为研究对象的实证研究(不含不承担任何教学工作，仅从事

行政工作的人员，如图书管理员、校内医护人员等）。

②探讨教师的情绪智力与教师的职业倦怠二者之间的相关关系。

③对职业倦怠的测量采用 MBI-ES 量表，对情绪智力的测量选取基于能力模型开发所得的情绪智力测量工具，包括 MSCEIT、SEIS、WLEIS 等及其修订版。

④必须报告了教师情绪智力与教师职业倦怠间的数量化指标，有足够的数据信息计算效应值（effect size，ES），如明确报告了皮尔逊积差相关系数或其他能转化成 r 值的差异检验的结果。

经筛选，有中、英文文献共 30 篇纳入研究中。

2. 编码过程

对符合入选标准的文献以 1＝作者及发表年限、2＝样本量、3＝样本类型、4＝样本来源、5＝教师情绪智力测量工具、6＝相关系数值等为变量进行特征编码。效应值的产生以独立样本为单位，每个独立样本编码一次。

编码结果显示：①被试总量为 9720，其中，最大样本量为 1018，最小样本量为 39；②在 30 项研究中，有 15 项研究汇报了教师情绪智力与职业倦怠总体的相关，27 项汇报了情绪智力与情绪枯竭维度的相关，25 项汇报了情绪智力与去个性化维度的相关，25 项研究汇报了情绪智力与低个人成就感维度的相关，共计 92 个效应值；③满足元分析的最早文献出现在 2006 年。

3. 统计分析

（1）效应值计算

研究采用以相关系数为效应值计算效果量的元分析方法。为排除样本量对效应值计算的影响，在计算过程中，先采用 Fisher's Z 对各研究相关系数进行转换。

$$Z = 0.5 \times \ln[(1+r)/(1-r)],$$

$$s_{\bar{x}} = 1/\sqrt{(n-3)} \quad (s_{\bar{x}} \text{ 为标准误})$$

利用通过 Fisher's Z 转换的 r 值，根据样本量计算权重，并计算 95% 置信区间，而后纳入分析。

（2）数据分析及处理程序

研究选用 CMA 2.0（Comprehensive Meta Analysis 2.0）专业版软件进行元分析。

四、研究结果

（一）效应值分布与同质性检验

1. 效应值分布

图 1 显示了教师情绪智力与职业倦怠关系研究元分析的效应值分布状况，横轴为经过 Fisher's Z 转换之后的值，纵轴为 Fisher's Z 值的标准误。从图 1 中可看出，大部分的研究集中于漏斗图的顶部，且聚集在平均效应值附近。可判定元分析的相关独立研究结果存在出版偏倚的可能性较小。

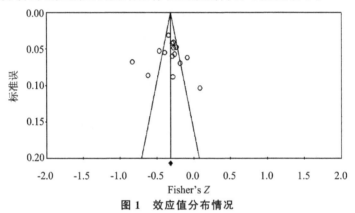

图 1　效应值分布情况

2. 同质性检验

从表 1 中可以看出，Q 值为 119.335，说明各效应值为异质，本研究不适合采用固定效应模型的分析方法。从表 1 中还可得知，I^2 的值为 88.268，这一数据表明，约 88% 的观察变异是由于效应值的真实差异造成的，约 12% 的观察变异由随机误差导致。Tau-squared 的值为 0.022，说明研究间的变异有 2.2% 可以用来计算权重。

表 1　情绪智力与教师职业倦怠总分的效应值同质性检验结果（Q 统计）

模型	研究个数	异质性					Tau-squared		
		Q 值	自由度	P 值	I^2	Tau-squared	标准误	方差	Tau
REM	15	119.335	14	0.000	88.268	0.022	0.011	0.000	0.148

注：REM，Random Effect Model，随机效应模型。

当效应值为异质时，通常采用两种处理方式。第一为删除极端效应值，直至达到同质后再进行固定效应模型分析；第二为采用随机效应模型分析。[30]随机效应模型除了考虑研究间变异之外，还允许估计效应分布的平均值，从而防止低估小样本研究的权重，或高估大样本研究的权重，采用随机效应模型可以产生更大的置信区间，从而得出更保守的结论。因此，本研究采用随机效应模型进行分析。

(二)整体效应检验结果

采用随机效应模型对教师情绪智力与职业倦怠总体相关系数进行元分析的效应值计算，结果如表 2 所示。加权矫正后，教师情绪智力与职业倦怠的相关系数平均值为 -0.306，为中等强度相关①，且达到显著性水平（$P<0.001$），表明教师情绪智力越高，职业倦怠水平越低，两者成负相关关系。教师情绪智力与职业倦怠加权相关系数的 95% 置信区间均不包括 0，且失安全系数较大，表明教师情绪智力与职业倦怠的相关系数非常稳定。

表 2　教师情绪智力与职业倦怠总体相关系数的元分析

项目	研究个数	样本量	加权相关系数均值	加权相关系数标准误	95% 置信区间	异质性	失安全系数
数值	15	5374	-0.306	0.011	$-0.306\sim-0.377$	119.335	88.268

(三)各维度效应检验结果

采用随机效应模型对教师情绪智力与职业倦怠各维度相关系数进行元分析的效应值计算，结果如表 3 所示。教师情绪智力与职业倦怠各维度的相关关系存在显著差异（$P=0.005$），加权矫正后，情绪智力与职业倦怠各维度的相关程度从高到低分别是低个人成就感（-0.385）、去个性化（-0.306）、情绪枯竭（-0.249）。教师情绪智力与职业倦怠各维度加权相关系数的 95% 置信区间均不包括 0，且失安全系数较大，表明教师情绪智力与职业倦怠各维度的相关系数非常稳定。

①　利普西（Lipsey）和威尔逊（Wilson）指出，相关系数效应值如果小于或等于 0.10，为低等强度相关；等于 0.25，为中等强度相关；大于或等于 0.40，为高等强度相关。

表3 教师情绪智力与职业倦怠各维度相关系数的元分析

情绪智力—职业倦怠各维度	研究个数	样本量	加权相关系数均值	加权相关系数标准误	95％置信区间	异质性	失安全系数
情绪智力—情绪枯竭维度	27	8806	−0.308	0.012	−0.308～−0.188	260.876	90.034
情绪智力—去个性化维度	25	8272	−0.365	0.007	−0.365～−0.244	144.172	83.353
情绪智力—低个人成就感维度	25	8272	−0.440	0.012	−0.440～−0.327	194.047	87.632

(四)调节效应检验结果

表4分别就相关因素对教师情绪智力与职业倦怠关系的调节效应进行了检验，检验的调节变量包括教授学段、测量工具以及文化差异。从表4中各调节变量的同质性分析结果看，在5％的置信区间上，本研究提出的假设2(c)得到了证实，假设2(a)与假设2(b)没有得到支持。

表4 相关因素对教师情绪智力与职业倦怠关系的调节效应的随机效应模型分析

调节变量	同质性分析			类别名称	独立样本	样本量	效应值及95％置信区间			双尾检验	
	Q 组间	自由度	P 值				点估计	下限	上限	Z 值	P 值
教授学段	5.059	4	0.281	基础教育	5	1678	−0.354	−0.479	−0.214	−4.761	0.000
				高中	1	563	−0.280	−0.551	0.045	−1.697	0.090
				高校	4	1645	−0.398	−0.533	0.242	−4.749	0.000
				综合	5	1488	−0.178	−0.323	−0.024	−2.263	0.024
测量工具	10.072	3	0.018	SEIS	4	1316	−0.209	−0.348	−0.062	−2.765	0.006
				MSCEIT	1	96	0.088	−0.251	0.408	0.502	0.616
				WLEIS	6	2348	−0.338	−0.443	−0.224	−5.563	0.000
				修订量表	4	1614	−0.413	−0.528	−0.283	−5.798	0.000
文化差异	5.522	1	0.019	中国背景	8	3206	−0.383	−0.471	−0.287	−7.328	0.000
				非中国背景	7	2168	−0.210	−0.318	−0.097	−3.592	0.000

五、总结与讨论

本研究运用元分析方法，对 21 世纪以来国内外研究教师情绪智力与职业倦怠的相关关系的 30 篇中、英文文献进行了定量分析。从元分析结果看，教师情绪智力与教师职业倦怠总体成中等程度的负相关（$r = -0.306$），教师情绪智力越高，越不容易感受到职业倦怠。

在教师情绪智力与教师职业倦怠的三个维度的关系上，教师情绪智力与三个维度均成负相关。其中，与低个人成就感的相关程度最高（$r = -0.385$），与去个性化的相关程度次之（$r = -0.306$），与情绪枯竭的相关程度最低（$r = -0.249$）。马斯拉奇等人认为，职业倦怠的三个维度中，情绪枯竭与去个性化更多来源于工作压力巨大和社会角色冲突，但低个人成就感则似乎更直接地源于资源的匮乏。教师情绪智力与低个人成就感的高相关度，可能预示着教师群体在应对资源匮乏的客观现实时，情绪智力的调节和维护功能可能发挥着相当重要的作用。相比于工作压力、角色冲突等问题，在处理资源有限的问题中，教师的情绪智力及主观能动性具有更积极的意义，甚至教师的情绪智力本身，都应当被视为教师的一种极为有效的积极资源。[31]

在调节效应分析上，元分析的结果发现了以下内容。①教师情绪智力与职业倦怠的关系受其所教授学段的影响不大。②测量工具的选取会影响教师情绪智力与职业倦怠的相关系数，即便都基于能力模型，不同的情绪智力测量工具测量出的教师情绪智力与职业倦怠的关系强度也有显著差异。其中，WLEIS 测得的关系最强，MSCEIT 测得的关系最弱，依照三种情绪智力量表改编后的各修订量表与各原始量表测得的数据也存在显著差异。因此，在后期研究教师情绪智力与教师职业倦怠的关系上，要充分考虑工具选择对于二者相关关系的影响，更审慎地汇报研究结果。③教师情绪智力与教师职业倦怠的关系在不同文化背景中存在显著差异，中国背景下和非中国背景下，教师情绪智力与职业倦怠的相关系数分别为 -0.383 和 -0.210，在中国文化背景下探讨教师情绪智力的意义更大。

在以往的教师职业倦怠研究中，工作量、教授年级、学生的学业表现、外部社会支持等被认为是影响教师职业倦怠的显著因素，研究者普遍认为因工作量过重、工作要求过高与资源有限等而导致的角色冲突是职业倦怠产生的根源。[32]20 世纪 80 年代以来，伴随着女性主义教育学思潮的兴起，情绪、内在性、关联、社群等长期受到压抑的特质开始涌现，传统教育研究中客观高于情感、知识高于交往、理性中立高于关怀情义等固有范式被打破。[33]教师情绪智力、教师心理弹性等概念的提出，使得教师的个体特质、心理资源等教师内隐性心理资本的作用被逐渐关注，它们成为调节和缓冲工作要求与资源矛盾、降低角色冲突和压力下情绪耗竭的重要因素。[34]值得一提的是，情绪智力不仅是个体心理资源中的保健因子，更具有可培训性。[35]因此，在预防和缓解教师职业倦怠中引入教师情绪智力，探讨教师情绪智力对教师职业倦怠的影响具有重要的理论价值和实践意义。[36]教师职业倦怠研究的关注点从外部到教师个体情绪的逐渐转移，也体现了教师发展视野下对教师角色的重新审视。教师研究开始从关注教师外在发展转向关注教师内在精神成长，从关注"物"的世界转向关注"人"的世界，从仅仅关注"原则、普遍性、公正无私"转向关注"关系、个别性和有情感偏好的一面"。[37-38]对教师情绪智力的相关研究将成为今后教师研究的重要课题。

六、研究局限与展望

作为一次将以往对教师情绪智力与职业倦怠的关系研究进行再分析的尝试，本研究也存在着一定的局限性。①为了保证研究的同质性，本研究仅选取了基于能力模型的情绪智力测量工具，部分基于混合情绪智力模型的研究结果未能被纳入元分析。此外，部分未采用相关分析方法进行统计的研究也被排除，造成了部分样本的损失，一定程度影响了研究结果的代表性。②采用平均化处理方式获得效应值会影响信息的准确性。③调节分析中某些维度的样本较少，缺乏足够的实证研究的数据支持，因此，在此基础上获得的所有结论都应当被谨慎对待。

未来研究方向如下。①探讨教师性别、年龄、工作经验等对教师情绪智力和职业倦怠关系的调节效应。②探讨情绪智力通过社会支持等影响职业倦怠的内部机制。③探讨教师情绪智力与教师其他变量(如自我效能感、组织承诺、工作投入、工作绩效等)的相关关系。④进一步推进情绪智力本土化研究的进程，探讨中国背景下情绪智力的内涵、特征和基本维度，为后续开展中国教师的情绪智力相关研究奠定基础。

［参考文献］

［1］［34］Maslach，C.，Schaufeli，W. B.，Leiter，M. P. Job burnout［J］. Annual Review of Psychology，2001(1)：397-422.

［2］Azeem，S. M. Personality hardiness，job involvement and job burnout among teachers ［J］. International Journal of Vocational & Technical Education，2010(3)：36-40.

［3］岳亚平，冀东莹. 幼儿园教师工作家庭冲突特点及与职业倦怠的关系［J］. 学前教育研究，2017(1)：23-33.

［4］Dorman，J. P. Relationship between school and classroom environment and teacher burnout：a lISREL analysis［J］. Social Psychology of Education，2003(2)：107-127.

［5］Grayson，J. L.，Alvarez，H. K. School climate factors relating to teacher burnout：a mediator model［J］. Teaching & Teacher Education，2008(5)：1349-1363.

［6］Kyriacou，C.，Sutcliffe，J. Teacher stress：prevalence，sources，and symptoms［J］. British Journal of Educational Psychology，1978(2)：159-167.

［7］［13］Salovey，P.，Mayer，J. D. Emotional intelligence［J］. Imagination Cognition & Personality，1990(3)：185-211.

［8］Freudenberger，H. J. Staff burn-out［J］. Journal of Social Issues，1974(1)：159-165.

［9］Maslach，C.，Jackson，S. E.，Maslach burnout inventory［M］. 2nd. Palo Alto，CA：Consulting Psychologists Press，1986.

［10］Maslach，C. Burned-out［J］. Human Behavior，1976(9)：16-22.

［11］Iwanicki，E. F.，Schwab，R. L. A cross validation study of the Maslach Burnout Inventory［J］. Educational and Psychological Measurement，1981(4)：1167-1174.

［12］［18］Mayer，J. D.，Salovey，P.，Caruso，D. R.，et al. Emotional intelligence as a standard intelligence［J］. Emotion，2001(3)：232-242.

［14］Mayer，J. D.，Roberts，R. D.，Barsade，S. G. Human abilities：emotional intelligence［J］. Annual Review of Psychology，2008(1)：507-536.

［15］Petrides，K. V.，Furnham，A. Trait emotional intelligence：psychometric investigation with reference to established trait taxonomies［J］. European Journal of Personality，2001(6)：425-448.

［16］Goleman，D. Emotional intelligence：why it can matter more than IQ［M］. New York：Bantan，1995.

［17］Bar-on，R.，Parker，J. D. A. The handbook of emotional intelligence：theory，development，assessment and application at home，school and in the workplace［M］. San Francisco：Jossey-Bass，2000.

［19］Daus，C. S.，Ashkanasy，N. M. The case for the ability-based model of emotional intelligence in organizational behavior[J]. Journal of Organizational behavior, 2005(4)：453-466.

[20] Pishghadam, R., Sahebjam, S. Personality and emotional intelligence in teacher burnout[J]. Spanish Journal of Psychology, 2012(1)：227-236.

[21] Chan, D. W. Emotional intelligence and components of burnout among Chinese secondary school teachers in Hong Kong[J]. Teaching and Teacher Education, 2006(8)：1042-1054.

[22] Zysberg, L., Orenshtein, C., Gimmon, E., et al. Emotional intelligence, personality, stress, and burnout among educators[J]. International Journal of Stress Management, 2017(S1)：122-136.

[23][25][36]李永占. 工作家庭冲突视角下幼儿教师情感耗竭的心理机制：情绪智力的作用[J]. 心理与行为研究, 2016(4)：492-500.

[24] Mearns, J., Cain, J. E. Relationships between teachers' occupational stress and their burnout and distress：roles of coping and negative mood regulation expectancies[J]. Anxiety Stress & Coping, 2003(1)：71-82.

[26] Joseph, D. L., Newman, D. A. Emotional intelligence：an integrative meta-analysis and cascading model[J]. Journal of Applied Psychology, 2010(1)：54-78.

[27] Law, K. S., Wong, C. S., Song, L. J. The construct and criterion validity of emotional intelligence and its potential utility for management studies. [J]. Journal of Applied Psychology, 2004(3)：483-496.

[28] Mauss, I. B., Butler, E. A. Cultural context moderates the relationship between emotion control values and cardiovascular challenge versus threat responses[J]. Biological Psychology, 2010(3)：521-530.

[29] Miyamoto, Y., Ma, X. M. Dampening or savoring positive emotions：a dialectical cultural script guides emotion regulation[J]. Emotion, 2011(6)：1346-1357.

[30] Lipsey, M. W., Wilson, D. B. Practical meta-analysis[M]. Thousand Oaks, CA：Sage publications, 2001.

[31] Saklofske, D. H., Austin, E. J., Galloway, J., et al. Individual difference correlates of health-related behaviours：preliminary evidence for links between emotional intelligence and coping[J]. Personality & Individual Differences, 2007(3)：491-502.

[32] Demerouti, E., Bakker, A. B., Nachreiner, F., et al. The Job Demands-Resources model of burnout[J]. Journal of Applied psychology, 2001(3)：499-512.

[33] Walker, M. U. Moral understandings：alternative "epistemology" for a feminist ethics[J]. Hypatia, 1989(2)：15-28.

[34] Chang, M. L. An appraisal perspective of teacher burnout：examining the emotional

work of teachers[J]. Educational psychology review，2009(3)：193-218.

[35] Brackett，M. A.，Palomera，R.，Mojsa-Kaja，J.，et al. Emotion-regulation ability，burnout，and job satisfaction among British secondary-school teachers[J]. Psychology in the Schools，2010(4)：406-417.

[37] 姜勇. 女性主义教育学视野中的教师专业发展[J]. 教师教育研究，2004(6)：13-17.

[38] 林媛媛，孟迎芳，林谷洋. 幼儿园教师一日工作情感体验分析——基于日重现法的研究[J]. 学前教育研究，2017(8)：3-14.

（本文责任编辑：吴娱）

（原载《教师教育研究》，2018 年第 4 期）

幼儿教师职业倦怠的现状及其与幼儿园组织气氛、教师教学效能感的关系

李晓巍[1]，郭媛芳[1]，王萍萍[2]

（1. 北京师范大学教育学部，北京 100875；

2. 东北师范大学教育学部心理学院，吉林长春 130024）

[摘要]以 573 名幼儿教师为研究对象，采用问卷法考察幼儿教师职业倦怠的现状及其与幼儿园组织气氛、教师教学效能感之间的关系。研究结果如下。①从教 1 年内的幼儿教师的情感枯竭水平显著低于其他教龄的幼儿教师，民办园教师的情感枯竭水平显著低于公办园教师。②幼儿教师的职业倦怠分为三类，即倦怠型、低成就感型、适应型，分别占 22.17%、37.17%、40.66%。③结构方程模型分析发现，组织气氛（园长行为）和组织气氛（教师行为）均直接负向预测教师的职业倦怠；幼儿教师教学效能感在组织气氛（教师行为）和教师职业倦怠之间起部分中介作用。

[关键词] 职业倦怠；教学效能感；组织气氛；幼儿教师

[中图分类号]G615；G443　[文献标识码]A　[文章编号]1672-5905(2019)01-0066-07

Preschool Teachers' Job Burnout and Its Relationship with Preschool Organizational Climate and Teachers' Teaching Efficacy

Li Xiaowei[1]，Guo Yuanfang[2]，Wang Pingping[3]

（1. 2. Faculty of Education，Beijing Normal University，Beijing，100875，China；

3. School of Psychology，Northeast Normal University，Changchun，Jilin，130024，China）

Abstract：A total of 573 preschool teachers participated in the current study. This study examined the status of preschool teachers' job burnout and its rela-

[收稿日期]2018-02-24

[基金项目]全国教育科学规划教育部青年课题（EBA150371）

[作者简介]李晓巍，北京师范大学教育学部副教授，博士，主要研究方向为学前教育。

tionship with preschool organization climate and teachers' teaching efficacy using questionnaires. This study found that：(1)The emotional exhaustion level of preschool teachers in one year was significantly lower than others. The level of emotional exhaustion of nonpublic preschool teachers was significantly lower than that of public preschool teachers. (2)Preschool teachers' job burnout could be divided into three categories：burnout, low achievers, and adaptable，accounting for 22.17%, 37.17%, and 40.66% respectively. (3)The structural equation model found that organizational climate(principals' behavior) and organizational climate (teachers' behavior) both negatively predicted teachers' job burnout directly；and teaching efficacy of preschool teachers partly mediated the relationship between the organizational climate (teachers' behavior) and teachers' job burnout.

Keywords：job burnout, teaching efficacy, organizational climate, preschool teachers

一、问题提出

教师职业倦怠指教师在长期的工作压力下产生的一种疲劳综合征，主要表现为情感枯竭、非人性化(或称去人性化)、低成就感。[1]职业倦怠影响着教师的工作热情、人际关系和教学质量，损害教师的身心健康。[2]因教育对象的特殊性、教育成果的滞后性、学前教育在我国教育体系中位置的特殊性，等等，幼儿教师的工作压力大、成就感低，幼儿教师成为职业倦怠的高发群体。因此，有必要考察幼儿教师职业倦怠的现状及其影响因素。

在教师职业倦怠的影响因素中，组织气氛的作用不容小觑。园所组织气氛通过幼儿园园长和教师行为的交互作用形成，影响成员的态度和行为，是组织环境的一种持久特性。研究发现，良好的组织气氛能减轻教师的职业倦怠。[3]缺乏社会支持、组织内部关系不和谐是教师产生职业倦怠的重要原因。[4]田宝、李灵研究发现，校长行为可以显著预测教师的情感枯竭和非人性化，教师行为可以显著预测教师的低成就感。[5]目前，我国对幼儿园组织气氛的研究较少，对幼儿园组织气氛与幼儿教师职业倦怠关系的相关研究更少。幼儿教师担负着幼儿一日生活各个环节的保育和教育工作，工作量大、工作时间长，但幼儿教师的工作成就(如幼儿身心的发展、行为习惯的改变等)具有延迟性和内隐性。在这种高工作压力和低工作成就感的矛盾之下，能否得到领导的认可和支持，能否与同事形成亲密的关系，能否获得家长的信任和帮助，影响着教师的职业态度及对职业倦怠的调试与应对。然而，目前对此缺乏相关实证研究的支持。

在影响教师职业倦怠的自身因素中，教学效能感广受关注。[6]教师的教学效能感指教师对教育的理解和对自己能否有效完成教学任务、实现教学目标的主观判断或信念。Aloe、Amo、Shanahan 对 16 项研究进行了元分析，结果表明，教师教学效能感与职业倦怠中的情感枯竭、非人性化和低成就感显著相关，具有高水平教学效能感的教师报告了较低的职业倦怠。[7]我国学者以中小学教师为研究对象也得出了相似的结果。[8]对两者关系的进一步研究表明，中小学和幼儿园教师的教学效能感均显著负向预测职业倦怠。[9-10]可见，教师教学效能感是影响职业倦怠的重要因素。

另外，已有研究也关注到了幼儿园组织气氛对教师教学效能感的影响。例如，Meristo、Eisenschmidt 研究发现，新入职教师的教学效能感与学校组织气氛显著相关，良好的学校组织气氛有利于提升教师的教学效能感。[11]有研究发现，中小学和幼儿园的组织气氛均可以显著预测教师的教学效能感。[12-14]这提示我们思考：幼儿园组织气氛这一环境因素能否通过影响教师的教学效能感进而影响教师的职业倦怠呢？国外学者对此进行了研究。Lim 和 Eo对 367 名韩国中学教师的研究发现，教师教学效能感在学校组织气氛与职业倦怠之间起完全中介作用。[15]Malinen 和 Savolainen 以芬兰中学教师为研究对象发现，教师教学效能感在学校组织气氛和教师职业倦怠之间起部分中介作用。[16]

综上，对于教师教学效能感、学校组织气氛和教师职业倦怠三者之间的关系，国外学者已取得了一些研究成果，但大多以中小学教师为研究对象，鲜有研究关注幼儿教师这一群体，且尚未得出一致的结论。另外，《2015 年度中国教育改进报告》指出，教师职业倦怠不断蔓延，范围广、程度深，且城镇学校的教师职业倦怠情况比乡村学校严重。因此，本研究以城市幼儿教师为研究对象，考察幼儿教师职业倦怠的现状及其与幼儿园组织气氛、教师教学效能感之间的关系，以及教师教学效能感在幼儿园组织气氛与教师职业倦怠中是否起中介作用。

二、研究方法

(一)研究对象

选取北京市(436名)和天津市(137名)的573名幼儿教师为研究对象。其中,女教师570名(99.5%),男教师3名(0.5%);公办园教师311名(54.3%),民办园教师262名(45.7%)。教师的平均年龄为29.55岁。

(二)研究工具

1.《教师职业倦怠问卷》

采用李超平和时勘依据马斯拉奇等人编制的《职业倦怠量表》修订的中文版测量幼儿教师的职业倦怠水平。[17]该问卷共16个项目,包括情感枯竭、非人性化和低成就感3个维度,分别包含5、5和6个项目。采用李克特七点计分,得分越高表明倦怠感越强。本研究中,3个维度的内部一致性系数分别为0.78、0.79、0.79;验证性因素分析表明,该量表的CMIN/DF=3.89,GFI=0.92,NFI=0.93,CFI=0.91,RMSEA=0.07。

2.《组织气氛描述问卷》

以Hoy和Clover编制[18]、李晓巍等人修订的《组织气氛描述问卷》测量幼儿园的组织气氛。修订后的问卷共33个项目,包含6个维度,分别是园长支持行为、园长监督行为、园长限制行为、教师敬业行为、教师亲密行为和教师疏离行为。采用李克特五点计分。本研究中,6个维度的内部一致性系数为0.66~0.87;验证性因素分析表明,该量表的CMIN/DF=2.73,GFI=0.88,NFI=0.86,CFI=0.91,RMSEA=0.05。

3.《教师教学效能感量表》

采用Gibson和Dembo编制[19]、Woolfolk和Hoy修订的《教师教学效能感量表》测量幼儿教师的教学效能感。该量表共9个项目,采用李克特五点计分,得分越高表示教学效能感越高。本研究中该量表的内部一致性系数为0.89。

(三)研究过程与数据处理

由受过专业培训的学前教育专业研究生担任主试,向被试发放问卷,说明问卷填写注意事项。问卷填写完成后当场提交。采用 SPSS 19.0 和 Amos 17.0 对数据进行统计分析。

三、研究结果

(一)幼儿教师职业倦怠的现状

以职业倦怠的三个维度为因变量，进行 6(教龄)×2(园所性质)的多元方差分析。结果发现，教龄和园所性质的主效应均显著($F=9.57$，$P<0.001$；$F=3.08$，$P<0.001$)，二者的交互作用不显著。进一步的单因素方差分析发现，不同教龄的幼儿教师在情感枯竭维度上差异显著($F=4.86$，$P<0.001$)，从教 1 年以内的幼儿教师在情感枯竭维度的得分显著低于其他教龄的幼儿教师；不同性质园所的幼儿教师在情感枯竭维度上差异显著($F=21.26$，$P<0.001$)，民办园教师在情感枯竭维度的得分显著低于公办园教师。(表 1)

表 1　不同教龄、不同性质园所的幼儿教师职业倦怠的均值(标准差)差异比较

维度	教龄						F	园所性质		F
	1 年以内	1~2年	2~6年	6~10年	10~20年	20 年以上		公办园	民办园	
情感枯竭	15.37 (4.87)	17.71 (5.26)	17.69 (5.15)	17.74 (5.18)	18.84 (4.90)	18.63 (5.05)	4.86***	18.68 (5.28)	16.69 (4.83)	21.26***
非人性化	9.84 (3.33)	11.35 (4.39)	10.20 (3.87)	10.19 (3.96)	10.38 (3.78)	10.56 (3.46)	1.22	10.58 (4.15)	10.10 (3.40)	2.15
低成就感	19.58 (4.41)	20.84 (5.46)	19.75 (5.27)	18.87 (4.71)	19.66 (4.83)	19.63 (4.92)	1.11	19.64 (5.09)	19.72 (4.87)	0.02

(二)幼儿教师职业倦怠的类型

《教师职业倦怠问卷》考察了幼儿教师的工作热情(情感枯竭)、工作态度(非人性化)和工作成就感(低成就感)。根据这三个维度的得分，使用聚类分析将幼儿教师的职业倦怠分为三种类型，即倦怠型、低成就感型、适应型，三种类型所占比例依次为 22.17%、37.17%、40.66%。倦怠型的特点是情感枯竭和非人性化这两个维度得分较高，表现为对工作丧失热情，工作态度消极冷漠，厌倦工作；低成就感型的特点是低成就感这一个维度得分最高，表现为工作较为热情、积极，但成就感低，质疑工作的价值；适应型的特点是情感枯竭、非人性化和低成就感这三个维度得分都低，表现为工作热情、积极，有成就感，能较好地适应工作。三种类型在职业倦怠的三个维度上均存在显著差异（表2、图1）。

表2 不同职业倦怠类型的幼儿教师在三个维度上的均值（标准差）差异比较

维度	倦怠型	低成就感型	适应型	F
情感枯竭	25.19（3.35）	16.18（3.19）	15.18（3.37）	417.08***
非人性化	15.60（3.90）	9.53（2.26）	8.27（1.79）	354.43***
低成就感	21.70（3.84）	23.44（3.15）	15.14（2.86）	405.43***

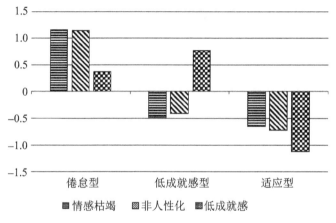

图1 三种职业倦怠类型的幼儿教师在各维度标准分的直方图

（三）幼儿园组织气氛、教师教学效能感与教师职业倦怠之间的关系

表3中的相关分析发现，除教师教学效能感与园长限制行为、教师疏离行为和非人性化3个维度的相关不显著外，幼儿园组织气氛的其他维度与教师教学效能感、教师职业倦怠各维度均显著相关。值得指出的是，幼儿园组织气氛各维度与职业倦怠各维度均显著相关。

表3 幼儿园组织气氛、教师教学效能感与职业倦怠各维度之间的相关系数矩阵（$N=573$）

维度	1	2	3	4	5	6	7	8	9
1. 园长支持行为	—	—	—	—	—	—	—	—	—
2. 园长监督行为	−0.446***	—	—	—	—	—	—	—	—

维度	1	2	3	4	5	6	7	8	9
3. 园长限制行为	−0.452***	0.154***	—	—	—	—	—	—	—
4. 教师敬业行为	0.736***	−0.471***	−0.474***	—	—	—	—	—	—
5. 教师亲密行为	0.610***	−0.326***	−0.424***	0.770***	—	—	—	—	—
6. 教师疏离行为	−0.469***	0.194***	0.635***	−0.575***	−0.498***	—	—	—	—
7. 教师教学效能感	0.137**	−0.184***	−0.062	0.274***	0.230***	−0.025	—	—	—
8. 情感枯竭	−0.273***	0.123**	0.564***	−0.333***	−0.373***	0.506***	0.150***	—	—
9. 非人性化	−0.270***	0.095*	0.493***	−0.410***	−0.418***	0.554***	−0.015	0.713***	—
10. 低成就感	−0.368***	0.210***	0.347***	−0.500***	−0.453***	0.313***	−0.485***	0.212***	0.298***

运用 Amos 建立结构方程模型，分析教师教学效能感在幼儿园组织气氛和教师职业倦怠之间的中介作用。模型各项拟合指标为 CMIN/DF=4.68，GFI=0.99，CFI=0.99，IFI=0.99，RFI=0.95，TLI=0.96，RMSEA=0.08，SRMR=0.01，表明模型的拟合程度良好。如图 2 所示，幼儿园组织气氛（园长行为）对教师职业倦怠的直接效应为−0.23。幼儿园组织气氛（教师行为）对教师职业倦怠的直接效应为−0.46，教师教学效能感在两者间的间接效应为 0.013。利用 Amos 内置程序抽取 5000 个 Bootstrap 样本，计算直接效应和中介效应的置信区间（表 4）。可见，教师教学效能感在幼儿园组织气氛（教师行为）与教师职业倦怠之间起部分中介作用。

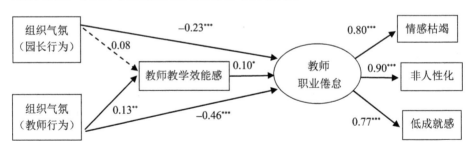

图 2　幼儿园组织气氛对教师职业倦怠的影响：教师教学效能感的中介作用

表 4　对中介效应显著性检验的 Bootstrap 分析

路径	中介/直接效应值	95%置信区间	
		下限	上限
组织气氛（园长行为）—教师教学效能感—教师职业倦怠	0.008(0.08×0.10)	−0.002	0.025

路径	中介/直接效应值	95%置信区间	
		下限	上限
组织气氛（园长行为）—教师职业倦怠	−0.23	−0.334	−0.119
组织气氛（教师行为）—教师教学效能感—教师职业倦怠	0.013(0.13×0.10)	0.001	0.041
组织气氛（教师行为）—教师职业倦怠	−0.46	−0.563	−0.355

四、讨论与建议

（一）幼儿教师职业倦怠的现状

总体而言，不同教龄的幼儿教师职业倦怠水平存在显著差异，这与已有研究结果[20]相一致。进一步研究发现，从教1年以内的幼儿教师在职业倦怠的情感枯竭维度上与其他教龄的幼儿教师存在显著差异，从教1年以内的幼儿教师在情感枯竭维度的得分显著低于其他教龄的幼儿教师。其原因可能是，新教师刚进入全新的工作环境，对工作充满新鲜感，富有热情，干劲十足，他们努力学习提升自己，希望尽快适应工作；而从教1年以上的幼儿教师已经对工作有了一定的了解，没有了新鲜感，加之工作内容琐碎，工作压力大，成就感低，易产生情感枯竭。[21]

公办园和民办园中幼儿教师的职业倦怠水平存在显著差异，具体表现为公办园教师在情感枯竭维度的得分显著高于民办园教师，这与已有研究结果[22]相一致。出现这一结果可能是因为，公办园接受政府的监督与管理，与民办园相比，有多种教研、培训活动以及行政事务需要教师参加或协助办理，这给教师的工作带来了一定的负担和限制，使得教师疲于应付，工作热情低。[23]

教龄和园所性质在职业倦怠的非人性化、低成就感两个维度上的差异均不显著。其原因可能是大部分幼儿教师无论其教龄长短、身处哪种性质的幼儿园，都较为关爱照顾幼儿，少以消极、冷漠的态度对待幼儿[24]，然而幼儿身心的健康发展、良好行为习惯的养成具有延迟性和内隐性，幼儿教师难以及时获得工作成就感。

(二)幼儿教师职业倦怠的类型

聚类分析发现，可以将幼儿教师的职业倦怠分为倦怠型、低成就感型、适应型三种，分别占 22.17％，37.17％和 40.66％。倦怠型的幼儿教师对工作毫无热情，无心工作，对待幼儿消极冷漠，这种状态既不利于幼儿的健康成长，也不利于幼儿教师的身心健康。这需要引起园长和相关部门的重视，进而及时采取疏导措施，缓解幼儿教师的工作疲劳感，激发其工作热情，降低其职业倦怠水平。低成就感型的幼儿教师对待工作较为热情，对幼儿关心爱护，但难以从中感受到工作的价值，工作满足感和成就感低。[25]对于低成就感型的幼儿教师，可以通过组织多种培训和评优活动，提高他们对幼儿身心发展规律和幼儿教育的重要性和特殊性的认识，提升其工作成就感，同时也要预防他们向倦怠型转变。适应型的幼儿教师在三个消极维度上的得分均较低，具体表现为工作积极热情，对幼儿关心爱护，并能从繁忙的保教工作中获得成就感。对于这种类型的幼儿教师，要给予一定的物质和精神支持，保护他们的工作热情和积极性，尊重他们对工作的付出，并积极创造机会和途径促进他们的专业成长。

(三)教师教学效能感在幼儿园组织气氛与幼儿教师职业倦怠间的中介作用

尽管大量研究表明，教师教学效能感与幼儿园组织气氛和教师职业倦怠密切相关，但很少有研究关注教师教学效能感在幼儿园组织气氛与教师职业倦怠之间的作用机制。本研究验证了幼儿园组织气氛对教师职业倦怠具有预测作用，组织气氛(园长行为)可以负向预测教师职业倦怠，这与已有研究一致。[26]其原因可能是，若教师处于良好的幼儿园组织气氛中，园长工作安排得当，为教师专业能力的发展提供帮助和支持，同时给予教师一定程度的信任和自由，任其按照自己的想法和方式布置教室环境、设计课程、进行班级管理，这种高帮助支持、低监督限制的组织氛围，可以有效激发教师的工作热情，提高其工作成就感，降低其职业倦怠水平。[27]本研究同时发现，幼儿园组织气氛(教师行为)既可以负向预测教师职业倦怠，也可以通过教师教学效能感影响教师的职业倦怠，即教师教学效能感在幼儿园组织气氛(教师行为)与教师职业倦怠间起部分中介作用。若教师处于积极和谐的组织气氛中，同事们爱岗敬业，同事之间团结协作，这种氛围会带动教师的工作热情，激发其工作积极性；良好的幼儿园组织气氛（教师行为）也能促进教师之间共同学习与反思，促进幼儿教师教学效能感的提升，进而提高其工作成就感，降低职业倦怠水平。

本研究发现，幼儿园组织气氛中的园长行为和教师行为对教师职业倦怠的影响路径不同。幼儿园组织气氛中的园长行为直接影响教师职业倦怠，但不能通过教师教学效能感影响职业倦怠；而幼儿园组织气氛中的教师行为既可以直接影响教师的职业倦怠，也可以通过教师教学效能感影响职业倦怠。两者出现差异的原因可能如下。首先，教师常常将教学的成功归因于自己的能力和努力，园长对教师的支持、监督和限制行为较难改变教师的归因方式和对自己能否成功完成教学任务、实现教学目标的主观判断，进而不能通过影响教师教学效能感来影响职业倦怠。[28]其次，教师教学效能感受幼儿园人际关系的影响[29]，与幼儿园组织气氛中的园长行为相比，教师之间的互动是直接影响幼儿园人际关系的重要变量，因此，幼儿园组织气氛中的教师行为能够通过教师教学效能感影响其职业倦怠。

（四）建议

1. 园长应创设良好的组织气氛，降低教师的职业倦怠

幼儿园园长的管理职责之一就是创设良好的园所氛围，激发教师的工作热情，使教师有条不紊地完成保教任务，促进幼儿身心发展。本研究证实，幼儿园组织气氛显著负向预测教师的职业倦怠。这提示我们，在园所管理中，园长应营造自由宽松、充满人文关怀的园所氛围，支持教师的专业发展，倡导教师间建立信任友好的人际关系，以降低教师的职业倦怠水平。

2. 创设多种学习机会，提升幼儿教师的专业能力和教学效能感

本研究发现，幼儿教师的教学效能感可以显著预测其职业倦怠，并在幼儿园组织气氛（教师行为）和职业倦怠之间起部分中介作用。提升幼儿教师的专业能力，有助于提升其教学效能感。因此，园长及教育管理部门应创设多种学习机会，如通过培训、进修、观摩、研讨等多种方式，促进教师保教能力和教学效能感的提升。在学习内容上，可以适当增加关于幼儿心理、教师教育心理等的知识，让他们在工作中学会调节自身的不良情绪，正确面对压力，化解矛盾，从而克服职业倦怠。

3. 鼓励教师参与园所管理，实施相关奖励制度，提升其工作成就感

本研究发现，低成就感型的幼儿教师占 37.17％。提升幼儿教师工作成就感对提高幼儿园保教质量有重要价值。幼儿园民主、开放的管理氛围能激发教师的工作热情和积极性，提高教师对园所管理的参与度，利于教师工作成就感的提升。[30]园长可以通过多种渠道（如成立教师代表大会等）鼓励教师积极参与园所的管理，为园所发展献计献策，通过实施适合幼儿园教育特点的评价和奖励制度，提升幼儿教师的成就感，降低其职业倦怠水平。

[参考文献]

[1] Kalliath，T. J.，O'Driscoll，M. P.，Gillespie，D. F.，et al. A test of the Maslach Burnout Inventory in three samples of healthcare professionals[J]. Work & Stress，2000(1)：35-50.

[2] Hakanen，J. J.，Schaufeli，W. B.，Ahola，K. The Job Demands-Resources model：a three-year cross-lagged study of burnout，depression，commitment，and work engagement[J]. Work & Stress，2008(3)：224-241.

[3] Lavian，R. H. The impact of organizational climate on burnout among homeroom teachers and special education teachers (full classes/individual pupils) in mainstream schools[J]. Teachers and Teaching，2012(2)：233-247.

[4] Pietarinen，J.，Pyhältö，K.，Soini，T.，et al. Reducing teacher burnout：a socio-contextual approach[J]. Teaching and Teacher Education，2013(35)：62-72.

[5] 田宝，李灵. 学校组织气氛对教师工作倦怠的影响[J]. 心理科学，2006(1)：189-193.

[6] Skaalvik，E. M.，Skaalvik，S. Dimensions of teacher self-efficacy and relations with strain factors，perceived collective teacher efficacy，and teacher burnout[J]. Journal of Educational Psychology，2007(3)：611-625.

[7] Aloe，A. M.，Amo，L. C.，Shanahan，M. E. Classroom management self-efficacy and burnout：a multivariate meta-analysis[J]. Educational Psychology Review，2014(1)：101-126.

[8] 刘晓明. 职业压力、教学效能感与中小学教师职业倦怠的关系[J]. 心理发展与教育，2004(2)：56-61.

[9] 吴琼琼，郑信军. 中小学教师职业倦怠影响因素的元分析[J]. 心理研究，2012(3)：85-89，96.

[10] 刘玉贤，张莉莉. 幼儿园女教师工作家庭冲突、社会支持、自我效能感与职业倦怠的关系[J]. 教育导刊(下半月)，2013(9)：61-65.

[11] Meristo, M., Eisenschmidt, E. Novice teachers' perceptions of school climate and self-efficacy[J]. International Journal of Educational Research, 2014(67): 1-10.

[12] Aldridge, J. M., Fraser, B. J. Teachers' views of their school climate and its relationship with teacher self-efficacy and job satisfaction[J]. Learning Environments Research, 2016(2): 291-307.

[13][30] 司海燕. 中学组织气氛、教师教学效能感与工作投入的关系研究[D]. 石家庄: 河北师范大学, 2009.

[14] 李晓巍, 王萍萍, 魏晓宇. 幼儿园组织气氛的测量及与教师教学效能感的关系[J]. 教师教育研究, 2017(4): 60-66, 83.

[15] Lim, S., Eo, S. The mediating roles of collective teacher efficacy in the relations of teachers' perceptions of school organizational climate to their burnout[J]. Teaching and Teacher Education, 2014(44): 138-147.

[16] Malinen, O. P., Savolainen, H. The effect of perceived school climate and teacher efficacy in behavior management on job satisfaction and burnout: a longitudinal study[J]. Teaching and Teacher Education, 2016(60): 144-152.

[17] 李超平, 时勘. 分配公平与程序公平对工作倦怠的影响[J]. 心理学报, 2003(5): 677-684.

[18] Hoy, W. K., Clover, S. I. R. Elementary school climate: a revision of the OCDQ [J]. Educational Administration Quarterly, 1986(1): 93-110.

[19] Gibson, S., Dembo, M. H. Teacher efficacy: a construct validation[J]. Journal of Educational Psychology, 1984(4): 569-582.

[20] 姚计海, 管海娟. 中小学教师情绪智力与职业倦怠的关系研究[J]. 教育学报, 2013 (3): 100-110.

[21] 郑蓉. 幼儿园教师入职三年内的关键事件的研究[D]. 南京: 南京师范大学, 2006.

[22] 李悠. 农村幼儿教师职业倦怠的特点及其与主观幸福感的关系[D]. 济南: 山东师范大学, 2012.

[23] 林媛媛, 孟迎芳, 林谷洋. 幼儿园教师一日工作情感体验分析——基于日重现法的研究[J]. 学前教育研究, 2017(8): 3-14.

[24] 杨莉君, 王彦峰. 中西方师幼观的比较: 差异与启示[J]. 教师教育研究, 2016(2): 123-128.

[25] 谢蓉, 曾向阳. 幼儿教师职业倦怠的缓解与职业幸福感的提升[J]. 学前教育研究, 2011(6): 67-69.

[26] 冀东莹. 幼儿园组织氛围与教师职业倦怠的关系研究——工作家庭冲突的中介作用 [D]. 开封: 河南大学, 2017.

[27] 钱琴珍, 姜勇, 阮婷. 幼儿园组织氛围与教师专业发展结构模型研究[J]. 心理科学,

2007(3)：723-726.

[28] 孙卫．学校环境、教学归因对小学教师教学效能感影响的研究[D]．济南：山东师范大学，2003.

[29] 汪旭晖．高校教师教学效能感的作用效果及影响因素：理论解析与应用[J]．辽宁教育研究，2008(11)：74-76.

（本文责任编辑：江东、李珊）

（原载《教师教育研究》，2019 年第 1 期）

四

学科课程教学研究

我国现代教学论发展中的
若干认识论问题①

裴娣娜

（北京师范大学，北京 100875）

随着学校教学改革的深入，许多新的、涉及教学领域的基础理论问题被提出，表明教学理论研究的重心转移以及教学实践发生了深刻变革。如何在现代社会实践和科学认识的水平上正确地分析、评价和把握这些问题，重新调整研究思路，开拓新的研究视野，在较高的抽象层次上探讨教学认识论及方法论问题，是当前我国教学论研究面临的重要课题。本文仅就当前在教学论发展中提出的与哲学认识论有关的若干问题进行探讨。

一、关于教学认识的特殊性

教学，本质上是一种认识，但它是一种特殊的认识。它涉及如何把握学生认识的特点。将学生的认识与科学家、工人、农民的认识相比较，分析它们在认识目的、内容、手段方法等方面的异同，我们看到了教学认识呈现出的"间接的认识"、"有领导的认识"以及"教学的教育性"等基本特点。这是在前一段研究中取得的一个重要进展。要想真正揭示教学认识的特殊性，还必须进一步分析教学认识自身的规律，其独特的动力、条件、认识主体、认识客体、认识领导、认识方式以及认识的检验标准和方法。

首先，教学认识是一个独特的"三体结构"，而不是一般的由主体与客体构成的二体结构。认识主体（学生）与认识客体（课程和教材）中"嵌入"了一个起主导作用的中介因素——教师，教师是教学认识的领导，教学认识是教师教学生认识的认识。

作为教学认识的两极——认识的主体与客体，与一般认识的主体与客体

［作者简介］裴娣娜，北京师范大学教育系。

①该文系"哲学与当代教育的发展"讨论会论文。

也有所不同。从认识论角度分析，认识客体确定地指那些对主体的对象性活动具有现实意义，被纳入主体对象性活动的结构，而且同主体发生相互作用的功能关系的客观事物。教学认识的客体同样不是处在"自在状态"下的客观事物。不同之处在于，从表现形式上看，它以课程教材为其基本形态，学生以教材或精神客体为中介认识世界；从内容上看，不仅包括自然科学、社会科学知识，而且包括科学认识方法和道德、审美、价值经验。因此，它具有间接性、抽象性、系统性、全面性、基础性、活动性等特点。教学认识的主体，即有目的的认识活动的承担者(不是本体论意义上的主体)，是具有发展性和可塑性的青少年儿童，是处在社会化过程中的个体。其认识不仅受到主体原有知识经验、能力水平及个性品质的制约，也受到教师教授水平及教材质量的制约。

正是由于教学认识表现出特殊的三体结构，教学认识的动力也就不是直接来源于社会实践中主客体相互作用的各种矛盾，而主要在于教和学之间的矛盾及其转化。[1]

二、关于教学过程的社会性与个性的关系

这个问题实质上是所谓教学的外在价值(社会指向价值观)与内在价值(个体发展价值观)的关系，以及学生发展的社会化与个性化的关系问题。

对教学的价值功能，人们的认识大致经历了这样一个阶段：从论述教学的认识功能到强调教学的社会性功能，后来关注的是它在个性发展中的作用，当今人们探讨的是教学的全面发展性。我们必须防止两种片面性。一种是只强调教学的社会性而忽视个性发展，实行整齐划一，生产"标准件"的教学体制，这会阻碍学生独立性、创造性的发展。另一种是只强调个性发展而忽视教学的社会性，看不到教学作为一种复杂的社会现象，必须符合一定社会发展的要求并为一定社会的发展服务。关于教学的社会化与个性化的关系，这是目前世界范围内仍在探讨的问题，它作为教学的指导思想对教学领域的各个方面，从教材到教法，产生着深刻的影响，如美国在数学教材编写中产生了是传授实用的大众化数学知识还是构建精深的纯数学体系的争论。

在我们看来，外在价值和内在价值、社会化与个性化之间应该是相互协调统一的。教学正是通过培养一定社会需要的具有一定个性的人来体现教学的价值和功能的，应该按照社会发展进程和青少年身心发展要求，不断调整

教学目标、内容和方法。

三、关于教学认识方式

所谓教学认识方式，是指教学过程中学生认识活动的形式、结构及发展阶段。对此问题的研究涉及以下两个问题。

一是对教学过程中学生认识活动形式的分析。教学认识的基本方式或模式是掌握，从而与科学家认识的基本方式是发现、探索和创新区别开来。现代教学的发展使教学认识的发展呈现出极为复杂的情况。具体分析学生的学习进程，就会清楚地看到，学生的学习不仅有接受学习，而且有发现学习。以接受学习为主，两种方式交叉重叠、交替结合形成了学生认识活动的独特方式，现代心理学理论为我们研究这一问题提供了依据。

接受学习与发现学习是两种不同的学习方式，在性质、过程以及促进学生智力发展的主要作用上均有区别。[2]现代教学论强调，发现学习是让学生像科学家那样经历一个提出问题—树立假说—收集整理资料—推出结论—检验修正的过程，掌握一种亲自获得某些知识的方法，但不要求学生像科学家一样去寻求人类尚未知觉的事物。正是由于把"发现"概念引入教学，我们深化了对教学认识方式的认识。发现学习不仅成为一种教与学的方法，而且成为一种有效的教学模式，越来越受到人们的关注。与此相应，对创造性思维能力的研究也成为热门话题。

二是关于认识发展阶段的问题。近年来哲学界对认识发展阶段问题的讨论十分活跃，并对教学论的研究产生了一定影响。其中包括划分认识发展阶段的标准或依据问题以及如何科学划分认识发展阶段；感性认识与理性认识的区别和联系，特别是感性认识中的理性因素问题，涉及对教学直观性的理解和把握；还有对认识发展过程中"从抽象上升到具体"的理解。

在教学认识中，学生的认识同样经历了这样一个过程：通过观察、感知，获得各种来自客体的信息，形成感性认识；通过思维的分析活动，对感性具体进行分解，形成对事物的各个属性、各个方面特点的认识；通过思维的综合活动，通过以语言、符号为手段的思维操作，对抽象的规定加以建构，在思维中形成具体的整体（思维具体）。认识开始于客观现实的直观即感性的具体，通过抽象，最后再达到思维的具体，这正是教学认识的实际操作过程，即概念、原理的形成过程。只有通过这种由具体到抽象再到具体的上升过程，才能真正把握事物整体的本质及其发展规律，这也正是学生理论化地掌握客体的方式。当然，这里还有一个如何把握抽象的度的问题，即到什么程度才可以基本结束从具体到抽象转向从抽象到具体的过程。超前，会造成学生思维的不合理跳跃；滞后，只会延缓学生思维的发展。

四、关于教学认识中教与学的关系

第一种观点，也是当前我国教育界所持的基本看法，即"教为主导，学为主体"。第二种观点是"双主体"论。有的人认为，教学过程是教师在教学活动中塑造和建构学习主体的实践过程，教学活动实际上是交织在一起的两个不同的认识和实践过程，教师和学生分别是教授过程和学习过程的主体。[3] 持这种观点的人认为，第一种观点没有真正揭示二者的关系。

尽管有以上争论，但以下几点看法是基本一致的。①都承认教学过程中存在交织在一起的两个不同的认识和实践过程：一是教师以学生为对象的教授过程，二是学生在教师指导下的学习过程。教与学是一种双向活动，教是手段，学是目的，教为了学而存在。②都承认教师在教学中的主导作用。学生认识的方向、认识的客体、认识的途径、认识的结果和质量等都主要取决于教师并由教师负责。③都承认教材对教师、学生具有的不同意义。④都承认学生作为认识主体具有极大的主观能动性，而学生的主体地位是在教师的指导下逐渐确定的。我们认为，应从教学认识的实际出发来分析教与学的关系。的确，教师与学生分别是教与学的主体，但是更应该看到两个主体在知识、能力水平、行为目标、行为方式上的重要差异，以及在教学认识中的地位、作用、特性、职能等的不同。确切地说，师生间是培养或实践的关系，学生对教材的关系是认识关系，两种不同关系在认识论基础上得到统一。[4] 应该看到，对教与学关系问题的研究，目前仍缺乏理论研究的深度，诸如教与学的关系如何被教学过程本质及基本矛盾所决定，教与学统一的基础、中介和条件是什么，等等。

五、关于教学认识的主体性

所谓主体性，指的是认识主体在处理外部世界关系时的功能表现，是主体在同客体活动中表现出的能动性。教学认识的主体性，一方面表现在对外部信息的能动的选择上，同一个班的不同学生对教学信息的选择是不同的，很大程度上受本人兴趣、需要以及所接受的外部要求与目的的推动和支配，表现出自觉性、选择性；另一方面也表现在对外部信息的内部加工上，受学生原有认知结构、知识经验、思维方法、情感、意志性格等的制约，表现出独立性、创造性。而主体的实践活动则决定着认识的起点、范围和程度水平。这一切使教学认识的主体性呈现出自己的基本特征，有的人认为，这些基本特征主要是整体性、自主性、能动性、创造性、独特性和发展性等。[5]

主体性是与主体的结构、构成要素密切相关的。教学认识的主体结构主要由四个方面组成：智力因素（作为主体的操作系统，主要担负对客体进行加工的任务），非智力因素（作为主体的动力系统，主要任务是激发和维持主体认识活动的积极性以及对信息的能动选择），思想品德因素（通过对客体的价值判断以及借助集团因素，对上述两个系统起强化作用）和身体因素（主体发展的物质载体）。正是由于各自的构成、特点、功能的不同，诸要素各有自己发展的轨迹，且处于不平衡状态，从而导致认识主体具有年龄特征和个性差异。[6]

要发展学生认识能力，提高教学效率，关键在于改善主体结构，提高和强化主体性，这就必须改革以"教"为中心的教学体系，按以"学"为主原则来安排组织教学进程。在教学目标上，不仅要考虑教的目标任务，而且要考虑学生的学习水平及学习结果，以确立尽可能具体、明确的整体发展教学目标。在教学内容上，既关注教材的逻辑结构，也关注知识的发展功能以及课程教材结构的多样化。在教学方法上，改革那种忽视概念的形成过程、忽视理论的推导论证过程、忽视方法的思考过程的注入式方法，实行启发式方法。做到揭示知识的发生发展过程及思维过程，培养学生独立获取知识的能力；强调学生的参与和活动，培养学生的创造性；重视非理性因素，激发学习积极性，以及揭示学习规律，指导学习方法等。而这一切又立足于让学生真正成为认识主体，并且由学生自己来争取并实现主体能力的发展这一根本观念的转变。因此，在学生主体由依赖性向独立性发展的过程中，教师要努力增强学生的自我意识，培养学生自我认识、自我控制、自我调节的能力，从而达到"教是为了不教"的理想目标。

六、关于教学认识中的操作与活动

活动是人对周围世界的能动关系所特有的形式，包括游戏、学习、劳动、社会交往等。人通过活动反映客观世界，又通过活动反作用于客观世界，使活动受到进一步检验和发展，因此，活动构成了个体认识发生发展的基础。关于活动对认识发生发展的意义，不同哲学及心理学流派有不同的理解。无论是唯理论及内省心理学，还是经验论及行为主义心理学，它们都割裂了实践活动和认识的关系。马克思在认识论上强调活动（主要是实践活动）在认识过程中的作用，把活动看成是主客体关系的中介环节。马克思主义认识论认为，实践活动既是主体实际地把握客体的直接现实形式，又是主体观念性地把握客体的基础。正是通过实践活动，人在物质地把握客体的过程中和基础上不断产生和发展着自己的认识。因此，"生活、实践的观点，应该是认识论的首要的和基本的观点"，科学地回答了认识发展的根源及知识的客观性问题。

在教学认识中，操作与活动同样是主客体关系的中介环节。教学中，要把抽象的、观念上的东西转化为实在的东西并为学生所掌握，需要有一个主体通过实践活动作为中介进行转化的过程。主体必须在对客体的作用中才能认识客体，客体也只有通过主体的活动才能被认识，而整个认识的机制在于活动在自我调节意义上的协调和内化。因此，教学认识的起点仍然是活动。我国的教师从教学实践中看到了操作活动在形成初始概念、解决易混易错问题、培养动手能力及创造性等方面的重要作用，并进行了初步的总结和新的探索。心理学及现代脑科学的研究成果也为我们提供了依据，马克思主义关于实践活动在认识中作用的论述，在现代教学论中得到了具体的体现。

将活动概念引入教学认识论，一方面引起了教学阶段理论的改造，另一方面提供了一个教学实现发展的新途径。它成为我国一些先进实验的重要依据之一，如赵宋光进行的综合构建教育体系实验、浙江省教育科学研究所和杭州市胜利小学联合进行的培养小学生良好个性品质的实验等。活动概念的引入也促进了教学改革实践，不仅体现在课程教材体系中增加了实践课程及实际操作活动内容，而且体现在对广泛开展的课外活动的意义、作用、形式方法的再认识上。课外活动早已不是原来意义上的课堂教学的延长和补充。在课外活动中，由于坚持了自主性、实践性，学生中蕴藏的极大潜力和聪明才智被激发出来，不仅培养了集体主义精神，磨炼了意志，而且提高了动手能力，强化了创造性意识。有的人把儿童活动放在更深的层次上思考，提出了"儿童文化"的概念来描述儿童的社会活动，认为儿童文化是一种具有群体性、需求性、发展性的群体文化，主要目的是满足儿童求知、求乐、求美、求发展的需要，是儿童社会化的基础、动力和社会化过程的杠杆。而儿童的群体性则具有模拟性、学习性、漫画性和折射性的特点。[7]这些很有见地的分析为我们开拓了新的思路。

七、关于教学认识中的非理性因素

教学认识作为人的理性活动，不可能与非理性活动割裂开来，因此，必须充分估计兴趣、情感、意志、性格、潜意识、灵感等非理性因素对认识的影响。马克思、列宁早就强调过，没有意志情感，就不会有真正的认识。我国古代教育家提出的乐学思想、保加利亚教育家洛扎诺夫的"暗示教学法"以及苏联的"合作教育"实验，关注的正是非理性因素的作用问题。长期以来，在我国教学理论和实践中，这一直是被忽视的范畴并由此产生了不少问题。教学认识中，非理性因素主要包含哪些内容？教学中理性与非理性、认知与非认知、意识与潜意识之间是什么关系？主体的非理性因素是如何发展并起作用的？……对这些问题的研究将同样具有重要的认识论意义。

非理性因素在教学认识中起着重要的作用，它构成了教学认识的动力系统，对由感知觉、记忆、思维等组成的操作系统的活动过程起着定向、始动、鉴别、筛选、调节、维持的功能。正是两个系统的相互联系、相互作用，才保证了教学认识的顺利进行，其中任何一个因素遇到障碍，都会影响教学认识的实现。

教学中理性与非理性的关系涉及当前教学过程呈现出的两种基本模式及其反映出的两种教育思潮。一种思潮表现为，以社会发展为着眼点，强调科学、数学、外语及学术课程，主张教学要重视概念掌握、问题解决以及基本技能训练，强调的是知识的、认知的、分析的、逻辑的、思辨性的理性方面，有人称之为科学主义思潮。另一种思潮表现为，以人的个性发展为出发点，强调对人的信任、尊重，强调个人的兴趣、情感、自信心、自制力及参与意识，强调的是综合的、整体的、直观形象的、人格发展的非理性方面，有人称它为人文主义思潮。教学实践中往往存在两种偏颇：一种强调基础知识、基本训练，往往会加重学生的课业负担；而另一种过分强调兴趣、个性自由发展，往往忽视和削弱对基础理论的学习。这是目前世界范围内学者们正在探讨的问题，即承认二者应是互补关系，并努力寻求科学发展与人性发展的和谐统一的有效途径。我们应通过对非理性因素的研究，在教学中处理好理性与非理性的关系，使学生得到生动、活泼、主动的发展。

这里应该指出的是，对非理性因素的研究将为教学认识论开拓很多新的研究领域。比如，教学美学研究教学活动的审美价值，教学的造型艺术的特征和规律，教学活动的美感陶冶，教学内容中蕴含的求真、求善、求美的审美标准、审美理想以及教学中人际关系的美育功能等。又如，教学创造学涉及非理性探索、创造意识在个体及群体创造过程、思维过程中的重要作用。[8]特别是近年来关于潜在课程(隐性课程)、情景教学模式以及校园文化的研究，通过设置相应的情景，进行交际性练习，用情感调节理智，用无意识调节有意识，不仅激发了学生的心理潜能，提高了学习效率，而且通过这种间接的、内隐的、潜移默化的影响，使学生"悟"得了道理，受到了社会文化、伦理道德的陶冶。正是对非理性因素的研究，进一步推动了教学内容、教学模式及教法的改革。

八、现代化教学工具、手段的发展对教学认识论和方法论研究的重大影响

现代科学技术的发展及现代化教学手段的应用，正在引起教学认识方式的改变以及教学论研究方式的变革。

一是思维方式的变革。现代科学技术的发展突出了思维方式问题的重要性。现代科技发展不仅改变着思维方式的要素，而且使现代思维方式具有了新的特点。如果说，和古代萌芽状态的自然科学和技术水平相适应的是直观猜测的思维方式(对事物的整体观察、描述及经验性总结)，与近代机器生产相适应的是分析的、机械的、形而上学的思维方式，那么与现代相适应的则是整体的、动态的、多维的、综合的思维方式。原因在于，以电子技术、原子能技术、遗传工程和空间技术的发展为标志而形成的当代新的科学技术革命，要求揭示事物的层次和结构、事物间的联系和发展。科学研究的对象也由单一客体变为系统的客体，在回答"人类的知识是怎样发展的"这一问题时，进行的是系统思考、结构思考以及形式化思考，从而更完整、深刻地认识事物。要进行教学改革，首先必须变革思维方式。因为教学改革是具有社会规模的改革创新活动，陈旧落后的思维方式只会自觉或不自觉地起到阻滞改革进行的消极作用。

二是现代系统论、控制论、信息论为我们提供了科学的认识方法。系统

论强调整体性、综合性，把教学作为一个整体系统，研究它的结构、层次、过程、关系和信息反馈，研究构成教学认识活动诸要素的结构系统，对认识活动做综合统一的研究。以信息论方法研究教学认识系统的性能及运动规律，学生的认识实际上是一个信息变换的过程，是在教学活动的基础上，选择、接受并加工处理关于客体信息的过程，并通过信息反馈作用，使教学系统按预定的目标实现控制，从而向我们揭示了外界事物是怎样反映到主体以形成认识的过程。系统科学对系统结构与功能关系的分析，不仅深化了对主体认识结构的研究，而且有助于科学描述教学认识过程发展的内部机制和规律，为建立多样综合的教学模式提供了方法论依据。值得我们注意的是，系统科学方法论的引进，促进了原有教学论理论体系的变革，并为现代教学理论和实践的研究开辟了一条新路。这就是，把教学过程作为一个有结构的、动态的发展过程。第一步是关于教学目标的确定。第二步是根据一定的教学目标，研究教材的知识结构和学生的认知结构。第三步，在对知识结构、认知结构深入研究的基础上，考虑选择合适的教学结构。第四步是通过教学评估检验达成目标。近几年，围绕这一主线，关于教学目标分类的问题、关于知识结构的问题、关于学生认知结构的问题、关于教学模式以及教学评估的问题，均成为教学领域研究的重要课题，并取得了一定进展。遗憾的是，目前我们对这一正在发生的深刻变革还缺乏足够的认识。分别对各个因素进行研究是必要的，但却是远远不够的。这条主线交织着教师、学生、教材这三个教学认识的主要因素的相互关系，主要关系的协调正是一个系统产生能动效应的关键。因此，研究教学过程的优化，必须研究教学过程主要因素的内在联系以及协调的条件，这将是我们今后研究的重点。

三是电子计算机的使用及智能模拟为我们提供了新的认识手段和工具。电子计算机作为信息加工的强有力工具，在数值计算、情报检索、文字翻译、图像识别、实验模拟以及教学管理等方面发挥着越来越大的作用。正是电子计算机及现代教学技术的应用，导致教学手段发生质变——信息化，使教学信息以最有利于学生接受的形式呈现，扩展了教学活动的时空范围，为建立学生认识的实践基础提供了有利条件。

计算机的发展使人类直接研究人的复杂的思维活动成为可能，这就是在20世纪70年代后开始的对人工智能（也称智能模拟）的研究。把人脑作为一个物理模型，以输入—输出、条件—结果为模式研究人脑是如何对信息进行表征加工的，即如何处理控制和重建符号信息，如何按照程序物化的人类智能来进行推理和判断。美国赛蒙教授提出了关于智能系统是一个物理符号系统的假设，通过长期实验研究，探索建造专家系统，运用"启发式搜索策略"，把人的思维条理化、形式化和符号化。计算机的智能工作目前已广泛涉及各个方面，如计算机模拟与实验研究结合，以研究解决启发式策略的性质与结构问题。对计算机辅助教学的研究，还有对计算机语言作为"第三文化"在教学内容、方法改革方面的作用以及对智能数学系统的设计等的研究，说明计算机技术有着广泛应用的可能性。随之而来的，关于人工智能的认识论问题，智能模拟的可能性与局限性问题，自然语言的理解问题，计算机科学中的动机、意志问题以及创造性思维问题等，有待我们进一步研究。

［参考文献］

［1］［4］［6］北京师范大学教育系《教学认识论》编写组. 教学认识论［M］. 北京：北京燕山出版社，1988.

［2］瞿葆奎. 教育学文集：第 10 卷教学（上册）［M］. 北京：人民教育出版社，1988.

［3］桑新民. 当代教育哲学［M］. 昆明：云南人民出版社，1988.

［5］田慧生. 论学生主体地位的确立与教学实践重心的转移［J］. 教育研究，1989（8）：40-44.

［7］章志伟. 儿童文化与儿童组织［J］. 教育研究，1989(11)：47-51.

［8］中国社会科学院哲学研究所. 中国哲学年鉴　1989［M］. 上海：中国大百科全书出版社，1989.

（原载《高等师范教育研究》，1990 年第 4 期）

对教师校本培训的反思

代蕊华

（教育部中学校长培训中心，上海 200062）

[摘要]教师的校本培训作为促进教师专业发展的一项重要措施，受到日益广泛的重视，研究者在理论与实践上对其进行了大量的探讨。而校本培训涉及的一些诸如校本培训应坚持知识导向还是能力导向、应注重补偿性还是发展性、应强调外部控制还是自我控制、应坚持以校为本还是以师为本、应崇尚简单运用还是追求创新等根本性问题却值得深入地研究、认真地思考。

[关键词] 教师；校本培训；专业发展

[中图分类号]G650　[文献标识码]A　[文章编号]1002-5111(2003)-02-0055-04

Reflections on School-based Training for Teachers

Dai Ruihua

（National Training center for Secondary School Principals，Ministry of Education，

Shanghai，200062，China）

Abstract：As an important measure of teachers' professional development, school-based training for teachers has aroused extensive attention and discussion in theory and practice. However，some fundamental issue involved in school-based training，such as whether school-based training should adhere to knowledge orientation or ability orientation，whether it should focus on compensation or development，whether it should emphasize external control or self-control，whether it should adhere to school-based or teacher-based，whether it should simply focus on utilization or innovation，are worthy of in-depth study and thorough consideration.

[收稿日期] 2003-01-20

[作者简介]代蕊华，华东师范大学副教授。

Keywords：teachers，school-based training，professional development

校本培训作为一种经济、有效的培训模式，正在成为中小学教师在职培训的发展方向。不少理论工作者和实践工作者在借鉴西方国家的有益做法的基础上，开展了关于校本培训的研究与试验，且取得了可喜的成绩。但不可否认，探索校本培训的过程中还存在一定的问题需要我们深入思考。

一、校本培训应坚持知识导向还是能力导向？

在教师的在职培训中，完善知识结构、提高专业能力是培训的基本目标，而注重知识或注重能力之间，往往存在着两种不同的导向。一是知识导向型培训模式，它以知识的传授为基础，或强调学科知识，或强调教育专业知识；二是能力导向型培训模式，它注重对教师基本教学技能的培训，强调培训要提高教师把知识表达出来、教会学生以及处理各种日常教育事务的能力。

这两种导向的培训有着不同的特点，适应于不同的情况。知识导向型培训确实能在短期内向教师传授大量而系统的知识，对于完善教师的知识结构、转变其教育观念能起到很好的作用。但按照知识体系或学科课程逻辑来组织培训的模式，往往注重学科知识的系统性与完整性，难以适应迅速变化着的教育改革的实践，而且对于参加培训的中小学教师来说，在较短的时间内掌握大量的新知识也很难取得应有的效果。教育改革的新形势迫切要求教师要有不断变化、不断创新的能力。《关于实施"中小学教师继续教育工程"的意见》中也明确指出教师继续教育"以提高中小学教师实施素质教育的能力和水平为重点，以提高整体素质为根本目的"。因此，作为新型的培训模式，校本培训不应再以传授知识为导向，以能力为导向的培训模式应成为中小学教师校本培训的主要模式。

实际上，校本培训起源于美国 20 世纪 60 年代倡导的"以能力为基础的师范教育"运动，其宗旨就是弥补大学或教师培训机构实施培训中难以收到应有实效的不足，强调到教学现场和教室中来，提高教师的教学能力与教学质量。

校本培训的开展要结合学校的具体情况，进行教师需求分析，以教师自身对能力发展的需求为基础，确定能力开发的项目与基本要求，再把这些项目内容组织化、系统化，形成结合具体实际的培训方案。当然，提倡能力导向型培训模式并不意味着排除知识导向型培训模式。知识是能力的基础，知识的传授有助于教师学科专业素质的提高，而学科专业素质的提高又会促进教师其他能力的提高。能力也是多方面的，不仅包括"三字一话"的技能，而且包括教育教学能力、师生沟通能力、参与社区生活的能力以及独立思考、自主发展的能力等。

二、校本培训应注重补偿性还是发展性？

对于校本培训的组织，其立足点存在着是补偿导向还是发展导向的问题，或者说存在着培训应注重补偿性还是注重发展性的问题。补偿导向的校本培训就是"缺什么、补什么"，它是基于教师的知识或能力的不足，通过培训以达到现在的规定与要求的培训方式。在培训中，补偿导向的培训更强调对现代教育需要的具体的新知识、新方法和新技能的培训与学习。

发展导向的校本培训则追求教师个体的发展，充分考虑教师的差异性，根据教师的不同特点、需要和教师的能力水平选择培训的内容与方法，从而促进教师的专业发展。发展导向的样本培训把培训看成促进教师专业发展的一种重要途径，而不是使教师达到某种要求的工具。在培训中，发展导向的校本培训更注重教育思想和观念的更新，强调对理论和思想观念的学习与反思，而不过分强调非常具体的知识、技能及一些技术性的要求。

当前，在终身教育成为时代的要求、学习化社会成为时代特征的背景下，不断学习与提高不仅是社会对教师的要求，也是教师自身发展的内在需求和不容忽视的重要权利。参与校本培训应成为教师终身学习体系中的重要组成部分，成为每个教师为得到全面发展和实现不断成长而做出的重要选择。因此，校本培训应该立足于发展，而不是为了弥补缺陷，应从促进教师专业发展的角度，把握教师发展的"最近发展区"，不断提高教师培训的质量和效益，引导和促进教师不断发展，使学校真正成为学生成长的地方和教师发展的地方。当然，由于社会对教师要求的共同性和教师发展水平的差异性，在强调发展导向的校本培训的同时，也不应否定补偿导向的培训在现实中具有的地位与作用。

三、校本培训应强调外部控制还是自我控制？

教师校本培训的展开，在管理的理念上存在着是以外部控制为主还是以自我控制为主的问题。以外部控制为主的校本培训强调教师的学习、业务进修等培训活动依赖于"外力"的推动，注重外部规章制度的约束和对诸如分数、证书和职称等各种外部诱因的利用，更多的是把培训看成学校的一项工作任务来开展。而以自我控制为主的校本培训强调教师培训是以教师在行动中的反省、探究为媒介的自我发展过程，注重满足教师内部发展的需要和激发教师的内在动力，更多的是把培训看成教师展示个性、完善自我的过程。

由于教师的校本培训主要是结合教师所在学校具体的教育教学实践而展开的，培训密切联系着教师的工作实际，强调培训者与被培训教师的互动和共同参与，因此，自我控制的管理方式更能调动教师参与校本培训的积极性。校本培训的培训者主要来自学校内部，同时，参加培训的教师自身也是重要的培训动力来源和培训力量。因此，每一位教师都能成为反思的实践者和积极的研究者，更能自觉地寻找学习的机会。

在校本培训中，在考虑制定有关校本培训的激励措施、加强校本培训工作管理的同时，更应充分尊重教师自身发展的心理需要，激发强烈的需求动机，使教师综合利用可以利用的资源，选择自己需要的、有兴趣的内容来提高自己的知识素养，进行深刻的经验反思和广泛的实践探究，完善自己的知识结构，更新教师的教育教学观念，提高教育教学的能力与水平，并以自身教育教学的持续改进为促进自身不断学习与提高的动力，从而进一步唤起、激活教师对人生境界更高层次的追求，在自主的实践活动中不断追求、不断进取、不断创新，从而促进自身的完善和自身价值的实现。

四、校本培训应坚持以校为本还是以师为本？

关于校本培训中"校本"的含义，比较一致的看法是有学者提出的"以学校为本""以学校为基础"，并认为它包含三方面的含义：一是为了学校，二是在学校中，三是基于学校。[1] 显而易见，校本培训是以学校为主要基地进行的，是主要在"本校"开展的，是以促进学校发展为主要目的的。但就校本培训而言，在为学校发展服务和为教师发展服务之间，是应该坚持以校为本还是以师为本则是又一个值得深入思考的问题。

以往的教师培训往往注重国家的需要，注重学校的需要，采用自上而下的方法，搞统一内容、统一要求和统一进度。学校办什么班，教师就参加什么班；学校安排什么课，教师就学什么课。这种方式往往不能充分满足教师的自身需求和发展需要，不能充分考虑教师已有的知识与经验，忽视了教师的个性发展与个体差异，使教师在培训中处于较为被动的地位。已有的经验表明，只有做到了以教师为本、以教师的需要为本，才能体现以人为本的现代精神，弘扬教师的主体意识和创造精神，这样的培训才有生命力与活力，也才能收到真正的实效。

因此，以师为本应该成为校本培训的出发点和归宿，教师教育过程中既要强调教师为社会发展和学校发展所应承担的义务，更应满足教师的自我发展的需要。持"只要学校规定了目标任务，并以强硬的考评手段督促教师身体力行就能取得良好的培训效果"的想法，必将难以收到理想的效果。当然，以校为本与以师为本从根本上看并不是矛盾的，两者都是为了学生的发展，为了整个教育方针与教育目标的实现。

五、校本培训应崇尚简单运用还是追求创新？

我们有着通过师范院校、教育学院、教师进修学校等专门培训机构培训教师的传统。在教育行政部门的统一指导下，各级各类院校在培训方面进行了大量的理论与实践方面的探索，在教师的职前培养与职后培训方面积累了相当丰富的经验，而对校本培训较为深入的探索是最近几年才开始的。对于校本培训的开展，是强调简单模仿院校培训中的经验，把院校培训中的一些理论与实践运用于校本培训之中，还是把校本培训作为一个新生事物，有创造性地研究其自身存在的特殊的规律，确实是一个需要思考的问题。

"面向二十一世纪中小学教师继续教育工程"明确提出，"建设以师范院校为主体，以教师任职学校为主阵地，综合大学、社会各界广泛参与的，运用远距离教育手段的立体网络"。这充分肯定了校本培训的"主阵地"地位。如果单纯应用院校培训的模式和方法开展校本培训，那么肯定达不到校本培训的目标。校本培训中涉及一些特殊的理论与实践问题。比如，校本培训的特殊性体现在哪里？校本培训与 20 世纪 80 年代末在美国兴建的融教师职前培养、在职进修和学校改革为一体的美国专业发展学校（Professional Development School，PDS)有哪些共同的特点？[2]如何构建专门而有效的校本培训模式、培训方法和管理办法？如何建立科学而合理的校本培训评估体系？如何实现校本培训中的教、学、研的一体化？如何将教师校本培训与教职工全员校本培训结合起来？如何从外部条件与政策上促进校本培训的开展？如何加强对校本培训的宏观调控？如何克服这一培训形式可能带来的拘泥于学校内部、忽视社会的要求和教育发展趋势等问题？为了解决这些问题，我们需要用创新的思想与观念，把校本培训作为教师继续教育的一种创新举措，不断研究新情况、新问题，不断构建完善的、富有中国特色的校本培训的新体系。

[参考文献]

[1] 郑金洲 . 走向"校本"[J]. 教育理论与实践，2000(6)：11-14.

[2] 赵慧 . 从专业发展学校看美国教师教育改革[J]. 全球教育展望，2001(7)：17-22.

（本文责任编辑：王俭）

（原载《高等师范教育研究》，2003 年第 2 期）

教师课程创生的缘起、涵义与价值

李小红

（北京师范大学科学教育研究中心，北京 100875）

[摘要]"教师的课程创生"源于但又超越"课程实施的创生"。它主张作为课程主体的教师应自觉地、主动地变革课程的各要素，以达到促进课程完善、教师成长和学生发展的目的；强调教师在整个课程运作过程中都应该充分发挥主体性和创造性；具有自觉性、批判性、全程性和持续性等特征。倡导和认可"教师的课程创生"这一命题，将使我们的课程观念由单一、封闭、静止走向多元、开放和动态建构，教师的课程角色由忠实执行者走向反思性建构者，课程运作的价值取向由追求技术理性走向追求实践理性和解放理性。

[关键词]教师；课程创生；课程实施的创生

[中图分类号]423.04　　[文献标识码]A　　[文章编号]1672-5905(2005)04-0024-05

Teacher's Curriculum Enactment：Origin，Connotation and Value

Li Xiaohong

(Center of Research on Science Education，Beijing Normal University，

Beijing，100875，China)

Abstract：Teacher's curriculum enactment(TCE) is derived from and beyond the enactment of curriculum implementation. It advocates that teachers，as the subject of curriculum，should consciously and proactively change the various elements of the curriculum to achieve the goal of promoting curriculum improvement，teacher growth，and student development；It emphasizes that teachers should fully exert their subjectivity and creativity throughout the en-

[收稿日期] 2005-04-25

[作者简介] 李小红，北京师范大学讲师，教育学博士，主要研究方向为教师发展、课程与教学理论、科学教育。

tire course operation process; It has characteristics such as self-awareness, criticality, wholeness, and continuity. Advocating and recognizing the proposition of "teacher's curriculum creation" will shift our curriculum concept from being single, closed, and static to being diverse, open, and dynamically constructed; The role of teachers in the curriculum will shift from being loyal executors to being reflective constructors; The value orientation of curriculum operation will shift from pursuing technological rationality to pursuing practical rationality and liberating rationality.

Keywords：teacher, curriculum enactment, the enactment of curriculum implementation

随着我国三级课程管理体制的提出和实施，尤其是新一轮基础教育课程改革的深入、持续推进，教师与课程的关系、教师的课程角色问题引起了学界的普遍关注，各种观点竞相提出。笔者对这一问题的认识和回答是：教师应在整个课程运作过程中进行课程创生。本文将对"教师的课程创生"这一命题进行专门阐释，并着重探讨如下三个问题：教师的课程创生是怎样被提出来的(即为什么提出教师的课程创生)？其内涵和外延是什么？其意义和价值何在？

一、教师的课程创生：源于"课程实施的创生"

"教师的课程创生"这一命题的提出，受启发于 20 世纪 70 年代以来西方学者对课程实施取向的研究。1977 年，富兰等人根据对课程改革实际情况的考察和对课程实施本质的思索，提出了课程实施的三种取向：得过且过取向、调适取向、忠实取向。[1]1992 年，辛德尔(Snyder)等人进一步将课程实施的取向归纳为：忠实取向、调适取向、创生取向。[2]由此，"创生"一词被首次使用。要阐释究竟什么是教师的课程创生，必先论说上述四种课程实施取向的基本主张及发展脉络。

(一)得过且过取向

这是一种最保守的课程实施取向，把课程实施视为一种讨价还价的过程。教师在课程实施过程中总想着对结果的评估，哪怕是在采取微小的步骤和做出丁点努力之前。他们总希望课程实施有可靠的保证，因此在采取行动时总是力求避开问题和矛盾，力求平稳和少犯"错误"。他们在思想上没有足够的进取心，基本上也不做任何探究，对课程计划的重要性和实现预期的课程目标持怀疑和悲观态度。他们的课程实施就是一种"应付"。

（二）忠实取向

忠实取向认为，课程实施过程是按照课程设计者建立起来的一套程序和方法将课程计划付诸实践，忠实地反映课程设计者的意图，进而达到预期课程目标的过程。衡量课程实施成功与否的基本标准是课程实施过程实现预定的课程计划的程度。实施的课程越接近预定的课程计划，则越忠实，课程实施程度越高，课程实施越成功；反之，则越不忠实，课程实施程度越低，课程实施越失败。在忠实取向中，课程知识的建构是课程专家学者的事，教师仅是课程的被动"消费者"和忠实执行者。这里，教师完全信任学者专家的学术权威，将课程内容不假思索地传递给学习者；学习者也只是被动地接受教师的教导，缺乏反思与思考力。[3]

（三）调适取向

调适取向认为，课程实施是"协调中的变革"，是课程设计者与课程实施者共同对课程进行调整的过程，是课程计划与课程实践情境在课程目标、内容、组织模式和实施方法等方面相互调整和适应的过程。在课程实施中，不同教师面临的情况不同，不同教师解读课程的能力亦有高低之分，他们需要根据各方面的情况对预设的课程计划做相应的调整。不论课程是从哪里创造出来的，教师在实施过程中都必须不断对其做出调整。不断调整以求相互适应，是课程知识的一个基本特征。[4]作为实施者的教师对课程的调适因实际情况不同而表现出不同的方式。第一，局部调整。教师只对课程计划进行部分或微小的调整，但基本上还是遵循课程设计者的意图。第二，双向调整。一方面，既定的课程计划要调整，以适应各种具体实践情境的需要；另一方面，既有的课程实践也要发生变化，以应对课程变革计划的要求。第三，全面调整。教师可以根据自己的旨趣以及面临的实践情境，全面修正已经设计好的课程计划，而这种修正不一定按照课程设计者的意图来进行。

在调适取向中，教师不再是课程的忠实执行者和被动"消费者"，而是课程的主动改造者和调整者。调适取向强调和关注课程计划对具体实践情境的适应性，关注在具体情境中发生的具体课程问题。如此，课程实施不再是单向线性的传达和接受，而是课程计划与具体实践情境的交互作用、相互影响和双向变革，是一个复杂的非线性过程。在这个意义上，课程"不仅包括体现在学程、教科书或变革方案中的有计划的具体内容，而且还包括学校和社区中由各种情境因素构成的谱系，这些情境因素会改变课程变革方案"[5]。

(四)创生取向

创生取向认为，课程实施过程本质上是教师和学生在具体教育情境中共同合作、联合创造新的教育经验的过程。既有的课程计划只是师生进行经验创生可供选择的媒介和可利用的资源，它仅为师生创生新的教育经验提供一种参考框架。只有当作为一种资源、媒介或参考框架的课程计划经过师生的共同解释和自主建构，并真正转化为师生体验到的教育经验时，它才有意义和价值。在创生取向中，课程实施的技术化、程序化的特征被彻底消除了，课程实施再也不是就原初的课程计划"按图索骥"的过程或稍事修改的过程，而是一个真正的创造过程。[6]

在创生取向中，教师和学生都不再是专家课程的接受者，而是自己的课程的创造者和建构者。他们在具体的课程情境中，通过合作探究、自由对话、批判反思等创造和建构着课程。创生取向的课程实施观不仅使师生在课程实施中的主体性和创造性得以凸显和发挥，也使人们的课程观发生了变革。这里，课程是情境性的、经验性的和个性化的，是师生在过程中实实在在体验、亲历和创造的教育经验。

很显然，在前述的四种课程实施取向中，得过且过取向是最不可取的。忠实取向是课程实施研究初期比较流行的观点。因为，新的课程计划是由专家用最好的方法为教师设计的，如果"得不到忠实的实施，则投入了可观人力、物力和财力的最佳设计将付诸东流。即使教师通过调整、修改等方式来实施课程，课程实施的效果也会大打折扣"[7]。然而，人们在研究中逐步发现，忠实的课程实施是极为罕见的。由于教师个人知识经验与能力背景的差异性、实践情境的丰富性和复杂性、专家课程的不完善性等，教师几乎不可能完全忠实地实施专家开发的课程。"当实践者采用一项课程变革计划之后，他在实施过程中总是试图对既定方案加以改变，以适合自身的目的。"[8]在课程变革过程中，实践者对课程做出修改是不可避免的。于是，调适取向开始受到人们的青睐。它旨在增强外部预设课程对实践情境的适应性和恰切性，但教师和学生还没有以课程主体的角色和身份进入其视野，还没有成为其关注的中心。随着近些年来国外教师赋权运动的兴起及对师生个性、主体性、创造性的弘扬，创生取向因其把教师和学生推向了课程实施的中心和主体地位而越来越多地引起人们的关注，也越来越被人们认同和接受。它使课程实施中的人（教师和学生）真正凸显出来。总的说来，课程实施的得过且过取向和忠实取向正在被调适取向和创生取向所超越。这是课程实施不可逆转的发展趋势。

二、教师的课程创生：超越"课程实施的创生"

（一）内涵及特征

应该说，由主张忠实取向转向强调调适取向进而发展到倡导创生取向，这是课程实施研究取得的重大进展。这一转向使教师与课程的关系、教师的课程角色发生了质的飞跃：教师由完全被动的课程执行者变为课程知识、教育经验的主动建构和阐释者，由课程实施的客体变为课程实施的主体。但需要强调的是，这里所说的教师对课程的主动建构和阐释以及主体性发挥仅仅体现在课程实践活动的一个环节——课程实施中，因为，这里的创生取向探讨的是课程实施的创生。值得追问的是：教师的课程主体性和课程创生行为就仅仅局限于课程实施环节吗？教师在课程实践活动的其他环节（如课程决策、课程开发、课程研究等）是否也应该发挥主体性，也应该坚持创生取向呢？笔者以为，如果教师还无权或不能自觉主动地在课程开发、课程研究等其他环节发挥主体性和创造性，课程实施的创生取向就可能是一种空想，或只能是不彻底的。因此，教师不仅应在课程实施中创生课程，而且应在课程改革的其他环节发挥主体性和创造性，坚持创生取向。

正是基于上述的追问和认识，笔者由"课程实施的创生"推演出"教师的课程创生"这一命题。它虽然源于"课程实施的创生"，但又超越"课程实施的创生"，具有更为广泛和丰富的含义。

在笔者看来，"教师的课程创生"是指教师根据本地本校的实际情况、自己的知识经验和能力优势、学生的兴趣爱好和发展水平等，在整个课程运作过程（包括课程决策、课程开发、课程实施、课程评价、课程研究等）中通过批判反思而实现的对课程目标、课程内容（包括文本内容和非文本的内容）、课程意义、课程资源和课程理论的持续地、主动地变革、建构和创造。它主张作为课程主体的教师自觉地、主动地变革课程的各要素，以达到促进课程完善、教师成长和学生发展的目的。其所要揭示和倡导的核心思想就是：教师在整个课程运作过程中都应该充分发挥主体性和创造性，并以此为基础，培养和提升学生在课程活动中的主体性和创造性。

进一步分析，教师的课程创生有以下几个质的规定性。

①自觉性。教师的课程创生是教师有意识地在课程目标、课程内容、课程实施甚至是课程理念等方面进行的主动变革和创造。它有别于传统中教师对课程的一些无意识改变。而且教师能够清楚地意识到自己课程创生是为了促进课程、学生和自身更好地发展，而不是为了实现其他功利性的目的（如有利于自己更好地控制学生、使学生在考试中取得好的成绩等）。因此，真正意义上的教师课程创生应该是教师对课程目标、课程内容、课程资源、课程理念等进行的一种积极的变革和主动建构。

②批判性。教师的课程创生意味着教师要不断地批判和反思现有的课程目标、课程内容、课程实施和课程理念等的缺陷与弊端，并对之进行有利于学生和教师发展的变革和主动建构。因此，教师的课程创生反对教师不加任何分析而忠实地实施外部专家开发和设计的课程或盲目地信奉外部专家提出的理论。

③全程性。教师的课程创生不仅仅局限于课程实施环节，而是表现在包括课程决策、课程开发、课程实施、课程评价和课程研究等在内的课程运作的全过程中。如此，教师的课程创生将使课程目标、课程内容、课程资源、课程理念等都朝着有利于学生和教师发展的方向变化。

④持续性。教师的课程创生要依赖和适应具体的课程实践情境（既包括微观层面上一个个具体的课堂情境，也包括课堂之外的学校、社区环境甚至当前宏观的社会发展背景），而课程实践情境总是在变化和发展，因此，教师的课程创生并不是一劳永逸的，需要持续不断地进行，它将伴随于教师课程实践的始终。

(二)外延及表现方式

这里要探讨的是，教师的哪些行为属于课程创生的范畴？教师的课程创生究竟可以表现在哪些方面？

维茨(Weisz)关于创生课程的研究试图从一个侧面回答这一问题。他认为，创生的课程可以从多角度来界定，如显性课程、隐性课程、社会课程、化装的(masked)课程等。[9]也就是说，在维茨看来，教师的课程创生可以分别以显性课程、隐性课程、社会课程、化装的课程等形式表现出来。但他的这种分类是比较混乱的，对教师几种形态的创生课程的阐释也是不清晰的。与其说他为我们界定了教师课程创生的外延和表现形式，毋宁说他使我们认识到教师课程创生的丰富性和复杂性。正如他所说，相对于课堂中实实在在所发生的来说，教师的课程计划和国家的课程文件都只是骨架和框架。从本质上说，这些计划和文件都是催化剂，它们无法反映出创生课程的丰富性，作为文件的课程总是不充分的。[10]只有教师和学生在课堂中实际运作、体验和创造的课程才是充分的、丰富的。

笔者认为，教师的课程创生可以体现在各种不同的层面，其表现方式也是丰富多样的。因此，可以从不同维度对其进行划分。

根据创生程度的不同，教师的课程创生可以表现为以下方面。①教师对国家课程的主动变革和建构。比如，教师通过选择、改编、拓展、补充、整合等方式对国家课程进行的重构和改造，教师对国家课程内容的创新性理解等。②教师对全新校本课程的主动建构和开发。教师开发和建构校本课程，属于课程创生的范畴，这不难理解。需强调的是，教师开发和建构校本课程时，要注重利用和重组学生生活世界中的课程资源和课程内容，要强化课程内容与学生生活经验的密切联系，使开发的课程真正面向学生的生活实践。

根据创生结果的不同，教师的课程创生可以表现为以下方面。①独特的课程教学设计和有目的、有意识的临场课程情境创设。②课程展开过程中因境而生的即兴创造。这类似于教育机智。在课程实践中，教师面对的是一个个活生生的、有着不同生活经验与丰富情感、充满个性差异的人，这使得教师总是身处一系列频繁切换的课程与教学情境，而任何高明的教师在课程实施和教学展开之前都无法完全精确预测哪些课程与教学情境将发生。可见，在充满变化的课程实施和教学过程中，随时都可能生成教师意料之外的课程事件、课程问题，而及时捕捉这些生成性的课程事件、课程问题，并将之转化为促进学生深入探究的课程资源，也是教师课程创生的重要表现方式。③新的课程材料、课程文本、物具等的研制。④新的课程实施模式和策略的建构。⑤新课程观念的提出和新课程学说的创立。笔者以为，教师的课程实践过程不仅是教师对公共课程理论的简单应用过程，也是教师个人课程理论发展和建构的过程。教师在课程实践中发展和建构个人课程理论不仅是必要的，而且也是可能的。

根据创生对象的不同，教师的课程创生包括教师对课程目标、课程内容、课程意义、课程资源和课程理论（理念）等的主动变革、建构和创生。

综上可见，"教师的课程创生"这一命题要求教师不仅要由传统的对课程实施的被动参与走向主动参与，而且要进一步走向对包括课程开发、课程实施和课程研究等在内的课程运作全过程的主动参与。他们在对课程实践全过程主动地、创造性地参与中，创生着不同形态的课程，阐释着课程的多种意义，建构和提升着自己的个人理论。因此，教师的课程创生不仅是行动意义的，而且是理论和思想意义的，是实践和理论互动意义上的创生。教师在实践中以研究的方式开展课程创生活动，将课程创生活动变为研究性实践。同时，在这种研究性、创生性的实践中，教师会形成一些关于课程的独特看法，而这些独特看法被进一步提炼，趋于系统化和理性化，就提升为教师的个人课程理论。正是这些个人课程理论，又反过来直接指导和支配着教师的课程创生行为。

概言之，"教师的课程创生"这一命题的提出，不仅使教师由课程实施的创生走向课程实践全过程的创生，而且使教师由课程实践全过程的创生走向课程实践和课程理论并重的创生。

三、教师的课程创生：价值与意义

当我们倡导"教师的课程创生"这一新命题时，当这一新命题真正被学界认可和被教师践行时，课程领域将发生重大的变革和根本的转向。我们的课程观念将得以重塑和改造，教师将被赋予新的课程角色，课程运作的价值取向也将随之转型。

（一）课程观念的变革：由单一、封闭、静止走向多元、开放和动态建构

传统观念中，谈到课程，人们更多地将其理解为正式课程、制度课程、计划的课程以及书写在教科书中的文本式课程，而忽视了教师理解领悟、实践创造的课程和学生体验的课程。或者说，传统的课程观总是假定国家的制度课程、教师理解领悟和实践创造的课程、学生真正体验和感受的课程是完全同一和吻合的，而且，人们认为这几种不同形态和层次的课程应该而且必

须同一和吻合。"教师的课程创生"这一命题的提出，使我们认识到课程不是单一的，而是多元的，具有不同的层次。它意味着认可教师创造和建构的课程的合法性和合理性，意味着计划的、正式的制度课程不再具有绝对的优先性，意味着教师创造和建构的课程不再或无须完全服从于制度课程。

此外，"教师的课程创生"这一命题的提出，也使课程由封闭、静止、预设走向开放、动态和建构。在创生型的课程运作中，课程不再仅仅局限于一些静止、封闭、不可更改的计划、材料和文本，它还包括教师和学生在对话、交流和沟通中对这些计划、材料和文本之结构的改造以及多种意义的批判性建构这一动态的过程。

(二)教师课程角色的嬗变：由忠实执行者走向反思性建构者

如大家所知，在传统自上而下的课程运作中，所有课程计划、课程标准和课程材料(包括教科书、辅助材料、配套练习等)都是由学科专家和课程专家设计与开发的，教师仅是被动贯彻者和忠实执行者，教师扮演的只不过是"教书工匠""教学机器"的角色，他们只能考虑"如何教"的问题，无权也无力探讨"教什么"的问题。而创生型的课程运作观则认为，教师并不是他人思想的被动传声器，他们能够自主地从事课程开发和创造活动，他们在不断地批判反思和与实践情境的交互作用中建构着课程。他们是决定课程及其结果的关键人物，他们在课程运作中充当着任何专家都不可替代的角色——反思性建构者。当然，他们对课程的反思性建构不仅局限于课程内容，而且涉及课程目标、课程意义、课程资源和课程理论。

(三)课程运作价值取向的转型：由追求技术理性走向追求实践理性和解放理性

传统的课程运作模式把课程运作视为一种理性化、科学化、技术化、程序化的过程，认为课程开发就是要为教师提供一套详细的程序，其结果是形成一套适用于所有教育情境的价值中立的课程产品。很显然，其体现的是外在的课程决策者和开发设计者对作为课程实施者的教师和学生的控制与规范，追求的是技术理性的价值取向。这种课程运作模式在追求课程实践情境共性的同时，忽略了其多样性、差异性、复杂性和不确定性；师生的主体价值被抹杀，主体性和创造性被压抑。

而"教师的课程创生"这一命题则强调，任何课程实践情境都是特殊的，课程运作过程就是教师在与具体课程实践情境的交互作用中，通过批判反思不断调整、改造外部提供的课程方案，进而主动建构课程目标、课程内容、课程资源、课程意义和课程理论的过程。如此，课程运作就不再是普遍性程序、步骤、模式、方案的线性演绎过程。这里，教师课程创生的两个关键如下。①教师必须在与具体课程实践情境的交互作用中，充分理解具体的课程实践情境，尊重课程实践情境的多样性、复杂性和不确定性。如此，教师才可能使自己创生的课程真正适应情境。②教师必须拥有课程自主权。否则，即使教师具有创生课程的愿望和能力，创生课程也只能是一种空想，难以真正落实到教师的课程实践行动中。而教师与课程情境的交互作用、教师对课程情境的理解，所体现的正是实践理性的精神实质，解放教师，赋予教师课程权力，让其在反思中主动建构和创造课程，所体现的则是解放理性的价值取向。可见，"教师的课程创生"这一命题将使课程运作的价值取向摒弃以控制、规范为特征的技术理性，进而走向追求实践理性和解放理性。

[参考文献]

[1] Fullan，M.，Pomfret，A. Research on curriculum and instruction implementation[J]. Review of Educational Research，1977(2)：335-397.

[2] Jackson，P. W. Handbook of research on curriculum[M]. NY：Macmillan Pub. Co.，1992.

[3] 林进材. 教学研究与发展[M]. 台北：五南图书出版公司，1999.

[4][5][6][8] 张华. 课程与教学论[M]. 上海：上海教育出版社，2000.

[7] 汪霞. 课程实施：一个值得关注的问题[J]. 教育科学研究，2003(3)：5-8.

[9][10] Weisz，E. A view of curriculum as opportunities to learn：an examination of curriculum enactment[J]. Education，1989(2)：155.

（本文责任编辑：刘东敏）

（原载《教师教育研究》，2005 年第 4 期）

学科教学知识(PCK)的核心因素及其对教师教育的启示

李伟胜

（华东师范大学公共管理学院，上海 200062）

[摘要]本文从多种同类研究中汲取学术资源，聚焦于探索学科教学知识(PCK)内涵中的核心因素，并将其确定为"从学生立场出发实现知识转化"。受此启发，我们主张：①重视并拓展知识的育人价值；②关注并提升教师教育的学术品质。

[关键词]学科教学知识(PCK)；核心因素；学生立场

[中图分类号] G420　[文献标识码]A　[文章编号]1672-5905(2009)02-0033-06

The Core Element in Pedagogical Content Knowledge and Its Enlightenment on Teacher Education

Li Weisheng

（School of Public Administration，East China Normal University，Shanghai，200062，China）

Abstract：This paper focuses on the core element in pedagogical content knowledge，that is "realizing knowledge transformation which starts from the student's standing". We should stress and develop the knowledge value of cultivating persons and pay much attention to and enhance the academic quality of teacher education.

Keywords：pedagogical content knowledge，core element，student's standing

---

[收稿日期]2008-12-25

[基金项目]华东师范大学"985 工程"二期哲学社会科学"教师教育理论与实践"创新基地建设子课题"教师教育评价与管理制度创新"研究成果

[作者简介]李伟胜，华东师范大学副教授，教育学博士。

一、问题的提出：PCK 的核心内涵需要进一步辨析

面对以往"迷失的范式"（missing paradigm）所代表的割裂教师学科知识与教学知识的情形，舒尔曼于 1986 年提出了学科教学知识（PCK）①这一概念，并将其定位为由学科知识衍生而出、包含在学科知识中的一种属于教学的知识；它属于学科知识中的一种形式，是一种与可教性密切相关的学科知识（the aspects of content most germane to its teachability）。由此，他企图在师资检证制度中重新重视学科知识的重要性。[1]

此后，围绕着 PCK 及其对教师教育的影响，学者们进行了许多研究，包括国内学者的引进和验证。这些研究涵盖了 PCK 的内涵、特征、结构、形成过程、在教师教学实践中的体现等内容。其中呈现出的多种观点（包括舒尔曼本人的不同观点）表明：虽然关于 PCK 的存在及价值已有共识，但其在教师知识结构中的具体定位尚在探索之中。现在看来，具有返璞归真意义的是：透过诸多学者的各种定义，PCK 最初被提出时的内涵，似已成为许多人在审视更多复杂观点后认同的简单情形。这就是：PCK 的定位正在于"学科知识"与"一般教育知识"之间的交叉之处，而其核心内涵在于将学科知识转化为学生可学的形式。[2]

这一看似简单却抓住核心的认识可使我们更好地了解、利用纷繁的研究成果而不失去方向。不过，即便如此，这一领域的研究情形依然复杂。有学者指出：PCK 形态不定的特征导致人们在使用这一概念（如用它作为教师发展的一个参照系）时遭遇到诸多困难[3-4]，甚至将其称为一个具有迷惑性、难以捉摸但同时又富有魅力的概念[5]。因此，在上述触及核心的认识之上，仍有必要继续辨析这一核心内涵。

可以看到，尽管人们认同 PCK 的核心内涵在于将学科知识转化为符合教学目的的形式，但这种"转化"的实质，即 PCK 核心内涵中的核心因素是什么，不同人却有不同理解。舒尔曼所说的这种"转化"（transformation），被其他学者说成是"呈现"（representation）[6]，"翻译"（translation）[7]，"专业化"

---

① 这一概念的原文为 pedagogical content knowledge（PCK）。本文主张采用"学科教育知识"；不过，根据所引文献之本义和同行通用的术语，本文仍选择"学科教学知识"作为相应的译文。

（professionalizing）[8]，而杜威把它称为"心理学化"（psychologizing）[9]。类似的观点也出现在一些介绍 PCK 的国内研究成果中。例如，有人认为舒尔曼提出的 PCK 强调将学科知识"心理学化"[10]。

二、三类研究启发我们思考 PCK 的核心因素

我们看到，尽管学者们采用不同的关键词来界定 PCK 的核心因素，但无可置疑的是，这一核心因素确实存在，正是这一核心因素决定着 PCK 的关键性质。当然，这一核心因素本身还需要被进一步澄清。此时，来自三方面的研究可以为我们提供帮助。

（一）梳理相关学术思想的历史轨迹，突出学生立场

自师范学校建立以来，人们从教师服务社会的角度将教学方法（methods）作为师范生学习内容的首选，而将学科知识置于其次。这一做法最关键的缺陷在于将教师教育割裂为两个部分，前者无须学术，后者则遵循大学学术标准。不过，时任美国教育学会师范学校分会主席的 Parr 就提出，前者所涉及的教学过程分析表明，每一学科中存在一种属于教学的特殊知识，它与学术知识有着显著不同。这些不同可以聚焦于一点，那就是：它在多方面（目的、与事实的关系、获取方式、呈现方式等）都将"学生的头脑"作为出发点，考虑其对学术知识的掌握。此后，尽管这种"特殊知识"并未得到持续的关注，尽管后来也出现了一些不同的观点，但这种"特殊知识"的出发点却在讨论教师发展时一再被提及。有学者直接提出"像学生那样看学科"，因为很多教师极大地关注学科自身的逻辑发展，却忽视了学生逻辑能力的发展；还有学者提出，教师应同时从学生的立场和教师的立场来理解学科知识。

与此相关，在探索如何建立教师教育的学术尊严时，人们将教师教育的"书卷气"视为一个问题，看到教师教育中学术课程与专业课程之间的割裂，特别是将教学法训练作为附属于学科知识的额外事务，对后者几乎不产生什么影响。[11]针对此类现象，人们还提出了"学科知识专业化"的命题，并认为教师所掌握的学术居于很高等级且有独到品质，而其核心正在于"清晰地理解最有利于学习者的知识呈现方式"。[12]

上述信息，呈现于为梳理 1907—1987 年与 PCK 相通的学术观念而形成的研究成果之中[13]。在我们看来，它们在不同时代、以不同的话语突出了一

个关键因素：学生立场。正是这种学生立场，使得教学方法被期待拥有更高的学术地位，使得学科知识被期待产生更好的教育价值；在此基础上，我们才有可能体会到"一种属于教学的特殊知识"或 PCK 的存在，才有可能进一步讨论其存在形态和对教师发展的价值。

(二)理解 PCK 之形成背景的金字塔层级模型，突出"对学生的理解"

在描述或定义 PCK 时，虽然公认 PCK 融合了多种因素，但许多人只是平面列举这些因素，未充分说明它们之间的关系。有学者以科学课为例，尝试着为解释 PCK 的来源及其层级关系绘出了一幅金字塔层级模型（如图 1）。不过，这是该模型的侧视图。在与之对应的俯视图中，PCK 居于中心，其他知识居于周围，而 4 个层级则呈现为自外至内的 4 个方圈。[14]

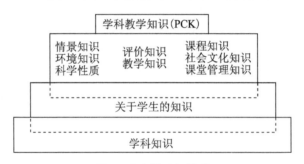

图 1 金字塔层级模型

在此模型中，对于处在塔顶的 PCK 来说，深厚的学科知识背景是必需的，并且应该逐层落实到总体知识、特定知识领域和特定话题之中。居于第二重要地位但却是关键地位的是对学生的深入透彻的理解。只有当一位教师理解学生在教学中的重要性时，他才能合适地应用居于其上层的 8 类知识。这就不难理解，本模型最有价值的特点之一是，"教学知识"（pedagogical knowledge）的定位并没有其他模型所说的那么重要；与"教学知识"相比，"关于学生的知识"（包括对学生可能出现的错误或误解的理解）更为关键，虽然从 PCK 的基础和来源的角度来看它被排在第二层。

在我们看来，与上述观点紧密相关并为其提供支持的，是这一模型所反映出的思维方式——这是该模型另一个最有价值的特点。这一思维方式表现在两个方面。①超越平面罗列各相关因素的常见思路，采用立体化的金字塔层级结构来反映 PCK 与相关因素的关系。②进一步超越对各因素间关系"相互影响"的线性分析，关注到各因素间的复杂作用。以往对 PCK 的分析往往采用实体思维（将 PCK 看作类实体的各种知识的交叉产物）或较为模糊的静态思路（将 PCK 看作由多种知识融合而成，但对其融合机制缺乏辨析）。相比之下，这一模型揭示出相关因素之间的相互嵌套关系，即相互之间多方面的相互作用、相互促进，从而说明 PCK 及其他相关知识的发展并非一个线性的累积过程①。

采用这样的思维方式，就可以看到：从 PCK 的来源来说，三层基础都重要，而且呈现逐步聚焦的格局。在各因素间复杂的相互作用之中，还能看出如此逐步聚焦的格局，关键就在于拥有一个得以透视其他因素的"透镜"——"对学生的理解"。若无这一"透镜"，则其他因素都将失去或减损教育意义，PCK 也就失去了存在价值，甚至教师的专业也将失去合理依据。于是，可以清晰地看到：对于 PCK 来说，作为其第二层基础的"关于学生的知识"有着独到的关键价值。可见，相比于平面罗列各种因素（即使将这些因素之间的联系分析得更具体），这种立体化的结构模型更能说明 PCK 中的关键问题：对学生的理解。

（三）以 PCK 理论为参照的教师教育案例研究：从学生立场解释知识、表征知识

自 PCK 被提出后，有些案例研究将 PCK 相关理论作为参照，在某些方面做出了具有创新意义的尝试，从而为我们提供了新的启发。

为帮助师范生形成 PCK，一位研究者在教授"中学数学教学法"时采用了一套认知策略，使师范生对数学知识的工具性理解（将数学视为没有理由的规则）转变为关系性理解（透视数学中的学理），从而实现了 PCK 内涵所指的知识转化。[15]表面上看，这两种对数学的理解似乎只是学科知识范围里的事情；但从数学教学的角度看，这两种理解对数学学习和学生成就的看法迥然相异。前者把对数学规则、事实和程序的记忆作为学生成就的标志，后者的视野则更开阔，包括提出问题、进行批判性和情境性的思考、证明和呈现数学思维。要在一学期 10～16 周的数学教学法课程中将学生已经习惯的前一种认识转变

---

① 这种非线性（non-linearity）的发展特征，也被其他学者注意到。参阅：Julie Gess-Newsome，Norman G. Lederman，*Examining Pedagogical Content Knowledge：The Construct and Its Implications for Science Education*，Dordrecht，Kluwer Academic Publishers，1999.

为后一种，挑战是巨大的。为此，研究者引入了一套认知策略，其核心就是 PCK 所强调的"从学生立场理解知识点"的教学解释，即"向学习者解释某个知识点"。例如，向自己的学生解释"5－（－3）"的规则。对此规则的解释，将通过五个步骤从不同角度逐层加以讨论。这样做的一个关键着力点就在于，通过教学解释，让师范生习惯的工具性理解与"为理解数学而教"的理念形成冲突，从而促成师范生通过自我反思，实现深层次的"知识与信念的变化"（如对教育目的的理解），而不仅仅是认知层面的变化。通过实际观察，该研究发现这种知识转化过程并非如许多文献所称的那样单向地从学科知识转向 PCK；相反，这一过程更像是师范生的数学观念与 PCK 之间的辩证"对话"，最终导致师范生的学科知识的变化。

有中国学者从教学设计（包括目标、内容、对象、策略四要素）和课堂教学（包括过程、方法、效果三要素）等方面比较了小学数学新手教师和专家教师的 PCK，由此提出：PCK 的实质是一种"转化"的智能，是教师将学科知识"转化"成学生有效获得的一种学科教学智能，即教师根据课程理念、目标，进行系统思考，把学科知识有效地"转化"成教学任务，又由教学任务有效地"转化"为学生实际的获得。第一次"转化"主要体现在教师的教学设计中，表现为对课程目标、内容和学生认知基础、风格、个性的把握，对教学方法、策略的选择；第二次"转化"主要体现于课堂教学中，表现为知识的呈现、课堂的决策和调控、教学的指导与评价等。相比之下，专家教师能正确把握学生掌握知识的情况，并在两次"转化"中成功地把学科知识转化为学生的实际所得。[16] 在此，研究者对 PCK 的理解更为具体、复杂，最终指向仍是学生所得，当无疑义。与此一致的是，国外学者也发现：师范生更关注他们自己的理解和教学行为，而更成熟的教师则更多地关注和呼应学生的思考。据此，教师教育课程的首要目标就在于增进教师"将学科内容转化为学生能接受的方式"[17]。

这三类卓有成效的研究，都凸显出 PCK 核心内涵中的核心因素：基于学生立场，实现知识转化。这使得我们有可能更好地利用诸多已有相关成果，站在学生的立场，思考如何关注、开发和利用 PCK。

三、PCK 的核心因素对教师教育的启示

通过上述辨析所得的结论，可以启发我们对教师教育产生许多新的思考。其中，下面两点应得到更多关注。

（一）重视并拓展知识的育人价值

PCK 的提出，有助于人们超越传统的知识观。这涉及知识的情境性、实践性、个体性等性质，还涉及静态知识和动态知识、陈述性知识和程序性知识等知识形态。其中，尤其需要关注的是知识与人的关系问题。在此，PCK 与教师独特的专业特征密切相关，而其中更为根本、但往往被人忽视的问题就是"学生立场"。也就是说，PCK 不仅揭示了教师专业知识问题，更揭示了知识，尤其是教师掌握和运用的知识的最终服务对象是谁的问题。换言之，在学校教育中，所有的知识其实都是为人而存在的，是服务于学生成长的。明白了这一点，才能真正理解"用昨天的知识，教今天的孩子，去过明天的生活"这一看似简单的道理，才能更好地处理课程、教学、学校教育的其他因素和学生成长的关系。

进一步来看，理解教育情境中的知识，离不开对教育观的选择。在我们看来，在定义 PCK 时，无论采用的是"转化""呈现""翻译""专业化"还是"心理学化"，其实质在于知识的"教育学化"。以"心理学化"为例，若仅仅从心理学，尤其是认知心理学角度来理解 PCK，显然是狭隘的；我们只要看到学生不仅是一个认知主体，更是一个具有丰富生命内涵的发展主体，我们就能看出他在学校中接触到的知识应该服务于完整的人的发展，而不仅仅是认知发展。与此相应，PCK 的相关研究中已经出现了进步，如"克服了教师教学效能研究重行为、结果的行为主义倾向，关注到了教师的认知过程，注重教师认知和行为的相互作用"[18]。不过，在此基础上，显然还需要进一步超越认知维度的考虑，如关注师生精神生命的整体发展，拓展知识的育人价值[19]。

（二）关注并提升教师教育的学术品质

知识的"教育学化"又涉及如何理解"教育"。实际上，诸多研究成果之间的分歧其实在于对关键词 pedagogy 有不同的理解：教学方法、教学技能、教学策略、教育学……正因为如此，PCK 的中文翻译有差异：学科教学法知识、学科教学知识、学科教育知识、学科教育学知识……

根据前面所说的一项历史研究，早在一个世纪之前，西方学者就在探讨教师教育中的课程设置问题，并将"属于教学的特殊知识"与"学术知识"作为两类不同的知识，讨论它们之间出现的割裂情形，尤其是将教学法训练作为附属于学科知识之额外事务的情形。

他们还对此提出了"学科知识专业化"的命题。其实，经过辨析，学者们发现：所谓的"知识内容"（content）与"教育"（教学法，pedagogy）本来就是相互联系的，而有成效的教学恰好是承认这种内在联系之后产生的结果；因此，参照 PCK 理论进行的教师教育，不是让教师将"纯粹的内容"教育学化，而是让他们确认知识内在的教育价值及其对教学的意义。[20]

据此说来，将两类知识对立，从而默认教育知识（教学法知识）的"非学术性"，并在此基础上探讨"师范性"与"学术性"的关系问题，实属贬低教育知识自身的学术品质，从而也贬低了教育活动的专业性。对此，早有学者指出，"师范性"与"学术性"之争这类问题属于"真实的假问题"[21]。如果没有看清这一点，无论怎么理解 PCK 的核心内涵都有可能抓不住其核心因素；相应地，如果将 pedagogy 理解为教学技巧意义上的"教学（教学法）"，则无论我们赋予其多少具体的技法、填充进多少时髦的理论，都难以替代"教育"应有的内涵与品质。更进一步来说，所谓的"师范性"与"学术性"之争很可能只是"实践性—理论性"或"技法性—思想性"之争，因为"师范性"本身实际上就可被看作一种独特的，甚至有着更丰富内涵和更高品质的"学术性"。

因此，从 PCK 的核心内涵可以看到：我们完全可以由此进一步挖掘 pedagogy 中蕴含的学术内涵，提升教师教育的学术品质，而不必受限于传统意义上的"教学法"或"教学技巧"，更不必延续自贬学术品位的传统思路——即使这些思路来自 PCK 研究的原创学者和其他研究者①。

［参考文献］

[1] Shulman, L. S. Those who understand：knowledge growth in teaching[J]. Educational Researcher，1986(2)：4-14.

[2] Park，S.，Oliver，J. S.. Revisiting the conceptualisation of pedagogical content knowledge(PCK)：PCK as conceptual tool to understand teachers as professionals[J]. Research in Education，2008(3)：261-284.

[3][17] Gess-Newsome，J.，Lederman，N. G. Examining pedagogical content knowledge：

① 已有学者从词源学及不同文化传统背景的角度辨析过类似的问题，并由此看到欧洲教育学研究与美国教育学研究在风格与重心上区别。这足以说明，在如何理解 pedagogy 等概念和观点方面，被笼统地视为"国外研究"的学术成果其实也存在着许多差异，甚至是原则上的差异。我们需要辨析这些差异，并提出自己的创建。参阅黄志成：《教育研究中的两大范式比较："日尔曼式教育学"与"盎格鲁式教育科学"》，载《教育学报》，2007(2)；叶澜：《当代中国教育学研究"学科立场"的寻问与探究》，见叶澜、杨小微、李政涛：《立场》，桂林，广西师范大学出版社，2008。

the construct and its implications for science education[M]. Dordrecht：Kluwer Academic Publishers，1999.

[4][7][14]Veal，W. R.，Makinster，J. G. Pedagogical content knowledge taxonomies [EB/OL]．（1999-03-04）[2003-02-26]．http：//wolfweb. unr. edu/homepage/crowther/ejse/vealmak. html.

[5] Driel，J. H. V.，Veal，W. R.，Janssen，F. J. Pedagogical content knowledge：an integrative component within the knowledge base for teaching(an essay review)[J]. Teaching and Teacher Education，2001(8)：979-986.

[6] Ball，D. L. The mathematical understandings that prospective teachers bring to teacher education[J]. Elementary School Journal，1990(4)：449-466.

[8][13] Bullough，R. V. Pedagogical content knowledge circa 1907 and 1987：A study in the history of an idea[J]. Teaching and Teacher Education，2001(6)：655-666.

[9] Boydston，J. A. John Dewey：the middle works，1899—1924：Vol. 2：1902—1903[M]. Carbondale，IL：Southern Illinois University Press，1983.

[10] 李琼，倪玉菁，萧宁波. 小学数学教师的学科教学知识：表现特点及其关系的研究[J]. 教育学报，2006(4)：58-64.

[11] Monroe，W. S. Teaching-learning theory and teacher education：1890-1950[M]. Champaign，IL：University of Illinois Press，1952.

[12] Learned，W. S.，Bagley，W. C. The professional preparation of teachers for American public schools：a study based upon an examination of tax-supported normal schools in the state of Missouri[M]. New York：The Carnegie Foundation for the Advancement of Teaching，1920.

[15] Kinach，B. M. A cognitive strategy for developing pedagogical content knowledge in the secondary mathematics methods course：toward a model of effective practice[J]. Teaching and Teacher Education，2002(1)：51-71.

[16][18]上海市青浦实验研究所. 小学数学新手和专家教师 PCK 比较的个案研究——青浦实验的新世纪行动之四[J]. 上海教育科研，2007(10)：47-50.

[19] 叶澜. 重建课堂教学价值观[J]. 教育研究，2002(5)：3-7，16.

[20] Segall，A. Revisiting pedagogical content knowledge：the pedagogy of content，the content of pedagogy[J]. Teaching and Teacher Education，2004(5)：489-504.

[21] 叶澜. 一个真实的假问题——"师范性"与"学术性"之争的辨析[J]. 高等师范教育研究，1999(2)：11-17.

（本文责任编辑：王俭）

（原载《教师教育研究》，2009 年第 2 期）

以学为中心的课例研究

安桂清

（华东师范大学课程与教学研究所，上海 200062）

[摘要]以学为中心的课例研究是教师从学生学习的角度，以课为载体，对教学实践中的问题展开的合作性研究。其"以学为中心"的价值诉求符合当代学校整体变革的基点、课例研究的国际发展趋势以及我国教学研究和教学改革转型的需要。为实现其价值诉求，课例研究的每一环节需要基于如下原则展开：在"确立研究主题"环节做到教学合一；在"规划教学活动"环节做到因学设教；在"实施课堂观察"环节做到以学观教；在"开展课后研讨"环节做到以学论教；在"形成研究报告"环节做到以学改教。最终，以学为中心的课例研究期望嵌入教师的日常教学，成为课堂教学的未来景观。

[关键词]课例研究；以学为中心

[中图分类号]G420　[文献标识码]A　[文章编号]1672-5905(2013)02-0072-06

Learning-centered Lesson Study

An Guiqing

(Institute of Curriculum and Instruction, East China Normal University, Shanghai, 200062, China)

Abstract：Learning-centered lesson study is teachers' cooperative research on questions in teaching practice via lessons and from the perspective of student learning. Its "leaning-centered" value is in line with basis for overall change of contemporary schools, international development trend of lesson study and the needs of transformation of teaching research and teaching reform. To imple-

---

[收稿日期]2012-10-08

[基金项目]教育部人文社会科学青年基金项目"课例研究的国际比较"(10YJC880001)的阶段性成果

[作者简介]安桂清，华东师范大学课程与教学研究所副教授，博士，主要从事课程理论和教学改革研究。

ment the "leaning-centered" value，every step of lesson study needs to be carried out according to the following principles：combining teaching with learning in step of identifying research theme，designing teaching based on learning in step of planning instruction activity，observing teaching based on learning in step of implementing classroom observation，discussing teaching based on learning in step of organizing instruction seminar after class，improving teaching based on learning in step of writing research report．Finally，we expect that learning-centered lesson study is embedded into day-to-day teaching of teachers and become the future landscapes of classroom teaching.

Keywords：lesson study，learning-centered

在一个变革的时代，教育变革究竟采取何种方式更为有效？富兰、史莫克（Schmoker）等教育改革研究专家在研究中明确指出，仅限于宏观的策略规划和学校整体变革的努力多半是无效的，只有每个课堂的教学有所改善，教育改革才会有真的突破。[1-2]司徒德（Steward）和布朗德芙（Brendefur）在与学校合作进行了一系列的改革后得出结论，课堂层面最有效的改革方式所采用的模式应当是：作为合作学习共同体的教师小组聚焦于日常教学的改进，即他们所倡导的课例研究模式。[3]"课例研究"（lesson study），又称"教学研究"或"授业研究"，从宽泛意义上讲是教师对真实的课堂教学过程所开展的合作性研究。许多国家和地区的改革经验表明，以课例研究为学校运营的中心是教师专业发展与学校教学变革迈向成功的必由之路。

一、以学为中心的课例研究：为什么？

课例研究是一个对教和学有着重要影响力的研究领域。1999 年，施蒂格勒（Stigler，J.）和希伯特（Hiebart，J.）合著的《教学的差距：世界各国的教师改进课堂教学的精彩观点》一书的出版使得课例研究开始为人所瞩目。2006 年，世界课例研究协会成立，进一步推动了课例研究在世界范围内的推广。随着研究的开展，美国、日本、中国香港等地的学者都强调课例研究是一种强大的教学变革工具。我国的课堂教学正在经历历史转型，在以校为本的教学研究中开展以学为中心的课例研究尤显必要和紧迫。

首先，以学为中心是当代学校整体变革的基点。早在 19 世纪末 20 世纪初在批判传统教育的声浪中，杜威及其所创立的芝加哥大学附属实验学校就开始了"学习共同体"的学校设计。随后在诸多革新主义的教育改革中，这一设计得到传承，并被描述为21世纪新型学校的建设愿景。这一愿景是为学校再生为如下场所而设计的：儿童合作学习的场所；教师作为专家相互学习的场所；家长与市民参与学校教育并相互学习的场所。以学为中心的课例研究是作为实现上述愿景的核心举措而存在的。借助这一举措，不仅教师合作研究的"同僚性"得以构筑，而且教学研究围绕学生的学习得以展开。可以说，以学为中心的课例研究是对当代学校改革哲学的践行，倘若以之为学校运营的中心，"学习共同体"的改革愿景便不再遥远。

其次，"以学为中心"的价值诉求正成为国际课例研究的发展趋势。美国著名的课例研究学者凯瑟琳·刘易斯与其合作者强调课例研究至关重要的是从学生的对话、行动以及作品中收集学生学习的证据，发展教师"看待儿童的眼光"（the eyes to see students）。2002年11月，以"课例研究：教师领导的、聚焦学生思维的合作性专业发展"为主题的研讨会在美国康涅狄格州斯坦福德市召开，会后相关人员还编辑了同名论文集。东京大学的佐藤学教授作为日本课例研究的卓越推广者，在《学校的挑战：创建学习共同体》一书中反复强调课例研究中课后研讨的中心问题不应是上课的优劣、提问的技巧和对教材的钻研，而应紧紧围绕"学生在何处是顺利的、何处有障碍"展开。[4]另一位具有国际影响力的日本学者的场正美在题为"日本的课例研究与参与式观察法"的报告中明确提出，相对于对教学内容和教师行为的研究，日本课例研究更注重对学生学习的研究，因为教师教得怎样只能从学生的学习实况出发加以考察。"以学为中心"显然已成为各国学者的积极共识，事实上这也是课例研究的精髓所在。

再次，以学为中心是我国教学研究和教学改革实现重心转移的迫切需求。自20世纪50年代教研体制确立以来，我国以教研组为主体的教研活动至今已存续了半个多世纪。由于过往我国教学改革的重心在于教师教学方法的改变，而教学方法的改变有时又被狭义地理解为教师教学技能和教学技巧的改变，在某些情况下，这一重心甚至退缩为教师调动学生、驾驭课堂的能力，中小学的教研活动由此形成了单看"教师的教"而不顾"学生的学"的局面。教学成功的基础往往被归结为教师熟练的教学技能和高超的教学艺术，而遗忘了教学的最终目的是指向学生的学习与发展的，教学是否成功或教师"教得怎样"只能从课堂上每个学生的学习实况出发加以考察。近些年来，我国中小学的教学研究与课堂改革借助课例研究的模式取得了一定的进展。比如，课例研究中的证据意识一定程度上超越了我国传统的囿于经验主义的教学研究。但由于过去我国以"教"为中心的教研思想根深蒂固，教学研究由"教"到"学"的重心转移并未实现，因此，对课的研究貌似科学，实则缺乏灵魂。以课例研究的开展为契机，由"教的课堂"向"学的课堂"转型的理想亦无从实现。基于此，探索"以学为中心的课例研究"，实现教学研究与教学改革的重心转移已是大势所趋。

二、以学为中心的课例研究：是什么？

以学为中心的课例研究是教师从学生学习的角度，以课为载体，对教学实践中的问题展开的合作性研究。要理解这一内涵，还需明确下述几个概念。

何谓课例？课例是一堂课或围绕一堂课所开展的一系列教学活动的总称，它是对教学的全景实录，呈现着完整、真实的课堂教学过程。需要说明的是，课例与课堂教学案例并不完全等同。虽说课堂教学案例也是对教学论题的生动再现，但它却不同于课例。它以故事或事件的方式呈现，按照一定的结构展开，其中蕴含着对问题的解决方法和研究者所信守的理论。因此，课堂教学案例来源于教学生活但同时要高于教学生活，更具有代表性和典型性。我们可以把课例看作课堂教学案例的来源，而课堂教学案例则是对课例的加工和提炼。

何谓课例研究？课例研究是教师以课为载体，对教学实践中的问题展开的合作性研究。它通常会经历一个"疑问—规划—行动—观察—反思和重新规划"的循环过程。与多数常规教研中的"就课论课"有别，课例研究强调从教师教学实践中的问题出发，通过教师群体的研究活动解决教学难题，改进教学实践。所以，"课"在课例研究中仅仅是问题解决的载体，而非传统公开课教学中致力于打磨成教学范本的课。就研究的方法论而言，与其说课例研究是课堂教学的行动研究，倒不如更准确地说课例研究是一种设计研究或设计实验。其研究过程是"理论驱动的设计过程"和"数据驱动的修正过程（教学策略）"[5]。也就是说，有根据地设计某个教学过程并在实现这一过程的情境中对情境进行测试和修正。而连续的迭代就相当于实验中的系统变量。由此可见，课例研究不是教学诊断型的研究，而是基于设计的研究。

何谓"以学为中心"？毋庸置疑是以学生的学习为中心。但这里的"学习"

不是学生孤立的认知学习，而是以交往与对话为特征的活动。更具体地说，"'学习'，就是跟客观世界的交往与对话，跟他人的交往与对话，跟自身的交往与对话。就是说，'学习'是建构客观世界意义的认知性、文化性实践，建构人际关系的社会性、政治性实践，实现自我修养的伦理性、存在性实践"[6]。据此，课例研究对学生学习的考察要从单一的学术学习迈向上述"学习的三位一体论"。伴随着对课堂学习的重新认知，教师的责任就不再是"上好课"，而是实现每一个儿童的学习权，为学生提供挑战高水准学习的机会。那么，这是否意味着在以学为中心的课例研究中，对教材教法的研究应当被否弃呢？当然不是。只是研究的主旋律要从"教材的教法"转向"教材的学习的教法"。从这个角度出发，"以学为中心的课例研究"不仅保障了学生学习权的实现，而且在隐含的意义上，同时确立起教师作为学习者的事实。教师的学习体现于他作为学生学习的研究者将课堂教学与儿童研究合二为一的专业实践之中。而这恰恰触及了教师专业素养的核心，教师之所以为教师，就在于其了解儿童，并在多样化的专业实践中嵌入了对儿童的理解。

三、以学为中心的课例研究：怎么做？

课例研究一般要经历"确立研究主题""规划教学活动""实施课堂观察""开展课后研讨""形成研究报告"等核心环节。各环节要想凸显"以学为中心"的精髓，需要实现如下诉求。

(一)确立研究主题——教学合一

在"确立研究主题"环节，教师不仅要考察教学中的实践难题，更要思考这些难题在何种意义上与学生的学习相关，这是以学为中心的课例研究的起点。教学要素纷繁复杂，教师在课堂教学中面临各式各样的问题，有的问题与学生直接相关，如学生与自我、同伴、教师、教材和环境等的互动。需要注意的是与"教学法"有关的主题，由于过往的教学研究专注于探讨"教材的教法"，往往忽视教材教法与学生实际的联系，一定程度上导致"无儿童的教学"蔓延。比如，就其中的"理解学科内容"而言，直到今天仍有教师专注于以"问题链"的方式分解学科内容，然后由浅入深地加以讲授。这种做法可以说仅仅考虑了"教师教"的问题，而没有考虑"学生学"的问题。因为很明显，学生对学科内容的理解有着不同的起点，教师很难按照严格的逻辑把其理解"链"起来，只能根据不同的起点设计相应的学习任务，然后让学生在合作与交流中完成。因此，重要的不是从学科逻辑的角度理解学科内容，而是在学科理解中嵌入对儿童的认识。这正是"教材的学习的教法"的体现。教学是一种关系性的存在。从教学的关系认识论出发，以学为中心的课例研究要超越教与学的二元论，在确立主题时反映"教学合一"的教学认识关系的本质。

(二)规划教学活动——因学设教

在"规划教学活动"环节，教师首先需要开展学情分析。学情分析是课前科学预设的前提，更是课堂精彩生成的保证。当前，教师在教学设计中对学情分析虽多有涉及，但大多为主观判断，与具体教学内容的匹配度低，更缺乏对学生个体差异的考察，很难真正促进教学的有效实施。要解决这一难题，教师需要掌握学情分析的方法和技术。在教学实践中，教师能够采用的学情分析的方法是极其多样的。比如，让学生预习、对学生进行访谈、课上让学生质疑、点评学生、做小结、倾听学生讨论、巡视学生练习的情况、在答疑中发现问题、作业批阅，等等。在这些方式方法中，有些方法对学情的了解是随机的，有些则需要系统的设计。我们在此简单介绍三种需要系统设计的方法。一是为诊断学生的学习困难所采取的基于变易学习理论的测试法。[7]该方法把学情分析与具体的教学内容相联系，引导教师通过前测了解学生在学习上出现困难的关键属性，鉴别学生在理解上有什么差异，然后运用适当的变易图式，设计学习经验来帮助学生聚焦于关键属性，从而使学生学会需要掌握的学科内容。二是认知访谈法，该方法是由皮亚杰开创、其学生达克沃斯加以完善的一种临床访谈法。具体指的是一个或几个教师，在一群学生中，通过创设情境让每一个学生发现自己的问题，在持续的探讨中，遵循并发展自己的观念。[8]三是日常观察法，该方法吸收了美国学者赫姆莉和卡利尼关于开展"儿童描述性评论"的内容及程序，使教师对学生的日常观察有了切实的工具予以支撑。"儿童描述性评论"通过对儿童及儿童作品的持续观察、描述、评论，找出每一个儿童作为人、学习者和思考者的优势所在并使之具体化。赫姆莉和卡列尼建议，教师对学生的日常观察可以下列五个方面为重点：身体外表和姿势、气质和性情、与其他人(孩子和成人)的关系、强烈的兴趣和爱好、思维和学习模式。[9]上述学情分析的方法有助于我们在确定教学目标和内容时，超越原先单纯依据学科逻辑或日常经验判断教学重难点的做法，真正做到从学生的学习实态出发增强教学的针对性和个性化。

其次，教师还需要转变教学设计的重点。更明确地说，要突破传统意义上只关注教师如何去教的局面，改变过往将教师的教学行为作为教案设计重点，甚至是唯一内容的做法，增加对学生主体活动的设计。比如，日本的教师为改变只关注"教学活动及提问"的所谓单线型教案，在开展课例研究时采用了复线型的教案设计。作为复线型教案核心部分的"课堂教学步骤安排"是由四栏组成的：第一栏名为"教学活动及提问"，包括对课上学习活动的揭示和教师在课上不同情况下要提的关键问题；第二栏是"预期的学生反应"，包括教师预期学生会产生的想法、答案、反应等；第三栏概略叙述怎样应对学生的不同反应，另外也列出应该记住的重要事项；第四栏是"课堂教学评估"，用作教师同步记载和评估课上不同部分的教学效果。[10]可见，复线型教案把学生的反应及教师对学生反应的应对列入教学设计，一定程度上支持了"以学为中心"的课例研究。不过，如果试图更彻底地改变教学的重心，那么可能需要首先基于学情分析的结果设计学生的学习活动，然后考虑教师的应对。教师的应对方式一定是多样化的。也就是说，课堂教学的展开路线有多条，到底沿哪条路线展开，则视学生学习活动的情况和具体的教学情境而定。

(三)实施课堂观察——以学观教

在"实施课堂观察"环节，课例研究期望教师将学生的学习活动作为观察的焦点。当然，这并不意味着教师的教不重要，而是期望透过"学生的学"反观"教师的教"。所以，以学为中心的课堂观察并不是说在观察的维度上只要涉及学生的学习活动就可以了，更重要的是对教师教学状况的考察亦通过学生的学习表现加以透视。要实现上述诉求，课堂观察的对象首先要从教师身上转到学生身上，在课堂中针对学生集体学习、小组学习和个体学习的情况进行观察。其次，要开发相应的用于记录学生学习情况的观察工具。以我们开展的一次课例研究为例，对学生集体学习情况的考察是借助"学生参与度观察表"进行的。该表以学生的座位表为工具，当学生回答问题时，由观察者在学生相应的座位位置上记录两类信息：一是回答问题的序号，二是回答问题时是主动回答还是被动回答(分别用英文字母 A 和 P 表示，同一问题可有多次回答，做多次记录)。例如 4P，表示第四次回答问题且是被动回答。如是齐答，则在右侧以"正"字记录次数。通过这张表格，全班学生的课堂参与情况一目了然。对学生小组学习情况的考察则借助两种观察工具进行。一种是结构化的工具"小组成员话语权分配表"，内容涉及学生在小组中的角色任务、发言情况、倾听别人发言情况和鼓励别人情况，要求用"正"字记录其次数。另一种是非结构化的工具，即由观察者对小组合作学习的情况进行质性描述，以获得学生认知学习以及与同伴和教师交往的完整信息。对学生个体学习情况的考察是通过对抽样生的观察实现的。在班级中选择处于不同学习层次的学生作为抽样生，随后从语言、行为、表情等方面对其详加描述。事实上，经由上述途径收集的反映学生集体学习、小组学习和个体学习情况的证据是相互印证的。除上述所述及的观察工具外，"以学为中心"的课堂观察尚待其他观察工具的支撑。我们一方面可以借鉴国际优秀经验，如日本教师在课例研究中常用的座位表、姓名牌等观察工具[11]，另一方面也需在本土实践中积极探索，创造出更多有效的课堂观察工具。

(四)开展课后研讨——以学论教

在"开展课后研讨"环节，研讨群体除了关注对问题的研究而非对课的评价，关注执教者与观察者的民主协商而非观察者对执教者的单纯建言外，为凸显"以学为中心"的立场，还需要遵循"关注学生学习的事实而非教师教学的风格"的基本原则，使研讨着眼于课堂中学生学习的事实来展开，最终用关于学生学习的信息修订课堂和形成教学实践。这样做不仅有助于实现每个学生的差异都得到关注、每个学生都得到尊重的学习，而且教师的学习也能通过和凭借课堂里学生学习的实现加以实现。为打破过去课后研讨中观察者常用的"优点＋缺点"的点评式研讨模式，通过仔细分析群体研讨的话语结构，我们发现，一种为执教者和观察者双方所接受，并同时实现智慧分享与情感交融的研讨活动可以沿如下语脉进行：首先是观察者向执教者汇报"基于研究主题我们观察到了什么(学生的课堂表现、课后访谈内容、学生作品分析等)"；其次是询问执教者"观察结果反映出学生的学习存在怎样的问题"；再次是双方共同讨论"我们应如何帮助学生解决这样的问题"；最后是观察者向执教者分享"我从这堂课中学到了什么"。上述话语主体分明，层次明晰。当然，在有的群体研讨中，观点的冲突在所难免，但无论争论多么激烈，我们都不要忘记课后研讨的协商对话本质。

(五)形成研究报告——以学改教

在"形成研究报告"环节，教师需要依据学生学习的事实对自身的教学进行反思，提出相应的改进建议。通常，循着课例研究的开展历程，课例研究报告需要交代研究主题的选取、教学方案的规划、教学实践的开展、教学成果的检讨、附录等信息。[12]但为凸显"以学改教"的要求，也可以把"研究主题的选取"和"教学方案的规划"两部分合并，作为课例研究的背景信息简要地加以呈现。然后重点呈现"教学实践的开展"和"教学成果的检讨"两部分，同时将这两部分的逻辑层次进行再构，分解为三个方面：首先是"观察结果"，即对学生学习的实况详加描述；其次是"问题诊断"，依照观察的结果，寻找教学中存在的问题；最后是"改进建议"，针对教学中的问题提出相应的改进建议。由于课例研究是一个系统的教学改进过程，一堂研究课在第一轮教学实践后会在平行班级中进行第二轮乃至第三轮的教学改进，因此，报告中这三方面的写作需要反应每一轮教学实践的情况。不仅是表达方式上的"以学改教"，实质上，从教师写作的角度讲，因为写作即行动，即写作者的求知方式，在撰写课例研究报告时，教师不断地对研究过程进行回溯，在资料和理论之间展开对话，最终会建构新的教学理解及其现实。

四、以学为中心的课例研究：向何处去？

就现实情况而言，最初我们仅仅视课例研究为一种教师专业发展的有效方式，并试图以其为导向，引领传统的教研组活动超越事务性的活动层次，发展为一种专业研究行为。但随着研究的深入，新的问题又摆在我们面前：如果按照上述环节系统地展开课例研究，可能每个教师每学期会有一至两次的研究机会，那么教师在其他时间该如何应对自身的教学呢？显然，这样的频率无法实现"教学即研究"的价值诉求。因此，有必要将课例研究作为一种方法论，使其要素嵌入教师的日常教学，与教师的教学行为融为一体。唯有如此，"教学即研究"的追求才能落实。教师的教学过程即研究过程，而不仅仅是在教学前或教学后才进行研究。不把教学单单视为研究的对象，而把教学和研究视为同一件事已成为当今世界课堂教学改革的重要趋势之一。

上述仅是以学为中心的课例研究的一般模式，随着课例研究在实践中与具体学科、具体课型乃至具体一堂课的结合，我们有理由相信，课例研究的价值将被大大拓展，它不单单是校本教研的形式之一，在更深层次上，它代表着教师日常教学的未来景观。

［参考文献］

［1］迈克尔·富兰，彼得·希尔，卡梅尔·克瑞沃拉. 突破［M］. 孙静萍，刘继安，译. 北京：教育科学出版社，2009.

［2］Mike Schmoker. Tipping point：from feckless reform to substantive instructional improvement［J］. Phi Delta Kappan，2004(6)：424-432.

［3］Stewart，R. A.，Brendefur J. L. Fusing lesson study and authentic achievement：a model for teacher collaboration［J］. Phi Delta Kappa，2005(9)：681-687.

［4］佐藤学. 学校的挑战：创建学习共同体［M］. 钟启泉，译. 上海：华东师范大学出版社，2010.

［5］R. 基思·索耶. 剑桥学习科学手册［M］. 徐晓东，等译. 北京：教育科学出版社，2010.

［6］佐藤学. 学习的快乐——走向对话［M］. 钟启泉，译. 北京：教育科学出版社，2004.

［7］李树英，高宝玉. 课堂学习研究实践手册［M］. 合肥：安徽教育出版社，2011.

［8］爱莉诺·达克沃斯. 精彩观念的诞生——达克沃斯教学论文集［M］. 张华，等译. 北京：高等教育出版社，2005.

［9］马格丽特·赫姆莉，帕特丽夏 F. 卡利尼. 从另一个视角看：儿童的力量和学校标准——"展望中心"之儿童叙事评论［M］. 仲建维，译. 北京：高等教育出版社，2005.

［10］Clea Fernandez，Makoto Yoshida. 课例研究［M］. 马晓梅，邓小玲，译. 石家庄：河北人民出版社，2007.

［11］安桂清，沈晓敏. "教师如何做课例研究"之三　课堂观察工具的开发［J］. 人民教育，2010(23)：46-48.

［12］安桂清，徐晶. "教师如何做课例研究"之五　课例研究报告的撰写［J］. 人民教育，2011(2)：43-46.

（本文责任编辑：王俭）

（原载《教师教育研究》，2013 年第 2 期）

教师教学能力系统构成
及水平层级模型研究

王　磊[1]，魏艳玲[1]，胡久华[1]，支　瑶[2]，黄燕宁[3]，

陈　颖[2]，尹博远[2]，李艳梅[4]，罗　滨[2]，郑长龙[4]

(1. 北京师范大学化学学院，北京 100875；

2. 北京市海淀区教师进修学校，北京 100195；

3. 首都师范大学首都基础教育发展研究院，北京 100048；

4. 东北师范大学化学学院，吉林长春 130024)

[摘要] 教学活动是教师工作的中心，教师为应对教学活动所必备的教学能力是衡量教师专业素养的核心。本研究针对学科教师培训针对性不强、内容泛化、方式单一、质量监控薄弱等突出问题，采用自上而下与自下而下相结合的方式，基于教师教学工作任务及实践需要，构建了包括一级、二级、三级指标体系的教学能力系统，并建立了教学能力水平分级模型。研究认为，对教学能力进行1—4级分水平描述，对分层递进地设计与实施教师学科教学能力培训、实时监控培训质量具有重要的指导意义。

[关键词] 教学能力系统；内容主题；层级模型

[中图分类号] G451.6　[文献标识码] A　[文章]1672-5905(2018)06-0016-09

[收稿日期] 2018-05-15

[基金项目] 教育部委托"中小学幼儿园教师培训课程标准——初中化学学科教学"研制项目阶段性成果之一(教师司 2015-3 号)

[作者简介] 王磊，北京师范大学化学学院教授，博士，主要研究方向为化学课程与教学、科学教育、教师专业发展。

Study on System Structure and Progression Model of Teaching Competency

Wang Lei[1], Wei Yanling[1], Hu Jiuhua[1],

Zhi Yao[2], Huang Yanning[3], Chen Ying[2],

Yin Boyuan[2], Li Yanmei[4], Luo Bin[2], Zheng Changlong[4]

（1. College of Chemistry，Beijing Normal University，Beijing，100875，China；

2. Beijing Haidian Teachers Training College，Beijing，100195，China；

3. Capital Institute of Basic Education Development and Research，Capital Normal University，Beijing，100048，China；4. Faculty of Chemistry，Northeast Normal University，Changchun，Jilin，130024，China）

Abstract：Teaching activities are the center of teachers' work，and the teaching ability necessary for teachers to respond to teaching activities is the core of measuring teachers' professional literacy. In response to prominent issues such as lack of targeted training for subject teachers，generalization of content，single approach，and weak quality monitoring，this study adopts a combination of top-down and bottom-up approaches. Based on the teaching tasks and practical needs of teachers，a system of teaching competency including a primary，secondary，and tertiary indicator system is constructed，and a progression model is established. Research suggests that a 1-4 level description of teaching ability has important guiding significance for designing and implementing teacher subject teaching ability training in a hierarchical and progressive manner，as well as real-time monitoring of training quality.

Keywords：system of teaching competency，topic-specific content，progression model

一、引言

随着教育(课程)改革的逐步深入，"教师"因素在课程实施中的作用引起了世界各国的广泛关注。教师是影响教育质量的关键因素[1]，优秀教师的比例对学生的总体表现有很强的预测力。自 20 世纪 60 年代起，各国相继将教育改革的焦点从"教育质量"转向"教师质量"，对教师的要求逐渐从数量满足向质量提升转变，以期通过培养优秀教师，提升本国教育质量与国家竞争力。为提高教师质量，我国国家及地方培训力度不断加大，教师培训工作取得了明显进展，但也存在着"针对性不强、内容泛化、方式单一、质量监控薄弱"等诸多问题。为此，《国家中长期教育改革和发展规划纲要（2010—2020 年）》《中共中央 国务院关于全面深化新时代教师队伍建设改革的意见》《教师教育振兴行动计划（2018—2022 年）》等多份政策文件中均对教师培养培训体系、培训内容、培训方式等提出了明确要求。本研究基于教育部"中小学幼儿园教师培训课程指导标准——义务教育化学学科教学"研制项目，以教师的学科教学能力为研究对象，采用自上而下与自下而上相结合的方式开展"基于教师教学工作任务及实践需要的教学能力系统构成与水平层级模型"研究，明确教师教学能力的关键要素，构建教师教学能力系统，建立教学能力水平层级，以期帮助教师教育和培训者更精准地把握实践导向教师培训中的"学习者"及"学习目标"，为分层、系统、持续设计教师职前培养及职后培训课程提供指导，以提高教师培养与培训的质量，进而提升教师队伍质量。

二、教学能力的概念及内涵

自 20 世纪 60 年代能力本位教师培养兴起，教学能力及其相关研究得以发展，研究者从不同视角对教学能力的概念进行了阐述，各有侧重点，且均有一定的合理性。比如，教学能力是以认识能力为基础，在具体学科教学活动中表现出来的一种特殊能力（专业能力）[2]；教学能力是支持教师在各种教学情境中有效开展教学活动所必需的个性特征、知识、技能、态度的综合[3]；教学能力是学科内容知识、一般教学法知识、学科教学知识、教师信念、价值观、动机和自我管理能力之间的相互作用[4]等。

综合已有观点，本研究认为，教学能力是以教师的教学认识能力为基础，支持教师在教学情境中有效开展教学活动所必需的个性心理特征，它既以一般教学能力为基础，又具有所教学科及主题的领域特异性。教学能力的内涵可以从以下方面来理解：①教学能力是教师专业能力的核心要素，是影响教学效果的最直接、最明显、最具效力的因素；②教学能力是教师知识与技能融合的复杂体系；③教师的教学能力既可在教学活动（情境）中体现出来，也可通过教师对教学问题的认识等途径得到间接反映和表现；④参加有针对性的教师专业发展活动(教师培训)可提高教师的教学能力。

三、教学能力系统的构成

(一)教学能力系统建立的出发点

阐释教学能力的构成是教师教育研究者、教育政策制定者及中小学教师共同关注的重点。关注角度不同,提出的教师教学能力的构成要素也不尽相同。综观申继亮、Franziska 等学者对教学能力的相关研究发现,关于教学能力构成的研究大致有两种方式——基于心理学等相关理论自上而下的演绎和基于教学实践与教师认识调查自下而上的概括。所建构的教学能力系统多聚焦于宏观层面的一般教学能力要素,而较少关注中观与微观层面的与特定学科及主题有关的教学能力系统研究。

我们认为,教学能力是体现在具体教学实践活动过程中的,基于教师教学工作任务及实践需要分析确定教学能力的构成,对教师及教师教育者而言具有更加重要的意义。教师的教学实践工作分为教学设计、教学实施、教学评价及改进几个阶段,且各阶段之间相互关联、相互影响。同时,教学实践各阶段均应处理好课程、学生、教师与环境等要素之间的关系。因此,教学能力是教师在教学实践活动中为顺利完成教学任务(达成教学目标)所应具备的(表现出来的)教学认识、教学设计、教学实施及教学评价等方面的综合专业能力,教学能力系统可以基于教学实践各阶段对教师的要求来构建。

(二)教学能力系统模型

本研究基于多年来"高端备课"与"教学改进"项目对教师教学行为表现与实践工作的认识,采取自上而下与自下而上相结合的研究方式,综合概括提出教师的教学实践活动包括理解课程内容及教学价值、分析学生学习及发展空间、设计教学目标、设计教学过程、设计诊断评价、实施开展教学、反思与改进教学七项核心工作任务,各项核心工作任务可进一步划分为若干任务要项。据此,可将教学能力分为两个层级:一级核心能力项——教学内容及教学价值理解能力、学生学习及发展空间分析能力、教学目标设计能力、教学过程设计能力、诊断评价设计能力、教学实施能力、教学反思与改进能力共 7 项;二级核心能力项——知识体系、学科价值、课程要求、教材理解、评价规划、工具开发、诊断反馈等共 23 项。基于教师教学工作任务及实践需要的教师教学能力系统构成模型如图 1 所示。

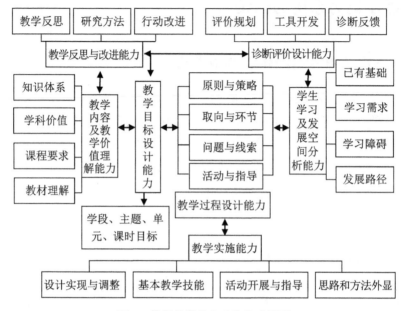

图 1　教师教学能力系统构成模型

学科教师的教学能力具有学科领域和课程内容主题的特定属性，学科领域不同是不同学科教师教学能力差异的出发点和落脚点，学科内部不同课程内容主题之间也存在一定的差异，对教师教学能力的要求也不尽相同。比如，化学教师与物理教师的教学能力、初中化学教师与高中化学教师的教学能力、初中化学教师教授不同课程内容主题的教学能力，既有共通性要求，更有不同的内涵特征。以初中化学教师教学能力系统为例，《义务教育化学课程标准（2011 年版）》中提出了"科学探究""身边的化学物质""物质构成的奥秘""物质的化学变化""化学与社会发展"五个一级课程内容主题及标准要求。因此，初中化学教师教学能力系统的具体构成（内涵和要求）应立足于初中化学课程各内容主题的特征及教学要求，对上述各二级核心能力项逐一展开描述，明确指向初中化学课程各内容主题所需的教学能力的具体内涵。

（三）核心能力项内涵分析

"教学内容及教学价值理解能力"是关于理解"教什么"的教学能力要求。学科课程标准是国家对学科课程性质、课程目标、内容标准、实施建议的指导性文件。教师应立足于学科本体分析基础，理解课程标准的基本要求，理解课程内容主题涉及的学科本体知识、承载的独特功能价值及蕴含的学科思想方法和认识方式；理解教材内容选取、组织的逻辑思路及教材核心活动的设计意图，提升对课程内容的理解、选取和组织能力。

"学生学习及发展空间分析能力"是关于认识"教给谁"的教学能力要求，可明确学生在学习相关内容时的起点、终点、障碍点和学习发展路径的问题，体现教师对教学对象的准确把握能力。教师应能做到准确分析和判断学生对相关学科及特定内容主题的知识理解、关键能力、核心素养等学习现状和发展需求；预测和诊断学生学习和理解相关知识时的错误和困难、存在的偏差认识方式和习惯以及能力素养发展的障碍点并能准确析因；规划和设计科学合理的学习与发展进阶、学习顺序和路径。

"教学目标设计能力"是关于理解"教到什么程度"的教学能力要求，是师生通过教学活动预期达到的结果或标准，呈现了对学习者通过学习产生的预期变化的明确、具体描述。教师在教学目标设计时应能做到对学段、学期、主题、单元、课时的系统规划，体现能力和素养导向，落实知识技能、过程方法、情感态度价值观三维目标。

"教学过程设计能力"和"教学实施能力"是关于"怎么教"的教学能力要求。教学过程设计可以减少和克服教学的盲目性与随意性，增强和提高教学的有效性和可控性。进行教学过程设计时，教师应基于学科及内容主题特点确定教学原则、策略与教学取向，优选、整合教学素材，注重教学环节、核心任务和问题线索、教学活动与指导设计的一致性，保证教学策略的有效性和针对性。在教学实施过程中，教师应能创造性地开发和使用多种教学技术手段，充分发挥其教学功能；有效组织和开展各种学生活动，达成预设的教学目标，通过多种探查方式使学生分析问题的思路和过程外显，充分利用课堂内生成性资源，关注对学生思路方法的指导，合理调整活动。

"诊断评价设计能力"是关于明确"教得怎么样"的教学能力要求。教学评价是"对教学活动进行价值判断的过程"，一般将其分为对学生学习的评价、对教师教学的评价两个方面，其中，对教师教学的评价属于"教学反思与改进能力"范畴。关于对学生学习的评价，教师应能根据学段、单元、主题及课时评价目标要求系统规划教学评价，科学规范设计有良好信度和效度的教学诊断和学习评价工具，基于"双向细目表"从知识技能、思路方法、认识发展水平等维度设计纸笔测验等多种形式的评价工具；基于知识、能力和素养多角度分析评价结果，精准诊断学生的发展点和障碍点，并给予即时、准确的反馈。

"教学反思与改进能力"是关于"怎样教得更好"的教学能力要求。教师应能系统反思自身教学设计、教学实施、教学评价等环节的问题，结合诊断评价结果，描述学生学习的不足和水平差异，从教与学两个方面分析原因，有针对性地对学生进行反馈指导，并改进教学。

对教师教学能力的内涵和要求的陈述方式可以采用以下两种：指向教学知识或教学认识的教学能力要项，用"了解""理解""明确""认识"等描述不同水平的动词与"相应核心能力项蕴含的教师相关知识或认识的典型表现"相结合的方式予以陈述；指向教学设计、实施、评价及反思改进等教学活动行为的教学能力要项，用"能做到"与"相应核心能力项蕴含的教师应具有的教学行为表现"相结合的方式予以陈述。比如，对于"科学探究""身边的化学物质""物质构成的奥秘""物质的化学变化""化学与社会发展"五个一级主题，初中化学教师教学能力的内涵和要求如表1所示。

表 1　初中化学教师教学能力的内涵和要求

二级指标	三级指标	内涵和要求
教学内容及教学价值理解	知识体系	了解化学及相应主题学科的内容特征及其发展，明确化学的核心概念与理论、方法、观念以及相互关系等
	学科价值	能分析中学化学（主题）知识在学科发展、社会生产以及学生发展中的价值
	课程要求	明确课程结构特点，熟悉课程性质、目标以及对各主题课程内容及水平的要求
	教材理解	理解教材中各内容的编排方式、编写特点及意义
学生学习及发展空间分析	已有基础	能采取办法对学生已有知识、经验及观念认识等起点进行探查和诊断
	学习需求	明确学生知识、方法、兴趣、观念认识等方面的学习目标
	学习障碍	能对学生错误观念、迷思概念等进行探查、诊断，并有解决办法
	发展路径	能基于知识、方法、观念认识等目标，规划相关内容学习发展路径

续表

二级指标	三级指标	内涵和要求
教学目标设计、诊断评价设计	教学目标设计	能基于学科核心素养确定单元目标及课时目标
	评价规划	能整体规划不同阶段的评价目的、内容及方式，并根据评价目的选择评价内容、优化评价方式
	工具开发	基于评级规划选择改造或自主设计学生学习评价任务和工具
	诊断反馈	基于评价结果，对教师教学与学生学习情况进行诊断，并进行反馈
教学过程设计	原则与策略	基于教学内容确立教学关键问题及核心教学策略
	取向与环节	具有明确的促进学生化学学科观念建构（核心素养发展）的教学取向，并整体、系统设计教学环节
	问题与线索	基于教学目标设计，设计核心问题任务、问题线索和多样化的学习活动任务，预设学生在活动中的表现，并预设相应的对策
	活动与指导	基于教学目标和任务，从不同角度选择和使用情景素材，并对素材进行深度加工
教学实施	设计实现与调整	达成预设教学目标，实施教学过程设计的活动，并根据课堂上学生的表现，及时、合理调整教学进程
	基本教学技能	创造性地开发和使用多种教学技术手段，充分发挥其教学功能
	活动开展与指导	有效组织和实施各种学生活动，利用活动中的生成问题引发新一轮的活动，关注对学生思路方法的指导，合理调整活动
	思路和方法外显	通过追问等多种探查方式使学生分析问题的思路和过程外显，诊断学生存在的问题，做出评价和引导

四、教学能力水平层级模型

　　根据教师专业发展阶段理论，教师的知识和能力随着专业发展阶段的延伸呈线性发展规律。比如，Berliner 依据专业水平表现，将教师的发展分为五个阶段——初级新手阶段、优秀新手阶段、胜任阶段、能手阶段、专家阶段。[5]美国、英国、澳大利亚等国根据教师所处的专业发展阶段制定了相应的专业能力标准。比如，澳大利亚教学与领导协会 2011 年颁布的《国家教师专业标准》将教师专业发展分为准教师阶段、胜任教师阶段、优秀教师阶段、领导教师四个阶段。专业发展阶段不同，需要达到的具体标准与要求也不同。该标准对处于不同专业发展阶段的教师的教学能力要求从两个方面加以区分：①具备的知识和能开展的活动不同；②知识和教学行为的水平不同。比如，在专业实践能力领域，对学生学习的评价能力要求如下。①准教师阶段——理解评价策略，能运用正式、非正式，诊断性、形成性、总结性评价方式评价学生的学习；②胜任教师阶段——能开发、选择并运用正式、非正式，诊断性、形成性、总结性评价等多元评价方式评价学生的学习；③优秀教师阶段——能开发、运用综合评价方式诊断学生的学习需求，遵守课程要求并为同事评估其评价方式的有效性提供支持；④领导教师阶段——能评价学校评价政策与评价策略，能对评价学生、教师、课程体系的相关策略进行评估。对于准教师阶段，强调应达到"理解"水平层次的能力要求；对于胜任教师阶段，则强调应达到"开发""选择"水平层次的能力要求；对于优秀教师阶段，强调能力维度之间的关联以及达到教师间的合作"支持"能力要求；而对于领导教师阶段，则强调应能指导、评价与创新。

目前，我国并没有针对处于不同专业发展阶段的教师的专业标准。这是因为我国对教师专业能力的要求较高，无论是特级教师还是新手教师，都应具有按"优秀标准"进行教学的高水平教学能力。客观证据表明，无论是教学认知，还是教学设计能力、教学实施能力、教学评价与优化能力，不同教师间都存在一定的水平差异，呈现出一定的水平层级。刻画出教师教学能力各维度的水平层级，有助于明确教师的专业学习与发展，能够为教师教育者设计有针对性的教师培养及培训课程提供支持。

程萍通过问卷调查和文本分析，构建了中学化学教师的教学设计认识系统模型，根据中学化学教师在教学设计中所考虑的要素的多少以及要素之间的关联程度，提出中学化学教师的教学设计认识要历经设计要素由缺失、孤立到系统，设计理念由自发到自觉的发展过程，并将中学化学教师的教学设计认识水平从低到高划分为直觉水平、经验水平、理论水平和卓越水平。[6] Schneider 在对学科教学知识进行相关研究的基础上，从"知识内容"与"水平表现"两个维度归纳出了指向职前教师、新手教师、熟手教师、熟练教师、教师领导者的，由教师教学取向、教学策略、学生知识、课程知识和评价知识五个构成要素组成的发展进阶。[7]

借鉴国际教师专业标准，基于认识发展理论、学习进阶理论，结合对相关教学案例中教师典型行为表现的分析，本研究认为，教师教学能力的水平差异体现为不同能力水平的教师在面对同一项教学任务及实践活动时具有不同的行为表现，而不是体现在调用专业知识与技能的熟练程度上。教学能力水平层级划分从"核心教学能力项"和"水平表现"两个维度阐述。"核心教学能力项"指的是开展某项教学任务及实践活动时教师所需的观念、知识、技能等，"水平表现"指的是开展某项教学任务及实践活动时教师有哪些行为表现。刻画出的教学能力水平层级采用学科教育专家、教师及教研员认同度调查，教师教学认识测查，教学设计文本与教学实录分析多种途径进行检验与论证，以修改、完善水平层级及其表现表述。

从"核心教学能力项"和"水平表现"两个维度刻画了 1—4 级从低到高的初中化学教师教学能力水平层级，如表 2 所示。

表 2　教学能力水平层级模型

二级核心能力项	三级核心能力项	层级描述
教学内容及教学价值理解	知识体系	1 级——笼统、零散、孤立地关注知识； 2 级——能建立初中阶段主题内具体知识间的系统联系； 3 级——能建立本主题知识间的系统联系，挖掘所蕴含的方法、认识、观念等； 4 级——主题间、学段间学科知识融会贯通
	学科价值	1 级——笼统、零散、孤立地关注知识本体的价值； 2 级——能列举实例说明知识的价值； 3 级——能基于主题知识挖掘方法、认识、观念等方面的个人价值； 4 级——系统关注主题间、学段间融合的社会、个人、学科本体等多方价值
	课程要求	1 级——能说出初中阶段主题课程内容； 2 级——能准确表述主题内课程内容之间的关系； 3 级——能准确描述初中阶段主题间学科内容的逻辑关系； 4 级——系统全面把握主题内容在不同学段、不同学科的安排
	教材理解	1 级——能描述主题内容在教材中的明线； 2 级——能系统描述主题内容在教材中的明线和暗线； 3 级——能深入理解主题内容之间的关联； 4 级——能选择、调整、组织有价值的教学内容

二级核心能力项	三级核心能力项	层级描述
学生学习及发展空间分析	已有基础	1级——能笼统、零散地说出知识基础和生活经验； 2级——能全面、具体地描述学生在知识、生活经验方面的已有基础； 3级——全面关注学生在知识、生活经验、认识、观念等方面的已有基础，有探查意识； 4级——自主探查学生在知识、能力、认识、观念等方面的已有基础，对探查结果进行分析和诊断
	学习障碍	1级——能笼统、零散地关注学生知识方面的障碍点； 2级——全面描述学生知识方面的障碍点，并能进行归因分析； 3级——全面描述学生在知识、思路方法、观念、行为等方面的学习障碍点，并能进行归因分析； 4级——自主探查学生学习的障碍点，对探查结果在知识、能力、观念等方面进行准确分析和诊断反思
	学习需求	1级——笼统、零散地说出学生在知识方面的学习需求； 2级——全面、具体地描述学生在知识方面的学习需求； 3级——全面描述学生在知识、思路方法、观念、行为等方面的学习需求，有探查意识； 4级——自主探查学生在知识、能力、认识、观念等方面的发展需求，主题间建立全面的关联
	发展路径	1级——依据教材零散地说出章节内部知识学习顺序； 2级——依据教材系统、全面地构建与主题相关知识的学习顺序； 3级——明确知识、方法、认识等方面的发展顺序； 4级——自主设计学生在知识、方法、认识、观念等方面的发展路径
教学目标设计、诊断评价设计	教学目标设计	1级——照搬或基于经验设计知识目标； 2级——依据初中化学课程标准及教科书设计知识目标以及笼统的过程方法和情感态度目标； 3级——依据初中化学课程标准及教科书、学生已有基础与发展需求，制定三维目标； 4级——立足于学科核心素养发展单元整体设计教学目标

续表

二级核心能力项	三级核心能力项	层级描述
教学目标设计、诊断评价设计	评价规划	1级——照搬或基于经验进行知识层面的评价； 2级——能对具体知识进行评价规划； 3级——能从内容、水平两方面进行整体评价规划； 4级——能对评价目的、评价内容、评价方式进行整体规划并优化评价方式
	工具开发	1级——照搬教材或教学辅导书中的习题； 2级——基于知识评价规划选择习题； 3级——能针对核心知识、方法、认识等多方面开发评价工具； 4级——从学生发展空间出发，对知识、方法、能力、素养等维度进行整体评价规划，能设计出评价核心活动表现的工具
	诊断反馈	1级——只关注学生作业是否完成、答案是否正确、知识是否掌握； 2级——能根据学生作业题目信息（题型、设问、知识主题等）和答题情况进行表面归因分析； 3级——能从教与学两方面进行归因分析并进行具体学习方法和学习策略指导； 4级——能从教与学两方面进行全面、深入的归因分析并反馈、调整教学活动
教学过程设计	原则与策略	1级——不明确本主题的教学特点，照搬或基于经验进行教学过程设计； 2级——能零散地说出本主题的教学特点，并据此设计教学过程； 3级——能全面地说出主题的教学特点，能结合典型案例对其进行阐述分析； 4级——能阐述、分析本主题的教学关键问题及核心教学策略
	取向与环节	1级——照搬或套用一般教学模式，没有明确的教学取向； 2级——关注知识教学的特点，并有意识地设计相应的教学环节； 3级——知道促进认识发展或观念建构的教学的特点，能在部分教学环节体现促进认识发展或观念建构的设计； 4级——具有明确的促进学生认识发展（或观念建构）的教学取向，能整体、系统地设计教学环节

二级核心能力项	三级核心能力项	层级描述
教学过程设计	问题与线索	1级——教学过程中照搬教科书的任务和问题，学生活动仅限于听讲、做题； 2级——教学过程中关注具体知识的落实，并据此改造或设计问题，学生活动设计形式化； 3级——基于具体核心知识及其认识功能价值设计核心任务，基于知识目标的达成设计形式多样的学生活动； 4级——基于核心问题任务，综合考虑知识逻辑顺序、学生认识发展脉络设计问题线索，基于能力素养目标的达成设计形式多样的学生活动
	活动与指导	1级——围绕知识点解析展开教学过程的设计，较少使用情景素材； 2级——为帮助学生理解知识而照搬教科书或已有教学设计中的素材，但素材与核心问题、教学目标缺少实质性关联； 3级——根据教学功能选取有学生发展价值的素材，利用素材设计教学过程； 4级——对素材进行深度加工，将其转化为有价值的问题和证据，发挥素材对促进学生能力素养发展的功能
教学实施	设计实现与调整	1级——课堂教学随意，偏离教学设计； 2级——教学过程与教学设计比较吻合，能落实知识目标； 3级——基于教学设计展开与调整教学过程，能较好落实知识目标和一般过程方法目标； 4级——能结合教学设计中的问题开展活动，根据学生表现及时合理调整教学进程，落实知识、技能、方法、认识、观念等方面的目标
	基本教学技能	1级——教学语言表达和逻辑混乱，不能顺利完成教学； 2级——能清晰表达和讲解，基本顺利完成教学任务； 3级——基于主题特点采用适宜的教学技能、手段，顺利完成教学任务； 4级——创造性地开发与使用具有获得新知、发展认识、解决问题等多种功能的教学技术和手段，创新性地完成教学任务

二级核心能力项	三级核心能力项	层级描述
教学实施	活动开展与指导	1级——很少展开学生活动，活动过程混乱，缺乏必要的组织与调控； 2级——能顺利开展学生活动并进行适当的组织和调控； 3级——能开展有主题特色的活动，根据学生活动表现进行指导、调整活动开展； 4级——有效组织和实施有主题特色的学生活动，对学生思路方法进行指导，及时发现、选择并利用活动中的生成性问题，合理调整活动实施
	思路和方法外显	1级——没有明确的思路，只关注具体知识点落实； 2级——有分析问题的角度、方法、思路，但比较内隐（教学过程体现认识思路，仅能就知识落实与学生开展对话）； 3级——有明确分析问题的角度、方法、思路，教师思路外显（教师直接概括、讲授思路）； 4级——有明确分析问题的角度、方法、思路，学生思路和方法外显（探查呈现、诊断评价、引导确立认识思路和方法）

　　本研究提出的初中化学教师教学能力的水平层级划分应该体现"教学从只关注传授化学知识转变为促进学生的认识发展，提升学生利用化学知识解决问题的能力，发展学生以科学素养为核心的能力素养"的基本理念；同时，结合对初中化学教师教学能力现状的调查分析、对不同类型和水平教师的访谈研究，本研究概括得到了初中化学教师教学能力水平层级的关键特征。例如，教师的"学生学习及发展空间分析能力""教学目标设计能力""诊断评价设计能力"等，按水平从低到高，分别指向知识、指向具体性方法、指向思维和认识方式（能力素养）；教师对学科整体的理解、对课程内容知识的理解和对教学的系统思考等方面的能力，按水平从低到高，分别为"零散的""全面的""系统的"，并体现为从"通用""特定领域"到"特定主题"；教师教学反思与改进能力等，按水平从低到高，分别为"根据经验""有意识、理性的""基于证据和研究"等。

　　基于"学科课程内容标准及教学要求"与"能力水平层级模型"，从教师应该做什么、如何做、为什么这么做、基于什么认识（思考）去做等方面对具体教学能力1—4级典型表现逐一描述，便可以直观地表征相应教学能力的不同水平。比如，对于"物质的化学变化"这一主题，教师对学生已有基础的分析能力的 1—4 级描述见表 3。

表 3　初中化学教师对学生已有基础的分析能力的分级描述

水平	能力表现
4级	（系统关注多方面价值） 能系统阐述不同物质的实际应用价值、本主题对学生研究物质性质的思路方法价值，并全面说明本主题对学生建立、理解或应用元素观、分类观和转化观等核心观念的功能价值
3级	（挖掘思路、方法价值） 能完整、具体地说出主题的核心知识，并从实际应用的角度说明知识的重要性，或关注到其能发展学生"组成决定性质、性质决定用途"及实验探究等的学科思想
2级	（列举实例） 能从社会价值、学科本体价值、学生发展价值三个方面列举实例说明本主题的价值，如从实际应用的角度说明知识的重要性，并关注到其能发展学生"组成决定性质、性质决定用途"及实验探究等的学科思想
1级	（笼统、零散） 能笼统地从社会价值、学科本体价值、学生发展价值的某一方面说明本主题的价值，如描述化学物质对社会发展很重要，利用化学物质来调动学生的学习兴趣等

五、结论与展望

本研究采用自上而下与自下而上相结合的方式，基于教师学科教学工作任务及实践需要，遵循"理论、经验与典型案例分析相结合进行预设—专家认同调查—教师及教研员认同调查—教师及教研员教学能力现状分布调查"的研究思路，建构教师教学能力系统构成和水平层级模型。提出的教学能力构成要素满足教师的实践需要且具有培训价值，教学能力水平层级的划分合理且具有区分度，教学能力水平层级与教师典型的教学行为表现相对应，利用教学能力水平层级能发现和解释目前中小学教学及教师培训中的典型问题。

利用本研究提出的教学能力水平层级模型可开发教师教学能力诊断工具，方便教师教育者进行"学情诊断与学习监控"；整合本研究提出的核心能力项可开发培训课程；基于本研究提出的教学能力水平层级可设计体现水平进阶的培训专题内容与培训活动。培训试验表明，基于教师教学能力系统构成及水平层次模型设计与实施教师培训，可提高教师培训的针对性、层次性和系统性。总之，基于"教师教学能力系统构成及水平层级模型"，可系统规划和分层递进地设计、实施与评价教师培训，保证教师培训系统的内部一致性，提高教师培训的质量。

［参考文献］

［1］ UNESCO. EFA Global Monitoring Report 2005：education for all：the quality imperative［R］. Paris：UNESCO，2004.

［2］ 申继亮，王凯荣. 论教师的教学能力［J］. 北京师范大学学报（人文社会科学版），2000（1）：64-71.

［3］ Tigelaar，D. E. H.，Dolmans，D. H. J. M.，Wolfhagen，I. H. A. P.，et al. The development and validation of a framework for teaching competencies in higher education［J］. Higher Education，2004(2)：253-268.

［4］ Hachfeld，A.，Hahn，A.，Schroeder，S.，et al. Should teachers be colorblind? How multicultural and egalitarian beliefs differentially relate to aspects of teachers' professional competence for teaching in diverse classrooms［J］. Teaching and Teacher Education，2015(48)：44-55.

［5］ Berliner，D. C.，Educational psychology and pedagogical expertise：new findings and new opportunities for thinking about training［J］. Educational Psychologist，1991（2）：145-155.

［6］ 程萍. 中学化学教师的教学设计认识系统之构成及发展特征研究［D］. 北京：北京师范大学，2015.

［7］ Schneider，R. M.，Plasman，K. Science teacher learning progressions：a review of science teachers' pedagogical content knowledge development［J］. Review of Educational Research，2011(4)：530-565.

（本文责任编辑：吴娱）

（原载《教师教育研究》，2018 年第 6 期）